À plus!

Yvette Grime   Jayn Witt

Series Editor: Mike Thacker

The authors would like to acknowledge the following sources:
Mermet, G. (2004) *Francoscopie 2005*, Larousse.
Price, G. (2005) *An Introduction to French Pronunciation*, Blackwell.
Tranel, B. (1987) *The Sounds of French*, Cambridge University Press.

Philip Allan Updates, an imprint of Hodder Education, an Hachette UK company, Market Place, Deddington, Oxfordshire OX15 0SE

Orders
Bookpoint Ltd, 130 Milton Park, Abingdon, Oxfordshire OX14 4SB
tel: 01235 827720
fax: 01235 400454
e-mail: uk.orders@bookpoint.co.uk

Lines are open 9.00 a.m.–5.00 p.m., Monday to Saturday, with a 24-hour message answering service. You can also order through the Philip Allan Updates website: www.philipallan.co.uk

© Philip Allan Updates 2009

ISBN 978-1-84489-627-1

First printed 2009
Impression number   5   4   3   2   1
Year   2014   2013   2012   2011   2010   2009

Illustrations by Emily Hunter-Higgins and Jim Watson

Cover photos are reproduced by permission of Justin Wastnage/Alamy (teenagers) and danbrady.co.uk (*Toutes directions*).

Other photos are reproduced by permission of JUPITERIMAGES/Brand X/Alamy (p. 14), camera lucida lifestyle/Alamy (p. 27), Aflo Foto Agency/Alamy (p. 29), Robert Harding Picture Library Ltd/Alamy (p. 48), Photocuisine/Alamy (p. 49), moodboard/Alamy (p. 63); TopFoto (pp. 9, 113, 160 (photo f), 192, 199); *Office de Tourisme de Strasbourg* (p. 36, photos B, C, Airdiasol Rothan; photos E, G, Sébastien Hanssens); Corel (pp. 28, 56 (table), 64 (beach), 65 (bottom right and middle), 76, 77, 82, 107); Hemera Technologies (pp. 47, 68); Ingram Publishing (pp. 56 (girl), 64 (single boat), 92 (lighthouse, ice, shore), 160 (photo e), 188); Photodisc Inc. (pp. 65 (swimmer), 84 (aeroplane), 92 (lightning, rainbow)); ImageDJ/Cadmium (pp. 78, 79).

Printed in Italy

Hachette UK's policy is to use papers that are natural, renewable and recyclable products and made from wood grown in sustainable forests. The logging and manufacturing processes are expected to conform to the environmental regulations of the country of origin.

P01337

À plus!

Table des matières

À plus!

Salut! Welcome to À plus!

À plus! provides all you need to get a good grade in your GCSE French exam. You will also learn more about the way of life of people in the French-speaking world and about the language they speak.

À plus! includes:
- lots of activities to practise your **listening** skills
- up-to-date **reading** passages based on life in France and French-speaking communities
- varied activities to practise your **speaking**
- many tasks to perfect your **writing** in French
- the **grammar** you need to communicate successfully in French
- the necessary **vocabulary** for all your GCSE topics

There are 15 units, each of which contains:
- at the beginning of each section, a list of the topic content and the main grammar items to be covered
- a sequence of texts and activities in listening, speaking, reading and writing, which will enable you to discover the language and use it effectively
- additional pages of activities (*C'est en plus!*) to extend your knowledge of the topic and to give you more practice (these pages give specific preparation for the kind of tasks that you will have to complete in the exam)
- lists of key vocabulary and phrases relating to the main topic areas covered in the unit

Watch out for these special features:

- *Point grammaire* — These sections explain the key grammar points you need to know for GCSE.
- *Point langue* — Under this heading, important language points (e.g. how to use certain phrases) are highlighted.
- *Info prononciation* — These sections stress aspects of pronunciation that are essential for you to speak with a good, authentic accent.
- *Questions culture* — Items of interest relating to the culture and language of the French-speaking world are included here.
- *Conseil!* — Advice is given on techniques to enable you to tackle successfully the different language tasks set at GCSE. These sections are introduced in the second half of the book.

Towards the end of the book is a summary of all the grammar that you need to know. Refer to this section if you want to find out more information about a grammar point mentioned in the text.

The final section of the book contains a combined list of the key vocabulary for all the GCSE topics.

Enjoy the course! *À plus!*

Yvette Grime   Jayn Witt

Introduction
On se présente

Bonjour! Moi, je m'appelle Faly. Je suis née le 8 août; je viens d'avoir 15 ans. Je suis sénégalaise et j'habite au Sénégal. Ma passion, c'est la lecture, et j'adore aussi la musique. Je déteste les sports. Mon père s'appelle Amadou et ma mère Diama. J'ai deux frères, Ismaël et Djibril, et deux sœurs, Fatou et Salane.

Faly

Salut! Je m'appelle Fabien; j'ai 14 ans; mon anniversaire, c'est le 15 juin. Je suis français et j'habite à Perpignan, dans le sud de la France. Mon adresse, c'est 5, rue du Printemps. J'adore les sports, surtout le foot. Ma mère, Valérie, travaille comme infirmière avec le Samu et mon père travaille dans une entreprise. J'ai un frère, Benoît, qui a 17 ans, et ma sœur Sonia est en 6ème.

Fabien

Mon nom, c'est Gabrielle Buchler; mes amis m'appellent Gabi. J'ai 14 ans. Je viens de Strasbourg. Mes parents sont divorcés. J'habite avec ma mère et ma petite sœur, Sabine, qui a 3 ans. J'adore ma grand-mère; elle s'occupe de nous quand ma mère travaille au bureau. J'adore la mode. Ce que je n'aime pas? C'est le sport.

Gabrielle

Tu veux me connaître? Eh bien, je suis André Dorali. Notre maison se trouve à Saint-Denis, à La Réunion; je suis réunionnais. J'ai 15 ans, et mon frère, Joseph, a 10 ans. Ma mère, Juliette, travaille comme cuisinière dans un hôtel à Saint-Denis, tandis que mon père, Jean-Baptiste, est employé à l'office de tourisme. Je suis célibataire, bien sûr. Je joue beaucoup à l'ordinateur et je suis membre du club internet de mon collège. Je n'aime pas lire.

André

Je me présente: mon prénom, c'est Brieuc et mon nom de famille, c'est Kerrien. Ma date de naissance est le 1er septembre. Je suis né à Quimper, en Bretagne, et j'ai 14 ans et demi. Maintenant, je vis dans le village de Saint-Évarzec. Mes parents sont divorcés, mais j'ai un beau-père et il est maçon. Je suis fils unique. Comme loisirs, je préfère faire du cyclisme, faire du surf et jouer de la batterie.

Brieuc

1 **Lis les présentations des adolescents et décide qui tu aimerais connaître et pourquoi. Explique ta réponse.**

Exemple: *J'aimerais connaître Brieuc parce qu'il aime faire du surf et moi aussi, j'aime faire du surf.*

2 **Écris une présentation sur toi-même; adapte des phrases de Fabien, Faly, Brieuc, Gabi et André. Mentionne: ton nom, ton âge, ta date de naissance, où tu habites, ce que tu aimes, ce que tu n'aimes pas et donne quelques détails sur ta famille. Essaie d'apprendre ta présentation par cœur.**

À plus!

The present tense

The five young people use the present tense to introduce themselves. It is used to talk about:

● events that are happening now
● events that happen on a regular basis
● what you like and dislike

What do you remember about using and forming the present tense? Discuss with a partner before reading the details below. Look at page 2 and see how many examples of the present tense you can find.

Regular verbs

Many verbs are 'regular verbs': they form the present tense in the same way as other verbs of the same type. There are three types of regular verbs, as shown by their ending in their infinitive form — *-er* verbs (e.g. *regarder* (to look, to watch), *jouer* (to play)), *-ir* verbs (e.g. *finir* (to finish), *choisir* (to choose)) and *-re* verbs (e.g. *vendre* (to sell), *attendre* (to wait)).

To form the present tense of regular verbs, remove the *-er*, *-ir* or *-re* ending from the infinitive and add the correct ending for the person you are talking about, as follows:

	-er verbs	*-ir* verbs	*-re* verbs
Je (I)	*-e*	*-is*	*-s*
Tu (You)	*-es*	*-is*	*-s*
Il/Elle/On (He/She/One)	*-e*	*-it*	—
Nous (We)	*-ons*	*-issons*	*-ons*
Vous (You)	*-ez*	*-issez*	*-ez*
Ils/Elles (They)	*-ent*	*-issent*	*-ent*

Remember to use *tu* when talking to a person you know well and *vous* to an adult or to more than one person.

Irregular verbs

Not all verbs follow the patterns shown above; verbs that do not are called 'irregular verbs'. For example, *avoir* (to have), *être* (to be) and *aller* (to go) have the following forms:

Avoir	
J'ai	I have
Tu as	You have
Il/Elle/On a	He/She/One has
Nous avons	We have
Vous avez	You have
Ils/Elles ont	They have

Être	
Je suis	I am
Tu es	You are
Il/Elle/On est	He/She/One is
Nous sommes	We are
Vous êtes	You are
Ils/Elles sont	They are

Aller	
Je vais	I go
Tu vas	You go
Il/Elle/On va	He/She/One goes
Nous allons	We go
Vous allez	You go
Ils/Elles vont	They go

Look in the Grammar section and at the verb tables for more details on irregular verbs.

3 🗨 **Travaille avec un(e) partenaire; réponds à ces questions en utilisant le présent.**

1 Tu quittes la maison à quelle heure le matin?
2 Qu'est-ce que tu aimes, comme sport?
3 Qu'est-ce que tu manges d'habitude le matin?
4 Tu écoutes quelle sorte de musique?
5 Tu finis le collège à quelle heure?

4 🗨 **Choisis un(e) ami(e) ou une personne de ta famille et réponds à ces questions.**

1 Qu'est-ce qu'il/elle aime comme sport?
2 Qu'est-ce qu'il/elle mange le matin?
3 Qu'est-ce qu'il/elle regarde comme film?
4 Il/Elle regarde beaucoup la télé?
5 Qu'est-ce qu'il/elle déteste?

Unité

C'est la rentrée!

1

1 Le retour à l'école
2 Les matières
3 On décrit les professeurs
4 La routine scolaire
5 Le collège, qu'est-ce que tu en penses?

1 Le retour à l'école

> ☑ **Talk about going back to school**
> ☑ **Learn about the French education system**

1 🎧 📖 **Écoute et lis ce que disent Fabien, Sonia et Benoît, puis réponds aux questions.**

> *Salut! Je m'appelle Fabien et j'ai 14 ans, donc c'est ma dernière année au collège. À la fin de l'année, je dois passer un examen qui s'appelle le brevet. Dur, dur!*

Fabien

> *Moi, c'est Sonia. J'ai 11 ans et je suis en 6ᵉᵐᵉ, c'est ma première année au collège. Je vais au même collège que mon frère Fabien. Le collège, c'est très grand, mais si j'ai un problème, mon grand frère peut m'aider!*

Sonia

> *Je m'appelle Benoît, j'ai 17 ans, et je suis le frère aîné de Sonia et Fabien. Cette année, je suis en terminale au lycée. C'est une année super importante parce qu'en juin je dois passer le bac. Et si je suis reçu, l'année prochaine, pour moi, c'est l'université!*

Benoît

le/la même	the same
donc	so, therefore

1 Who is making a new start this year?
2 Who is taking exams this year?
3 How does Sonia feel about being at the *collège*?

2 💬 **Pose ces questions à ton/ta partenaire.**

1 Comment s'appelle ton collège?
2 Tu es en quelle année?
3 Est-ce que tu dois passer des examens ou des modules cette année? Quand?
4 C'est une année importante ou difficile pour toi? Pourquoi?

3a 📖 **Lis le texte et regarde le schéma page 5.**

Le système éducatif français

En France, l'enseignement primaire commence à l'école maternelle, pour les enfants de 2 à 6 ans. Mais l'école maternelle est facultative. L'enseignement est obligatoire pour tous les enfants à partir de 6 ans. Puis c'est l'école élémentaire, jusqu'à l'âge de 11 ans.

L'enseignement secondaire est pour les enfants de 11 à 18 ans. Les élèves vont d'abord au collège. Ils passent quatre années au collège, de l'âge de 11 ans à 15 ans (classes de sixième, cinquième, quatrième et troisième). Puis ils vont au lycée. Le lycée est pour les étudiants de 15 à 18 ans (classes de seconde, première et terminale). Les élèves peuvent choisir entre formation générale, formation technologique et formation professionnelle.

La majorité des étudiants vont au lycée d'enseignement général et technologique. Ils étudient beaucoup de matières et à la fin de la terminale, ils passent un examen qui s'appelle le baccalauréat. Au lycée professionnel, les étudiants peuvent préparer des diplômes à trois niveaux différents. Le niveau supérieur est un baccalauréat professionnel.

à partir de	(starting) from
l'école élémentaire	second cycle of primary school

b 📖 **Lis les phrases et décide si c'est vrai (V) ou faux (F).**

1 In France, all 3-year-old children go to school.
2 A 14- to 15-year-old student would be in *troisième*.
3 Students have to take an exam before they leave the *collège*.
4 The majority of French youngsters take an exam called *le brevet* when they are 18.
5 There is no vocational education provision in France.
6 All the exams offered at a *lycée professionnel* are as advanced as the *baccalauréat*.
7 The *baccalauréat* is the same type of exam as A-levels in Britain.

What school year would you be in if you were in France?

4 📖 **Regarde la page d'accueil du collège de Fabien et Sonia, puis réponds aux questions en anglais.**

Le système éducatif français

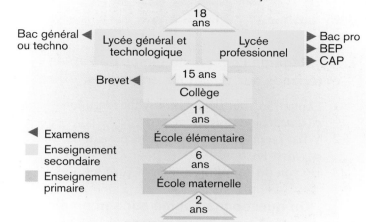

! QUESTIONS CULTURE

- List three differences between the French education system and that of your country.
- What are the advantages and the disadvantages of the two systems?
- Which system do you prefer? Why?

Adresse: @ http://www.college.fr/rentrée

Accueil
Flash Info Rentrée

Mardi 1ᵉʳ septembre	Journée de pré-rentrée pour les professeurs et le personnel administratif à partir de 8 h 30.
Mercredi 2 septembre	Rentrée et accueil des élèves de 6ᵉᵐᵉ.
	07 h 30 Accueil des élèves dans la cour par les professeurs principaux.
	07 h 45 Formalités administratives et familiarisation avec le collège.
	08 h 00 Réunion d'information pour les familles des élèves de 6ᵉᵐᵉ.
	Les élèves terminent à 16 h 30.
Jeudi 3 septembre	Deuxième journée d'accueil des élèves de 6ᵉᵐᵉ.
	Rentrée et accueil des élèves de 5ᵉᵐᵉ, 4ᵉᵐᵉ et 3ᵉᵐᵉ.
Vendredi 4 septembre	Tous les élèves commencent leurs cours.

Le Conseil d'administration a choisi ces horaires pour vous permettre de rentrer et sortir avant les grosses affluences de circulation en ville.

Comment arriver au collège: cliquez ici!   PDF   IMPRIMER   E-MAIL

1 On which date will Sonia start school? What about Fabien?
2 Mme Dubon is a secretary at the school. When does she have to be back?
3 Should Sonia's mother accompany her daughter to school on the first day of term? Why?
4 When will Sonia be able to go home on her first day?
5 Matthieu has just moved to the area. How can he find out more about the school?
6 What do you think about the timetable for 6ᵉᵐᵉ students on 2 September? Why have these times been chosen?

2 Les matières

1 📖 **Regarde l'emploi du temps de Fabien et réponds aux questions en anglais.**

1 Explain in your own words what *éducation-civique* lessons are about.
2 What seems to be the main purpose of the *vie de classe* lessons?
3 Do you do anything similar at your school?

2 📖 **On questionne Fabien sur son emploi du temps. Trouve les réponses.**

1 Tu as un bon emploi du temps?
2 Tu étudies combien de matières?
3 Est-ce que tu peux décrire une journée typique?
4 Est-ce que tu manges à la cantine?
5 Tu dois faire beaucoup de devoirs?
6 Tu préfères quelle journée? Pourquoi?
7 Tu as cours tous les jours?

a Je fais 14 matières différentes.
b J'ai cours tous les jours, sauf le samedi.
c Les cours commencent à 7 h 55 et finissent à 16 h 45 l'après-midi. Il y a sept cours par jour, avec une récréation le matin et une autre l'après-midi. Nous avons 1 heure et 50 minutes pour le déjeuner.
d J'ai un emploi du temps très chargé.
e Le mercredi, parce que je suis libre l'après-midi.
f Oui. Les repas sont assez bons.
g Je fais 2 heures de devoirs tous les soirs.

- ✔ **Talk about school subjects and give your opinion**
- ✔ **Ask questions**
- ✔ **Use *depuis***
- ✔ **Use the imperative**

	LUNDI	MARDI
7 h 55–8 h 55	anglais	vie de classe
8 h 55–9 h 50	étude	physique-chimie
9 h 50–10 h 00	RÉCRÉATION	RÉCRÉATION
10 h 00–10 h 55	SVT	EPS
10 h 55–11 h 55	éducation civique	maths
11 h 55–13 h 45	DÉJEUNER	DÉJEUNER
13 h 45–14 h 45	espagnol	
14 h 45–15 h 45	histoire-géo	
15 h 45–15 h 55	RÉCRÉATION	
15 h 55–16 h 45	technologie	

Programme de la classe de 3ème: le citoyen, la République, la démocratie

- les institutions françaises et l'Union européenne
- la place des femmes dans la vie sociale et politique
- la solidarité et la coopération internationale
- l'opinion publique et les médias

Dix heures par an. Objectif: dialogue élèves–professeurs

- parler de la vie au collège
- dialoguer sur le règlement du collège
- discuter des problèmes au collège
- prévenir les problèmes de comportement

un(e) citoyen(ne)	citizen
le comportement	behaviour
prévenir	to prevent
le règlement	school rules

le CDI (centre de documentation et d'information)	library, resources centre
l'EPS (f)	sports, PE
étude (f)	free/study lesson
les SVT (sciences (f) de la vie et de la terre)	biology

Point grammaire

Asking questions

1 Just raise your voice at the end of the sentence.

Example: Tu as une récréation?

2 Start your question with *est-ce que*.

Example: *Est-ce que tu as une récréation?*

3 Invert the subject and verb (more formal).

Example: *As-tu une récréation?*

3 🎧 **Fabien parle avec son copain Yoan. Complète les phrases en anglais.**

1 Yoan's least favourite day of the week is Thursday, because...
2 He is not keen on technology because...
3 On a Friday morning, he has...
4 His favourite time of the day is...
5 One of his Friday afternoon lessons is particularly useful because...

4 💬 **Pose les questions 1 à 7 de l'exercice 2 à un(e) partenaire. Change la formulation.**

Exemples: **Q1** *Est-ce que tu as un bon emploi du temps?*
Q3 *Peux-tu décrire une journée typique?*

À plus!

5 Cherche toutes les expressions d'opinion dans les textes suivants. Fais une liste.

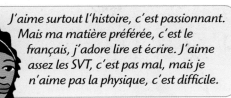

> J'aime surtout l'histoire, c'est passionnant. Mais ma matière préférée, c'est le français, j'adore lire et écrire. J'aime assez les SVT, c'est pas mal, mais je n'aime pas la physique, c'est difficile.

Faly

> Je préfère les langues, c'est très utile. Je suis en 3ème Euro*, c'est vraiment bien parce que j'ai 5 heures d'espagnol et 3 heures d'anglais par semaine. Je déteste la technologie, je ne sais rien faire!

Fabien

* 3ème Euro: les élèves des classes "européennes" ont plus de cours de langues et d'activités linguistiques: échanges, visites, etc.

> Je n'aime pas du tout les maths, c'est ennuyeux, et j'ai horreur de l'éducation civique, c'est complètement nul! Moi, je suis bonne en dessin. J'adore dessiner.

Gabi

> Alors moi, j'aime toutes les matières, sauf la chimie parce que je ne comprends pas. J'ai un nouveau prof depuis mai, il n'est pas très bon. Et l'éducation civique, c'est vraiment pénible!

Brieuc

> Je déteste l'EPS parce que c'est fatigant. Je suis nul en français, c'est trop dur! J'aime beaucoup les maths et l'informatique. Je suis fort en maths, et j'étudie l'informatique depuis la 6ème. C'est génial!

André

6 Écris un paragraphe pour répondre aux questions suivantes.

1 Tu aimes quelles matières? Quelle est ta matière préférée? Pourquoi?

2 Il y a une matière que tu n'aimes pas? Pourquoi?

7 Le premier cours de Sonia est un cours d'anglais! Tu peux l'aider à comprendre ces instructions? Écoute et écris les lettres correctes.

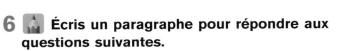

- **a** Look at the board.
- **b** Answer in French.
- **c** Don't talk.
- **d** Write the answer.
- **e** Finish the exercise.
- **f** Read the letter.
- **g** Take your exercise book.
- **h** Don't forget your homework.
- **i** Match up correctly.
- **j** Work with your partner.

8 Écoute encore: la prof de Sonia utilise la forme *tu* ou la forme *vous* dans les instructions?

9 Prépare cinq instructions en français. Lis les instructions — ton/ta partenaire fait les actions!

Point grammaire

Using *depuis*

- *J'étudie l'informatique **depuis** la 6ème.*
  I have studied ICT since Year 7.

- *J'ai un nouveau prof **depuis** mai.*
  I have had a new teacher since May.

Use *depuis* to say that something has been happening since a specific date or event. Note that the French verb is in the *present* tense (whereas the English verb is in the perfect). Can you think why?

Point grammaire

The imperative

The imperative form of the verb is used to give commands. Use the verb in the present tense, without *tu* or *vous*.

Examples: ● *Finis vite! Finissez vite!*
● *Prends le livre! Prenez le livre!*

Note that -*er* verbs lose the 's' in the *tu* form.

Examples: *Écoute le CD! Regarde le tableau!*

To give an instruction in the negative, use *ne...pas* around the verb.

Examples: **Ne** *pars* **pas**! **Ne** *mangez* **pas**!

3 On décrit les professeurs

☑ **Describe and discuss teachers**
☑ **Describe people's character and personality**
☑ **Revise the position of adjectives**

1 🎧 Le soir de la rentrée, Fabien questionne sa petite sœur Sonia. Identifie les professeurs: M. Franville, Mme Thibaud, M. Durand et Melle Gautier.

2 🎧 Écoute encore Fabien et Sonia. Choisis deux numéros pour chaque professeur.

1 friendly
2 strict
3 kind
4 pleasant
5 popular
6 funny
7 patient
8 a good teacher

 **POINT LANGUE**

Je suis Il/Elle est	assez/très/plutôt de taille moyenne	grand(e)/petit(e)	et	gros(se)/mince
J'ai Il/Elle a	les cheveux	blancs/blonds/bruns/gris/ noirs/roux/châtains	courts longs et mi-longs	bouclés/frisés ondulés raides
Je suis Il/Elle est	chauve			
J'ai Il/Elle a	les yeux	bleus/gris/noirs/verts/marron clairs/foncés		
J'ai Il/Elle a	des taches de rousseur			
J'ai/Je porte Il/Elle a/porte	une barbe une moustache des lunettes des verres de contact			

3 💬 Avec un(e) partenaire, décris les deux professeurs non mentionnés par Fabien et Sonia.

1 Est-ce qu'ils sont grands ou petits?
2 Ils sont minces ou gros?
3 Ils ont les yeux de quelle couleur?
4 Ils ont les cheveux comment?
5 À votre avis, ils ont quel âge?
6 Ils sont sympathiques? Amusants?
7 Comment sont leurs cours? (Imaginez!)
8 Ils sont professeurs de quoi, à votre avis?

Point grammaire

Position of adjectives

In French, adjectives usually **follow** the noun.

Examples: un cours intéressant, une matière utile

However, a limited number of adjectives are placed **before** the noun.

Examples: un petit homme, un grand collège, les nouveaux élèves

1 Look up the feminine singular form of the following adjectives: *fou* (mad), *ambitieux* (ambitious), *travailleur* (hard-working), *curieux* (nosy) and *discret* (discreet).

2 Find three examples of adjectives placed before a noun and three examples of adjectives placed after the noun in the speech bubbles of exercise 1 on page 4.

À plus!

4 Ils ont quel caractère? Choisis les bons adjectifs et fais la description à ton/ta partenaire.

Thierry Henry

Il est…
travailleur/paresseux
timide/sûr de lui
patient/impatient
sincère/hypocrite
intelligent/idiot
modeste/ambitieux
sympathique/antipathique
égoïste/généreux
discret/différent

Audrey Tautou

Elle est …
intelligente/stupide
calme/folle
polie/impolie
honnête/malhonnête
sociable/réservée
casse-pieds/agréable
gentille/méchante
curieuse/indifférente
banale/extraordinaire

5 Choisis un personnage célèbre et prépare une liste d'alternatives pour faire sa description. Échange ta liste avec ton/ta partenaire.

6 Écoute et complète les descriptions avec des adjectifs de la liste. Utilise la forme correcte.

petit   intéressant   long   préféré
mince   gros   court   strict
généreux   grand   sympathique
brun   gentil   amusant   joli

Mme Varaux est …….. et …….. . Elle a les cheveux ……..
et elle porte de …….. lunettes de soleil. Elle est professeur
d'anglais, ma matière …….. .

La prof de français, Mme Ducas, et le prof de maths,
M. Fournier, ne sont pas très …….. . Ils sont trop ……..
et ils ne sont pas très …….. .

Melle Giraux, la prof d'histoire, est assez …….. mais
elle est très …….. . Elle est …….. et elle a les cheveux …….. .
Je la trouve …….. et …….. . Ses cours sont vraiment …….. .

7 Écris deux paragraphes pour décrire deux professeurs de ton collège. (Ne donne ni les noms des professeurs, ni des matières.)

8 Lis les descriptions des deux professeurs à un(e) partenaire. Ton/ta partenaire identifie les professeurs.

! INFO PRONONCIATION

Adjective endings

1 Adding an 's' to make an adjective plural does not alter its pronunciation.

Example: In *un petit livre* and *des petits bonbons*, *petit* and *petits* sound the same (the 's' here is silent).

2 Adding an 'e' to make an adjective feminine **can** alter its pronunciation. If the adjective ends with a consonant in the masculine singular, adding an 'e' makes you sound that consonant.

Examples: In *intéressant* and *intéressants*, the 't' is silent, but in *intéressante* and *intéressantes*, it is sounded.

If the adjective ends with a vowel in the masculine singular, neither the 'e' that makes it feminine nor the 's' that makes it plural alter its pronunciation.

Examples: *joli, jolie, jolis* and *jolies* all sound the same.

1 Listen, then repeat the recorded examples.
 a *un cours amusant, une leçon amusante*
 b *ils sont blonds, elles sont blondes*
 c *un livre bleu, des gommes bleues*

2 Say the following out loud, then check your pronunciation with the recording.
 a *un garçon intelligent, une fille intelligente*
 b *le collège est très grand, les salles de classe sont très grandes*
 c *ils sont forts en maths, elles sont fortes en maths*
 d *ma matière préférée, mes cours préférés*

4 La routine scolaire

✓ **Talk about your school routine**

✓ **Describe your school**

✓ **Use reflexive verbs in the present tense**

✓ **Revise question words**

1 📖 **La journée typique d'un collégien. Regarde les dessins et trouve l'ordre correct des phrases.**

1 Je me réveille à sept heures moins le quart et je me lève tout de suite.

2 Je dîne vers sept heures et quart, et je me couche à neuf heures et demie.

3 Je rentre chez moi à cinq heures moins le quart.

4 Je prends mon sac et je quitte la maison vers sept heures et demie.

5 À midi, je mange à la cantine du collège.

6 Je prends mon petit déjeuner.

7 Je vais à la salle de bains et je me douche.

8 Je m'habille, puis je descends à la cuisine.

9 Je vais au collège à vélo, ce n'est pas très loin.

10 Je goûte et je fais mes devoirs.

2 🎧 **Écoute Gaëlle, Nadia, Myriam, Sébastien, Damien et Yannick. Comment est-ce qu'ils vont au collège? Ils mettent combien de temps?**

Exemple: *Gaëlle — 20 minutes en voiture.*

3 🎧 **Écoute encore et note un ou deux détails supplémentaires en anglais pour chaque personne.**

Exemple: *Gaëlle — goes to school with a friend; they get a lift from her father.*

4 💬 **Questionne ton/ta partenaire.**

1 Tu habites loin ou près du collège?

2 Comment est-ce que tu vas au collège?

3 Tu vas au collège seul(e), avec ton frère ou ta sœur, avec des copains ou avec tes parents?

4 Tu mets combien de temps?

Point grammaire

Reflexive verbs in the present tense

Example: ***se réveiller*** (to wake up)

Je me réveille	*Nous nous réveillons*
Tu te réveilles	*Vous vous réveillez*
Il/Elle/On se réveille	*Ils/Elles se réveillent*

Je vais au collège à pied/en voiture.	I walk/drive to school.
Je mets 5 minutes.	It takes me 5 minutes.

5 🎧 **Écoute Gabi. Elle parle de sa routine scolaire. Choisis les phrases correctes.**

1a Gabi se lève à 6 heures et demie le matin.

b Gabi prend son petit déjeuner et après elle va à la boulangerie.

2a Gabi va au collège à pied avec sa petite sœur.

b Gabi va au collège en voiture avec sa mère.

3a Gabi met 20 minutes minimum pour aller au collège.

b Tous les jours, Gabi met une demi-heure pour aller au collège.

4a La mère de Gabi travaille au collège.

b La mère de Gabi travaille en ville.

5a Gabi ne va pas au collège le samedi.

b Gabi ne va pas au collège le mercredi.

6a Les jours d'école, Gabi déjeune chez sa grand-mère.

b Les jours d'école, Gabi mange à la cantine du collège.

7a Gabi fait toujours ses devoirs avant le repas du soir.

b Le samedi soir, Gabi ne travaille pas.

8a Quand elle va à l'école, Gabi se couche vers 21 h 30.

b Quand elle va à l'école, Gabi se couche vers 20 h 30.

À plus

6 Voilà les questions qu'on a posées à Gabi. Choisis le(s) mot(s) correct(s) pour compléter les questions.

Exemple: **1** *à quelle heure*

comment   à quelle heure   est-ce que   quand   qui

pourquoi   qu'est-ce que   combien de temps   combien   où

1 .... est-ce que tu te lèves, un jour de collège?
2 .... est-ce que tu vas au collège? À pied?
3 Tu mets .... pour arriver au collège, le matin?
4 .... s'occupe de ta sœur quand ta maman travaille?
5 Tu as .... de cours par jour?
6 .... est-ce que tu manges, à midi? Tu rentres chez toi?
7 Et .... tu fais, le mercredi?
8 .... est-ce que tu aimes aller chez ta grand-mère?
9 .... est-ce que tu fais tes devoirs, le soir?
10 .... tu vas au lit tard, un jour de collège?

7a Interroge ton/ta partenaire avec les questions de l'exercice 6. Modifie les questions si nécessaire.

b Maintenant, ajoute des questions!

8 Faly et Fabien parlent de leurs écoles. Qui dit chaque phrase? Écoute les descriptions et écris les numéros corrects pour chaque personne.

1 Le lycée est situé près du centre-ville.
2 Nous avons beaucoup d'espace pour les terrains de sport.
3 Les salles de classe sont agréables et assez bien équipées.
4 Depuis 2 ans, on a un nouveau gymnase très moderne.
5 Il y a 75 professeurs.
6 Il y a environ 1 400 élèves.
7 On n'a pas assez d'ordinateurs.
8 Il y a plusieurs bâtiments d'un ou deux étages.
9 Il y a un restaurant scolaire pour les demi-pensionnaires.
10 Nous avons une salle d'informatique depuis 5 ans.

Point grammaire

Question words

Use the following words to ask questions:

qui?	who?
que, qu'est-ce que?	what?
quand?	when?
à quelle heure?	at what time?
où?	where?
combien?	how much/how many?
pourquoi?	why?
combien de temps?	how long?
comment?	how?

9 Tu as 5 minutes pour décrire ton collège. Écris le maximum de phrases.

Exemple: *Mon collège s'appelle Forest School. C'est un grand collège mixte pour les élèves de 11 à 16 ans.*

Maintenant compare et complète ta liste avec la liste de ton/ta partenaire.

5 Le collège, qu'est-ce que tu en penses?

✔ Give your opinion about your school and school rules

✔ Talk about extra-curricular activities

✔ Revise the immediate future

✔ Use *depuis* and *ça fait...que...*

1 📖 **Le règlement du collège. Regarde le poster. Décide si c'est vrai (V), faux (F) ou pas mentionné (PM).**

1 Les élèves ne peuvent pas porter de bijoux au collège.
2 Ils peuvent utiliser le téléphone portable pendant les cours.
3 Ça fait 1 an que le chewing-gum est interdit en classe.
4 Il ne faut pas porter de maquillage.
5 Depuis six mois, les élèves peuvent fumer une cigarette pendant les cours.

On ne peut pas utiliser le téléphone portable à l'intérieur du collège.

On peut s'habiller comme on veut, mais les signes et les vêtements religieux sont interdits.

Les casquettes et les bandanas sont interdits.

Au collège, il est strictement interdit de fumer.

On ne doit pas porter son manteau ou son anorak en classe.

2 🏫 **Adapte les phrases de l'exercice 1 pour parler du règlement de ton collège.**

3 📖 **Étudie ces situations. À ton avis, c'est juste (*fair*) ou pas juste (*unfair*)?**

1 Pendant un test, tu demandes un stylo à ton copain. Ton prof te donne un zéro au test.
2 Tu interromps ton professeur (c'est la quatrième fois): il te donne une retenue.
3 Tu vas aux toilettes et tu arrives en cours avec 10 minutes de retard: tu es puni pendant la récré.
4 Ton portable sonne pendant le cours lundi: le portable est confisqué jusqu'à vendredi.
5 Tu as oublié ton devoir: le prof écrit une lettre à tes parents.
6 Tu as chaud, tu enlèves ta cravate et ton pull: tu dois aller au bureau du directeur.

4a 🏫 **Avec un(e) partenaire, réinventez le règlement du collège! Écrivez deux listes. Dites ce qui est interdit et ce qu'on peut faire.**

Exemples: • *Il est interdit d'écouter les professeurs.*
• *On peut jouer aux jeux vidéo pendant les cours.*

b 💬 **Lisez votre liste au reste de la classe. Écoutez les idées des autres personnes. Votez pour sélectionner dix idées fantastiques!**

une casquette	(baseball) cap
un bandana	headscarf
des bijoux (m)	jewellery
le maquillage	make-up

❗ POINT LANGUE

On peut	One/You/We can
Il faut	You/We must
On doit	One/You/We have to
Il est interdit de	It is forbidden to

5 🎧 **Écoute Quilian, Marie, Annick, Léo et Anne. Qu'est-ce qu'ils pensent de leurs collèges? Choisis deux numéros pour chaque personne.**

1 Il y a des choses que j'aime et des choses que je n'aime pas.
2 Mon collège est tout neuf.
3 J'ai trop de devoirs.
4 L'ambiance est bonne.
5 Les repas de la cantine sont horribles.
6 Il n'y a pas de clubs pendant la pause déjeuner.
7 Le principal est trop strict.
8 Les profs sont pénibles.
9 Le collège est agréable.
10 C'est vieux et c'est triste.

6 💬 **Et toi, qu'est-ce que tu penses de ton collège?**

1 Fais une liste de tes opinions.
2 Compare ta liste à la liste de ton/ta partenaire.

7 📖 **Qu'est-ce qu'on peut faire au collège, en dehors des cours? Lis le texte.**

Quand ils n'ont pas cours, les élèves du collège de Montgaillard, à Saint-Denis de La Réunion, peuvent participer à de nombreuses activités. Si on aime le sport, on peut pratiquer des sports individuels comme l'escalade ou la nage avec palmes, et des sports d'équipe, comme le football et le basket. Tous ces clubs se réunissent une fois par semaine et ils sont très populaires. Si on aime la musique, il y a un nouveau club DJ et mixage, un club hip hop et une chorale. Il y a aussi la possibilité de faire des activités plus calmes: on peut jouer aux échecs, faire de la poterie, de la photo, ou encore aller au club internet et écrire des articles pour le site du collège. Cette année, les membres du club d'échecs vont recevoir la visite d'un grand joueur professionnel, et le club de hip hop va organiser un concert à la fin du trimestre!

Choisis la bonne réponse.

1a Les clubs sportifs ont beaucoup de succès.
 b Les clubs sportifs se réunissent tous les lundis.
2a On peut participer à un échange scolaire.
 b On peut contribuer au site web du collège.
3a Il n'y a pas de club de musique.
 b On peut faire beaucoup d'activités musicales.
4a On invite des personnalités au collège.
 b On organise des visites à l'étranger.
5a On ne peut pas faire d'activités artistiques.
 b Il y a aussi des clubs artistiques.

8 💬 **Réponds aux questions avec un(e) partenaire.**

1 Est-ce qu'il y a beaucoup de clubs dans ton collège?
2 Tu es membre d'un club? C'est quand?
3 Tu fais (du basket/de la danse/de la photo etc.) depuis combien de temps?
4 Est-ce que tu vas participer à une activité spéciale avec ton collège (compétition sportive, concert, visite etc.)?

9 🏫 **Ton collège organise une journée d'activités. Regarde le programme, puis écris un paragraphe. Explique quelles activités tu vas choisir et pourquoi. Donne des détails sur ces activités (quand, où, avec qui etc.).**

Point *grammaire*

The immediate future

The immediate future is formed by using the verb construction *aller* + infinitive ('to be going to' + verb).

Example: Le club **va organiser** un concert.
The club is going to organise a concert.

Remember that *aller* remains in the present tense — it is the whole construction that conveys the future.

To use the immediate future in the negative, simply place *ne...pas* around *aller*.

Example: Je **ne vais pas** jouer au rugby.
I am not going to play rugby.

Point *grammaire*

Using *depuis* and *ça fait...que...*

To say how long you have been doing something, use *depuis* or *ça fait...que.*

Examples: Je vais à ce collège **depuis** 2 ans or **Ça fait** 2 ans **que** je vais à ce collège.
I have been going to this school for 2 years.

1 Find an example of each construction in exercise 1.

2 Rewrite the sentences, swapping *depuis* for *ça fait...que* and vice versa. Remember to use your French verb in the present tense.

3 Complete the sentences:
 • *Je vais à ce collège depuis ....*
 • *Ça fait .... que j'étudie le français.*

Activity day this year is on Friday 15 May

These are the activities for your year group:
● drama workshop with guest actress
● African music workshop with visiting group
● nature walk
● photography — learn the basics
● Chinese cookery class with guest chef

There will be three sessions during the day, all activities being repeated in each session. You must choose a different activity for each session. Enrol early to avoid disappointment.

1 📖 **Write a title in English for each of the following paragraphs.**

A Léo est en 5ème au collège, mais à 12 ans il a déjà un emploi du temps très chargé! Le lundi, après le collège, il a un cours de guitare en ville. Le mardi et le vendredi soir, il pratique le handball. Le jeudi de 17 h 30 à 19 h 00, il a un cours de musique. Une semaine sur deux, le mercredi après-midi, il participe à des rencontres de handball, et tous les samedis matin il joue dans un orchestre.

B Léo joue de la guitare depuis maintenant 3 ans et il aime beaucoup les répétitions du samedi matin avec les autres jeunes musiciens. Mais il doit se lever plus tôt pendant la semaine et s'exercer avant de partir à l'école.

C Pendant la semaine, sa mère vient le chercher au collège en voiture et elle l'accompagne directement à ses cours de musique ou au handball. Le week-end, en général, c'est son père qui l'accompagne.

D Les parents de Léo pensent que c'est très bon pour lui de faire toutes ces activités. Les jeunes ont besoin d'activité physique. Le sport et la musique sont excellents pour la concentration, la coordination et le travail en équipe. Dans les clubs, les jeunes se font de nouveaux amis qui partagent les mêmes intérêts.

E Mais tout le monde n'est pas d'accord. Irène, professeur de lycée, pense que certains jeunes ont des rythmes de vie impossibles. « Les enfants doivent avoir du temps libre, du temps pour jouer, pour lire, pour ne rien faire! Ils sont fatigués après une longue journée de classe. Trop d'activités extrascolaires, ça peut affecter les résultats scolaires! »

2 📖 **Find in the text above the French phrases for the following.**

1 every other week
2 he enjoys Saturday morning rehearsals
3 the youngsters make new friends
4 he has been playing the guitar for 3 years
5 he already has a very busy timetable
6 to have free time
7 he has to practise before he goes to school
8 every Saturday morning

3 🎧 **Fabien, Faly, Brieuc, Gabi and André are all starting their _troisième_. It is an important year for them. Listen to the resolutions they have made. Choose two numbers for each student.**

Example: _Fabien — 2, 7._

1 Listen in class.
2 Spend a week with an English family.
3 Only go out at weekends.
4 Do homework for all subjects, not just art.
5 Make an effort to answer questions in class.
6 Work really hard.
7 Try to improve technology marks.
8 Go to bed earlier.
9 Learn history notes.
10 Not leave PE kit at home.

4 ✏️ **What are _your_ resolutions for this year and next year? Write a list of resolutions and keep it in a safe place (perhaps give a copy to your teacher) as you will need it next year. Below are some phrases used in exercise 3. Can you think of any more?**

faire un effort en (maths)
essayer d'améliorer mes notes de (français)
travailler plus dur en (anglais)   faire mes devoirs
répondre en classe   faire des progrès en (sciences)
me coucher plus tôt

5 💬 **Find out what your partner's resolutions are.**

Examples: _Tu vas faire un effort dans quelle matière cette année? Est-ce que tu vas sortir en semaine?_

À plus!

6 📖 **Read this article and decide which four statements correspond to what is said in the text.**

Le prof idéal selon les élèves

Le prof idéal a de bons contacts avec ses élèves. Il est sympathique et il est compétent. Il aime enseigner, et il aime la matière qu'il enseigne. Il construit ses cours. Quand il parle, il est compris par les élèves. Naturellement, un cours idéal, c'est un cours sans problème de discipline.

Les cours du "bon" prof sont vivants: il sollicite beaucoup les élèves. Les élèves aiment sa matière à cause de son approche (faire des applications, dialoguer) ou de sa personnalité (sens de l'humour, charisme, voix). Pour les élèves, il est important de savoir que le professeur se soucie d'eux et qu'il est prêt à les aider. Mais s'il sait les écouter, il sait aussi être ferme quand c'est nécessaire. Le prof idéal respecte ses élèves, qui le respectent à leur tour.

1 The ideal teacher is someone who knows his/her subject and loves teaching it.
2 He/She does not need to spend long on preparation because he/she is very competent.
3 Lessons are really lively because the discipline is good.
4 Lessons are interesting thanks to his/her teaching methods.
5 He/She explains really well, and everything is made clear.
6 He/She likes students who have charisma and a good sense of humour.
7 He/She earns the respect of students by being firm and fair.
8 Students know that he/she really cares about them and their progress.

7 🖼️ **You have seen this advert on the internet. You decide to nominate one of your teachers.**

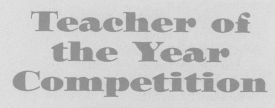

Teacher of the Year Competition

Winner's prize:

⭐ £200 in music equipment of his or her choice

⭐ £50 worth of book or record tokens

For his or her school or college:

⭐ ICT materials worth £2,000

⭐ Furniture or equipment worth £500 for the school or college staff room

To enter:

Visit our website and download an entry form.

Give 5 reasons why you think this teacher deserves to win.

Give an example to illustrate why his or her lessons are special.

Briefly describe your school and say what equipment would be useful.

Explain briefly how the winner's prize would be useful to you.

Say who you would like to nominate and write your entry in French, covering all aspects listed above.

Vocabulaire

Les matières et l'emploi du temps

Au collège, j'étudie…
  …le dessin/le français/la biologie/
  la chimie/la géographie/
  la musique/la physique/
  la technologie/l'allemand (m)/
  l'anglais (m)/l'art (m) dramatique/
  l'éducation (f) civique/
  l'éducation physique/l'EPS (éducation physique et sportive)/
  l'éducation religieuse/
  l'espagnol (m)/l'histoire (f)/l'italien (m)/
  l'informatique (f)/
  les maths (f pl)/
  les SVT (sciences (f pl) de la vie et de la terre).
J'ai trois cours de maths par semaine.
À la récréation, je vais au CDI
  (centre de documentation et d'information).
J'ai une heure d'étude le lundi/
  une fois par semaine.
J'ai cours d'anglais…
  …de 8 h 00 à 9 h 00/
  le matin/
  l'après-midi/tous les jours.
J'étudie l'espagnol depuis 3 ans.
Ça fait 4 ans que j'étudie le français.

School subjects and timetable

At school, I study…
  …art/French/biology/
  chemistry/geography/
  music/physics/
  technology/German/
  English/drama/
  civics (citizenship)/
  physical education (PE)/
  religious education (RE)/
  Spanish/history/Italian/
  information and communication technology (ICT)/
  maths/
  biology.
I have three maths lessons per week.
During the break, I go to the library
  (resources centre).
I have a study lesson on a Monday/
  once a week.
I have English…
  …from 8.00 a.m. to 9.00 a.m./
  in the morning/
  in the afternoon/every day.
I have been studying Spanish for 3 years.
I have been studying French for 4 years.

C'est comment?

C'est…
  …facultatif/obligatoire/difficile/
  dur/ennuyeux/inutile/
  fatigant/génial/nul/
  pas mal/passionnant/pénible/
  triste/utile.

What is it like?

It is…
  optional/compulsory/difficult/
  hard/boring/useless/
  tiring/great/rubbish/
  not bad/fascinating/hard-going/
  sad/useful.

Pour décrire le caractère

Je suis/Il est…
  …aimable/antipathique/
  casse-pieds/
  curieux (-euse)/(dés)agréable/égoïste/
  fou (folle)/gentil(le)/
  impoli(e)/(mal)honnête/
  méchant(e)/paresseux (-euse)/
  sévère/sympathique/timide/
  travailleur (-euse).

To describe someone's character

I am/He is…
  …pleasant/unfriendly/
  annoying (*lit.* a pain in the neck)
  nosy, curious/(un)pleasant/selfish/
  mad/nice, kind/
  rude/(dis)honest/
  nasty, naughty/lazy/
  strict/friendly/shy/
  hard-working.

Pour décrire le collège

Mon collège est situé près du centre-ville.
Il y a environ 1000 élèves.
C'est un collège mixte/de filles/de garçons.
Le collège est neuf/ancien.
Il y a plusieurs bâtiments de deux étages.

To describe the school

My school is located near the town centre.
There are approximately 1,000 pupils.
It is a mixed/girls/boys school.
The school is new/old.
There are several two-storey buildings.

À plus!

Nous avons beaucoup d'espace.
Les salles de classe sont confortables.
Les terrains de sport sont bien équipés.
Les laboratoires de sciences sont modernes.
Il y a un restaurant scolaire pour les demi-pensionnaires.
La bibliothèque se trouve au premier étage.
Nous avons une grande cour de récréation.
Il y a une bonne ambiance.

We have a lot of space.
The classrooms are comfortable.
The sports grounds are well equipped.
The science labs are modern.
There is a school canteen for half-boarders.
The library is on the first floor.
We have a big playground.
There is a good atmosphere.

L'uniforme du collège

Au collège, je dois porter/mettre…
    …un uniforme bleu marine/
    un pantalon gris clair/
    un pull vert uni/
    un chemisier à manches longues/
    une chemise blanche à rayures noires/
    une cravate verte à rayures dorées/
    une jupe de couleur bordeaux/
    une veste avec le logo de l'école/
    des chaussures noires/marron foncé.
Mon uniforme (n')est (pas)…
    …pratique/confortable/beau/horrible.

The school uniform

At school, I have to wear/put on…
    …a navy-blue uniform/
    light-grey trousers/
    a plain green jumper/
    a long-sleeved blouse/
    a white shirt with black stripes/
    a green tie with gold stripes/
    a maroon-/burgundy-coloured skirt/
    a jacket/blazer with the school logo/
    black/dark-brown shoes.
My uniform is (not)…
    practical/comfortable/nice/horrible.

Les activités extrascolaires

On peut faire…
    …des sports individuels, comme la natation/
    des sports d'équipe, comme le rugby.
Si on aime la musique…
    …il y a une chorale/
    on peut jouer dans l'orchestre.
Il y a un club d'échecs/un club photo.
Le club d'art dramatique se réunit tous les lundis.
On peut participer à un échange scolaire.

Extra-curricular activities

You/We can do…
    …individual sports, such as swimming/
    team sports, such as rugby.
If you like music…
    …there is a choir/
    you can play in the orchestra.
There is a chess club/a photography club.
The drama club meets every Monday.
You/We can take part in a school exchange.

1 Le week-end

2 Le sport, la musique et les sorties

3 Des invitations à sortir

4 Le week-end dernier

5 On assiste à un événement

1 Le week-end

1 📖 **Fabien, Faly, Brieuc, Gabi et André parlent de leur week-end. Lis les textes, puis réponds aux questions et explique tes réponses.**

a Avec qui est-ce que tu aimerais passer le week-end?

b Avec qui est-ce que tu n'aimerais pas passer le week-end?

Exemple: *J'aimerais passer le week-end avec Brieuc parce qu'il fait de la musique et moi, j'adore la musique.*

☑ **Exchange information about your weekend activities and routine**

☑ **Talk about your hobbies and interests**

☑ **Use the construction *en* + present participle**

Pour moi, le week-end, c'est la liberté — pas de collège, pas de parents qui crient! Le vendredi soir, après le dîner, je sors soit en ville, soit chez des amis. Le samedi et le dimanche, c'est pareil — on va au cinéma, on fait du bowling… S'il pleut, je lis des blogs, j'écris sur mon site personnel ou je surfe sur le net.

André

Je ne fais pas grand-chose. Le vendredi soir, je reste chez moi; je dois faire mes devoirs, et après le dîner, je regarde la télé. Le samedi, je dois accompagner ma mère quand elle fait les courses — c'est d'un ennui! Le seul avantage, c'est qu'elle me laisse regarder les nouveaux vêtements dans les vitrines. L'après-midi, je retrouve mes amies au centre-ville, et le soir je regarde la télé. Parfois, il y a un bon film. Le dimanche, c'est pire que le samedi car je dois ranger ma chambre et ça finit toujours par une dispute. Vivement le lundi!

Gabi

Pour moi, le week-end, c'est la détente! Et pour moi, ça veut dire le sport. Je passe toute la semaine enfermé, soit au collège, soit à la maison. Le samedi et le dimanche, j'ai besoin de bouger! Je fais de la natation et je joue au basket. Je joue dans une équipe le dimanche. En été, je suis membre d'un club de tennis à Perpignan.

Fabien

Normalement, le dimanche, je vois mon père; j'aime beaucoup passer du temps avec lui, mais ce que je déteste, ce sont les grandes réunions de tantes et d'oncles! Le samedi, je travaille dans un magasin où je gagne pas mal d'argent. La meilleure partie du week-end, c'est le samedi soir, quand je joue de la batterie avec mes copains.

Brieuc

Si je n'ai pas de projets précis, je fais la grasse matinée. Puis, je vais chez des copines et nous organisons des jeux. Par exemple, nous faisons de la musique en utilisant des bols ou des seaux renversés. Le dimanche, je suis obligée de faire mes devoirs, et puis je lis ou je joue avec mes frères et mes sœurs — il y a toujours du bruit chez nous! J'aide ma mère aussi avec le ménage.

Faly

À plus!

2 🎧 **Fabien, Faly, Brieuc, Gabi et André parlent de leurs passe-temps. Remplis la grille en français.**

	Aime	N'aime pas	Autres détails
Fabien	le sport		
Faly			
Brieuc		la télévision	
Gabi			
André			

3 📖 🖊 **Regarde ces extraits du script de l'exercice 2.**

1 Décide qui parle (Fabien, Faly, Brieuc, Gabi ou André).

a Comme passe-temps, j'aime beaucoup la musique.

b L'informatique me passionne énormément.

c Ma passion, c'est le shopping.

d Je voudrais aussi apprendre à faire du ski.

e Ce que je n'aime pas, c'est la musique.

f Je vais chez mes copains.

g Quand j'ai du temps libre, j'aime faire du sport.

h J'aimerais bien savoir jouer d'un instrument.

i J'espère apprendre à chanter un jour.

j J'écoute la radio.

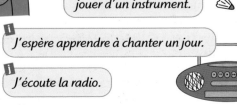

2 Maintenant, imagine que c'est toi qui parles. Reprends chaque phrase et ajoute le mot "parce que" pour finir la phrase.

Exemple: Comme passe-temps, j'aime la musique parce que j'adore chanter et ça me détend.

Point grammaire

En + present participle (1)

In exercise 2, Faly, Brieuc, Gabi and André have used the construction *en* + present participle, which is used to describe two actions being done by one person at the same time. Look at the sentences below. Can you work out their meaning in English?

Example: Je regarde un film en faisant mes devoirs.
I watch a film while doing my homework.

1 *J'écoute la radio en prenant mon petit déjeuner.*
2 *Je joue sur l'ordinateur en écoutant de la musique.*
3 *J'écoute la radio en jouant sur l'ordinateur.*
4 *Je regarde beaucoup la télévision en jouant aux cartes.*

To form the present participle, take the *nous* form of the present tense of the verb, then remove '-*ons*' and add '-*ant*' instead: *prenons → prenant; regardons → regardant; écoutons → écoutant.*

There are three irregular forms:
  avoir (to have) → *ayant*
  être (to be) → *étant*
  savoir (to know) → *sachant*

4 🖊 **Complète ces phrases avec un participe présent.**

1 J'écoute la radio en ....
2 Je regarde la télé en ....
3 Je fais mes devoirs en ....
4 Je me repose en ....
5 Je range ma chambre en ....
6 Je surfe sur le net en ....
7 Je travaille en ....
8 Je parle à ma mère en ....
9 Je mange mon dîner en ....
10 Je me lave en ....

5 🖊 **Tu cherches un(e) correspondant(e) français(e) qui partage tes centres d'intérêt. Écris un paragraphe sur tes loisirs. Mentionne:**
• **le sport, le shopping, la musique, la télévision**
• **ce que tu fais le week-end**

Essaie d'utiliser la construction 'en + participe présent' au moins deux fois. Commence ainsi:

Je cherche un correspondant qui aime..., parce que moi j'aime...

2 Le sport, la musique et les sorties

☑ Talk about sport and music

☑ Understand publicity about leisure activities and public events

☑ Use *jouer* with *à* and *de*

1 📖 ✏️ **En regardant des forums sur internet, tu vois des opinions sur le sport et la musique. Note si chaque personne préfère le sport ou la musique ou les deux et explique ta réponse.**

Exemple: Jean préfère le sport parce qu'il fait beaucoup de sports différents.

Auteur	Sujet: le sport et la musique
Jean	Pour moi, le sport est un passe-temps important. J'aime surtout les sports d'hiver — le ski, le patin à glace, le hockey sur glace. En été, je préfère faire de la natation ou du ski nautique. Le seul inconvénient, c'est que ça coûte cher. J'aime les sports qui coûtent cher. La musique ne m'intéresse pas.
Mariam	Je n'aime pas les sports d'équipe — je n'aime pas qu'on doive compter sur moi! Je préfère faire de la natation et j'ai participé à des compétitions scolaires. Je joue aussi au tennis, surtout en été. Ce que j'adore, c'est le squash parce qu'on peut y jouer en hiver et en été. Je fais du cyclisme aussi. J'adore écouter de la musique en travaillant, mais je ne joue pas d'un instrument.
Hakim	J'aime les sports qu'on fait au collège — l'athlétisme, le netball, le football, surtout les jeux d'équipe — parce que j'aime jouer avec mes amis. Mais je ne fais pas de sport en dehors du collège, c'est trop cher. Je préfère écouter de la musique ou aller à un concert.
Valérie	Moi, ce sont les sports un peu dangereux que je préfère — l'escalade, l'escrime, la planche à voile. J'aime l'aventure! J'écoute de la musique en travaillant, mais ce n'est pas une passion pour moi. Le sport est très bon parce qu'on s'amuse avec ses amis.
Marc	Moi, les sports, ça ne me dit rien. Le week-end, je fais des randonnées avec des copains, mais pas pour l'exercice — c'est pour être avec mes copains! Ce que j'aime, c'est jouer de la guitare et du piano avec mes copains.
Pria	Avec les copains, on va souvent au Trocadéro pour faire du patin à roulettes ou de la planche à roulettes. On s'amuse bien! Mais c'est la musique qui me détend le plus — je joue de la batterie et du synthétiseur.
Lara	On est tous des fanas de sport chez nous. On fait du jogging et beaucoup de marche. Ma sœur adore la musique et la danse. Elle joue du saxo, mais moi je n'ai jamais appris à en jouer. J'adore l'escrime. J'ai découvert ça en regardant les Jeux Olympiques. Je m'entraîne dans un club deux fois par semaine après l'école. Je suis à un niveau élevé.

2 💬 **Prépare une courte présentation pour motiver les jeunes à faire du sport. Mentionne: les sports que tu fais au collège, combien d'heures tu fais par semaine, si tu fais partie d'un club de sport, un sport que tu aimerais essayer, et pouquoi le sport est important. Essaie de l'apprendre par cœur.**

Point *grammaire*

Jouer à or *jouer de*?

The verb *jouer* is followed by *à* when talking about sport and by *de* for musical instruments.

Examples: *Je joue de la clarinette.*
Je joue à la pétanque.

- If the noun following *à* is masculine (e.g. *le tennis*), *à* and *le* become *au*, e.g. *Je joue au tennis.*
- If the noun following *de* is masculine (e.g. *le piano*), *de* and *le* become *du*, e.g. *Je joue du piano.*

3 🎧 **Fabien, Faly et Brieuc parlent de musique. Choisis la réponse correcte.**

1 Fabien prefers:
   a rock music.
   b listening to solo artists.
   c songs with different styles.

2 Faly:
   a thinks singing may give her other opportunities in the future.
   b enjoys listening to classical music at home.
   c would like to play a musical instrument.

3 Brieuc:
   a plays the guitar with his friends.
   b considers music as more than a hobby.
   c thinks that Matt Pokora could be a great talent.

4 The person least influenced by music is:
   a Fabien
   b Faly
   c Brieuc
   because…

4 📖 **Regarde la brochure et réponds aux questions en français. Utilise un dictionnaire pour chercher les mots que tu ne connais pas.**

1 Quelle est la date de la compétition de nage?

2 Le concert de jazz à Ver-sur-Mer commence à quelle heure?

3 Où a lieu le tournoi de pétanque à Saint-Côme-de-Fresné?

4 Où est le concert de musique classique?

5 Quelle est la date du raid de char à voile?

6 Il faut payer combien pour voir le cirque si on a 3 ans?

7 À Arromanches-les-Bains, où est-ce qu'on peut se renseigner?

8 Faut-il acheter un billet à l'avance pour participer au tournoi de pétanque?

9 Qu'est-ce qu'on peut faire le 6 septembre?

10 À quel événement est-ce que tu aimerais assister? Explique ta réponse.

Arromanches-les-Bains

Samedi 6 juin
Commémorations du jour J et feu d'artifice; s'addresser à l'office de tourisme.

Dimanche 30 août
Compétition de nage à partir de 12 h 00

Asnelles

Samedi 25 juillet
Raid de char à voile à partir de 17 h 30

Dimanche 6 septembre
Brocante, Place du Vieux Marché de 10 h 00 à 18 h 00

Banville

Dimanche 21 juin
Cirque au stade municipal, 15 h 00 et 18 h 00. Entrée: 5 euros; enfants de moins de 5 ans: gratuit

Graye-sur-Mer

Mercredi 15 juillet
Concert de musique classique à l'église à 21 h 30

Vendredi 4 septembre
Bal déguisé, salle de l'hôtel — 7 euros, pas de réduction

Saint-Côme-de-Fresné

Samedi 18 juillet
Tournoi de pétanque sur le parking de la plage à 18 h 00 — payez sur place

Ver-sur-Mer

Dimanche 9 août
Marché de l'art dans les rues du village toute la journée — défilés de mode

Mardi 18 août
Concert de jazz sur la plage vers 20 h 00, puis feu d'artifice

---

5 🏔 **Ton collège va recevoir un groupe de jeunes Français de 11 à 18 ans. Écris un programme d'événements pour ces visiteurs. Ils vont passer 10 jours chez vous. Pour chaque événement, donne les détails suivants: la date, l'heure, où ça se passe et le prix.**

Exemple: *disco; samedi 25 mai; de 9 h 00 à 11 h 00; salle des fêtes; gratuit.*

6 🎧 **Écoute ces annonces qui donnent des détails sur les événements dans la région et remplis la grille en français. Il y a cinq extraits.**

	Événement	Prix	Date	Heure	Lieu
1					
2					Saint-Côme-de-Fresné
3	Marché de l'art				
4					
5					

! QUESTIONS CULTURE

Est-ce que tu as déjà entendu parler de quelques-uns de ces événements sportifs en France? Cherche un ou plusieurs détails en anglais sur ces événements sportifs:
- le Tour de France
- les 24 Heures du Mans
- le Rallye Monte-Carlo
- le tournoi de Roland-Garros
- le Prix de l'Arc de Triomphe
- la course du Paris–Dakar

3 Des invitations à sortir

☑ **Understand and respond to invitations**
☑ **Learn how to arrange to meet someone**
☑ **Use *quand?* and *à quelle heure?***

1 📖 💬 **Matthieu a un problème et écrit une lettre à un magazine pour adolescents. Lis la lettre et explique le problème de Matthieu en anglais.**

> *Chers lecteurs,*
>
> *Que faire? Chaque fois que je veux demander à une fille de sortir avec moi, je ne trouve pas les mots. Je commence à lui parler, puis je deviens muet — je ne sais pas quoi dire. Pouvez-vous me donner des idées?*
>
> *Matthieu*

1 *Salut, ma chérie, tu es libre ce soir?*

Voici quelques suggestions. Avec ton/ta partenaire, choisis les cinq meilleures. Essayez de penser à deux ou trois autres idées. Comparez votre choix et le choix de vos copains de classe.

2 *Tu aimerais aller au cinéma avec moi?*

6 *Tu fais quelque chose demain?*

3 *Je suis libre; tu aimerais sortir avec moi?*

7 *Tu aimes la musique? Il y a un concert ce soir, on y va?*

4 *Qu'est-ce que tu fais ce week-end?*

8 *Tu veux me donner le numéro de ton portable?*

5 *On pourrait peut-être se retrouver au cinéma ce soir?*

9 *Quelle est ton adresse e-mail?*

10 *On pourrait peut-être jouer au tennis ce week-end?*

2 💬 **Dans la boîte ci-dessous, il y a des phrases utiles pour accepter ou refuser une invitation. Si tu es une fille, imagine que le garçon dans la photo t'invite à aller à une boum. Quelle réponse vas-tu donner? Si tu es un garçon, imagine que tu invites la fille dans la photo à aller au cinéma. Qu'est-ce que tu espères comme réponse?**

J'accepte	*Je refuse*
Oui, avec plaisir.	Non, merci. J'ai un(e) petit(e) copain (copine).
Oui, je veux bien.	Non, désolé(e), je ne suis pas libre.
Oui, pourquoi pas?	Désolé(e), je ne peux pas, je sors avec mon copain/ ma copine.
Aller à la boum? Oui, d'accord.	Merci, mais ma mère ne me laisse pas sortir le soir.
Quelle bonne idée!	Sortir avec toi, ça ne va pas? Tu es fou (folle)!
Si tu veux, oui.	Non, merci, mais ça ne me dit rien.
Si tu insistes.	Désolé(e), je suis privé(e) de sorties.
Si ça te fait plaisir.	Non, j'ai des devoirs à faire.
Si c'est toi qui paies, d'accord.	Désolé(e), je n'ai pas d'argent.

3 💬 🏫 **Avec un(e) partenaire, écris cinq excuses pour refuser une invitation.**

Exemples: *Je dois me laver les cheveux. Je veux regarder la télé.*

4 🎧 **Écoute ces jeunes qui invitent des amis à sortir. Note:**
- **si la personne accepte ou refuse**
- **la raison donnée**

À plus

5  **Regarde cet e-mail et écris une réponse. Explique pourquoi tu n'es pas libre samedi et propose une activité pour un autre jour.**

> Salut!
>
> Merci pour l'invitation, mais je ne peux pas venir chez toi vendredi soir; je dois aller au restaurant avec ma famille parce que c'est l'anniversaire de ma mère.
>
> Si tu veux, on peut se voir un autre jour? Samedi peut-être? On pourrait jouer au tennis ou aller au cinéma?
>
> J'attends ta réponse,
>
> Pierre

6 **Voici quelques phrases utiles pour se donner rendez-vous. Avec un(e) partenaire, choisis la bonne phrase en anglais.**

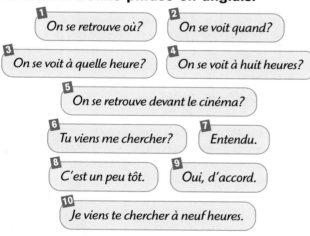

1 On se retrouve où?
2 On se voit quand?
3 On se voit à quelle heure?
4 On se voit à huit heures?
5 On se retrouve devant le cinéma?
6 Tu viens me chercher?
7 Entendu.
8 C'est un peu tôt.
9 Oui, d'accord.
10 Je viens te chercher à neuf heures.

a It's a bit early.
b Shall we meet at eight o'clock?
c Where shall we meet?
d Yes, OK.
e Agreed.
f At what time shall we meet?
g Shall we meet at the cinema?
h Will you come and fetch me?
i I'll come and fetch you at nine o'clock.
j When shall we meet?

7 **Prépare une conversation entre deux stars; imagine leur conversation quand l'une veut sortir avec l'autre, qui n'est pas très intéressée. Écris au moins dix phrases.**

Point grammaire

Using *quand?* and *à quelle heure?*

To ask when or at what time, use *quand…?* or *à quelle heure…?*

Examples: On se voit quand?
When shall we meet?

On se voit à quelle heure?
At what time shall we meet?

! INFO PRONONCIATION

The French alphabet

In exercise 6 on p. 21 (listening exercise), some of the towns were spelt out to you. Did you get them all right? Below is some help on the alphabet.

1 Look at the groups of letters, listen and repeat.

a B C D G P T V W (as in *les, et*)
b A H K (as in *la, ça*)
c F L M N R S Z (as in *elle, aime*)
d I J X Y (as in *il, visite*)
e Q U (as in *tu, une*)
f E (as in *je, le*)
g O (as in *joli, hôtel*)

2 Listen and repeat the alphabet.

A B C D E F G H I J K L M N O P Q R S T U V W X Y Z

3 Which nouns are being spelt out? Careful! For a double letter ('mm', 'tt' etc.), you will hear *'deux m', 'deux t'* etc.

4 Listen and write down the names of these five French towns, then compare your results with those of your partner.

Exemple: 1 *Amiens*

5 Now your turn! Spell out the names of these countries.

a Australie
b Mexique
c Japon
d Algérie
e Thailande

Listen and check the correct pronunciation.

4 Le week-end dernier

☑ Talk about what you did last weekend
☑ Use the perfect tense with *avoir*
☑ Use the negative in the perfect tense
☑ Learn irregular past participles

1 📖 Voici ce que disent Fabien, Faly, Brieuc, Gabi et André à propos du week-end dernier. Ils utilisent le passé composé (*the perfect tense*). Lis les bulles et:

- écris trois détails sur leur week-end, en anglais
- cherche dix phrases qui sont au passé composé
- essaie de te rappeler comment on forme le passé composé

> Samedi dernier, j'ai assisté au mariage de ma cousine, Lucie. C'était vraiment super parce que toute la famille était réunie. Tout d'abord, on s'est rendus à la mairie, parce que tous les couples sont obligés de se marier à la mairie. Après la cérémonie, on est allés à pied à une petite église au centre du village, où a eu lieu la cérémonie religieuse. Après, on a pris la voiture pour aller dîner dans un restaurant. On a bien mangé et on a bu beaucoup de champagne. À la fin, il y avait la pièce montée, le dessert traditionnel. On a dansé jusqu'à 5 heures du matin.

Gabi

> Vendredi soir, mes sœurs ont joué, et moi j'ai regardé la télé. Samedi matin, j'ai travaillé au magasin. Le soir, j'ai regardé un bon film. Dimanche, j'ai fait du vélo et j'ai aidé ma mère dans la cuisine. Je n'ai pas fait mes devoirs. Ce n'était pas mal.

Faly

> Quel désastre! Je n'ai pas pu aller voir mon père comme d'habitude parce que ma mère et mon beau-père ont invité des amis chez nous; on leur a fait faire un tour de la région et j'ai dû être super poli. Samedi soir, on a dîné dans un restaurant près de la plage, et dimanche après-midi on a fait une randonnée près de la côte. Ma mère a promis de me laisser sortir avec mes amis pendant la semaine, puisque je ne les ai pas vus pendant le week-end.

Brieuc

> Le week-end dernier, j'ai envoyé des e-mails à des copains; j'ai surfé sur le net parce que ma mère voulait des renseignements sur les vacances. Mon frère a joué avec ses copains. Je n'ai pas rangé ma chambre, donc ma mère a crié! Dimanche, nous avons passé l'après-midi chez une tante.

André

> Samedi dernier, j'ai nagé à la piscine et j'ai fait un match de foot avec mes copains. Dimanche, j'ai assisté à un match de rugby avec mon frère. Le soir, nous avons dîné ensemble. Je n'ai pas passé beaucoup de temps à la maison. Le seul inconvénient, c'est que j'ai dû faire mes devoirs dimanche soir.

Fabien

2 📝 Écris un e-mail à un(e) ami(e) français(e) pour lui parler de ton week-end. Utilise:

- les suggestions ci-dessous
- la construction 'en + participe présent' au moins une fois

Exemple: Vendredi soir, j'ai fini mes devoirs en regardant un film à la télévision, puis j'ai envoyé des e-mails. Samedi matin, j'ai...

cependant
enfin
finalement
plus tard
ensuite
d'abord
à la fin
mais
après
puis
heureusement

Point grammaire

The perfect tense with *avoir*

To form the perfect tense of regular verbs, use the auxiliary verb *avoir* and the past participle of the verb.

Regular verbs form their past participle in the following way:

- **-er verbs:** replace '-*er*' with '-*é*'; *manger* → *mangé*
- **-ir verbs:** remove the '-*r*'; *finir* → *fini*
- **-re verbs:** replace '-*re*' with '-*u*'; *vendre* → *vendu*

Below is the perfect tense of *manger* in full:

J'ai mangé	Nous avons mangé
Tu as mangé	Vous avez mangé
Il/Elle/On a mangé	Ils/Elles ont mangé

À plus!

3  **Réponds à ces questions à tour de rôle avec ton/ta partenaire en utilisant 'ne...pas' ou 'ne...jamais'.**

Exemple: — *Tu as joué au tennis hier?*
             — *Non, je n'ai pas joué au tennis hier.*

1 Tu as visité le musée du Louvre à Paris?
2 Tu as acheté un cadeau pour ton professeur?
3 Tu as fait tes devoirs hier soir?
4 Tu as vu la tour Eiffel?
5 Tu as essayé l'escrime?
6 Tu as rencontré la reine Elizabeth?
7 Tu as mangé au restaurant samedi midi?

4 **Gabi a passé un week-end avec une copine Karine et ses parents à Paris. Lis la carte postale que Gabi a envoyée à son copain et essaie de découvrir le sens des mots soulignés.**

> Bonjour Thomas!
> Comme je t'ai dit, je suis à Paris pour fêter mon anniversaire! Tout se passe très bien! Hier, j'ai vu la tour Eiffel et d'autres monuments et j'ai pris plein de photos. Le soir, j'ai écrit des cartes postales, j'ai ouvert mes cadeaux, j'ai lu la carte de mes parents et nous avons bu du champagne au restaurant. J'ai eu une surprise parce que Karine m'a offert un cadeau — un tee-shirt très chouette. Le soir, j'ai mis mon nouveau pantalon! Nous avons ri quand nous avons vu que le gâteau avait la forme de la tour Eiffel!
>
> À bientôt!
> Gabi

> Thomas DUVAL
>
> 1, rue des Princes
>
> 67000
>
> ROUEN

5 **Écris 12 phrases au passé composé en utilisant chaque verbe mentionné dans le Point grammaire.**

Exemple: *Hier, nous avons pris un taxi.*

6  **Réponds à ces questions, puis pose les questions à ton/ta partenaire.**

1 Qu'est-ce que tu as bu hier au dîner?
2 Qu'est-ce que tu as vu à la télé hier soir?
3 Tu as fait quels devoirs hier soir?
4 Qu'est-ce que tu as dit à ta mère en rentrant?
5 Tu as écrit une lettre cette semaine?
6 Qu'est-ce que tu as lu récemment?
7 Est-ce que tu as pris le bus pour aller au collège?
8 Quels vêtements as-tu mis ce matin?

Point *grammaire*

The negative *ne...pas* with the perfect tense

Ne...pas (not) is used to make a negative statement.

Example: *Je ne joue pas au tennis.*
             I do not play tennis.

With the perfect tense, as a general rule, *ne* goes in front of the auxiliary verb and *pas* after it.

Example: *Je n'ai pas joué pas au tennis.*
             I have not played tennis.

(Note that *ne* contracts to *n'* in front of a vowel.)

The negative *ne...jamais* with the perfect tense

The negative *ne...jamais* (never) is used in the same way as *ne...pas*.

Example: *Je n'ai jamais joué au tennis.*
             I have never played tennis.

Point *grammaire*

Irregular past participles

Many verbs do not form the past participle in the regular way. The words underlined in the postcard in exercise 4 are all examples of irregular past participles. Below is a list of the infinitives. Match each past participle with the corresponding infinitive.

1 *avoir* (to have)	**a**	pris
2 *boire* (to drink)	**b**	lu
3 *dire* (to say, to tell)	**c**	dit
4 *écrire* (to write)	**d**	ri
5 *faire* (to do, to make)	**e**	ouvert
6 *lire* (to read)	**f**	eu
7 *mettre* (to put (on))	**g**	écrit
8 *offrir* (to offer, to give)	**h**	vu
9 *ouvrir* (to open)	**i**	bu
10 *prendre* (to take)	**j**	fait
11 *rire* (to laugh)	**k**	mis
12 *voir* (to see)	**l**	offert

5 On assiste à un événement

☑ **Exchange information about going to an event**

☑ **Use the perfect tense with *être***

☑ **Use the expression *venir de* + infinitive**

1 🎧 **Écoute ces jeunes qui parlent du week-end dernier et écris les détails dans la grille.**

	Événement	Quand?	Où?	Opinion	Pourquoi?
Laurent	grand spectacle				
Hélène				contente et déçue	
Nathalie					

**grammaire**

The perfect tense with *être*

In the recording for exercise 1, Laurent says, '*Je suis allé à un festival de musique*' (I went to a music festival). The verb *aller* is one of a small group of verbs that use *être* to form the perfect tense (rather than *avoir*). Below is a list of such verbs.

aller	to go	*partir*	to leave
arriver	to arrive	*rester*	to stay
descendre	to go down	*retourner*	to return
entrer	to go in	*sortir*	to go out
monter	to go up	*tomber*	to fall
mourir	to die	*venir*	to come
naître	to be born		

Can you think of a phrase to help you remember these verbs (for example, 'Mr V Pant dreams' or 'Mrs M P Ant raved')?

An important aspect of the perfect tense with *être* is that the past participle must agree with the subject:

- for feminine singular, add '-e' (e.g. *la fille est partie*)
- for masculine plural, add '-s' (e.g. *les garçons sont partis*)
- for feminine plural, add '-es' (e.g. *les filles sont parties*)

Perfect tense of *aller* in full:

Je suis allé(e)	*Nous sommes allé(e)s*
Tu es allé(e)	*Vous êtes allé(e)(s)*
Il/Elle/On est allé(e)	*Ils/Elles sont allé(e)s*

Reflexive verbs (e.g. *se laver*, *se coucher*) also use *être* in the perfect tense.

2 💬 **Travaille avec un(e) partenaire. Imagine que tu es quelqu'un qui est célèbre. Réponds à ces questions en ajoutant au moins un détail.**

1 Tu es resté(e) chez toi vendredi soir?
2 Tu es sorti(e) avec des amis le week-end dernier?
3 Tu es allé(e) en ville?
4 Tu es arrivé(e) chez toi à quelle heure samedi soir?
5 Tu es parti(e) à quelle heure dimanche?
6 Tu t'es levé(e) tard?
7 Tu t'es couché(e) à quelle heure?

3 📖 **Lis ces récits et remplis les blancs avec les mots dans la boîte. Explique ton choix en anglais.**

1 J'ai joué dans un .... de football avec l' .... du village. Moi, je .... toujours en .... et hier, j'étais très contente parce que j'ai .... un but après 20 minutes de jeu. La deuxième partie était pleine d'action, mais malheureusement, nous n'avons pas .... C'est dommage, il n'y avait pas beaucoup de ....

joue	équipe	demi-centre	match
marqué	spectateurs	gagné	

2 J'ai participé à un concours de .... la semaine dernière; c'était un concours entre tous les .... de notre ville. Ça se passe toujours au mois de .... On fait des courses .... — brasse, brasse papillon, dos crawlé, crawl. Moi, je fais la brasse papillon. Je suis arrivée en .... place sur six, donc ce n'était pas mal. Tous les parents sont .... regarder et tout le monde criait. Les spectateurs étaient .... du concours!

juin	différentes	collèges	contents
deuxième	venus	natation	

3 Le mois dernier, j'ai .... au mariage de mon cousin Pierre. C'était vraiment .... parce que j'ai .... tous mes cousins. .... , on est .... à la mairie. Après une .... cérémonie, il y a eu un service religieux à l'église et on a pris .... de photos. Pour .... le mariage, on a mangé dans un .... et on a dansé. La mariée a porté une robe .... selon la coutume et on a mangé .... , comme c'est la tradition en France.

restaurant
assisté   vu   beaucoup   D'abord   la pièce montée
courte   blanche   fêter   super
                                          allés

4  **Lis la conversation entre Gabi et sa copine Karine. Est-ce que tu peux expliquer les phrases en gras?**

Karine Salut Gabi. C'est moi, Karine. **Je viens de revenir** d'un concert de musique avec Paul et je veux te raconter tout ce qui s'est passé.

Gabi Eh bien moi, **je viens de rentrer** du cinéma et le film était super, je veux tout te raconter aussi! Mais là, on fête l'anniversaire de ma sœur et maman **vient de servir** le gâteau, alors on se rappelle demain?

Karine Ah, je suis désolée. D'accord, je te rappelle demain.

Point grammaire

Venir de + infinitive

While in English you use the past to say that you have just done something, in French you must use the present tense of the verb *venir* followed by *de* and an infinitive.

Example: *Je viens d'arriver.*
              I have just arrived.

Here are some more examples. Can you work out what they mean in English?

1 *Je viens de participer à un concert.*
2 *Tu viens de te lever.*
3 *Il vient de jouer dans un match de football.*
4 *Elle vient d'acheter une nouvelle robe.*
5 *Nous venons de faire une partie d'échecs.*
6 *Vous venez de vous réveiller.*
7 *Ils viennent de se marier.*

5 🎧 **Six personnes expliquent ce qu'elles ont fait. Écris les lettres a à f dans ton cahier et écoute. Pour chaque personne, écris le ou les numéro(s) qui correspond(ent). (Attention! Tu n'as pas besoin de toutes les phrases!)**

1 Elle vient de faire ses devoirs dans le salon.
2 Ils viennent de gagner le match de foot.
3 Elle vient de préparer son sac pour le collège.
4 On vient d'arriver dans les Alpes.
5 Elle vient de trouver son porte-monnaie.
6 On vient de sortir du cinéma.
7 Quelqu'un vient de se faire mal.
8 Elle vient de rentrer.
9 Nous venons de sortir.
10 Elle vient de manger.

6 💬 **À tour de rôle avec ton/ta partenaire, réponds aux questions en commençant par 'oui' ou par 'non' et en utilisant 'venir de'.**

Exemple: — *Est-ce que je peux parler à Lucie?*
            — *Oui, elle vient de finir son dîner.*

1 Est-ce que je peux sortir maintenant?
2 Est-ce que Marc est là?
3 Est-ce que les filles sont au club?
4 Est-ce que Julie est en ville?
5 Est-ce que je peux manger une pomme?
6 Est-ce que nous pouvons sortir?
7 Est-ce que je peux boire du thé?

1 Read this article on sport, then choose the correct statements below.

Le dopage

L'utilisation de produits interdits pour améliorer sa performance sportive, qu'on appelle "le dopage", trouble le monde du sport depuis longtemps.

Le dopage existe dans tous les sports et dans beaucoup de compétitions. Il existe des règlements stricts. Les sanctions vont très loin: on risque de perdre sa médaille, ou d'être interdit de participer à des compétitions pendant longtemps. Certains sportifs prennent des substances contre la fatigue et la douleur, d'autres en prennent pour battre des records, à cause de la pression du public.

Pour essayer de mettre fin au dopage, on pratique des tests sur les sportifs au hasard afin de détecter les substances interdites. Si un test en révèle la présence dans le sang ou dans l'urine, un sportif peut se retrouver au tribunal.

Un sportif risque non seulement d'être interdit de compétition, mais aussi de perdre la confiance du public, et bien sûr il met en danger sa santé — certains sportifs qui se sont dopés ont eu des problèmes de muscles, des crises cardiaques et des cancers.

1 This text talks about how to improve your sporting performance.
2 Illegal use of drugs in sport can result in a ban from competitions.
3 Some sports people take drugs to help them beat records.
4 All participants must take a blood or urine test when competing.
5 You risk losing the public's confidence if you take drugs.
6 The risks of drug-taking to long-term health are minimal.

2 Your friend wants to know what you would like to do at the weekend. Use the leaflet on the right to help you answer the questions.

1 Qu'est-ce que tu aimerais faire ce week-end?
2 C'est combien, l'entrée? Il y a des réductions?
3 La fête commence quand?
4 Ça se passe où?
5 Est-ce qu'on peut manger sur place?
6 C'est quelle sorte de fête?
7 On pourrait peut-être faire quelque chose samedi matin?
8 Que fais-tu le samedi et le dimanche, normalement, chez toi?
9 Qu'est-ce que tu as fait le week-end dernier?

3 You have been asked to write an article in French about a memorable event that included your family and friends (e.g. a wedding, a birthday party, a special weekend away). Include the following:
● the nature of the event
● where and when it took place
● your involvement in the event
● whether it was a success or not (explain why)
● what you would like to do next time
● the perfect tense, the *en* + present participle construction, and a sentence with *venir de* + infinitive

One of the types of oral assessment in the speaking test could be a 'transactional interaction' — an unscripted role play in response to a stimulus. Both the situation and the tasks you have to complete will be outlined in English. There will be additional questions that you will not know before you start. Exercise 2 is an example of this type of assessment. As this is a first practice, you have been given the types of question you may be asked. Work with a partner to answer the questions.

Fête de la danse
Une soirée dansante au Château Royal

Samedi 5 juin, de 19 h 30 à 23 h 30
Entrée: 20 euros

Grillade

Musique traditionnelle

Feux d'artifice

4 Listen to the descriptions of two weddings, then answer the questions in English.

1a What type of wedding is being described?
  b Where did it take place?
  c Where did the bridegroom place his wife's ring?
  d On which day did the ceremony take place and how is this significant?
  e What custom did the bridegroom observe at the end of the ceremony?
2a Where did the Muslim wedding take place?
  b Where else do Muslim weddings sometimes take place?
  c What did the bridegroom wear?
  d What did the imam read?
  e How did the celebrations differ from those described in the first wedding?

5 Read this article on blogs and provide a title for each paragraph in English.

Les blogs

1 Les blogs sont des sites personnels sur internet qui peuvent être ouverts gratuitement et où on peut publier n'importe quelle photo et n'importe quel texte. Il en existe des milliers, de qualité et d'intérêt variables. Des adolescents racontent leurs journées, donnent leur avis; des journalistes mènent leurs campagnes; des cuisiniers révèlent leurs dernières recettes; des professionnels cherchent du travail.

2 En postant ses textes sur son site, on peut autoriser les utilisateurs à laisser des commentaires mais aussi décider de censurer tous commentaires. De plus en plus de blogs deviennent une sorte de forum, avec des échanges sur des sujets qui passionnent auteurs et lecteurs.

3 Les blogs permettent la liberté totale d'opinion sur n'importe quel sujet. Tout le monde a le droit de s'exprimer et peut le faire d'une manière très rapide, et les réponses peuvent arriver tout aussi vite. Mais est-ce que c'est un passe-temps innocent, sans aucun risque?

4 Les enfants surtout sont vulnérables car ils postent des renseignements sur eux-mêmes et leurs familles sans se rendre compte des dangers.

5 De plus, en regardant les blogs d'autres personnes, les enfants peuvent trouver des choses qui ne sont pas de leur âge. Enfin, il y a des enfants qui utilisent les blogs pour insulter et rendre la vie difficile à ceux qui sont dans leur classe.

6 You have been asked by your teacher to bring in a photo of a sporting event that you attended recently. Here is the photo you have brought in. Answer the questions in French and be prepared to answer more questions from your teacher.

1 Quand est-ce que tu as assisté à ce match?
2 Avec qui es-tu allé(e) au match?
3 Quelles étaient les deux équipes?
4 Tu es supporter d'une équipe?
5 Quel était le résultat?
6 Tu aimes regarder les événements sportifs à la maison? Pourquoi?
7 Quels sont les avantages et les inconvénients de regarder le sport à la télé?

7 Read the following text about a music group. Write ten details in English and then write about your favourite group or invent a group.

Je suis un grand fan de Party Time, un groupe danois que j'ai vu pour la première fois à la télé et que j'ai entendu sur Radio NRJ il y a quelques semaines. Il y a deux garçons et trois filles; ils jouent tous de la guitare sauf Mélanie, qui chante et qui joue de la batterie. Le chanteur principal s'appelle Erik. Ils se sont rencontrés au collège et ils ont créé leur groupe pour un concours. Ils portent tous des vêtements noirs et un chapeau. La musique est très vive et leurs chansons sont pleines d'émotions, tout en parlant des problèmes du monde du point de vue des adolescents. Leur premier album a connu un grand succès et j'espère les voir en concert le mois prochain. Leur nouvel album s'appelle *Fifty-two* et ils en ont déjà vendu beaucoup.

Vocabulaire

On parle du week-end
Je sors en ville.
Je vais chez mes amis/au cinéma.
Je fais une partie d'échecs.
Je fais la grasse matinée.
Je lis/J'écoute de la musique.
Je travaille.
Je suis obligé(e) de…
Je joue au basket/au tennis.
On fait du bowling.
Je reste chez moi.
La meilleure partie du week-end, c'est…
Je regarde la télé(vision).
Je fais de la natation.

Talking about the weekend
I go out into town.
I go to my friends'/to the cinema.
I play a game of chess.
I have a lie-in.
I read/I listen to music.
I work.
I have to…
I play basketball/tennis.
We go bowling.
I stay at home.
The best part of the weekend is…
I watch television.
I go swimming.

Les passe-temps
J'aime (beaucoup)…/Je préfère…
L'informatique me passionne.
Ce que je n'aime pas, c'est…
Je voudrais apprendre à…
Je m'intéresse à…
Quand j'ai du temps libre,…
J'aimerais savoir/essayer…
Je ne joue pas d'un instrument de musique.
Je joue de la guitare/du violon/dans un orchestre.
Je joue au tennis/au football.
J'aime les sports d'équipe/individuels/d'hiver.
Je fais des randonnées.
Je fais partie du club de tennis/de la chorale.
Mon chanteur/groupe préféré, c'est…
J'aime envoyer des méls/e-mails.
Je surfe sur le net/sur internet.

Hobbies
I like…(a lot)/I prefer…
I have a passion for computing.
What I don't like is…
I would like to learn to…
I am interested in…
When I have some free time,…
I would like to know how to/to try to…
I don't play a musical instrument.
I play the guitar/the violin/in an orchestra.
I play tennis/football.
I like team sports/individual sports/winter sports.
I go for walks.
I belong to the tennis club/the choir.
My favourite singer/group is…
I like sending e-mails.
I surf the (inter)net.

Les sorties
C'est quand…
    …le bal déguisé/le feu d'artifice/
    le cirque/le concert/le tournoi?
Tu es libre ce soir?
Tu aimerais…?
Qu'est-ce que tu fais…?
On pourrait peut-être…?
Tu fais quelque chose demain?
Il y a un match; on y va?
Désolé(e), je ne suis pas libre/je ne peux pas.
Ça ne me dit rien; une autre fois.
Oui, je veux bien.
D'accord, quelle bonne idée!
Si tu veux/Si tu insistes.
On se voit quand?
On se retrouve où?

Going out
When is…
    …the fancy dress party/the fireworks display/
    the circus/the concert/the tournament?
Are you free this evening?
Would you like…?
What are you doing…?
We could perhaps…?
Are you doing anything tomorrow?
There is a match on; shall we go?
Sorry, I'm not free/I can't.
I'm not interested/I don't feel like it; another time.
Yes, I'd like to.
OK, what a good idea!
If you want/If you insist.
When shall we meet?
Where shall we meet?

On parle du week-end dernier

J'ai joué sur l'ordinateur/
  écouté la radio/regardé la télé/
  acheté des vêtements.
Je n'ai pas regardé la télé.
Mon frère a surfé sur le net.
Nous avons passé l'après-midi à jouer au football.
Je suis allé(e) au cinéma.
Je suis parti(e) à 17 h 00.
J'ai bu/écrit/fait/lu/vu…
Il a pris/mis…

Talking about last weekend

I played on the computer/
  listened to the radio/watched television/
  bought some clothes.
I didn't watch television.
My brother surfed the net.
We spent the afternoon playing football.
I went to the cinema.
I left at 5.00 p.m.
I drank/wrote/made (did)/read/saw…
He took/put (on)…

On parle des événements

J'ai assisté à…
  …un spectacle de musique/un match de rugby/
  un mariage/un festival/un concert.
Il y avait/Il n'y avait pas de…
  …beaucoup de monde/une bonne ambiance/
  des effets spéciaux.
J'étais déçu(e).
Les effets spéciaux étaient décevants.
Comme souvenir, j'ai acheté…

Talking about events

I went to…
  …a musical show/a rugby match/
  a wedding/a festival/a concert.
There was (were)/There was (were) not…
  …a lot of people/a good atmosphere/
  special effects.
I was disappointed.
The special effects were disappointing.
As a souvenir, I bought…

On regarde et on participe

On voit tout.
On sent la tension/l'enthousiasme.
C'est plus/moins confortable.
Ça coûte trop cher.
Je joue en demi-centre.
J'ai marqué un but.
Nous avons gagné.
J'ai participé à un concours/une compétition.
Je suis arrivé(e) en deuxième place.
Tout le monde criait.
Le match était plein d'action.

Watching and taking part

You can see everything.
You feel the tension/enthusiasm.
It's more/less comfortable.
It's too expensive.
I play half-back.
I scored a goal.
We won.
I took part in a competition.
I came second.
Everyone was shouting.
The match was full of action.

Unité 3

Là où j'habite

1 La région où tu habites
2 La France et les autres pays
3 Ta ville et ton quartier
4 Vivre en ville et vivre à la campagne
5 Chez toi

1 La région où tu habites

> ✓ **Locate your home town and your area**
> ✓ **Describe your area and its climate**
> ✓ **Use the pronoun *y***

1 🎧 📖 **Brieuc, Fabien, Gabi, Faly et André parlent de leur ville et de leur région.**

C'est quelle lettre?

1 I went there for an important meeting at the European Parliament.
2 We went there to ski in February.
3 Here, there are only two seasons, and the hot season starts in November.
4 It is an exotic region, but when we went in August, the temperature dropped to –1°C!
5 It is not a French *département*, but they speak French there.
6 It is ideal if you like the sea but not the heat.
7 Last October, their house was flooded.
8 Here, temperatures can be very high in the summer, but it often rains.

2a 📖 💬 **Sur internet, trouve des informations supplémentaires sur deux de ces endroits. Prends des notes en français.**

b En classe, échange les informations avec les autres personnes.

3 💬 **Choisis une ville ou un pays de la carte (page 33) et explique où il/elle est situé(e). Ton/ta partenaire identifie la ville/le pays.**

> *Exemple:* C'est un petit pays, situé au nord-est de la France et au sud-ouest de l'Allemagne. (C'est le Luxembourg!)

la tramontane	name of local wind
un département	district (administrative)
une île	island

a Le village de Saint-Évarzec est situé dans le département du Finistère, en Bretagne. Le Finistère a plus de 600 kilomètres de côtes. C'est une région aux hivers doux, aux étés tempérés et où il y a beaucoup de vent! Les pluies sont fréquentes, mais il neige très peu.

b Perpignan (ville la plus ensoleillée de l'Hexagone) se trouve dans le sud, près des Pyrénées. Il fait doux en hiver, mais il neige en montagne. Il fait très chaud en été près de la Méditerranée. Problèmes: des averses intenses avec risques d'inondations en octobre, et un vent violent, la tramontane.

c Strasbourg, capitale européenne, est située en Alsace, dans l'est de la France. Le climat est froid en hiver. Il pleut beaucoup à Strasbourg, surtout en été (200 jours de pluie par an), mais il peut aussi y faire très chaud, jusqu'à 30 °C en juillet!

d M'boro est une ville du Sénégal. Elle se trouve au nord de la capitale, Dakar. Le Sénégal est une ancienne colonie française, le français est sa langue officielle. Situé entre désert et tropique, il a un climat généralement chaud et ensoleillé. Mais on distingue une saison sèche et une saison des pluies.

e La Réunion est une île d'origine volcanique (deux volcans de plus de 2 800 m). C'est un département français, mais il est situé à 10 000 km de la métropole. Le climat est tropical, avec des risques de cyclones en saison chaude. De mai à octobre, pendant la saison fraîche, il peut faire très froid en altitude. Saint-Denis, la ville principale, est située dans le nord de l'île.

4 🎧 Fabien et ses copains de la 3ème Euro décrivent leur région pour leurs partenaires espagnols. Écoute et choisis la phrase correcte.

Exemple: 1 — a.

se reposer	to rest
produire	to produce
l'autoroute (f)	motorway

1a La région de Perpignan est une région touristique.

b Il n'y a pas beaucoup de choses à voir dans la région.

2a C'est une région qui est industrielle et agricole.

b C'est une région agricole, connue pour ses vins.

3a La côte méditerranéenne est très loin.

b On peut voir des vieux ports de pêche pas très loin.

4a On vient dans les Pyrénées en hiver seulement.

b La montagne attire les touristes toute l'année.

5a Le Canigou est une montagne très populaire.

b Le Canigou est le plus haut sommet des Pyrénées.

6a On trouve beaucoup d'influences espagnoles.

b Il n'y a pas d'autoroute pour aller en Espagne.

5 🖊 Ta classe prépare un enregistrement pour un collège français. D'abord, vous préparez le script. Voilà les instructions de ton professeur.

Write a short paragraph about your area.
- Write about the area in general: where it is and what the climate is like.
- Describe what there is in the area and what you think about it.

Point grammaire

Using the pronoun *y*

Example: **C'est une région agricole. On *y* produit beaucoup de fruits.**
The region is agricultural. They produce lots of fruit there.

The pronoun *y* generally replaces a noun or phrase that stands for a place (*région agricole*) and translates into English as 'there'. It is placed before the verb (before the auxiliary in the perfect tense).

Example: **Paris? Il *y* est allé en train.**
Paris? He went there by train.

Note its position if the verb is in the immediate future:

Example: **Dublin? Je vais *y* aller bientôt.**
Dublin? I am going to go there soon.

! POINT LANGUE

- Use *dans le nord/l'est/le sud/l'ouest de* to say in which part of a country, area or town a place is.

  Example: **dans l'est de** la France
  in the east of France

- Use *au nord/à l'est/au sud/à l'ouest de* to locate a place in relation to another place.

  Example: **à l'est de** la capitale
  to the east of the capital

- To say 'in + country':
  – Use *en* for feminine singular countries and masculine singular countries starting with a vowel, e.g. **en** *Écosse,* **en** *Irlande.*
  – Use *au* for masculine singular countries, e.g. **au** *Sénégal,* **au** *Pays de Galles,* **au** *Portugal.*
  – Use *aux* for plural countries, e.g. **aux** *Pays-Bas.*

2 La France et les autres pays

☑ Talk about France and other countries
☑ Talk about nationalities
☑ Use comparatives
☑ Ask questions using *où?*
☑ Revise French accents

1 Ces personnes sont à Strasbourg pour une réunion au Parlement européen. Écoute et identifie la personne dans les phrases 1 à 12.

Exemples: 1 — d; 2 — g.

	Nom	Origine			Nom	Origine
a	Karl et Birgit WACKER	Bonn		g	LEFEVÈRE Nathalie	Bruxelles
b	M. BALSIGER Clément	Genève		h	Harvey WALBANK	Birmingham
c	DA SILVA Maria	Lisbonne		i	M. et Mme O'NEILL	Dublin
d	Ken et Brenda McLEOD	Édimbourg		j	Paloma SANCHEZ	Barcelone
e	Vivian van BEEST	Amsterdam		k	M. et Mme DEMETRIOU	Athènes
f	Melle Paola SANTONI	Turin		l	Miss F. GWYNN	Cardiff

2 Deux pays bien différents. Écoute les descriptions 1 à 6. C'est quel pays?

Exemple: 1 — le Sénégal.

les DOM (Départements (m) d'Outre-Mer)
French overseas *départements*

1 km² = 1 kilomètre carré

	France (avec DOM)	Sénégal
Superficie	640 000 km²	196 700 km²
Nombre d'habitants	63,5 millions	10,6 millions
Âge de la population	25% moins de 20 ans	58% moins de 15 ans
Capitale	Paris: 9,7 millions d'habitants	Dakar: 2 millions d'habitants
Nombre de visiteurs par an	75 millions	450 000

Point grammaire

Comparatives

To compare things or people, use *plus…que* (more…than), *aussi…que* (as…as) and *moins…que* (less…than).

Examples:
- *La France est **plus grande que** le Sénégal.*
  France is **bigger than** Senegal.

- *Paris est **moins chaud que** Dakar.*
  Paris is **less warm** than Dakar.

- *Ces villes ne sont pas **aussi belles que** Paris.*
  These towns are not **as beautiful as** Paris.

Remember to make the necessary agreement on the adjective used in the comparison.

3 Trouve et corrige les trois erreurs (utilise seulement les mots "plus" ou "moins" pour corriger).

1 La superficie du Sénégal est plus grande que la superficie de la France.
2 La population de la France est moins jeune que la population du Sénégal.
3 Les visiteurs sont moins nombreux en France qu'au Sénégal.
4 La population de Paris est presque aussi importante que la population de tout le Sénégal.
5 En France, le nombre de visiteurs est aussi élevé que le nombre d'habitants.

la superficie	area, surface
presque	nearly, almost
élevé(e)	high

4 Sur internet, trouve les statistiques sur le Royaume-Uni. Écris des phrases pour comparer le Royaume-Uni et la France. Tu peux choisir un autre pays si tu veux.

À plus!

5 📖 **Où parle-t-on français dans le monde? Lis le texte et réponds aux questions.**

Combien de personnes parlent français dans le monde? Plus de 175 millions, selon les dernières estimations!

Il y a d'abord les 60 millions de personnes qui habitent en métropole, et puis les 3,5 millions de Français des Territoires et des Départements d'Outre-Mer, comme la Martinique, la Guadeloupe et la Réunion.

La Belgique, le Luxembourg et la Suisse sont des pays francophones. Mais on utilise aussi beaucoup le français en Afrique du nord (Algérie, Maroc, Tunisie), en Afrique subsaharienne (Sénégal, Côte d'Ivoire etc.), au Québec et en Louisiane et au Moyen-Orient (Égypte, Liban).

Pourquoi? On trouve l'explication dans l'histoire. Ces pays et ces régions sont des anciennes colonies ou territoires occupés par les Français dans le passé. Ils ont gardé le français comme langue officielle, langue administrative ou langue de culture.

Enfin, il y a toutes les personnes qui étudient le français, comme vous!

1 Explain what the following numbers correspond to: 175 million, 60 million and 3.5 million.
2 In which European countries is French spoken?
3 Where in America is French spoken?
4 Where in Africa are the French-speaking countries?
5 Why is French spoken in all these places?

❗ QUESTIONS CULTURE

- Find two other names for 'France' in exercise 1 on p. 32. Can you explain these names?
- What is a 'Francophone' country?
- What Francophone countries do you know?
- Make a list of English-speaking countries (*pays anglophones*). Compare it to the list of Francophone countries. Find them all on a world map and compare locations. What comments can you make?
- On the internet, find out more about why French is spoken in Louisiana.

6 💬 **À tour de rôle avec un(e) partenaire, lis et transforme les questions pour utiliser "est-ce que". (Il n'est pas nécessaire de répondre aux questions!)**

Exemple: Tu vas où, Paul? → Où est-ce que tu vas, Paul?

1 Tu vas aller où, samedi prochain?
2 Il est allé où, en vacances?
3 Où as-tu mis ton téléphone portable?
4 Où avons-nous cours de maths?
5 Tu l'as rencontré où?
6 Où ont-ils acheté leur voiture?

❗ INFO PRONONCIATION

French accents   û è î ã é ç ù ô ¿ ë à ü ê

1 As you already know, some accents modify the pronunciation of a letter. Say the following out loud:
a *l'été; un élève très énervé; la fête; mon frère est bête*
b *Le maïs? J'adore ça!*
c *Il y a un drôle de château sur l'île…*

In which cases did the accent influence pronunciation? Listen to the recording and repeat.

2 What is the role of accents in these examples? Listen to the recording.
a *J'ai **dû** acheter **du** fromage.*
b *Elle **a** fini **à** quatre heures.*
c ***Où** vas-tu? En France **ou** en Italie?*

In the examples above, accents help distinguish between words that have a completely different meaning (*du/dû, a/à, ou/où*). They do not affect the pronunciation.

3 Copy the following sentences, adding accents where necessary. Say the sentences out loud, then listen and check with the recording.
a *Je suis decu parce que mon frere est tres egoiste.*
b *A Noel, elle a recu une boite de chocolats.*
c *Je suis sur que la lecon sur le present sera facile!*

Point grammaire

Asking questions using *où*?

There are different ways to ask questions with *où?* Look at this example:

Où parle-t-on français?, where there is inversion of subject and verb.

The same question could be asked using *est-ce que*: *Où est-ce qu'on parle français?*

It could also be phrased in a more informal manner: *On parle français où?*

When *où?* is used with a preposition (*de, par, vers* etc.), the preposition always goes first.

*Example: **Tu viens d'où?***
Where do you come from?

3 Ta ville et ton quartier

☑ Describe your town or village
☑ Talk about your neighbourhood
☑ Use direct object pronouns

1 📖 **Lis la description de Strasbourg. C'est quel titre? C'est quelle photo?**

Exemple: a — 1, D.

un parking relais	park and ride	un réseau	network

Adresse: @ http://www.strasbourg.ville.fr

Strasbourg, une ville en mouvement!

a Strasbourg est située dans la région de l'Alsace, près de la frontière avec l'Allemagne: plus proche de Francfort et de Milan que de Paris!

b Pour aller à Strasbourg, vous avez le choix: autoroute, train ou avion. Avec le TGV, la ville est à 2 heures de Paris, 3 heures de Bruxelles et 4 heures de Londres.

c Construite sur la rivière l'Ill, à proximité du Rhin, et avec son fantastique réseau de canaux, Strasbourg est un très grand port intérieur.

d Strasbourg a une vocation européenne. On y trouve de nos jours le Conseil de l'Europe, la Cour européenne des Droits de l'Homme et le Parlement européen.

e Strasbourg est aussi une ville d'art et d'histoire: musées, cathédrale gothique, architecture splendide, de l'époque médiévale à l'époque contemporaine.

f Strasbourg a un tramway ultramoderne et le premier réseau cyclable de France avec 400 kilomètres de pistes. Avec les parkings relais-tram, les voitures restent à l'extérieur du centre-ville.

g On trouve à Strasbourg installations sportives, salles de spectacles, restaurants et le plus grand centre commercial de l'est du pays. Le marché de Noël attire des milliers de visiteurs.

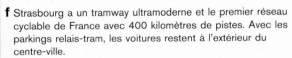
PARIS — MILAN — FRANCFORT

Titres

1. Une ville à dimension internationale
2. Une ville commerçante, riche en distractions
3. Une capitale européenne
4. Une ville où il est facile de circuler
5. Une ville historique et culturelle
6. Une ville d'accès facile
7. Une ville au bord de l'eau

2 🎧 **Regarde les sept titres de l'exercice 1. Écoute et note les numéros qui correspondent aux cinq aspects mentionnés par le guide.**

3 💬 **Regarde encore les photos et le texte sur Strasbourg.**

1. À ton avis, Strasbourg est une ville intéressante? Pourquoi?
2. Donne un avantage et un inconvénient de Strasbourg.
3. Tu aimerais habiter à Strasbourg? Pourquoi?

À plus!

4 Qu'est-ce qu'ils aiment et qu'est-ce qu'ils n'aiment pas à Strasbourg? Fais deux listes: opinions positives et opinions négatives.

1 J'aime la vieille ville! Je la trouve très belle.
2 Le marché de Noël? Je le trouve magique.
3 Il y a trop de touristes en été. Ça m'agace!
4 Les pistes cyclables. Je les connais toutes.
5 On nous oblige à laisser les voitures loin du centre-ville, ce n'est pas pratique et c'est pénible.
6 Les bâtiments modernes, comme le Parlement européen. Je les trouve laids.
7 Les canaux et les rivières, c'est très agréable.
8 La pluie! Nous la détestons!
9 Strasbourg, c'est ma ville, je l'ai toujours aimée!

5 Avec un(e) partenaire, trouve les pronoms d'objet direct utilisés dans les phrases de l'exercice 4, et traduis les phrases en anglais.

Exemple: **Q1 la** (replaces *la vieille ville*);
*We find **it** very beautiful.*

Direct object pronouns

In the sentences *Je **les** connais toutes* and *Nous **la** trouvons très belle*, *Je* and *Nous* are **subject pronouns**, whereas *les* (them) and *la* (it) are **direct object pronouns**.

Direct object pronouns take on the gender and the number of the noun that they replace. In the examples above, *les* replaces *les pistes*, and *la* replaces *la ville*.

Direct object pronouns are normally placed before the verb to which they are attached, or before the auxiliary if the verb is in the perfect tense.

When the verb is in the negative, the object pronoun is placed between *ne* and the verb.

Example: **Je n'aime pas le tram, je ne le prends jamais.**

Here is the full list of direct object pronouns:

me/m'	me	nous	us
te/t'	you	vous	you
le/la/l'	him/her/it	les	them

6 Qu'est-ce qu'il y a dans ton quartier ou dans ta ville?

1 Mon quartier est très près du centre-ville. .... , il y a un marché sur la place. Dans les petites rues anciennes du centre, il y a beaucoup de boutiques de vêtements, des bijouteries, des épiceries, des boulangeries-pâtisseries et un marchand de vins. Près du château, il y a quelques magasins de souvenirs .... , deux librairies, des restaurants et plusieurs cafés.

2 Dans mon village, il n'y a pas beaucoup de magasins, mais dans la rue principale il y a un bureau de poste, une banque et la mairie. Il y a deux écoles primaires, et .... on a construit un collège qui accueille les élèves de quatre villages voisins. .... , il y a beaucoup de choses: un terrain de rugby, une salle de basket, une salle de gymnastique et de danse, deux terrains de tennis et une piscine en plein air.

3 Ma ville est une ville moyenne, avec un hôpital moderne, un grand centre médical, des écoles, et une bibliothèque. .... , il y a des clubs et une discothèque. Et .... , nous allons avoir un bowling! Nous avons une gare routière et une gare SNCF. En ville, il y a un petit jardin public avec des bancs, et à la sortie de la ville il y a un étang avec des canards et un grand parc ouvert au public.

Ça va dans quel texte?

a pour les sportifs
b pour les touristes
c pour les jeunes
d bientôt
e tous les matins
f l'an dernier

C'est quelle description?

i Il y a beaucoup d'espaces verts.
ii Les installations sportives sont excellentes.
iii Il y a un quartier historique.
iv Il y a beaucoup d'établissements scolaires.
v On y trouve toutes sortes de magasins.
vi Les transports en commun sont bons.
vii Les services publics sont très satisfaisants.
viii C'est une ville touristique.

7 À toi! Décris ton quartier, ton village ou ta ville.

1 Fais la liste de tout ce qu'il y a/il n'y a pas dans ton quartier, ton village ou ta ville.
2 À tour de rôle avec un(e) partenaire, lis les phrases. Qui a la liste la plus longue?
3 Tu aimes ton quartier/ta ville/ton village? Pourquoi?
4 Qu'est-ce que tu voudrais changer?

4 Vivre en ville et vivre à la campagne

✓ Talk about life in a town and in the country

✓ Discuss, compare and give opinions

✓ Use the negatives *ne...rien* and *ne...personne*

1 📖 **David est en vacances à la montagne. Lis sa lettre.**

a ✏️ **Ferme ton livre et fais un résumé de la lettre en anglais.**

b ✏️ **Réponds aux questions suivantes.**

1 Corsavy, qu'est-ce que c'est?

2 Pourquoi est-ce que David écrit à son copain Gaëtan?

3 David est content à Corsavy? Pourquoi? (Donne trois raisons.)

4 Qui aime Corsavy?

5 Comment est-ce que le petit frère de David passe le temps? Et sa mère?

6 Qu'est-ce que David va faire demain matin?

7 Donne deux détails qui montrent que Corsavy est un village très calme.

Point grammaire

Using *ne...rien* and *ne...personne*

Just as for *ne...pas* and *ne...jamais*, the two parts of the negatives in *ne...rien* (nothing/not anything) and *ne...personne* (nobody/not anyone) are placed around the verb.

Example: **Je ne fais rien et je ne vois personne.**
          I don't do anything and I don't see anyone.

However, when the verb is used in a compound tense, the placing of *ne...personne* is different from that of the other negatives seen so far: *personne* goes **after** the verb.

Examples: • **Je ne vais pas nager.**
              I am not going to swim.

            • **Je ne suis jamais allé à la pêche.**
              I have never gone fishing.

but   • **Elle ne va voir personne.**
              She is not going to see anyone.

            • **Je n'ai vu personne.**
              I have not seen anyone.

Salut Gaétan!

Ça va? Moi non! On est à Corsavy depuis 3 jours seulement et déjà je m'ennuie trop! Il n'y a rien à faire ici, c'est un village de 185 habitants perdu dans la montagne, je n'ai vu personne de mon âge dans les alentours! Je n'ai pas de réception pour mon téléphone portable, et comme au (seul!) café du village, ils n'ont pas Internet, je suis obligé de t'écrire! C'est la préhistoire!

Par contre, mes parents et mon petit frère sont très contents ici: c'est très calme (à part le bruit des vaches dans les champs et la cloche de l'église!), donc ma mère se repose. Elle n'est pas sortie de la maison ou du jardin! Mon père fait des promenades en montagne ou dans la forêt, et mon frère joue dehors avec les autres gosses. Il n'y a pas de danger, parce qu'il n'y a rien dans les rues du village, elles sont trop étroites pour les voitures!

C'est bien simple, à part l'église et l'épicerie, il n'y a rien! Impossible d'aller nager, la piscine en plein air n'est pas ouverte à Pâques. Impossible d'aller au ciné, il n'y en a pas! Ça fait 3 jours que je ne fais rien! Mon père m'a promis de m'emmener pêcher à la rivière demain matin. Il y est déjà allé hier (il n'a rien attrapé!), mais moi je n'y suis jamais allé. Bon, encore 11 jours dans ce coin perdu, et puis je rentre à Lyon!

À plus!

David

par contre	on the other hand
les alentours (m)	the surroundings
les gosses (m/f)	kids

2 ✏️ 💬 **Avec un(e) partenaire, fais la liste de toutes les formules négatives utilisées dans la lettre de David. Traduisez-les en anglais.**

Exemple: *Il n'y a rien à faire ici.*
          There is nothing to do here.

3 📖 ✏️ **Relis la lettre de David, puis complète ce texte avec "pas", "jamais", "rien" ou "personne".**

À Corsavy, il n'y a .... à faire pour les jeunes, et il n'y a .... de monuments à visiter, à part l'église. Jusqu'à maintenant, la mère de David

n'est .... sortie de la maison, et elle n'a vu ....
! Elle ne fait absolument .... : elle se repose.
Mais le père et le frère de David ne restent ....
à la maison, ils sont toujours dehors! Son frère
joue tranquillement dans la rue avec ses petits
copains parce qu'il n'y a .... de voitures, mais
David est seul, parce qu'il n'a rencontré ....
de son âge pour le moment.

4 💬 **Réponds aux questions suivantes.**

1 Tu voudrais passer tes vacances à Corsavy?
  Pourquoi?
2 Donne deux aspects positifs et deux aspects
  négatifs de Corsavy.
3 Tu connais un petit village comme Corsavy?
  Explique!

5 🎧 **Brieuc explique pourquoi il aime
beaucoup habiter dans son village,
Saint-Évarzec.**

a Complète les phrases.

1 Saint-Évarzec est à .... minutes de la mer.
2 La ferme est à .... mètres de la maison.
3 Il y a un terrain de foot à .... du
  centre-ville.
4 La ville de Quimper se trouve à ....
  de Saint-Évarzec.

**b Écoute encore et note quatre choses
que Brieuc aime là où il habite.**

6 🏔 **Réponds aux questions: c'est à
quelle distance?**

1 Ta maison se trouve à quelle distance de
  ton collège?
2 Le collège est loin du centre-ville?
3 Il y a des magasins près de chez toi?
4 Ton meilleur copain/ta meilleure copine
  habite loin de chez toi?

> **! POINT LANGUE**
>
> **Saying how far a place is**
>
> You can explain how far (in distance or in time) something
> is in this way: *La mer est **à 10 minutes**; Les magasins sont
> **à 200 mètres**.*
>
> If you want to specify this distance in relation to a specific
> place, use the preposition *de*: *La mer est à 10 minutes **de la
> maison**; La ferme est à 10 kilomètres **du village**.*

7 📖 ✏ **Vivre en ville: une vie pour toi?
Lis ces extraits et fais deux listes: les
avantages de la ville et les inconvénients
de la ville.**

Flore, 18 ans. J'habite à Paris et je suis très heureuse!
J'ai tout à proximité, et je peux sortir tous les soirs si
je veux. C'est vrai que tout est cher à Paris, mais avec
les transports en commun, on n'a pas besoin de
voiture!

Martin, 17 ans. Moi, je ne voudrais pas vivre en ville,
dans un appartement sans jardin et pas d'espace
dehors sauf les rues et les trottoirs! J'aime l'air pur,
pas l'air pollué! En ville, il y a du bruit même la nuit!
Moi, j'aime le calme et la nature. La ville, c'est
stressant!

Olivier, 21 ans. J'habite en ville parce que j'y ai mon
travail. C'est pratique, je n'ai pas à passer des heures
sur la route! J'aime l'ambiance, c'est toujours très
animé, il y a des concerts, des expositions, et c'est
plein de jeunes.

Rose, 26 ans. Moi, j'habite au 12ème étage dans la
banlieue de Lyon, et qu'est-ce que je vois de ma
fenêtre? Des tours et des immeubles, de tous les côtés!
Pas d'arbres, pas de terrains de sport... Et il y a de la
circulation jour et nuit!

Arnaud, 19 ans. Mes parents habitent à la campagne,
mais depuis que je suis étudiant, je vis en ville, et ma
vie est transformée! Ici, pas de voisins curieux, je suis
libre de m'habiller comme je veux, et il y a toujours
quelque chose à faire ou à voir. La vie en ville est plus
excitante et plus dynamique!

8 💬 **Pose ces questions à ton/ta partenaire.**

1 Tu habites en ville ou à la campagne?
2 Tu es content(e) d'habiter là? Pourquoi?
3 À ton avis, quels sont les avantages et les inconvénients de la vie à la campagne?

5 Chez toi

- Describe your house/flat
- Say where things are
- Use possessive adjectives
- Use prepositions

1 📖 **Choisis les six expressions correctes pour compléter la description de Brieuc.**

Pendant longtemps j'ai habité dans une maison jumelée en ville, dans la banlieue de Quimper. Nous avons déménagé il y a 3 ans. Maintenant, nous habitons à la campagne, dans .... Elle n'est pas grande, mais autour de la maison nous avons un assez grand jardin avec une pelouse devant.

.... , il y a la cuisine, la salle à manger et .... , et au premier étage nous avons deux chambres et ....

Un petit escalier monte .... , où se trouve le grenier. Nous n'avons pas de cave, mais nous avons .... derrière la maison.

au bord de la mer
au rez-de-chaussée
au deuxième étage
une maison mitoyenne
une maison individuelle
la salle de bains
le hall d'entrée   un garage   le salon
au sous-sol

2 🎧 **Où habitent-ils? C'est comment?**

Qui?	Type de logement	Depuis combien de temps?	Où?	Nombre de pièces	Il n'y a pas de...
Mme Brun	maison mitoyenne	10 ans	village à la montagne	6	jardin
Alice					
M. Chenau					
Sébastien					

3 🎧 **Écoute encore les interviews. Note des détails supplémentaires.**

La maison de Brieuc

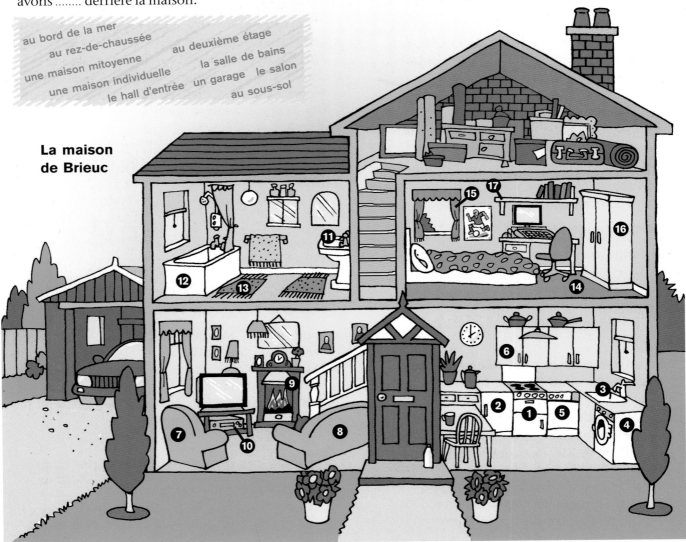

4 🎧 **Écoute encore Mme Brun, Alice, M. Chenau et Sébastien. Ils aiment là où ils habitent? Pourquoi?**

Exemple: Mme Brun: oui, vues magnifiques de la montagne, voisins gentils.

5 💬 **Pose ces questions à ton/ta partenaire.**

1 Tu habites dans une maison ou un appartement? Tu habites là depuis combien de temps?

2 C'est situé où?

3 Il y a combien de pièces? Tu as un jardin?

4 Tu aimes ta maison/ton appartement? Pourquoi?

6 🎧 **Dans la maison de Brieuc.**

a Écoute les six descriptions et regarde encore le dessin page 40. Trouve les trois phrases qui sont fausses.

b Écoute encore et prends des notes (en anglais ou en français) pour corriger les phrases fausses.

7 💬 **Invente des phrases supplémentaires. Ton/Ta partenaire décide si elles sont vraies ou fausses.**

Exemple: ● *Dans le salon, le lecteur de CD est sur la télévision.*
● *C'est faux, le lecteur de CD est sous la télé.*

8 📖 **Brieuc décrit sa chambre. Complète la description avec les mots de la liste.**

J'ai ma propre chambre, au premier étage. Elle est assez grande et très confortable, avec une .... et des rideaux bleus. Je n'ai pas beaucoup de meubles, mais en face de mon lit j'ai une .... pour mes vêtements.

.... le lit et l'armoire, il y a un .... où je fais mes devoirs et où j'ai mis mon PC. Mon beau-père a installé une .... sur le mur au-dessus du bureau, pour mes livres. Bientôt, je vais y mettre une chaîne hi-fi — je travaille dans un magasin tous les samedis pour la payer! J'ai mis des .... de foot sur les murs. J'aime beaucoup ma chambre, elle est trop cool!

> étagère
> bureau armoire
> entre moquette
> posters

Point grammaire

Possessive adjectives

my → *mon, ma, mes*	our → *notre, nos*
your → *ton, ta, tes*	your → *votre, vos*
his/her/its → *son, sa, ses*	their → *leur, leurs*

French possessive adjectives agree in gender and in number with the noun that they accompany (i.e. with the 'possession', not with the 'possessor').

Examples: ● *ma maison, mon jardin, mes voisins*
my house, my garden, my neighbours

● *sa maison, son jardin, ses voisins*
his/her house, his/her garden, his/her neighbours

● *notre maison, notre jardin, nos voisins* our house, our garden, our neighbours

9 ✏️ **Tu es une star de cinéma. Imagine la maison idéale pour tes vacances. Écris une description (où c'est situé, si c'est grand, ce qu'il y a exactement, pourquoi c'est idéal etc.) et fais un dessin ou cherche une photo.**

Point grammaire

Prepositions

To explain where things are located, use the following prepositions:

*en face**	opposite
*au-dessous**	below
*au fond**	at the back (of)/end (of)
*au-dessus**	above
*à gauche**	on the left (to the left of)
*à droite**	on the right (to the right of)
*à côté**	nearby (next to)
*près**	near
devant	in front (of)
derrière	behind
entre	between
sous	under

When you locate things in relation to a place, the prepositions marked * are followed by *du/de la/ de l'/des*, depending on the gender and number of the word for the place.

Example: **La cuisine est au fond du couloir, à côté de la salle à manger.**
The kitchen is **at the end of** the corridor, **next to the** dining room.

1 🎧 Listen to Alex. Find the four correct statements.

1 Alex lives in Lille because his father is French.

2 Alex's house is in the suburbs of Lille.

3 His grandparents' house in England is brand new.

4 Offley is a small rural place.

5 All the rooms in his grandparents' house are carpeted.

6 The house in Offley is bigger than the house in Lille.

7 The house in Lille does not have a garden.

8 The house in Offley has a beautiful garden.

2 💬 🏠 During the summer holiday, you are doing some part-time work at an estate agent's in the UK. A French-speaking client walks in who is interested in the bungalow shown on the right. The estate agent does not speak French and asks you to help.

- **The client asks you questions about the house and the garden.**
- **He/she wants information about the street that the house is in and about the local area.**
- **He/she has teenage children and asks you about facilities for young people and the local school.**

You must also ask him/her two questions yourself.

Below are the client's questions.

1 Combien coûte la maison?

2 Où se trouve la maison, exactement?

3 Qu'est-ce qu'il y a comme pièces?

4 Le jardin est comment?

5 Comment est la rue où se trouve la maison?

6 C'est loin du centre-ville?

7 Qu'est-ce qu'il y a pour les jeunes, en ville et dans la région?

8 Il y a un bon collège en ville?

Your partner (the client) will ask you the eight questions. Before you do the role play:

- **Work together to look up vocabulary and make notes that will help you answer the questions.**
- **You prepare the two questions that you must ask the French client.**
- **Your partner prepares two additional questions that you will not see in advance.**

Attractive detached bungalow on outskirts of town

Reception hall, sitting room, dining room, office, kitchen

Master bedroom with ensuite, 3 further bedrooms, family bathroom

Garage, large garden

Quiet location, regular bus service to town centre

3 📖 Read the following text about Montreal.

Montréal, ville souterraine

À Montréal, ville au climat nordique, les variations de température entre l'hiver et l'été peuvent aller jusqu'à 60°C, ce qui n'est pas toujours facile pour les habitants! Pour mieux vivre ces conditions climatiques extrêmes, les Montréalais ont construit un réseau de galeries, tunnels et passages souterrains de plus de 30 kilomètres.

Pour un accès plus facile, les passages souterrains sont reliés à des parkings publics intérieurs offrant un total de plus de 10 000 places, à deux gares ferroviaires, deux gares routières et dix stations de métro. On peut également y accéder à partir de plus de 155 points d'entrée sur rue. Tout nouveau bâtiment du centre-ville doit être relié au réseau souterrain.

Ainsi, des milliers de personnes font tous les jours leurs courses dans les galeries marchandes souterraines à l'abri du froid ou de la chaleur, se rendent à leur bureau situé au 20ème étage d'une tour et ont accès à tous les services du centre-ville en tout confort et en toute sécurité. C'est une vraie "ville sous la ville", d'accès gratuit, que les Montréalais construisent depuis maintenant plus de 35 ans.

relié	linked
à l'abri	sheltered
une galerie marchande	shopping mall

a Explain in English what the following figures correspond to.

Example: 60 — the range of temperatures, in degrees Celsius, between summer and winter in Montreal.

1 2	**2** 10	**3** 30
4 35	**5** 155	**6** 10 000

b Answer the following questions in English.

1 What is the main purpose of Montreal's 'underground/indoor city'?
2 How much does it cost to access and use the underground galleries and corridors?
3 What happens when a new building is built in the centre of Montreal?
4 Is it dangerous to use the underground passages? Explain.
5 Why can this underground complex be called a 'real city'?

4 🏠 Write a short article in French about a city that you visited recently. This could be in Britain, in France or elsewhere. You should mention the following:

- its location
- what there is to see and visit
- positive and negative aspects
- what you liked about it and why
- what the weather was like
- whether you are going to return there

La ville de Bangkok

Vocabulaire

Le climat
Le climat est chaud/ensoleillé/froid/tropical.
Les étés sont tempérés.
Les hivers sont doux.
Les pluies sont fréquentes.
Il y a des risques d'averses/d'inondations.
Le vent souffle/le vent est violent.
En été/En automne/En hiver/Au printemps,
   il fait…/il y a… .
la saison chaude/la saison froide/fraîche
la saison des pluies/la saison sèche

The climate
The climate is hot/sunny/cold/tropical.
Summers are temperate.
Winters are mild.
Rain is frequent.
There is a risk of showers/floods.
The wind blows/the wind is violent.
In summer/In autumn/In winter/In spring,
   the weather is…/there is/are… .
the hot season/the cold/cool season
the rainy season/the dry season

Ma région
C'est une région…
   …agricole/industrielle/montagneuse/rurale/touristique.
Dans la région, il y a…
   …beaucoup de choses à visiter.
   des collines/des forêts/des montagnes/
   des plages/des ports de pêche.
C'est…/C'est situé (Ça se trouve) …
   …à 10 kilomètres de la côte/près de la frontière/
   dans le nord du pays/sur une île.
C'est une région qui attire beaucoup de touristes.
C'est une région connue pour…
   …ses paysages/ses sites touristiques/
ses stations balnéaires/ses stations de ski.

My region
The region is…
   …agricultural/industrial/mountainous/rural/touristic.
In the region there are…
   …lots of things to visit.
   hills/forests/mountains/
   beaches/fishing harbours.
It is…/It is located…/
   …10 kilometres away from the coast/near the border
   in the north of the country/on an island.
The area attracts lots of tourists.
It is an area known for…
   …its scenery/its tourist sites/
   its sea resorts/its ski resorts.

Ma ville et mon village
C'est un petit/grand village.
C'est une ville moyenne…
   …à la campagne/à la montagne/
   au bord de la mer/sur la côte.
   …de 3 500 habitants environ.
C'est une ville administrative/commerciale/
   culturelle/historique/pittoresque.
C'est une ville où il (n') y a (pas)…
   …beaucoup de choses à visiter.
   …toutes sortes de distractions.
On y trouve…
   …un centre commercial/un centre médical/
   un parc avec un étang/une piscine en plein air/
   un quartier ancien/des pistes cyclables/
   des rues étroites/des salles de spectacles.

My town and my village
It is a small/big village.
It is a medium-sized town…
   …in the country/in the mountains/
   by the seaside/on the coast.
   …of approximately 3,500 inhabitants.
It is an administrative/a commercial/
   cultural/historic/picturesque town.
It is a town where there are (not)…
   …lots of things to visit.
   …all types of entertainment.
You can find…
   …a shopping centre/a medical centre/
a park with a pond/an open-air swimming pool/
an old district/cycle paths/
narrow streets/concert halls (also cinemas and theatres)

Les avantages et les inconvénients
La vieille ville est très belle.
Les alentours sont magnifiques.
Les installations sportives sont excellentes.
Les transports en commun sont bons.
Il y a toujours quelque chose à faire ou à voir.
Il y a trop de…

The advantages and the disadvantages
The old town is very beautiful.
The surroundings are magnificent.
The sports facilities are excellent.
Public transport is good.
There is always something to do or to see.
There is/are too much/too many…

À plus

...circulation/touristes en été.
Il y a du bruit jour et nuit.
Il n'y a pas assez de/d'...
...choses à faire pour les jeunes/espaces verts.
Il n'y a rien à faire ici.
On peut...
...y faire beaucoup d'activités/de sport.
...y faire des promenades en bateau.
Pour les jeunes/les touristes, il y a...
...des discothèques/des expositions/
un magasin de souvenirs/un marché sur la place/
des monuments historiques/des salles de sport.

...traffic/tourists in the summer.
There is noise day and night.
There are not enough...
...things for young people to do/green spaces.
There is nothing to do here.
You can...
...do a lot of activities/sport there.
...go on boat rides there.
For the young/the tourists, there are ...
...discos/exhibitions/
a souvenir shop/a market on the square/
historic monuments/sports halls.

Les pays et les nationalités — Countries and nationalities

l'Afrique (f)/africain(e) — Africa/African
l'Allemagne (f)/allemand(e) — Germany/German
l'Amérique (f)/américain(e) — America/American
l'Angleterre (f)/anglais(e) — England/English
la Belgique/belge — Belgium/Belgian
le Canada/canadien (-enne) — Canada/Canadian
l'Écosse (f)/écossais(e) — Scotland/Scottish
l'Espagne (f)/espagnol(e) — Spain/Spanish
les États-Unis (m) — USA
l'Europe (f)/européen (-enne) — Europe/European
la France/français(e) — France/French
la Grande-Bretagne/britannique — Great Britain/British
la Grèce/grec (grecque) — Greece/Greek
la Hollande/hollandais(e) — Holland/Dutch
l'Irlande (f)/irlandais(e) — Ireland/Irish
l'Italie (f)/italien (-enne) — Italy/Italian
le Luxembourg/luxembourgeois(e) — Luxembourg/Luxembourger
le Pays de Galles/gallois(e) — Wales/Welsh
le Portugal/portugais(e) — Portugal/Portuguese
le Royaume-Uni — United Kingdom
le Sénégal/sénégalais(e) — Senegal/Senegalese
la Suisse/suisse — Switzerland/Swiss
J'habite en Écosse/au Canada/aux États-Unis. — I live in Scotland/in Canada/in the USA.
C'est un pays anglophone/francophone. — It is an English-/a French-speaking country.

Maison ou appartement? — House or flat?

J'habite dans...
...un appartement en ville/un petit studio.
...une maison mitoyenne/jumelée.
...une maison individuelle/un pavillon.
...une maison en rez-de-chaussée/une maison de plain-pied.
C'est...
...dans un grand immeuble/en banlieue/
près du centre-ville/à la campagne/
dans un lotissement/dans un quartier calme.
J'y habite depuis 3 ans/depuis toujours.
Nous avons déménagé il y a 6 mois.

I live in...
...a flat in town/a small studio flat.
...a terraced/semi-detached house.
...detached house.
...a bungalow.
It is...
...in a big block of flats/in the suburbs/
near the town centre/in the country/
on a housing estate/in a quiet area.
I have lived here for 3 years/I have always lived here.
We moved (house) 6 months ago.

Bien manger pour être en forme

1 On parle des repas

2 Préférences et recettes

3 La cuisine française et d'ailleurs

4 Bien manger pour être en bonne santé

5 La cuisine, la publicité et les médias

1 On parle des repas

> ☑ **Talk about food and drink, mealtimes and eating habits**
>
> ☑ **Describe a typical and a special meal**
>
> ☑ **Use *avant de* + infinitive**

1a 💬 **C'est pour quel(s) repas, à ton avis?**

Le petit déjeuner   Le déjeuner   Le goûter   Le dîner

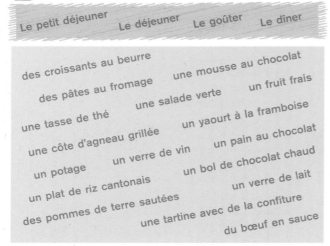

des croissants au beurre

des pâtes au fromage   une mousse au chocolat

une salade verte   un fruit frais

une tasse de thé

une côte d'agneau grillée   un yaourt à la framboise

un potage   un verre de vin   un pain au chocolat

un bol de chocolat chaud

un plat de riz cantonais

un verre de lait

des pommes de terre sautées

une tartine avec de la confiture

du bœuf en sauce

b 💬 **Tu peux donner des exemples supplémentaires pour chaque repas?**

2a 🎧 **Qu'est-ce qu'ils ont mangé hier? Écoute, puis remplis la grille.**

	Le petit déjeuner	Le déjeuner	Le goûter	Le dîner
1				
2				
3				

b 💬 **À ton avis, qui, de ces trois personnes, a l'alimentation la plus saine? Pourquoi?**

3 🎧 **Ils prennent leurs repas où? Écoute Brieuc et Gabi, et note les heures de leurs repas, où ils mangent, avec qui ils mangent et les différences entre les jours de la semaine et le week-end.**

4a 💬 **Pose ces questions à ton/ta partenaire. Prends des notes.**

1 À quelle heure est-ce que tu prends tes repas, d'habitude?
2 Tu manges seul(e), avec ta famille ou avec des copains/copines?
3 Qu'est-ce que tu manges, en général?
4 Les jours d'école, tu manges à la cantine?

b 💬 **Utilise tes notes pour expliquer à une autre personne.**

Exemple: Pendant la semaine, [Sam] prend son petit déjeuner à 7 h 30 avec son frère. Le week-end, il va quelquefois au restaurant avec...

5 📖 **Regarde le menu du collège Pagnol (page 47) pour la première semaine après les vacances de Noël et réponds aux questions.**

1 Au collège Marcel Pagnol, est-ce que les élèves peuvent manger de la viande tous les jours?
2 Est-ce qu'il y a toujours des légumes au menu?
3 Les élèves peuvent choisir des plats différents?
4 Tu préfères le menu de quel jour? Pourquoi?
5 Qu'est-ce que tu penses de ce menu? Il est très différent des menus de ta cantine? Explique.

À plus!

6 🎧 **Fabien donne les ingrédients d'une salade composée, du céleri rémoulade et de la ratatouille.**

a **Écoute et écris les numéros des ingrédients pour chaque plat.**

1 des aubergines
2 de la mayonnaise
3 du poivron
4 des croûtons
5 de l'oignon
6 du vinaigre
7 de la moutarde
8 de l'ail
9 du jus de citron
10 de l'avocat
11 du céleri-rave
12 des olives noires
13 du concombre
14 des courgettes
15 de l'huile d'olive
16 de la laitue
17 du sel et du poivre
18 des tomates

b **Écoute encore et donne un détail supplémentaire en français.**

7 📖 **Lis le texte sur le repas de Noël français: c'est vrai (V), faux (F) ou pas mentionné (PM)?**

1 In France, lots of people eat two big meals for Christmas.
2 The *réveillon* has always been a big meal.
3 Everyone goes to church before the *réveillon*.
4 The *réveillon* is always a family meal.
5 Shellfish is often served as a first course.
6 Turkey is served as in England.
7 The Christmas log is served before the cheese.
8 Children open their presents after the *réveillon*.

8 ✏️ **Écris un paragraphe pour parler du repas de Noël en Angleterre/dans ta famille.**

 ***Point grammaire***

Avant de + infinitive

To convey the idea of doing something before doing something else, use *avant de* followed by a verb in the infinitive (whatever the form or the tense of the verb in English).

Examples: • *Nous allons l'appeler **avant de sortir**.*
We are going to call her before going out.

• *Il a déjeuné **avant de partir**.*
He had lunch before he left.

Find two examples of this construction in *Le repas de Noël* and make up two sentences of your own using the construction.

Académie de MONTPELLIER **Collège Marcel PAGNOL** PERPIGNAN

Menu

Mardi 3 janvier
Salade composée
Steak haché
Pâtes
Fromage
Fruit

Jeudi 5 janvier
Céleri rémoulade
Escalope de dinde
Frites
Glace et biscuit

Vendredi 6 janvier
Saucisson beurre
Poisson pané avec citron
Riz/Ratatouille
Galette des rois

La galette des rois est le gâteau servi traditionnellement en France le 6 janvier, pour la fête religieuse de l'Épiphanie. L'Épiphanie célèbre la visite des Rois mages (*the Three Wise Men*) à Jésus.

Le repas de Noël

Pour la majorité des gens, et en particulier pour les jeunes, le premier repas de Noël, c'est le réveillon: il se fait la veille de Noël, vers minuit. À l'origine, les gens prenaient une légère collation et une boisson chaude au retour de la messe de minuit. Avec le temps, la collation s'est transformée en véritable festin, et le réveillon est aujourd'hui aussi copieux que le repas du jour de Noël. Toutefois, si le réveillon peut se faire entre amis, le repas du jour de Noël se fait généralement en famille.

Que mange-t-on? Cela varie d'une région à l'autre, mais un menu typique inclut la dinde farcie aux marrons, servie avec des haricots verts et des pommes de terre rôties. Avant de commencer le repas, on sert d'habitude l'apéritif. En entrée, il n'est pas rare de déguster des huîtres ou du foie gras servi sur des toasts grillés, et un vin blanc sec. Avant de vous servir la traditionnelle bûche de Noël en dessert, on vous offre une salade verte puis un plateau de fromages. Le vin rouge accompagne la viande et le fromage, et une tasse de café conclut le repas.

une collation — light refreshment/light meal

un festin — feast

la veille — eve

2 Préférences et recettes

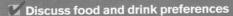
☑ Discuss food and drink preferences
☑ Understand recipes
☑ Use the pronoun *en*
☑ Use object pronouns with the imperative
☑ Use adverbs

1 🎧 Fabien, André, Faly, Gabi et Brieuc expliquent ce qu'ils aiment boire et manger. Écoute et note la nourriture et la boisson favorites de chacun. Note aussi des détails supplémentaires.

une mangue mango	frit(e) fried
cuit(e) cooked	les pâtes (f) pasta

2 📖 Lis le texte.

En bon Français, j'adore bien manger!
Je mange de tout, ou presque. Je n'aime pas tellement la cuisine exotique, je préfère la cuisine française traditionnelle. Et les plats épicés, ça ne me dit rien. Malheureusement, je dois faire attention à ce que je mange, parce que je suis allergique aux noix. Et je ne mange jamais de choses bizarres comme les escargots, je trouve ça dégoûtant. Mais à part ça, tout me convient! J'adore les plats à base de poisson, j'aime bien la viande et les œufs, j'en mange régulièrement. Mais ce que je préfère dans un repas, c'est le dessert. Je suis très dessert: tartes, gâteaux, crèmes, fruits... J'adore tout ce qui est sucré!

Dans le texte, trouve les expressions françaises pour les phrases anglaises suivantes.

1 I'm very keen on desserts.
2 I find it disgusting.
3 I have a sweet tooth.
4 Spicy foods don't appeal to me.
5 I love fish dishes.
6 I eat them regularly.
7 I am allergic to nuts.
8 I don't like exotic food that much.

3 🏰 💬 **Et toi? Qu'est-ce que tu aimes? Complète et lis les phrases à ton/ta partenaire. Vous avez les mêmes goûts?**

1 J'adore les plats à base de...
2 Je suis très...
3 J'adore tout ce qui est...
4 Je n'aime pas tellement...
5 ..., ça ne me dit rien.
6 ..., je trouve ça dégoûtant!

4a 📖 **Quelle description correspond à quel plat?**

le pot-au-feu

le cassoulet

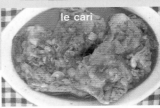
le cari

1 Un plat à base de haricots secs et de viande de porc, avec un peu de tomate et d'ail.
2 De la viande de bœuf cuite avec des légumes: poireaux, carottes, oignon et pommes de terre.
3 Du poulet cuit avec des tomates, de l'oignon, de l'ail, du thym et des épices.

b 🎧 **Quel est le plat préféré de chaque personne? Note des détails supplémentaires en anglais.**

5a 🏰 **Tu es une personne célèbre. Prépare des notes pour répondre à ces questions.**

1 Qu'est-ce que tu aimes boire et manger?
2 Quel est ton plat préféré?
3 Tu peux le décrire?
4 Tu en manges souvent?

b 💬 **Un reporter te pose les questions pour un magazine de cuisine. Utilise tes notes pour répondre.**

À plus!

6 🎧 **La mère de Brieuc explique la recette d'un gâteau traditionnel de Bretagne: le far breton. Écris la quantité correcte pour chaque ingrédient.**

sucre   miel   œufs   pruneaux   beurre   lait   farine

| une cuillerée à soupe | a tablespoonful |

7 📖 **Maintenant, trouve la bonne description pour chaque dessin.**

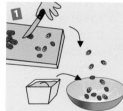

a Versez délicatement la pâte sur les pruneaux et mettez le tout au four (50 minutes à 180°C).

b Ajoutez la farine petit à petit, puis ajoutez le miel et mélangez-le à la pâte.

c Coupez les pruneaux en deux et mettez-les dans un plat à four beurré.

d Ajoutez-y le lait et le beurre fondu.

e Battez les œufs avec le sucre.

Point grammaire
Using the pronoun *en*

Look at the following sentences:

Example: *Voilà les pâtes, tu en veux? Non, j'en ai déjà.*
Here is the pasta. Do you want any? No, I already have some.

En often translates into English as 'some' or 'any'. It can also be used in conjunction with a number, or other specific quantity.

Example: — *Vous avez visité des musées?*
— *Oui, nous en avons visité deux.*

In this kind of sentence, *en* is usually translated as 'of them' or 'of it', or not at all.

Example: We visited two (of them).

En is usually placed immediately before the verb (or the auxiliary), even in the negative.

Example: *J'ai acheté des œufs, mais je n'en ai pas mangé.*

❗ POINT LANGUE
Using adverbs
- Adverbs are used to describe verbs or adjectives, for example 'slowly', 'regularly', 'really' etc. French adverbs often end in '-ment': *lentement, régulièrement, vraiment*. However, some of the most commonly used adverbs do not follow this pattern, for example *vite* (quickly), *beaucoup* (a lot), *bien* (well), *assez* (enough), *très* (very), *petit à petit* (gradually), *d'habitude* (usually) etc.

  Note that adverbs are invariable (i.e. they do not agree in gender or number).

  Examples: *Ils cuisinent bien; Elle a bien mangé!*
- Find four adverbs in the text of exercise 2. What does each one describe?

Point grammaire
Using object pronouns with the imperative

Look at these sentences and note the position of the object pronoun:

- *Ajoutez le miel et mélangez-le à la pâte.*
  Add the honey and **mix it in.**
- *Le gâteau est chaud, ne le mangez pas!*
  The cake is hot; **do not eat it!**

An object pronoun used with a verb in the imperative is placed:
- **after** the verb if the verb if in the **affirmative**
- **before** the verb if the verb is in the **negative**

3 La cuisine française et d'ailleurs

☑ Learn about eating trends in France and the UK

☑ Discuss foreign food and fast food

☑ Ask questions using *combien?* and *combien de temps?*

1 📖 **Lis le texte ci-dessous, puis réponds aux questions.**

Les Français et le plaisir de la table

1 La cuisine? Les Français en parlent, ils la savourent, ils la dévorent des yeux à la télévision, ils la découvrent dans des livres délicieusement illustrés, ils la partagent, ils l'inventent...

2 La table, c'est pour se retrouver en famille, entre copains ou avec des collègues. On mange en bavardant, on boit en discutant, le temps passe, et le repas s'éternise.

3 Les Français adorent les bonnes recettes de leur grand-mère, ils sont fiers des spécialités de leur région, ils croient fermement à la suprématie de leur cuisine nationale dans le monde.

4 Il y a des milliers de restaurants étrangers et, de la paella espagnole aux épices indiennes, des tacos mexicains au couscous algérien, on trouve au supermarché des plats préparés étrangers et des produits exotiques.

le couscous	semolina-based dish, served with meat/vegetables

a Choisis les bons mots pour compléter les phrases.

foreign expensive easy local traditional ready-made passionate special popular eternal social curious

1 French people are .... about food.
2 In France, people are very attached to .... recipes and .... food.
3 Dishes and food from all over the world are ....
4 Meals are very important for their .... aspect; they tend to last a long time.

b Choisis un titre pour chaque paragraphe.

a Les Français apprécient aussi la cuisine des autres pays.
b Les Français aiment avant tout leur cuisine traditionnelle.
c La cuisine est une véritable passion pour les Français.
d Le repas est un moment de rencontre et de convivialité.

la convivialité	social interaction

2 🎧 **Écoute les trois interviews et note la lettre correcte pour chaque numéro.**

1 La cuisine vietnamienne...
2 Les plats mexicains...
3 La cuisine étrangère...
4 La cuisine asiatique...
5 La cuisine japonaise...
6 Les plats japonais...

a ...sont très bons pour la santé.
b ...c'est absolument délicieux.
c ...est très artistique.
d ...sont un peu trop piquants.
e ...est exquise et très variée.
f ...c'est différent et intéressant.

3a 🗣 **Tu aimes la cuisine étrangère? Explique!**

Exemple: *J'aime beaucoup la cuisine italienne. J'adore les pâtes et les pizzas parce que...*

b 💬 **Compare tes phrases avec ton/ta partenaire et donne plus de détails si nécessaire.**

4 🎧 **Quelles sont les tendances en France? M. Bosq, qui écrit pour un magazine de cuisine français, explique.**

Réponds aux questions en anglais.

1 According to Mr Bosq, do French people go to fast-food restaurants? Why?
2 What has gone out of fashion? Explain.
3 How popular are organic foods in France?
4 Are hypermarkets popular? Why?
5 What about markets?
6 How difficult is it for French people to buy food on a market stall?

À plus!

5a Et toi? Écris un paragraphe pour répondre à ces questions:

1 Qu'est-ce que tu penses de la restauration rapide? Tu aimes ça? Pourquoi?
2 Est-ce que tu manges souvent dans un fast-food? Quand? Avec qui?
3 Qu'est-ce que tu y manges, exactement?
4 Est-ce que tu achètes/ta famille achète des produits bio? Pourquoi?

b À partir de ton paragraphe, prépare des notes (40 mots maximum) pour faire une présentation orale.

6a À ton avis, c'est la France ou l'Angleterre? C'est vrai?

1 On y mange souvent du rosbif le dimanche.
2 On aime bien le steak saignant ou à point.
3 On a tendance à préférer la viande bien cuite.
4 On mange des fraises en regardant le tennis.
5 Le pain frais? On en achète tous les jours.
6 Le fromage? On le mange avant le dessert.
7 On y boit en moyenne 200 litres de thé et 95 litres de bière par personne et par an.
8 Le curry y est devenu un plat national.

b Compare tes habitudes et les habitudes décrites dans l'exercice 6a. Fais une liste.

Exemple: Je ne mange jamais de rosbif, je suis végétarien. Je déteste le steak.

c Compare tes habitudes et les habitudes de ton/ta partenaire. C'est très différent?

Point grammaire

Using *combien?/combien de temps?*

Combien? translates as 'how much/many?' It can be used by itself but is usually followed by *de* (or *d'*) and a noun.

Examples: • Ça fait combien?
　　　　　How much does it cost?
　　　• — Je voudrais des pommes, s'il vous plaît.
　　　　　I would like some apples, please.
　　　　— Oui, **combien**?
　　　　　Yes, how many?
　　　• Il faut **combien** de farine?
　　　　　How much flour do you need?

Combien de temps? translates as 'how long?'

Example: **Combien de temps** restez-vous en France?
　　　　How long are you staying in France?

• *Cuisine, crème brûlée, purée, fondue, hors d'œuvre*... Why do you think these French words have become part of the English language? Do you know any others? Do you know whether their meaning is exactly the same in both languages?
• Why is the meat we eat called pork or beef, not cow or pig? Two clues: the Normans ruled over the Anglo-Saxons for hundreds of years, and the French words for beef and pork are...?
• There are also English words for food or drink used in the French language, some of which appear in this unit. Can you find any? And do you know what *un rosbif* is in France?

INFO PRONONCIATION

1 Final consonant

a The final consonant is usually pronounced in the words of one of the following two lists, but not in those of the other. Can you read both lists correctly?
　(i) *le riz, une noix, un avocat, le jus, le porc, le sang, les œufs*
　(ii) *un œuf, le bœuf, un os, le bifteck*
b Now listen to the recording and repeat.
c In some words, the final consonant can either be pronounced or not. Have a go, then listen to the recording and repeat.
　un ananas, un yaourt, les os

2 Words containing 'gn'

a Can you say *champignon*? Now say the following: *du champagne, de l'agneau, un steak saignant, je grignote entre les repas, un oignon*
b Listen to the recording and repeat.

3 Which of these would you eat or drink?

a *un désert* or *un dessert*?
b *un poisson* or *un poison*?

4 Can you say the following correctly?

a *du thé, de l'alcool, une boisson alcoolisée*
b *l'ail, le maïs, l'huile, la vanille*
c *un plat asiatique exquis et au parfum délicieux*

Now listen and repeat.

5 Just for fun, try these tongue twisters!

a *Trois truites cuites, ou trois truites crues?*
b *Six saucissons secs et sept saucisses sèches.*
c *Fruits frais, fruits frits, fruits cuits, fruits crus.*

4 Bien manger pour être en bonne santé

☑ Talk about healthy diets and healthy lifestyles

☑ Learn to use the negative *ne…que*

1 📖 **Ces aliments sont la clé d'une alimentation équilibrée. Pourquoi? Trouve les paires correctes.**

1 les produits laitiers: lait, fromage, yaourts…

2 la viande, les œufs, le poisson…

3 les matières grasses: le beurre, l'huile, la crème…

6 l'eau, beaucoup d'eau, toujours de l'eau!

4 le pain, les pâtes, le riz, les légumes secs…

5 les fruits et les légumes, crus et cuits

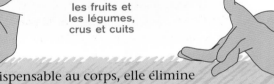

a Indispensable au corps, elle élimine les toxines et elle hydrate.

b Ils apportent du calcium, nécessaire pour les os et les dents.

c Elles sont préférables si elles sont d'origine végétale.

d Ils apportent des vitamines, des minéraux, des fibres et de l'eau.

e Ces aliments sont une source de fer, important pour le sang.

f Ces aliments donnent beaucoup d'énergie.

2 🎧 **Une diététicienne fait une enquête. Écris les lettres correctes pour chaque personne (1–3).**

a Il a un régime alimentaire équilibré.

b Il n'a pas une alimentation assez variée.

c Il ne mange pas suffisamment de fruits et de légumes.

d Il ne mange pas de produits laitiers.

e Il mange trop de matières grasses.

f Il boit trop d'alcool.

g Il boit probablement assez d'eau.

h Il mange trop!

3 🚀 💬 **Est-ce que ton/ta partenaire a une alimentation saine? Prépare des questions pour l'interroger. Après, réponds aux questions de ton/ta partenaire.**

Exemples: *Est-ce que tu manges des fruits et des légumes tous les jours? Tu bois suffisamment d'eau dans la journée? Tu en bois quand?*

4 📖 **Une bonne alimentation, c'est important? Lis le texte.**

Une bonne alimentation

Deux choses sont certaines: manger, c'est nécessaire pour vivre, et manger mal, ce n'est pas bon pour la santé. Tout le monde le sait.

Mais pour vivre en bonne santé, il faut une alimentation saine. Une alimentation saine, c'est avant tout, disent les nutritionnistes, une alimentation variée et équilibrée: elle apporte à l'organisme tout ce dont il a besoin pour bien fonctionner.

Si notre santé est dépendante de notre nutrition, cela veut dire que les choix alimentaires que nous faisons, plusieurs fois par jour, ont une importance capitale!

sain(e) avec soin	healthy with care

C'est dans le texte ou pas?

1 We all need to eat to stay alive.

2 Eating too much is not recommended.

3 A bad diet can be the cause of ill health.

4 Organic food is a key element of a healthy diet.

5 A well-balanced diet is essential.

6 We need to choose what we eat very carefully.

À plus!

5 📖 **Tu connais les règles d'or de l'alimentation du sportif? Écris "V" (vrai), "F" (faux) ou "?" (je ne sais pas) pour chaque règle.**

1 Les sportifs doivent avoir un régime alimentaire extrêmement sévère.

2 Manger des pâtes est une bonne idée: le sportif a besoin de "sucres lents".

3 Les boissons "énergisantes" sont indispensables aux sportifs.

4 Le sportif a besoin avant tout de boire de l'eau.

5 Attention! Il ne faut boire que pendant et après l'effort!

6 Pour être en forme, un sportif mange son repas 2 ou 3 heures avant l'effort.

7 Il ne faut consommer que des aliments riches en protéines (viande, poisson, etc.).

6a 🎧 **Écoute et vérifie tes réponses de l'exercice 5.**

b 🎧 **Écoute encore et note quelques informations supplémentaires en français ou en anglais.**

7 📖 **Fais deux listes dans ton cahier: les bonnes habitudes et les mauvaises habitudes.**

1 Je mange à des heures irrégulières, je n'ai pas de routine pour mes repas.

2 Je mange dans le calme, confortablement installé. Je prends mon temps.

3 Je mange souvent seule devant la télé ou en surfant sur internet.

4 Boire des sodas? Je préfère boire de l'eau, ça a meilleur goût!

5 Quand je fais un régime, je ne prends pas de petit déjeuner.

6 Je mange quand je m'ennuie, même si je n'ai pas très faim.

7 Je grignote souvent entre les repas: une barre chocolatée, des chips…

8 La bière? Oui, j'en bois, mais avec modération! Je sais me contrôler!

grignoter	to nibble
faire un régime	to be on a diet

Point grammaire

Using the negative *ne...que*

Ne...que applies a restriction to a word or to the part of the sentence in which it is used and is similar to *seulement*. Both words translate as 'only'.

Example: *Je **ne** mange **que** des céréales.* I only eat cereals.

Du, de la, de l' and *des* do not have to change to *de*, as they do with other negatives (e.g. *Je ne mange **pas de** céréales*).

When *ne...que* is used with a verb in the perfect tense, *que* is placed after the past participle.

Example: *Je **n'ai mangé que** des céréales.* I only ate cereals.

8 ✏️ 💬 **Tu es diététicien (-enne) et tu fais une enquête pour connaître les bonnes et les mauvaises habitudes des jeunes. Prépare des questions et pose-les à tes amis. Note leurs réponses.**

Exemples: *Est-ce que tu prends tes repas à des heures régulières? Tu manges vite ou tu prends ton temps?*

9 ✏️ **Résume les résultats de ton enquête. Donne ton opinion de spécialiste.**

Exemple: *En général, les jeunes mangent à des heures régulières, c'est préférable pour la santé. Mais beaucoup mangent en regardant la télé…*

10 🎧 **Ces personnes ne sont pas en forme. Écoute et choisis un conseil pour chaque personne.**

a *Prenez l'escalier! Prendre l'escalier cinq ou six fois par jour, c'est comme dix minutes d'exercice physique!*

b *Allez au bureau à pied! C'est mieux pour l'environnement et c'est mieux pour vous!*

c *Allez porter les messages à vos collègues vous-même, c'est meilleur pour vos jambes!*

d *Pourquoi ne pas aller faire une promenade? Et jetez ces cigarettes à la poubelle!*

e *Essayez de dormir un peu plus longtemps en vous couchant un peu plus tôt!*

f *Prenez un sandwich et allez manger dans le parc avec vos collègues quand il fait beau!*

11 💬 **Et toi? Pose les questions à ton/ta partenaire, puis réponds à ton tour.**

1 Tu fais de l'exercice physique? Explique.

2 Tu dors assez? Pourquoi?

3 Est-ce que tu fumes? Pourquoi?

4 Qu'est-ce que tu peux faire pour être en meilleure forme? Donne trois idées.

5 La cuisine, la publicité et les médias

- ☑ Understand information on food packaging
- ☑ Understand adverts about food and drink
- ☑ Talk about food programmes

1 📖 Tu comprends quel produit tu achètes? Réponds aux questions suivantes.

1 Is this product good quality? Explain.
2 Are you buying sliced or whole mushrooms?
3 Where will you find the use-by date?
4 Is this tin recyclable? How do you know?
5 Where should you store this product?
6 Besides the name and address of the producer, what other information is on the label?

les champignons (m) de Paris   cultivated mushrooms

2 📖 C'est pour quel produit? Trouve les paires correctes.

a 82% de matières grasses. À conserver en dessous de 6°C.
b Servir frais. Bien agiter avant de servir pour mélanger la pulpe de fruit.
c Après ouverture, conserver au frais et consommer dans les 48 heures.
d À conserver à l'abri de la chaleur et de l'humidité.
e Température de cuisson conseillée 180°C max. Laisser refroidir avant de remettre dans la bouteille.
f Tartine et cuisson.
g 12% Vol. Mis en bouteille à la propriété.

1 Farine pour gâteaux
2 Huile végétale
3 Vin de table
4 Beurre doux
5 Jus d'orange
6 Petits pois extra-fins
7 Margarine

3 🎧 Ces personnes ont un problème. Choisis le bon conseil pour chaque personne.

a Regarde la date limite d'utilisation sur le fond de la boîte.
b Le mode d'emploi va te renseigner.
c Vérifie scrupuleusement la liste des ingrédients.
d Regarde si le lieu d'origine est indiqué.
e Vérifie le nombre de calories et le pourcentage de matières grasses.

4 📖 Comment choisir? Résume le texte en anglais.

Réconcilier le plaisir de manger et la diététique, c'est particulièrement difficile pour les jeunes car l'environnement social des jeunes est souvent très complexe. Ils reçoivent des messages très différents et contradictoires.

Il y a l'exemple des parents et de la famille, et il y a aussi les professionnels de la santé et les enseignants: ils font beaucoup d'efforts pour éduquer les jeunes en matière d'alimentation.

Les médias donnent souvent aux produits alimentaires une image ambiguë ou double: on fait par exemple de la publicité pour l'alcool, mais on dit que c'est dangereux pour la santé.

Enfin il y a les copains. Sous la pression des copains, les jeunes mangent ou boivent plus facilement quelque chose qui n'est pas bon pour leur santé.

5 📖 **La nourriture et la publicité. Lis ce que dit la pub (1–5), et après trouve ce que la pub ne dit pas (a–e)**

Exemple: 2 — c.

Riche en lait, source de calcium.

Votre boisson favorite, version light. À teneur réduite en sucre!

Du soleil et des vitamines dans votre assiette en hiver… Mmm…quelle bonne idée!

C'est délicieux, c'est rapide, ce n'est pas compliqué!

Pêche? Framboise? Kiwi? Choisis le parfum de ton eau!

Voici ce que la pub ne dit pas…

a Ce produit est hors saison dans ton pays. Pour arriver dans ton assiette maintenant, il a consommé beaucoup d'énergie en chauffage, transport etc.

b On a ajouté du sel lors de la préparation, et des colorants. En plus, c'est cher!

c Malheureusement, c'est également riche en calories et en matières grasses!

d Attention à l'apparence de cette boisson! En fait, elle contient beaucoup de sucre.

e Moins de sucre, d'accord. Mais ça contient des colorants et de la caféine… trop stimulant?

6 🏛 **À deux. Pensez à un produit que vous consommez (boisson ou nourriture).**

a Écrivez un slogan publicitaire pour vendre ce produit.

b Expliquez en une ou deux phrases ce que votre publicité ne dit pas aux clients.

7 📖 **La cuisine et la télévision. Lis ces commentaires publiés sur un forum français. Note en anglais ce qu'on aime et ce qu'on n'aime pas à propos des émissions de cuisine à la télé, et les raisons.**

1 Vous avez vu l'émission *Bon appétit, bien sûr!* ce matin? J'ai adoré les recettes, elles sont géniales, pas chères et faciles à réaliser!

2 L'émission de Cyril Lignac *Chef, la recette!*, c'est un plaisir. J'admire ce jeune chef célèbre qui apprend le métier à des jeunes en difficulté, c'est formidable!

3 Hier soir j'ai regardé *À vos marques, prêts, cuisinez!* Ce n'est pas du tout réaliste! Impossible de cuisiner comme ça à la maison!

4 La télé-réalité dans la cuisine? C'est un désastre! La star de l'émission, ce n'est pas la cuisine, c'est le chef!

5 Des recettes gourmandes et variées, des plats appétissants, des présentateurs souriants, bravo! Je suis accro de *La Cuisine d'à côté*!

6 Avec *Carte postale gourmande*, on visite des régions et des restaurants différents à chaque émission. On voit plusieurs chefs dans chaque émission, c'est super!

je suis accro	I am hooked
apprendre	to teach (*in this context*)
le métier	job

8 💬 **Pose les questions suivantes à ton/ta partenaire, puis réponds à ton tour.**

1 Est-ce que ta famille regarde quelquefois les programmes de cuisine à la télévision?

2 Il y a une émission de cuisine que tu trouves intéressante? Qu'est-ce que c'est? Pourquoi?

9 🎧 **Écoute la discussion avec la mère de Brieuc, puis réponds aux questions.**

1 *Ça se bouffe pas, ça se mange!*, qu'est-ce que c'est?

2 C'est quand, exactement?

3 Pourquoi est-ce que la mère de Brieuc aime ça?

4 Qui est Jean-Pierre Coffe?

5 La mère de Brieuc pense que M. Coffe est fantastique. Pourquoi?

bouffe (f) (*fam.*)	grub, nosh
bouffer	to eat (*but used informally and pejoratively*)

1 Mme Martin talks about *un repas spécial*. Listen to the dialogue and write down all the information that you can understand about Louise, Marie, *le canard à l'orange*, *la forêt noire* and *la crème pâtissière*.

2 Write a paragraph to describe a special meal (birthday, anniversary, Christmas or other special occasion) at home or with your family. Mention the menu, the guests, the venue, the times and the customs.

3 Fabienne has e-mailed her friends. Read her message and the replies she received, then answer the questions in English.

NB Look at the verbs used in the negative. Have you noticed how the "ne" (of "ne…pas") is repeatedly left out by Fabienne and her friends? This is a common occurrence in spoken and informal French, but not advisable in your French exams.

> Salut tout le monde!
>
> Ça va? Moi, j'en ai marre! J'arrive pas à réviser, je suis toujours trop crevée! Je vais pas être prête pour le bac, c'est pas possible! Comment vous faites, vous, pour être en forme?
>
> Réponses urgentes souhaitées!
>
> Bisous,
>
> Fabienne

> Salut Fabienne!
>
> Mon secret, c'est le chocolat! Quand je fatigue ou que je déprime, un peu de choco et hop! Je repars! Courage, on va l'avoir, ce bac!
>
> À +
>
> Nathalie

> Salut mon chou!
>
> T'as pas vu la pub à la télé? « Un kiwi par jour = vitamine C = tonus et forme pour la journée! »!!!
>
> Bisous,
>
> Ariane

> Alors Fabienne, t'as pas la pêche? Fais-toi un petit café bien fort et bien sucré! Moi, j'en prends trois ou quatre par jour en ce moment, et je t'assure que je m'endors pas sur la trigonométrie!
>
> Allez, ciao!
>
> Jérémie

> Fabienne,
>
> Si toi t'as pas le bac, personne l'aura, t'es la plus forte! Alors, arrête de t'inquiéter pour rien!
>
> Mais j'y pense…est-ce que tu bois assez?
>
> :-) David

1 What are they doing at the moment?
2 How old do you think they are?
3 Why did Fabienne e-mail her friends?
4 In your opinion, which friend(s) replied with sensible suggestions? What are they?
5 When does Nathalie eat chocolate, and what effect does it have on her?
6 Is there a piece of advice that you would definitely not follow? Which one, and why?
7 According to her friends, should Fabienne be worrying or not? Why?
8 Two items of food are used in an unusual way here. What do you think 'mon chou' and 't'as pas la pêche' might mean?

4 You e-mail Fabienne with your advice. Write the text of the e-mail.

5 Anna Buchler, Gabi's mother, bumps into her friend Nadia. Listen to their conversation. Write T if the statements are true, F if they are false, and NM if you think the information is not mentioned.

1 Mme Buchler only has 20 minutes to do her shopping.
2 Mme Buchler's sister does not like vegetables.
3 Gabi does not eat meat because she finds it disgusting.
4 She hates the sight of blood, so she does not eat meat.
5 Gabi cannot stand the smell of fish.
6 Gabi is a vegetarian because she is against cruelty to animals.
7 Nadia thinks that Gabi is going to be ill.
8 Gabi's mother is happy with the situation.

6 On your first day at your French penfriend's house, his/her mother asks you some questions about food and meals. Role-play the conversation with your partner.

Mme Latour	Qu'est-ce que tu manges d'habitude pour le petit déjeuner?
You	*Explain what you normally have for breakfast at home.*
Mme Latour	Je sais que beaucoup d'Anglais sont végétariens. Est-ce que tu es végétarien?
You	*Say that you do not eat much meat, but that you are not a vegetarian.*
Mme Latour	Est-ce qu'il y a quelque chose que tu n'aimes pas manger?
You	*Say that you like everything, but that you are allergic to strawberries.*
Mme Latour	D'accord! Pas de problème!
You	*Find out at what time dinner is going to be.*
Mme Latour	Dans 10 minutes. Le soir, nous mangeons vers 7 heures.
You	*Say that this is great, because you are very hungry!*

7 You are a famous French sportsperson. You are being interviewed about your eating habits and your diet. Answer the following questions in French.

1 Tell me about yourself (name, age, occupation etc.).
2 What sort of a diet do you have?
3 What do you eat and drink on the day of a competition?
4 What do you do to keep fit?
5 When did you last eat in a restaurant?
6 Do you do any cooking? Why?

8 Read the following extract from a magazine article, then answer the questions in English.

Avoir un régime alimentaire équilibré et sain, c'est vital pour être en bonne santé, mais ça ne suffit pas. Pour être en forme, il faut aussi se dépenser physiquement. En faisant de l'exercice physique, on se libère des frustrations de la journée et on oublie les tensions. Une personne active dépense plus de calories et a généralement moins de problèmes de poids. Enfin, dormir bien et suffisamment permet de récupérer après la fatigue de la journée et d'accumuler des réserves d'énergie pour le lendemain.

1 What are the benefits of physical exercise that are mentioned in the text?
2 Physical exercise and a balanced diet are two vital ingredients of a healthy lifestyle. Can you find a third one in the text?

9 While in France, you have seen this advert in a magazine. You decide to write to the magazine. In your letter (in French):

- talk about your meals
- mention your preferences in food and drink
- say whether having a healthy diet is important to you and why
- explain what you think of fast-food restaurants
- describe briefly a special meal that you had recently
- say what your nationality is and what you think some of the main differences are between eating habits in your country/culture and France

Que mangent nos jeunes?

Vous avez moins de 16 ans?
Votre avis nous intéresse!

Quelles sont vos habitudes alimentaires?
Vous aimez la bonne cuisine?

Écrivez-nous vite!

Vocabulaire

Les repas / Meal times

Pour le petit déjeuner, je mange…
For breakfast, I eat…
…des céréales avec du lait/
…cereals with milk/
une tartine avec du beurre et de la confiture/
a slice of bread with butter and jam/
du pain grillé avec de la marmelade.
toast and marmalade.
Je bois un verre de jus d'orange/
I drink a glass of orange juice/
une tasse de thé/un bol de café.
a cup of tea/a bowl of coffee.
Au déjeuner, je prends…
For lunch, I have…
…de la viande avec des pâtes/
…meat with pasta/
des haricots à la sauce tomate/
baked beans/
du poisson (frit) avec des frites/
(fried) fish and chips/
du rôti de bœuf avec des pommes de terre rôties.
roast beef with roast potatoes.
Je mange un sandwich au fromage/au jambon.
I eat a cheese/ham sandwich.
Au goûter, je prends un yaourt.
In the afternoon/At snack time, I have a yoghurt.
Pour le dîner, je prends un potage/un hamburger.
For dinner, I have soup/a beefburger.
Je bois de l'eau minérale plate/gazeuse.
I drink still/sparkling mineral water.
Comme entrée/plat principal…
As a starter/a main course…
Comme légumes/dessert/boisson, je prends…
For vegetables/dessert/a drink, I have…
un repas de fête/le repas de Noël/
a celebration meal/Christmas dinner/
le réveillon
Christmas Eve or New Year's Eve party
un casse-croûte/un pique-nique
a snack/a picnic

Qu'est-ce que c'est? / What is it?

C'est un plat épicé/piquant/salé/sucré.
It is a spicy/hot (highly spicy)/savoury (salted)/sweet dish.
C'est frit/grillé/rôti/en sauce.
It is fried/grilled/roasted/cooked in a sauce.
C'est bien cuit/à point/saignant.
It is well done/medium rare/rare.
Dans une salade composée, il y a…
In a mixed salad, there is…
Les principaux ingrédients sont…/Il faut…
The main ingredients are…/You need…
On peut y mettre/on y met…
You can put/you put…in it.

Pour réaliser une recette / To make a recipe

Pour faire un/une/des…
To make a…/some…
Il faut les ingrédients suivants:
You need the following ingredients:
une cuillerée à café de/une cuillerée à soupe de/
a teaspoonful of/a tablespoonful of/
une pincée de…
a pinch of…
Ajoutez…/Battez…/Coupez…/Enlevez…
Add…/Beat…/Cut…/Take out…
Faites bouillir/cuire/griller/rôtir pendant 30 minutes.
Boil…/Cook…/Grill…/Roast for 30 minutes.
Laissez…/Mélangez…
Leave…/Mix…
Mettez au four/dans une casserole.
Put in the oven/in a (sauce)pan.
Parfumez avec un peu de…
Season with a little…
Remplissez…/Servez…/Versez…
Fill…/Serve…/Pour…
C'est facile à préparer.
It is easy to prepare.
C'est long à cuire/C'est vite cuit.
It takes/It does not take a long time to cook.
Ça se mange chaud/froid.
You eat it hot/cold.
Bon appétit!
Enjoy your meal!

Qu'est-ce que tu aimes manger? / What do you like to eat?

Je suis végétarien (-enne) car…
I am a vegetarian because…
…la viande, ça ne me dit rien.
…meat does not appeal to me.
…la viande, je trouve ça dégoûtant.
…I find meat disgusting.
…je suis contre la cruauté envers les animaux.
…I am against cruelty to animals.

À plus.

Mon plat préféré, c'est le…/la…/les…
Ce que je préfère, c'est les plats étrangers.
Ça sent bon/mauvais.
J'aime/je n'aime pas l'odeur.
Ça a l'air délicieux/horrible.

My favourite dish is…
What I like best are foreign dishes.
It smells good/bad.
I like/do not like the smell.
It looks delicious/horrible.

C'est quelle sorte de nourriture?
les plats cuisinés/préparés
les plats prêts à emporter
les produits bio(logiques)/frais/surgelés
la cuisine rapide/le fast-food
C'est une recette étrangère/exotique/traditionnelle.

What kind of food is it?
ready-cooked/ready-made dishes
take-away food
organic/fresh/frozen produce
fast food
It is a foreign/exotic/traditional recipe.

Pour être en forme
Il faut…
  …avoir un régime alimentaire équilibré.
  …avoir une alimentation saine et variée.
Il est conseillé de/d'…
  …boire beaucoup d'eau.
  …consommer des produits laitiers.
  …éviter les matières grasses.
  …manger suffisamment de fruits et de légumes.
  …ne pas boire trop d'alcool.
Je dois faire attention à ce que je mange parce que
  je suis allergique à la farine/au lait/aux noix.

To be fit and healthy
You must…
  …have a balanced diet.
  …eat healthy and varied food.
It is advisable to…
  …drink a lot of water.
  …eat dairy products.
  …avoid fats.
  …eat enough fruit and vegetables.
  …not to drink too much alcohol.
I have to be careful with what I eat because
  I am allergic to flour/milk/nuts.

Comprendre ce qu'on achète
À conserver…
  …en dessous de 6°C.
  …à l'abri de l'humidité.
Bien agiter avant de servir.
Consommer dans les 48 heures.
Lire les conseils de préparation.
Servir frais.
Vérifier le mode d'emploi.
Voir la date limite d'utilisation.
C'est riche en calories.
Ça contient des colorants.
On a ajouté du sel/du sucre.

Understanding what we buy
Keep/store…
  …below 6°C.
  …in a dry place.
Shake before serving.
Consume within 48 hours.
Read the preparation suggestions.
Serve cold.
Check the directions for use.
See the use-by date.
It is rich in calories.
It contains (artificial) colouring.
Added salt/sugar.

La cuisine et les médias
Les recettes sont…
  …appétissantes.
  …faciles/difficiles à réaliser.
  …géniales/originales/pas chères.
Les plats sont gourmands/innovateurs/variés.
Je suis accro des émissions de cuisine!
Le présentateur…
  …est enthousiaste/fantastique/fascinant.
  …est un connaisseur/un expert.
  …explique vraiment bien.

Food and the media
The recipes are…
  …appetising.
  …easy/difficult to make.
  …brilliant/original/not expensive.
The dishes are mouth-watering/innovative/varied.
I am hooked on/a great fan of food programmes!
The presenter…
  …is enthusiastic/fantastic/fascinating.
  …is a connoisseur/an expert.
  …explains really well.

Unité **5**

Parlons loisirs

1 **La télévision**
2 **La lecture et la radio**
3 **Les loisirs dans ta ville**
4 **Le cinéma**
5 **On parle du passé**

1 La télévision

1 📖 **Lis le texte sur la télévision en France et, avec un(e) partenaire, écris au moins un détail en anglais sur chaque paragraphe.**

La télévision en France

Il y a six chaînes principales: elles s'appellent TFI, France 2, France 3, France 4, France 5 et M6.

Sur TFI, on peut regarder des émissions divertissantes, comme des émissions de télé-réalité, des films et des informations. C'est une chaîne où il y a aussi beaucoup de publicité.

France 2 et France 3 sont des chaînes publiques où on peut voir des émissions culturelles, les informations et quelques films.

France 4 est une nouvelle chaîne où on peut regarder des documentaires et des émissions musicales.

Sur France 5, dont la devise est "la chaîne du savoir et de la connaissance", on trouve des programmes éducatifs, par exemple des documentaires, des émissions sur la santé, des reportages historiques et des débats.

M6 est une chaîne privée. Beaucoup de séries y sont diffusées, surtout des séries américaines et des sitcoms. Il y a aussi beaucoup de films et des programmes de musique, comme *Hit machine*.

Il y a de la publicité sur toutes les chaînes, mais surtout sur TFI et M6.

! QUESTIONS CULTURE

En France, il y a des émissions que nous pouvons aussi voir en Angleterre. Regarde les titres français et, avec un(e) partenaire, dis le titre du programme anglais.

- *Questions pour un champion*
- *Une famille en or*
- *La roue de la fortune*
- *Juste pour rire*
- *Qui veut gagner des millions?*
- *Secret story*
- *Des chiffres et des lettres*
- *Chérie, j'ai rétréci les gosses*
- *Le maillon faible*
- *Télématin*

2 📖 🏫 On a posé la question "Qu'est-ce que vous regardez à la télé?" à des élèves français. Regarde ce qu'ils ont écrit. À ton avis, qu'est-ce qu'ils aimeraient regarder s'ils étaient en Angleterre? Écris une phrase pour chaque personne et explique ta réponse.

Exemple: *Pour Karine, j'ai choisi* Neighbours *et* Eastenders *parce qu'elle adore les feuilletons et ce sont des feuilletons populaires.*

Karine *Moi, je regarde les feuilletons! Je trouve que les personnages sont amusants et intéressants. Les histoires ne sont pas très réalistes, mais il y a toujours beaucoup d'intrigue, beaucoup de conflits. Par contre, je ne regarde jamais ni les documentaires ni les séries ou films de science-fiction.*

Luc *Ce que j'aime le plus, ce sont les documentaires ou les émissions culturelles car on apprend beaucoup de choses intéressantes. Je viens de regarder un documentaire superbe sur l'acteur français Daniel Auteuil. Par contre, je ne supporte pas la publicité et je déteste les feuilletons — ils sont agaçants et pas très réalistes, par exemple tous les acteurs et toutes les actrices sont beaux. Sinon, je regarde les informations tous les jours.*

Paul *Ce que je préfère, c'est la télé-réalité, parce que ça me plaît de voir des personnes normales devenir des célébrités et j'aime aussi voir les stars dans une situation différente. Récemment, j'ai vu Loft story; c'était bien parce que le public pouvait intervenir dans l'émission en téléphonant pour voter. J'aime aussi les comédies parce qu'elles me détendent et m'amusent beaucoup, et je regarde les films car on a l'impression d'être au cinéma. Par contre je n'aime pas les jeux. On en a plein: La roue de la fortune, Les chiffres et les lettres, Questions pour un champion. Je ne regarde jamais la météo et je regarde très peu les émissions musicales.*

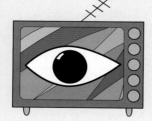

3 🎧 Julie et Marc parlent de leur émission préférée. Note la chaîne, le jour et l'heure, et donne des détails sur l'émission.

4 📖 "La télé, ça vaut la peine?" On a posé cette question à plusieurs personnes. Décide si l'opinion est positive (P) ou négative (N). Après, avec un(e) partenaire, invente des opinions différentes.

> *C'est divertissant; on peut s'amuser en regardant les comédies.*

> *C'est une perte de temps.*

> *C'est éducatif; on apprend beaucoup de choses.*

> *Ça me détend, après mes devoirs.*

> *On n'a pas besoin de réfléchir.*

> *C'est trop passif.*

> *Je n'ai pas le temps.*

> *Avec la télé satellite, je trouve toujours un programme intéressant.*

> *Il y a tant de choses plus amusantes à faire!*

> *En regardant la télé, j'oublie les problèmes de la journée.*

> *Avec les informations, on sait ce qui se passe dans le monde.*

> *Il n'y a que des émissions barbantes.*

5 🎧 Faly, Fabien, André, Brieuc et Gabi parlent de la télévision. Indique s'ils regardent beaucoup la télévision ou non et donne au moins une raison.

	Beaucoup ou non?	Raison(s)
Faly		
Fabien		
André		
Brieuc		
Gabi		

6 💬 Prépare une présentation sur la télévision. Donne des détails sur la télévision en Angleterre, dis si tu regardes beaucoup la télévision (donne des raisons), explique ce tu aimes regarder et ce que tu ne supportes pas. Donne des détails sur ton émission préférée et dis ce que tu as regardé récemment.

2 La lecture et la radio

☑ **Talk about reading preferences**
☑ **Exchange information about the radio**

1 💬 Avec ton/ta partenaire, pour chaque genre de livre, donne un titre en anglais et l'auteur. Tu as 1 minute.

2 📖 🏔 Lis les extraits de cinq blogs au sujet de la lecture. Écris un paragraphe pour répondre aux questions posées dans les blogs.

1 un roman d'amour
2 un roman policier
3 une pièce
4 un livre de science-fiction
5 un livre d'aventure
6 un roman fantastique
7 un roman historique
8 une histoire vraie

Le blog de Ludovic

Ce que j'aime lire, ce sont les livres d'aventure parce qu'ils me transportent dans un monde passionnant. Quelquefois ils sont un peu irréalistes, mais c'est ça que j'aime. Mon livre préféré s'appelle *À la recherche du monde perdu*. C'est l'histoire de deux adolescents qui cherchent un trésor; les héros s'appellent Jean et Luc. **Tu as un livre préféré?**

Le blog d'Alexandre

Pour moi, c'est toujours les personnages qui m'intéressent; l'action n'est pas importante. Je lis des romans historiques et des histoires vraies. Je regarde aussi les magazines de sport. Je n'achète jamais de livres — ce n'est pas la peine, j'en emprunte à la bibliothèque. **Tu achètes des livres?**

Le blog de Madeleine

Je préfère les livres romantiques. Pour moi, le plus important, c'est la fin du livre. Je n'aime pas les livres qui ne se finissent pas bien. Mon auteur favori s'appelle Jane Austen; elle est anglaise. Dans presque tous ses romans, les héroïnes trouvent l'amour et sont heureuses. L'action se passe toujours en Angleterre. **Qui est ton auteur favori?**

Le blog de Christelle

Pour moi, le plus important, c'est le style du livre. Je n'aime pas les livres où on peut deviner la fin, j'aime être sur des charbons ardents. Il y a un mois, j'ai lu un livre de Helen Fielding, *Le Journal de Bridget Jones*. Ça m'a beaucoup plu. **Qu'est-ce que tu as lu récemment?**

Le blog de Valérie

Je ne lis que des magazines. J'adore regarder la publicité, les mannequins avec les derniers vêtements, les articles sur la mode et le maquillage. J'aime également lire le courrier des lecteurs. Je viens d'acheter le nouveau magazine pour filles qui s'appelle *Filles jeunes*. Il est génial! **Quel magazine est-ce que tu aimes lire? Tu lis un magazine toutes les semaines?**

3 🏔 À faire avec un(e) partenaire. Imaginez que vous avez écrit un livre ensemble. Écrivez un résumé de votre livre en utilisant ces phrases et faites une présentation en classe.

- C'est un roman/livre de...
- C'est l'histoire de...
- Le héros/L'héroïne s'appelle...
- L'action se déroule à/en...
- À la fin,...
- C'est un livre intéressant parce que...

4 📖 **Que sais-tu de la radio en France? Lis le texte et note au moins cinq détails en anglais, puis compare ce que tu as écrit avec ton/ta partenaire.**

La radio en France

À la radio en France, on peut écouter beaucoup de stations — les plus populaires sont NRJ, Fun Radio, RTL, France Inter et France Bleu.

NRJ et Fun Radio sont davantage destinées aux jeunes parce que les animateurs sont jeunes et on passe les nouvelles musiques et des émissions avec des appels téléphoniques.

Sur RTL, France Inter et France Bleu, on peut écouter des programmes plus culturels et de la musique moins commerciale. Il y a des émissions à thèmes, par exemple sur l'alimentation et sur les acteurs, les peintres etc. C'est très varié. C'est pour un public complètement différent.

5 🎧 **Écoute les réponses d'un sondage sur la radio. Quelle question a-t-on posée?**

a Quelle station préfères-tu?
b Tu écoutes souvent la radio?
c Quand est-ce que tu écoutes la radio?
d Quelles sortes d'émissions écoutes-tu?
e Tu as un animateur/une animatrice préféré(e)?

! **INFO PRONONCIATION**

Liaison (1)

1 In French, the consonant at the end of a word is generally silent. Listen to the following examples and repeat.

a *un jouet en bois*
b *Ils font du sport tous les jours.*

However, if the next word starts with a vowel or a silent 'h', a linking, or liaison, can occur. Listen to the following sentences and repeat.

a *Les_enfants préfèrent le sport.*
b *Je joue aux_échecs avec mon_ami.*

2 The rules of liaison are quite intricate, but liaisons are made between words that are closely linked within a sentence.

- A liaison is compulsory between an adjective and a noun, or an article and the next word. Say the following phrases out loud:

  a *un petit hôpital*
  b *mes amis*
  c *les anciens élèves*

- A liaison is compulsory between a verb and the pronoun that precedes or follows it. Say the following sentences:

  a *Ils arrivent.*
  b *Nous en achetons.*
  c *Vient-il avec nous?*

Listen to the recording of the examples for point 2 and repeat.

Now say the following out loud, making a liaison where necessary:

a *Nous adorons la musique africaine.*
b *Mon ami Patrick est en France. Il est arrivé hier.*
c *Sait-elle que nous habitons dans un ancien hôtel?*

Listen to the recording and repeat.
Did you make the liaisons in the right places?

6 🔺 💬 **Réponds à ces questions, puis pose-les à ton/ta partenaire.**

1 À ton avis, comment s'appellent les stations de radio les plus populaires en Angleterre?
2 Qu'est-ce qu'on peut écouter sur ces stations?
3 Tu écoutes souvent la radio?
4 Quelles sortes d'émissions écoutes-tu?
5 Quelle station de radio préfères-tu? Pourquoi?
6 Tu as un animateur/une animatrice préféré(e)?

3 Les loisirs dans ta ville

- ☑ Describe the leisure facilities in your area
- ☑ Find out information about leisure facilities
- ☑ Use *ne…plus*

1 📖 **Fabien et Brieuc expliquent ce qu'il y a pour les loisirs dans leur ville. Lis puis réponds aux questions.**

On décrit Perpignan, Saint-Évarzec ou les deux?

1 C'est très tranquille.
2 Il est facile de trouver quelque chose à faire.
3 Les sports nautiques sont à proximité.
4 Pour s'amuser, il faut se déplacer.
5 L'argent est presque toujours nécessaire.
6 Pendant les grandes vacances, il y a toujours plus d'activités.
7 On peut trouver quelque chose à faire pendant la journée.
8 Il y a une ville très proche.
9 Les adultes peuvent s'amuser ici.
10 On peut s'inscrire à un club.

Moi, j'ai de la chance parce qu'il y a toujours quelque chose à faire là où j'habite — Perpignan est une grande ville. Par exemple, il y a plein de cinémas qui sont ouverts tous les jours avec des séances qui commencent l'après-midi. Je viens de voir le dernier film de Juliette Binoche. Le soir, si on n'a pas d'argent, on peut se promener en ville avec ses amis en regardant les vitrines. Pour les adultes, il y a des bars comme l'Ascot et Tio Pépé, des restaurants, des cafés et beaucoup de boîtes. Pour les sportifs, nous avons une piscine, des gymnases et des clubs de sports. Pour les jeunes, il y a des ateliers où on peut s'inscrire si on veut apprendre à faire de la poterie ou du théâtre.

Le seul inconvénient, c'est qu'il faut avoir de l'argent — mais, j'ai de la chance encore, parce que mes parents sont prêts à me donner de l'argent pour mes loisirs. Pour fêter les anniversaires, on va au bowling — il y en a deux. Quelquefois, il y a des festivals dans la région, ou des fêtes, surtout en été. On ne s'ennuie jamais ici!

Fabien

À Saint-Évarzec, il n'y a presque rien! Pas de piscine, pas de cinéma, pas de bowling. La seule chose qui existe, c'est le terrain de foot — heureusement pour moi, puisque je peux y retrouver mes copains. Il y a un camping et, en été, il y a un centre aéré, où les parents peuvent se reposer en laissant jouer leurs enfants pendant la journée. Si on veut regarder un film ou nager, il faut aller à Fouesnant, à 10 minutes en voiture, et sinon Quimper est la ville la plus proche. Là on trouve des cinémas et des distractions, mais elle est située à 15 ou 20 minutes de Saint-Évarzec, donc il faut demander à mes parents de m'y emmener en voiture et ça les agace un peu parce qu'ils ne sont jamais disponibles. Ce que j'aime, c'est aller à la plage en été parce qu'il y a un club nautique et je fais de la natation et du surf. La vie est plus animée en été. Il y a beaucoup de fêtes en Bretagne en été, comme par exemple la fête de la crêpe à Gourin, où il y a un concours pour voir qui peut préparer la plus grande crêpe du monde. L'année dernière, j'ai assisté à la fête avec ma famille. C'était super!

Brieuc

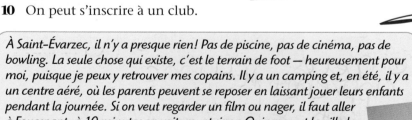

2 🏠 Prépare un dépliant sur ce qu'il y a pour les loisirs dans ta ville et ta région. Mentionne le sport, le cinéma, les clubs et les festivals (pense à l'été et à l'hiver) et explique si ça coûte cher.

3 🎧 Écoute les conversations et décide si on est à la piscine, au bowling, à la patinoire, au club de tennis ou au club nautique. Note un ou deux mots qui t'ont aidé(e) à trouver la réponse.

4a 📖 Trouve des paires correctes pour faire des phrases.

1 Vous ouvrez...	**a** ...une partie?
2 Vous êtes ouvert...	**b** ...automatiques?
3 Il faut payer...	**c** ...réductions?
4 Il y a des consignes...	**d** ...est disponible cet après-midi?
5 On peut louer...	**e** ...le dimanche?
6 Je peux m'inscrire...	**f** ...des patins?
7 Il y a des...	**g** ...combien?
8 Combien coûte...	**h** ...pour le club ici?
9 Est-ce que le terrain...	**i** ...à quelle heure?

b 💬 Avec ton/ta partenaire, fais deux conversations en utilisant les phrases de l'exercice 4a. Choisis entre: une piscine, un bowling, un club nautique, un club de tennis, une patinoire et un club de jeunes. Invente deux problèmes pour chaque conversation et utilise *ne...plus.*

Point grammaire

Using *ne...plus*

- The negative *ne...plus* means 'no more' or 'no longer' and is placed in the same position as *ne...pas*, i.e. *ne* goes before the verb and *plus* goes after it.

- In the conversations in exercise 3, there were several examples:
  - *Il n'y a plus de places pour la voile.*
    There are no more places for the sailing.
  - *Le café n'est plus ouvert le dimanche.*
    The café is no longer open on Sundays.

- Work out the meanings of the following sentences:
  - *La machine ne marche plus.*
  - *Nous ne venons plus assez souvent pour ça.*
  - *On ne fait plus de réductions.*
  - *On ne peut plus réserver à l'avance.*
  - *On n'a plus de tournois.*

❗ QUESTIONS CULTURE

Dans l'exercice 1, Brieuc a mentionné "la fête de la crêpe", qui a lieu à Gourin en Bretagne. Il y a beaucoup de fêtes en France. Sur internet, cherche des détails sur ces fêtes. Trouve la date de chaque fête et explique deux ou trois détails en anglais:
- la fête de la moisson
- la fête du citron de Menton
- la fête de la musique
- la fête nationale
- le festival de Cannes
- le festival de jazz de Nice

4 Le cinéma

☑ **Describe a film**

☑ **Ask for information about films and buying tickets**

☑ **Use the superlative**

1 📖 Combien de ces mots est-ce qu'on peut utiliser pour décrire un film? Écris une liste dans ton cahier et compare-la avec celle de ton/ta partenaire. Après, cherche d'autres mots que tu peux utiliser.

anglais
d'amour   américain   facile   triste
imaginaire   comique   amusant   émouvant
généreux   patient   effrayant   travailleur   en noir et blanc
de suspense   réussi   sous-titré   policier   violent   long
tragique   romantique   historique   sérieux
charmant   timide   lent
doublé

2 📖 Lis les résumés des deux films et note quels mots de l'exercice 1 on peut utiliser pour décrire ces films.

Roméo et Juliette

Les Montaigu et les Capulet sont deux familles italiennes. Roméo, qui vient de la famille Montaigu, et Juliette, qui vient de la famille Capulet, se sont tombés amoureux l'un de l'autre.

Le père de Juliette veut qu'elle épouse le comte de Paris. Juliette boit un liquide qui lui donne l'apparence d'une morte. Roméo pense qu'elle est morte et il se tue. En se réveillant, Juliette voit le corps de Roméo et se tue à son tour.

Harry Potter à l'école des sorciers

Un jeune orphelin anglais nommé Harry Potter est élevé par son oncle et sa tante. Le jour du onzième anniversaire de Harry, un homme qui s'appelle Hagrid, lui rend visite et lui explique qu'il est le fils de deux magiciens et qu'il possède lui aussi des pouvoirs magiques. Harry suit alors des cours à Poudlard, une école de sorcellerie, où il a beaucoup d'aventures.

3a 🎧 Écoute ces cinq personnes qui parlent des films qu'elles ont vus récemment. Décide si les commentaires sont positifs (P), négatifs (N) ou les deux (P + N). Note les mots qui t'ont aidé(e) à trouver la réponse.

b Voici quelques phrases utiles tirées des scripts de l'exercice 3a. Est-ce que tu peux te rappeler qui a parlé — Paul, Karine, Luc, David ou Élodie?

Exemple: *Le film est réussi — David.*

1 Le film est réussi.
2 C'est un peu trop long.
3 Il n'y avait pas beaucoup d'action.
4 J'aimerais tant aller le revoir…
5 La fin était complètement irréaliste.
6 C'est une superproduction!
7 J'ai beaucoup aimé le film.
8 Je n'ai pas vu le temps passer.
9 Les personnages ont été mal interprétés.
10 Au début, j'ai trouvé le film un peu lent.

4 🎭 Un peu d'imagination! Tu ne connais peut-être pas le film *Paris, je t'aime*, mais essaie d'imaginer l'histoire. Choisis un de ces scénarios et écris un petit résumé en utilisant les phrases ci-dessous et les phrases de l'exercice 3.

Paris, je t'aime

"Faubourg-Saint-Denis"
Une Américaine qui s'appelle Francine — interpretée par Natalie Portman — est étudiante d'art dramatique à Paris et elle veut quitter son petit ami.

"Quartier de la Madeleine"
Elijah Wood joue le rôle d'un touriste américain qui visite Paris et qui y rencontre un vampire.

C'est un film…
Ça se passe…
Le film se déroule…
C'est l'histoire de…
À la fin

À plus!

5 🎧 **On va au cinéma. Écoute les deux conversations et écris les mots qui manquent.**

– Qu'est-ce qu'on passe comme .... au cinéma?
– Il y a trois films. Dans la plus grande salle, on passe le .... film d'Emmanuelle Béart. Dans la plus petite, il y a le film dans lequel Gérard Depardieu .... Dans la salle 2, on peut .... un film de Brad Pitt.
– Lequel est le plus .... ?
– Le film avec Gérard Depardieu; il dure 2 heures.
– Lequel est le plus .... ?
– Le film avec Brad Pitt.
– Allons voir ça; je vais .... pour réserver des places.

– Allô, cinéma Gaumont.
– Allô. Je voudrais réserver des places pour la salle 2.
– C'est pour quel .... ?
– Demain.
– C'est pour quelle .... ?
– Il y en a combien?
– Deux. La première .... à 5 heures 10 et finit à 7 heures .... La deuxième est à 8 heures.
– C'est en version française ou en version originale?
– C'est en ....
– Bon, deux .... pour la séance de 8 heures, s'il vous plaît.

The superlative

Look at these examples of the superlative taken from exercise 5:

- *dans la plus grande salle* (in the largest room)
- *dans la plus petite* (in the smallest)
- *le plus long* (the longest)
- *le plus drôle* (the funniest)

To form the superlative, use *le*, *la* or *les*, then *plus* and the correct form of the adjective. If the adjective normally goes in front of the noun, the superlative also goes in front of the noun, e.g. *le plus grand magasin* (the largest shop). If the adjective normally goes after the noun, the superlative also goes after the noun, e.g. *l'homme le plus riche* (the richest man).

In exercise 5, all the superlatives were formed with *plus*, meaning 'the most', but you can also form the superlative with *moins*, to mean 'the least', e.g. *la dame la moins riche* (the least rich woman). With *moins*, the superlative tends to go after the noun.

Exceptions
bon(ne) → *le/la meilleur(e)*   the best
mauvais(e) → *le/la pire*   the worst

- Pour chaque début de phrase, choisis la bonne fin. Tu découvriras des faits divers sur la France! Explique-les en anglais à ton prof.
  1 La plus grande ville de France...
  2 La plus longue plage...
  3 Le plus haut monument...
  4 Le monument le plus fréquenté...
  5 La plus petite ville...
  6 Le plus long mot...

c'est...
  a ...la Baule
  b ...anticonstitutionellement
  c ...Albertville
  d ...Paris
  e ...la tour Montparnasse
  f ...la tour Eiffel

Est-ce que tu connais les équivalents au Royaume-Uni? Essaie de les découvrir.

- Complète les phrases suivantes sur la France. Fais une petite recherche sur internet.
  1 L'événement sportif français le plus connu, c'est...
  2 L'actrice française la plus célèbre, c'est...
  3 L'auteur français le plus connu, c'est...
  4 Le chercheur scientifique français le plus renommé, c'est...
  5 La plus haute montagne française, c'est...

6 💬 **À deux lisez les conversations de l'exercice 5 en changeant au moins huit détails.**

7 💬 **En suivant l'exemple, réponds à ces questions avec un(e) partenaire.**

Exemple: À mon avis, la plus belle femme du monde est Julia Roberts parce qu'elle a les cheveux longs et bouclés et un beau sourire.

À ton avis, qui/quel(le) est...

1 ...la plus belle femme du monde?
2 ...l'homme le plus intelligent?
3 ...le meilleur chanteur du monde?
4 ...l'acteur le plus célèbre?
5 ...l'acteur le plus amusant?
6 ...le livre le plus drôle?
7 ...le plus beau chanteur?
8 ...l'actrice la plus extraordinaire?

5 On parle du passé

☑ **Talk about the past**

☑ **Use the imperfect tense**

☑ **Understand when to use the imperfect tense or the perfect tense**

1 🎧 Fabien a trouvé des photos de ses parents; il en parle à sa mère, qui lui raconte un peu son passé. Écoute, puis remplis la grille.

	Jean	Valérie
Description physique	Mince	
Vêtements		
Activités		

 *grammaire*

The imperfect tense (1)

In exercise 1, Fabien's mother used the imperfect tense to describe what **used to happen**, and to say what people and things **used to be like**. Here are some of the things she said:

- *Il était mince.*
  He used to be thin.

- *J'avais les cheveux longs.*
  I used to have long hair.

- *On jouait au badminton.*
  We used to play badminton.

To form the imperfect, use the *nous* form of the present tense (e.g. *nous regardons, nous finissons, nous vendons*), remove '*-ons*' and add the following endings:

Je → -ais	*Nous → -ions*
Tu → -ais	*Vous → -iez*
Il/Elle/On → -ait	*Ils/Elles → -aient*

The imperfect tense of *jouer* is given in full below:

Je jouais	*Nous jouions*
Tu jouais	*Vous jouiez*
Il/Elle/On jouait	*Ils/Elles jouaient*

Exception: the stem of ***être*** is ***ét-***, for example:

J'étais mince.
I used to be thin.

Nous étions jolies.
We used to be pretty.

2 📖 🏫 Un adolescent fait une description de sa vie à l'âge de 5 ans et à l'âge de 12 ans.

Lis le texte, puis écris un paragraphe pour décrire comment tu étais à 5 ans et à 12 ans et ce que tu faisais.

> À l'âge de 5 ans, j'étais très petit, j'avais les cheveux bouclés et je portais toujours une salopette. Je ne portais pas de lunettes. Je regardais les bandes dessinées et je mangeais des bonbons. Je jouais avec mon frère et je pleurais beaucoup.
>
> À l'âge de 12 ans, j'étais mince, j'avais les cheveux longs et je portais toujours des vêtements à la mode. Je regardais des feuilletons à la télé et je buvais du coca-cola. J'écoutais de la musique dans ma chambre et j'envoyais des e-mails à tous mes copains. Je ne faisais jamais mes devoirs. Je me disputais beaucoup avec ma mère parce que je me levais tard.

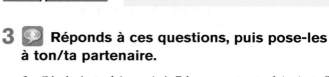

une salopette	dungarees

3 💬 Réponds à ces questions, puis pose-les à ton/ta partenaire.

1 Où étais-tu hier soir à 7 heures et que faisais-tu?
2 Où étais-tu samedi dernier à 2 heures de l'après-midi et avec qui étais-tu? Qu'est-ce que tu faisais?
3 Tu étais au collège hier à 10 heures du matin? Qu'est-ce que tu faisais?
4 Tu étais chez des amis vendredi soir? Sinon, où étais-tu et que faisais-tu?

À plus!

4 🏯 **Complète la première partie de la phrase avec un verbe à l'imparfait.**

1 Je .... quand le téléphone a sonné.
2 Il .... quand je suis arrivée.
3 Vous .... quand il a fini ses devoirs.
4 Elle .... quand il a répondu au téléphone.
5 Tu .... quand je suis parti.
6 Nous .... quand le prof est arrivé.
7 Vous .... quand il a lu l'annonce.
8 Ils .... quand nous sommes partis.
9 Elles .... quand le magasin a fermé.
10 Je .... quand tu es sorti.

5 🎧 **Écoute ces personnes qui parlent du week-end dernier et réponds aux questions en français. Attention! Il faut utiliser le passé composé ou l'imparfait?**

Amélie
1 Où était-elle samedi à 11 heures du soir?
2 Qu'est-ce qu'elle faisait à 11 heures?
3 Qu'est-ce qui s'est passé à 11 heures?

Martin
4 Qu'est-ce qu'il a fait samedi après-midi?
5 Pourquoi?
6 Comment était la femme qu'il a vue?

Julie
7 Pourquoi est-ce que Julie est sortie dimanche?
8 Où est-elle allée?
9 Qu'est-ce qu'elle faisait le dimanche, il y a un an?

6 📖 **Lis cet article sur Paul Arthur. Copie tous les verbes qui sont au passé composé et tous les verbes qui sont à l'imparfait, puis réponds aux questions.**

1 Quel était le travail de Paul Arthur avant de devenir acteur?
2 Quel âge avait-il quand il faisait la promotion d'un shampooing?
3 Comment est-ce qu'on sait qu'il était populaire quand il était plus jeune?
4 Après la série *Flics*, qu'est-ce qu'il a fait?
5 Où est né le personnage de Jean-Jacques?
6 Qu'est-ce que Paul Arthur faisait le vendredi quand il habitait près de Paris?
7 Qu'est-ce qu'il faisait le samedi?
8 De quoi rêvait-il quand il était jeune?

Point *grammaire*

The imperfect tense (2)

The imperfect tense is also used to describe actions that **were happening**.

Example: *Hier à 5 heures, j'étais chez moi et je regardais la télévision.*
Yesterday at 5 o'clock, I was at home and I was watching television.

In some cases, it is difficult to know when to use the imperfect. You will not necessarily always use it correctly at first and might use the perfect tense instead. However, as a general rule, use the imperfect to say what **used to happen** or what **was happening**, and use the perfect to describe an action that took place only once, usually at a specific time (see Unit 2).

Look at the following examples. Try to explain the use of the imperfect and perfect tenses in each sentence.

1 *J'étais dans le jardin quand le téléphone a sonné.*
I was in the garden when the telephone rang.

2 *Il est arrivé pendant que nous prenions le petit déjeuner.*
He arrived when we were having our breakfast.

3 *Vous lisiez le journal quand les enfants sont arrivés.*
You were reading the newspaper when the children arrived.

4 *Nous jouions au tennis quand il a commencé à pleuvoir.*
We were playing tennis when it began to rain.

Paul Arthur — l'acteur qui monte

Figure et voix bien connues de la publicité et des séries, l'acteur de 25 ans, maçon de profession, devient plus populaire grâce à son rôle de Martin, jeune prof, dans le nouveau feuilleton *Lycée Albert*.

Vous le reconnaissez sans doute — c'est celui qui dansait sous la pluie pour faire la promotion d'un shampooing il y a 2 ans, et c'est lui qui enchantait les filles, 1 an auparavant, dans la publicité pour des biscuits au chocolat. Après quelques années de rôles peu importants, il a eu du succès dans la série *Flics*, où on le voyait en uniforme. Après un congé en Amérique entre l'âge de 21 et 22 ans, il a commencé sa carrière à la télévision en acceptant le rôle de Jean-Jacques, un jeune Allemand dans la série *Ne comptez pas sur moi*. Élevé dans la banlieue de Paris, on le trouvait tous les vendredis aux cours d'art dramatique et tous les samedis au cinéma. Son rêve s'est enfin réalisé — il est maintenant célèbre.

1 💬 Ton/Ta correspondant(e) français(e), qui est en ce moment chez toi, veut aller voir un film au cinéma. Il/Elle veut savoir ce qu'on passe comme film, le tarif d'entrée, les heures d'ouverture du cinéma et les horaires des films. Regarde les annonces et prépare des réponses aux questions.

Screen 1	**The Meeting (PG).** *Romantic comedy.* Tuesday and Friday. 19:30.
Screen 2	**The Boys (U).** *Cartoon.* Wednesday to Sunday. 13:30 – 15:45.
Screen 3	**Goodbye (18).** *War film.* Daily (except Mondays). 17:45 – 20:15.
Screen 4	**Annabelle à Paris (in French with subtitles).** *Comedy.* Thursday and Friday. 18:00.
Screen 5	**The Lost Purse (12).** *Thriller.* Wednesday and Friday. 15:00 – 17:00 – 21:00.

Opening times	**All films**
13:00—midnight every day.	Children under 12 – £5.00.
	Adults – £7.50.
To reserve tickets, book online or telephone 0845 000 111.	No student reductions.

1 Qu'est-ce qu'on passe comme films?
2 Ça coûte combien?
3 Qu'est-ce qu'il y a pour les jeunes?
4 Qu'est-ce que tu recommandes?
5 C'est à quelle heure?
6 C'est quel jour?

2 🎧 Listen to the radio phone-in programme where listeners are talking about Brad Pitt and Madonna. Answer the questions in English.

1 What physical details does Michelle give about Brad Pitt?
2 Give two details mentioned about his life before he became an actor.
3 Why does Michelle think he is a good actor?
4 What information does the second listener give about Madonna's early life?
5 How do we know that Madonna has been successful?

3 📖 While surfing the internet, you come across these blogs giving different views on celebrities. Answer the questions below in English.

Le blog d'Yves

À mon avis, les célébrités ont une grande influence sur les adolescents; leur comportement est très important. Si un jeune admire, par exemple, un joueur de football, et on l'entend dire des gros mots, le jeune va l'imiter. Si on admire un athlète et il s'entraîne beaucoup et se comporte bien, ça, c'est une bonne influence.

Le blog d'Annabelle

Je sais que moi, je suis influencée par les stars. Quand je vois une actrice ou une chanteuse qui est très belle, j'essaie de me maquiller et de m'habiller comme elle. Je rêve d'avoir un succès pareil — ça doit être chouette d'être populaire et connue dans le monde entier.

Le blog de Mathias

Les célébrités ne m'intéressent pas. C'est vrai qu'il y a des chanteurs et des groupes que j'aime bien, mais je ne les admire pas et je ne les imite jamais. Ils sont comme toi et moi, non?

Le blog de Lucie

Je pense que je suis un peu influencée par les célébrités. Quand je vois une célébrité qui a du succès grâce à son travail ou à ses efforts, je pense que si je travaille dur comme lui ou elle, j'aurai moi aussi du succès. Mais je n'imite ni les vêtements ni le maquillage des stars — je n'ai pas assez d'argent et je préfère inventer mon propre style.

Le blog de Hakim

C'est vrai que je les admire, parce qu'ils sont beaux ou parce qu'ils sont riches et ils peuvent acheter ce qu'ils veulent, mais je n'aimerais pas être une célébrité. La vie d'une célébrité doit être difficile — pas de vie privée, toujours critiqué(e), ce n'est pas une vie!

Who...
1 ...would like to be famous?
2 ...believes that celebrities can have both a good and a bad influence on others?
3 ...prefers to have his/her own fashion style?
4 ...thinks the lives of celebrities are not enviable?

5 ...admires those celebrities who are successful because they have worked hard?

6 ...has not thought about the disadvantages of being famous?

7 ...has concerns about a celebrity's influence on young people?

8 ...thinks that celebrities are just normal people?

4 Write an article in French for a competition in a French magazine about a favourite actor, singer or sportsperson (an imaginary one if you prefer). Mention: his/her name, what he/she does, his/her character, his/her childhood and early life, why you admire this person, his/her successes and popularity, whether you have been influenced by him/her, and whether you think that young people are influenced by celebrities or not.

5 Matt Pokora and Diam are popular rappers in France. Read this article and write a brief summary about them in English. Do they have anything in common? Explain your answer.

Matt Pokora et Diam

Matt Pokora, né Matthieu Tota le 26 septembre 1985, a grandi à Strasbourg. Dès l'âge de 12 ans, il a écrit des chansons qu'il a interprétées dans un petit groupe de rap avec des copains. À l'âge de 17 ans, il n'a pas hésité à participer à l'émission de télé-réalité *Popstars*, émission où il a gagné avec Lionel et Otis, avec qui il a formé le groupe Linkup. Ils n'ont pas eu beaucoup de succès et après un an, Matt a lancé sa carrière comme artiste solo.

Il a sorti son premier album au début de l'année 2005, ainsi que le single "Elle me contrôle". Le public a été immédiatement séduit. Au début de 2006, un deuxième opus est sorti, *Player*.

Diam, dont le vrai nom est Mélanie Georgiades, est née en juillet 1980 à Chypre. Elle est venue en France à l'âge de 4 ans et a grandi dans la banlieue de Paris. À 14 ans, elle a commencé à écrire ses premiers textes. Son premier concert, à l'âge de 18 ans, a été un grand succès. C'est en 1999 qu'elle a proposé son premier album, *Premier mandat*, qui n'a pas connu un grand succès. Après plusieurs années d'échec, elle connaît maintenant un succès fou chez les ados. Son nom de scène? Elle l'a trouvé en feuilletant le dictionnaire. Définition du mot "diamant": "objet de luxe; ne peut être brisé que par un autre diamant".

6 You work in a sports centre on a Saturday in the UK. A French tourist who speaks no English needs some information from the brochure below. Your teacher will play the part of the tourist and ask you questions. You need to give details on the sports available, facilities for children, opening times and prices.

PETER SMY
Sports Centre

Mondays–Saturdays, 7.30 a.m.–10.30 p.m.

Olympic swimming pool
£2 for all ages

3 badminton courts
£5 per hour

2 squash courts
£3 per hour (non-members)
£2 per hour (members)

4 table tennis rooms
£3 per hour

Dance studio
Ask for further details

Children's swimming pool and lessons
£1 per hour
Reductions for groups of five or more

! QUESTIONS CULTURE

● Sur internet, trouve les mots d'une chanson de Diam. Tu aimes les paroles? Explique.

● Sur internet, trouve des détails sur un de ces acteurs/actrices célèbres et fais une présentation en français:
  – Gérard Depardieu
  – Daniel Auteuil
  – Emmanuelle Béart
  – Juliette Binoche

Vocabulaire

La télévision	**Television**
C'est…	It is…
…divertissant/éducatif/passif/	…entertaining/educational/passive/
une perte de temps/reposant.	a waste of time/relaxing.
Ça me détend.	It relaxes me.
On n'a pas besoin de réfléchir.	You do not need to think.
On sait ce qui se passe dans le monde.	You know what is going on in the world.
Je regarde…	I watch…
…les feuilletons/les documentaires/les jeux/la pub(licité)/	…soaps/documentaries/games/adverts/
les informations/la télé-réalité/les comédies/les films/	the news/reality TV/comedies/films/
la météo.	the weather forecast.
Je regarde les émissions…	I watch…
…de science-fiction/culturelles/musicales.	science fiction/cultural/musical programmes.
Les personnages sont intéressants.	The characters are interesting.
Les histoires ne sont pas réalistes.	The stories are not realistic.
Il y a des intrigues/des conflits.	There are intrigues/conflicts.
Je ne supporte pas…	I cannot stand…
Je regarde la télévision 1 ou 2 heures par jour.	I watch television for 1 or 2 hours a day.
Mon émission préférée s'appelle…	My favourite programme is called…
C'est diffusé sur/Ça passe sur…	It is broadcast on…
Il y a six chaînes principales.	There are six main channels.

La radio	**Radio**
On peut écouter…	You can listen to…
…beaucoup de stations.	…lots of stations.
…des émissions à ligne ouverte.	…phone-in programmes.
…des émissions à thèmes.	…topical programmes.
…de la musique commerciale.	…commercial music.
…des bulletins d'actualité/des débats.	…news bulletins/debates.
Les animateurs/présentateurs sont jeunes.	The presenters are young.
On diffuse/passe les nouvelles musiques.	They broadcast the latest music.

La lecture	**Reading**
Je lis/C'est un livre…	I am reading/It is a(n)…
…d'aventure/de science-fiction.	…adventure/science fiction book.
Elle lit un roman…	She is reading a…
…d'amour/policier/historique/fantastique.	…romantic/detective/historical/fantasy novel.
C'est une histoire (vraie)/une pièce.	It is a (true) story/a play.
Je lis des magazines.	I read magazines.
Ils me transportent dans un monde passionnant.	They take me into an exciting world.
On peut deviner la fin.	You can guess the end.
J'aime être sur des charbons ardents.	I like being on tenterhooks.
Les personnages m'intéressent.	The characters interest me.
C'est l'histoire de…/Il s'agit de…	It is the story of…/It is about…
Le héros/L'héroïne s'appelle…	The hero/The heroine is called…
L'action se déroule à/en…	The action takes place in…
À la fin…	At the end…

Les loisirs dans la ville	**Leisure facilities in your town**
Il y a toujours quelque chose à faire.	There is always something to do.
Il y a plein de cinémas.	There are lots of cinemas.
Il n'y a presque rien.	There is hardly anything.

Si on n'a pas d'argent, on peut se promener.	If you do not have any money, you can go for a walk.
Le seul inconvénient, c'est que…	The only disadvantage is that…
La seule chose qui existe, c'est…	The only thing there is, is…
La ville est plus animée en été.	The town is livelier in the summer.
En hiver, on peut…	In winter, you can…
Les sports nautiques sont à proximité.	Watersports are nearby.
En été, il y a plus d'activités.	In summer, there are more activities.
On peut s'inscrire à un club.	You can enrol in a club.

On sort
Going out

Vous ouvrez à quelle heure?	What time do you open?
Vous êtes ouvert le dimanche?	Are you open on Sundays?
Combien coûte une partie?	How much does a game cost?
Est-ce que le terrain est disponible?	Is the court free?
Il y a des consignes automatiques/des réductions?	Are there automatic lockers/reductions?
Peut-on louer…	Can you hire…
…des patins/des chaussures/des raquettes?	…skates/shoes/rackets?
Je peux m'inscrire ici?	Can I enrol here?
Est-ce qu'il y a des places pour la voile?	Are there places for sailing?

On parle des films
Talking about films

C'est un film…	It is a…
…de suspense/d'amour/amusant/policier/historique/ anglais/américain/émouvant/effrayant/violent/ réussi/triste/tragique/lent/en noir et blanc/ doublé/sous-titré.	…thriller/romantic/funny/detective/historic/ English/American/moving/scary/violent/ successful/sad/tragic/slow/black-and-white/ dubbed/subtitled film.
Le film est en version originale/en version française.	The film is in the original language/in French.
Qu'est-ce qu'on passe comme film?	What sort of film is on?
La première séance commence à 19 heures.	The first showing starts at 7.00 p.m.
C'est une superproduction.	It is a blockbuster.
J'aimerais le revoir.	I would like to see it again.
Les personnages ont été mal interprétés.	The characters were badly played.
Au début, j'ai trouvé le film lent.	At the beginning, I found the film slow.
La fin était complètement irréaliste.	The end was completely unrealistic.

On parle des stars
Talking about stars

Il a passé son enfance à…	He spent his childhood in…
Il a eu du succès avec…	He had success with…
Il est populaire parce que…	He is popular because…
Il écrit ses propres chansons.	He writes his own songs.
Il a formé un groupe.	He formed a group.
Il a sorti son premier album.	He brought out his first album.
Les célébrités peuvent exercer une bonne ou une mauvaise influence.	Celebrities can exert a good or bad influence.
Il a donné son premier concert à l'âge de…	He gave his first concert at the age of…
Il est né en 1961.	He was born in 1961.
Il est capable de jouer n'importe quel personnage.	He can play any character.
Elle a vendu des dizaines de millions de CD.	She sold millions of CDs.
Elle occupait les premières places du hit-parade.	She was at the top of the charts.

Unité

On prépare les vacances

6

1 Les vacances, c'est pour quoi faire?
2 On choisit sa destination
3 Comment voyager?
4 Où loger pendant les vacances?
5 On contacte l'office de tourisme

1 Les vacances, c'est pour quoi faire?

☑ Give reasons for going on holiday

☑ Talk about preferences for different types of holiday

☑ Use the negative *ne…nulle part*

1 🎧 **On interroge Gabi au sujet des vacances. Complète les phrases.**

1 Pour Gabi, les vacances, c'est …….. parce que …….. .
2 D'habitude, pendant les vacances, elle dort, elle …….. , elle …….. .
3 Elle part en vacances avec …….. .
4 Parfois, elle fait du …….. .
5 Elle voyage …….. .
6 Elle préfère voyager …….. parce que …….. .
7 Cette année, elle va aller …….. .

2 💬 **Utilise les questions posées à Gabi pour interroger un(e) partenaire. Prends des notes et garde-les pour plus tard.**

1 Est-ce que c'est important, pour toi, les vacances?
2 Pourquoi?
3 Qu'est-ce que tu fais, d'habitude, pendant les vacances?
4 Tu restes chez toi ou tu pars?
5 Où est-ce que tu loges?
6 Comment est-ce que tu voyages, d'habitude?
7 Mais comment est-ce que tu préfères voyager?
8 Est-ce que tu vas partir en vacances cette année?

3a 📖 **Voici dix raisons pour partir en vacances. Copie la liste par ordre décroissant d'importance.**

Les vacances, c'est pour...

a voyager
b s'amuser
c se retrouver en famille
d se reposer
e échapper à la routine
f partir au soleil
g oublier les problèmes
h rencontrer de nouveaux amis
i faire de nouvelles activités
j faire du tourisme

b 📖 **Choisis des raisons appropriées (a–j) pour compléter les phrases.**

Exemple: 1 — f.

1 Là où Julie habite, le climat n'est pas bon, il pleut souvent, donc elle profite des vacances pour …….. .
2 J'aime …….. : chaque année je visite un nouveau pays. Et maintenant, j'ai des amis un peu partout.
3 Moi, j'aime …….. : visiter les sites célèbres, prendre des photos, acheter des souvenirs! Les vacances, c'est pour …….. : pas de bureau, pas de travail, pas de métro!
4 Pendant les vacances, Frank aime bien …….. : l'an dernier, il a essayé le jet-ski.

4 💬 **Avec ton/ta partenaire, essaie de trouver des raisons supplémentaires pour partir en vacances.**

5 📖 **À ton avis, quelles réponses du sondage ont choisi les trois personnes?**

> **Isabelle** *Quand j'ai des vacances, je pars en voyage. J'adore voir des pays nouveaux et découvrir des endroits peu visités… Tout ce qui est différent m'intéresse: la nourriture, les langues, les gens et leurs coutumes… Avec mes amis, nous organisons nous-mêmes notre voyage. Nous logeons à l'auberge de jeunesse ou dans un camping. J'ai beaucoup d'amis, et si je ne pars pas, nous faisons beaucoup de choses ensemble: le cinéma, les concerts…*

> **Pierre** *Moi, je voyage beaucoup à l'étranger pour mon travail. Visiter des pays différents, c'est très intéressant. Mais pendant les vacances, je préfère rester au pays! Pour moi, les vacances, c'est passer du temps avec ma famille, me détendre… Si nous partons, nous allons dans un endroit tranquille. Nous louons une grande maison avec de belles vues, et nous n'en bougeons pas, sauf pour faire des promenades!*

> **Jocelyne** *Alors je pars chaque année en voyage organisé avec une voisine. Nous sommes allées en Italie une fois, mais nous préférons rester en France, où tout le monde nous comprend! Vous savez, la France est un très beau pays! Nous aimons voir les monuments, et nous faisons des excursions tous les jours. Nous prenons une chambre dans un hôtel pas très cher. Quand je ne vais nulle part, j'invite une ou deux amies à venir passer quelques jours chez moi…*

Questionnaire

1 Quand vous avez des vacances…
  a vous n'allez nulle part, vous aimez rester chez vous.
  b vous partez toujours quelque part.

2 Si vous restez chez vous pendant les vacances…
  a c'est pour voir et sortir avec vos amis.
  b c'est pour vous reposer tranquillement à la maison.

3 Si vous partez en vacances…
  a d'habitude c'est avec votre famille.
  b vous préférez partir avec un ou plusieurs ami(s).

4 Votre destination favorite, c'est…
  a plutôt l'étranger.
  b une région de votre pays que vous ne connaissez pas.

5 Quand vous arrivez à votre destination…
  a vous restez toujours dans le même endroit.
  b vous en profitez pour visiter les alentours.

6 Pour faire du tourisme ou pour voyager…
  a vous préférez les voyages organisés.
  b vous aimez être indépendant.

7 Si vous visitez des endroits nouveaux…
  a il s'agit d'endroits peu connus et peu visités.
  b vous allez dans les sites touristiques célèbres.

8 Quand vous allez à l'étranger…
  a vous aimez faire comme chez vous.
  b vous découvrez la cuisine et les traditions locales.

9 Pour vous loger…
  a vous préférez un endroit luxueux.
  b vous cherchez un logement confortable, mais pas cher.

Point grammaire

Using *ne…nulle part*

Ne…nulle part translates into English as 'nowhere' or 'not…anywhere'. Compare these two sentences:

- *Vous partez toujours **quelque part**.*
  You always go **somewhere**.

- *Vous n'allez **nulle part**.*
  You do **not** go **anywhere**.

Note that in the perfect tense, the second part of the negative (*nulle part*) is placed **after** the past participle.

Example: **L'année dernière, nous ne sommes allés nulle part.**
Last year, we did not go anywhere.

6a 💬 **Et toi? Réponds aux questions du sondage: qu'est-ce que tu choisis comme réponses?**

b 💬 **Maintenant, pose les questions à deux ou trois partenaires. Compare les réponses.**

7 📝 **Écris un paragraphe basé sur tes réponses de l'exercice 6a. Ajoute des détails pour illustrer tes réponses. (Les détails en gras dans l'exemple sont des détails supplémentaires.)**

Exemple: *Tu as choisi 1b, 2a, 3a, 4a, etc.: D'habitude, je pars en vacances avec ma famille. Nous préférons aller à l'étranger.* ***Nous avons visité beaucoup de pays en Europe et en Asie.*** *Cette année, je voudrais partir avec mes amis* ***parce que c'est plus amusant!*** *J'aime* ***beaucoup sortir avec mes amis****, et quand je suis chez moi pendant les vacances, je les vois souvent…*

2 On choisit sa destination

☑ **Decide where to go on holiday**

☑ **Talk about holiday activities and interests**

☑ **Use the future tense**

1a 📖 **Lis attentivement ces brochures.**

b 🎧 **Écoute 1 à 8. Quelle destination choisiront-ils?**

Exemple: 1 — *Paris.*

Venez découvrir le Sénégal: vous adorerez!

Vol direct Paris–Dakar + circuit 7 jours/6 nuits pension complète

Jour 1 Arrivée à l'aéroport de Dakar, transfert à l'hôtel. Plage et piscine.

Jour 2 Visite des villages de la brousse, déjeuner dans une famille sénégalaise.

Jour 3 Dakar (marchés typiques) et l'île de Gorée (traversée en chaloupe).

Jour 4 Balade dans les dunes en 4×4. Repas sénégalais, baignade dans le lac.

Jour 5 Visite d'une réserve naturelle protégée. Après-midi au bord de l'océan.

Jour 6 Désert de Lompoul: promenade en dromadaire, soirée danses, nuit sous la tente.

Jour 7 Barbecue près du Lac Rose. Repos. Transfert à l'aéroport de Dakar.

la brousse	bush (woodland)
une chaloupe	launch (type of motor boat)
une balade (en voiture/en chameau)	walk (a drive/a camel ride)
un dromadaire	dromedary (one-humped camel)

Paris vous attend!

Des tours guidés vous permettront de voir les sites touristiques les plus célèbres: la cathédrale Notre-Dame de Paris, la basilique du Sacré-Cœur, l'Arc de Triomphe, les Champs-Élysées… Si l'art vous intéresse, vous trouverez à Paris des trésors culturels mondialement connus, comme la Joconde au musée du Louvre ou la peinture impressionniste au musée d'Orsay.

Pour vous détendre, vous prendrez le bateau: dîner romantique sur la Seine ou croisière paisible sur le Canal Saint-Martin… Pour une soirée inoubliable, vous choisirez un spectacle ou un cabaret: dîner et French Cancan au célèbre Moulin Rouge, piano-bar, discothèque branchée… Et bien sûr, vous n'oublierez pas la tour Eiffel — elle est incontournable!

Excursions possibles à Disneyland Paris, Versailles et châteaux de la Loire.

incontournable	must-see
branché(e)	trendy
la Joconde	Mona Lisa

Point grammaire

The future tense

Up to now, you have used the **aller** + infinitive construction to talk about the future. This construction, known as the **immediate future**, enables you to say that something is **going to happen**. To say that something **will happen** (or will be happening), there is another **future tense** (called *futur simple* in French). Here are some examples used in exercise 1a:

- *Vous **trouverez** à Paris des trésors culturels.*
  You will find cultural treasures in Paris.

- *Vous **prendrez** le bateau.*
  You will take the boat.

Here is the *futur simple* of *manger* in full:

*Je manger**ai***	*Nous manger**ons***
*Tu manger**as***	*Vous manger**ez***
*Il/Elle/On manger**a***	*Ils/Elles manger**ont***

The endings (highlighted in bold) are simply added to the infinitive. They are the same for all verbs, but in the case of *-re* verbs, you must drop the 'e' from the infinitive first (i.e. *je prendrai*, and not *je prendreai*).

List all the verbs in the future tense that you can find in the three brochure extracts in exercise 1a and give the infinitive of each.

Briançon: un grand bol d'air dans les Alpes!

À 5 heures de Paris par le train, Briançon est la ville la plus haute d'Europe (1 326 m d'altitude).

Les estivants qui aiment la nature découvriront dans les parcs naturels une flore et une faune exceptionnelles.

Dans un environnement unique, les plus sportifs pratiqueront le VTT, la randonnée, le rafting, le deltaplane, l'alpinisme…

La ville a été fortifiée au XVIIème siècle et vous trouverez des trésors historiques dans ses rues étroites. Le soir, vous dégusterez la délicieuse fondue savoyarde dans ses charmantes auberges.

Pour l'hébergement, toute une gamme de possibilités: hôtels, résidences privées, gîtes, campings, auberge de jeunesse…

un estivant	a summer holiday-maker/visitor
l'alpinisme (m)	climbing
une gamme	a range

2 📖 **Relis ce que disent Isabelle, Pierre et Jocelyne page 75. Choisis les vacances idéales (au Sénégal, à Paris ou dans les Alpes) pour chaque personne.**

3 📖 **C'est Paris, Briançon ou le Sénégal? Attention! Quelquefois il y a deux réponses!**

1 C'est une destination idéale si on veut voir des plantes rares et des animaux sauvages.

2 Le soir, on trouvera facilement des distractions.

3 Cet endroit semble très riche sur le plan culturel.

4 Ce voyage a l'air très excitant, il offre des aventures extraordinaires.

5 Les jeunes pourront faire une excursion au parc d'attractions.

6 Cette ville historique paraît fascinante, on y verra des constructions très anciennes.

7 C'est parfait pour les estivants sportifs! Ils y feront toutes sortes d'activités de plein air.

8 Les visiteurs utiliseront des moyens de transport inhabituels. Ce sera une expérience unique!

9 Pour le logement, les touristes auront vraiment le choix!

! POINT LANGUE

To look… + adjective

Look at the following examples:
- *Cet endroit **semble** très riche.*
- *Cette ville **paraît** fascinante.*
- *Ce voyage **a l'air** très excitant.*

All three verbs/phrases (*sembler, paraître, avoir l'air*) can be used to render the English construction 'to look… + adjective':
- This place seems (looks) very interesting.
- This town appears to be (looks) fascinating.
- This trip looks very exciting.

---

4 🖼 **Donne des exemples pour expliquer les points suivants. Fais des phrases complètes.**

Exemple: Paris est une ville qui offre de nombreuses activités culturelles.
→ On peut visiter des musées, comme le Louvre ou le musée d'Orsay.

1 À Briançon, les possibilités d'hébergement sont multiples.

2 Le Sénégal offre des activités inhabituelles dans un environnement nouveau.

3 La région de Briançon, c'est l'endroit rêvé pour voir des animaux ou des plantes sauvages.

4 Si on choisit le voyage à Paris, on peut faire des visites et des promenades très variées.

5 Au Sénégal, on goûtera aux spécialités locales.

La Joconde

5 💬 **Pour tes vacances, choisis une des trois destinations de l'exercice 1a. Explique à un(e) partenaire qui a choisi une destination différente où tu iras, pourquoi, où tu logeras, ce que tu feras et ce que tu verras pendant tes vacances.**

6 🎧 **Que feront-ils pendant les vacances? Écoute Matthieu, Magali, Mireille, Mme Blois et Léa, et réponds aux questions en anglais.**

Exemple: Matthieu: Canada/with friends/1 week/ski/magnificent landscapes, lots of space.

1 Where will each person go for their holiday?

2 Who will they go with, and for how long?

3 What will they do during the holiday?

4 Can you explain their choice of destination?

7 🖼 **Avec un(e) partenaire, préparez une publicité pour attirer les touristes français dans votre ville ou votre région. Écrivez 100 mots minimum et illustrez avec des photos.**

Point grammaire

Irregular verbs in the future tense

A number of verbs do not follow the pattern described on p. 76 to form their future tense. *Être, avoir, faire, voir* and *pouvoir* are some of the most important verbs that are irregular in the future tense. Can you find an example of each in exercise 3?

Other important irregular verbs are *aller* (I will go = *j'irai*), *vouloir* (I will want = *je voudrai*), *venir* (I will come = *je viendrai*), *devoir* (I will have to = *je devrai*) and *recevoir* (I will receive = *je recevrai*).

3 Comment voyager?

☑ Discuss means of transport

☑ Use the future tense after *quand*

☑ Ask questions with *quel* and *lequel*

1a Fais la liste de tous les moyens de transport que tu connais en français.

b Ces personnes expliquent comment elles voyagent. Écoute et complète ta liste des moyens de transport.

c Écoute encore et note un détail supplémentaire pour chaque personne.

| un routier | long-distance lorry driver |
| le SAMU (Service d'Aide Médicale Urgente) | emergency medical services |

Exemple: 1 — bus ou métro dans la journée seulement.

2 M. et Mme Dupont habitent en Angleterre, mais ils rentreront en France pour les vacances. Trouve les paires correctes.

1 Vous partirez en France en auto?

2 Vous n'aurez pas peur des camions, sur la route?

3 Vous traverserez la Manche comment? En bateau?

4 Quand vous serez en France, vous voyagerez en train, quelquefois?

5 Vous louerez des vélos, quand vous irez à la montagne?

6 Vous pourrez aller jusqu'à la plage en autobus?

a Nous prendrons le TGV, c'est si pratique!

b Oui, on louera des VTT, c'est idéal pour ça!

c Non. À la gare routière, nous prendrons un car.

d Oui, nous venons d'acheter une nouvelle voiture!

e Nous traverserons en ferry.

f Non, nous avons l'habitude des poids lourds, nous serons prudents.

| un VTT (vélo tout terrain) | mountain bike |
| un poids lourd | heavy goods vehicle |

3 Comment voyageront-ils pendant les vacances? Écoute à nouveau Matthieu, Magali, Mireille, Mme Blois et Léa. Copie et complète le tableau en anglais.

Name	Means of transport?	How long will the journey be?	Has he/she already used this means of transport?	What will he/she do during the journey?

4a Pose ces questions à tes copains/ tes copines et prends des notes.

1 Où est-ce que tu iras en vacances?
2 Comment est-ce que tu voyageras?
3 Combien de temps durera le voyage?
4 Est-ce que tu as déjà voyagé en… (avion/car/train etc.)?
5 Qu'est-ce que tu feras pendant le voyage?

b Fais un résumé à partir de tes notes. Tu préfères les vacances de quelle personne? Pourquoi? Écris quelques phrases pour expliquer.

Point grammaire
Quand + futur simple

Look at these examples and compare them with their English translations:

● *Quand vous serez en France, vous voyagerez en train?*
When you are in France, will you travel by train?

● *Vous louerez des vélos, quand vous irez à la montagne?*
Will you hire bikes, **when you go** to the mountains?

When a verb that follows *quand* refers to a future event, it has to be in the future tense (whereas the present tense is used in English).

5 M. et Mme Wood ont décidé d'aller passer 8 jours dans la région de Perpignan, où leur fils fera un échange avec Fabien. Lis le texte.

On peut voyager de Southampton à Perpignan en voiture. On prend le ferry à Portsmouth, ou à Douvres pour une traversée plus courte. Si on a le mal de mer en bateau, on peut mettre la voiture sur le Shuttle à Folkestone, mais c'est assez cher. Arrivés en France, on prend l'autoroute. Malheureusement, les autoroutes ne sont pas gratuites en France! Et en été, il y a beaucoup de circulation!

On peut prendre l'Eurostar à Londres. On change à Lille, où on prend un TGV direct jusqu'à Perpignan. Les TGV sont très rapides. La traversée de la Manche par le tunnel est facile. S'il y a de grosses vagues parce que la mer est agitée, on n'a pas le mal de mer! Mais le voyage en Eurostar coûte assez cher.

Pour voyager moins cher, on peut prendre un car qui fait le trajet de Londres à Barcelone, en Espagne: il s'arrête à Perpignan. C'est bon marché, mais c'est long et fatigant.

Enfin, on peut aussi y aller en avion! En été, il y a un vol direct de Southampton à Perpignan. C'est une compagnie aérienne à bas prix qui fait cette ligne, donc les tarifs sont intéressants. Le vol ne dure que 2 heures.

8 jours	often used to mean 'a week'
avoir le mal de mer	to be seasick

a Donne les avantages et les inconvénients des différentes façons de voyager de Southampton à Perpignan. Considère la voiture, le shuttle et l'Eurostar, le TGV, le car et l'avion.

Exemple: le ferry: avantage non mentionné,
inconvénient: mal de mer

b Pense aux moyens de transport qui ne sont pas mentionnés dans le texte (le vélo, le métro, etc.). Trouve un/des avantage(s) et un/des inconvénient(s) pour chacun.

6 Pose ces questions à un(e) partenaire, puis réponds à ton tour.

1 Comment est-ce que tu voyages pour aller de chez toi au collège ou en ville?
2 Tu aimes faire ce trajet? Pourquoi?
3 Quel moyen de transport est-ce que tu recommandes pour circuler en ville?
4 Quel est ton moyen de transport préféré pour voyager loin? Pourquoi?
5 Tu aimes prendre l'autoroute? Pourquoi?
6 À ton avis, quel moyen de transport est le moins dangereux en général? Explique.
7 Est-ce qu'il y a un moyen de transport que tu n'as jamais utilisé? Lequel? Tu voudrais l'essayer?

7 Tu dois aller de Southampton à Perpignan. Explique comment tu voyageras et pourquoi. (Utilise "*quand* + futur simple" dans ta réponse.)

*Exemple: D'abord, je louerai une voiture pour aller à Londres. **Quand j'arriverai** à Londres, je prendrai…*

Point grammaire

Asking questions with *quel* and *lequel*

- Both these question words are used in this unit, for example:
  - ***Quel** moyen de transport est-ce que tu recommandes?*
  - *Est-ce qu'il y a un moyen de transport que tu n'as jamais utilisé? **Lequel**?*

How would you translate *quel* and *lequel* in these sentences?

- Now look at these examples:
  - *Mes voisins vont partir en Afrique.*
  - ***Lesquels**?*

  - ***Quelles** villes as-tu visitées?*

Quel…? translates into English as 'Which…?', and *Lequel?* as 'Which one?'. Both question words can be feminine and/or plural. *Quel* agrees with the noun that follows and *lequel* with the noun that it replaces. The possible forms are *quel, quelle, quels, quelles* and *lequel, laquelle, lesquels, lesquelles.*

4 Où loger pendant les vacances?

- ✔ Discuss different types of holiday accommodation
- ✔ Make enquiries and book accommodation

1 📖 **À l'hôtel. Trouve la bonne description pour chaque symbole.**

- **a** chambre double avec un grand lit
- **b** chambre avec douche et WC
- **c** chambre simple
- **d** chambre familiale
- **e** chambre avec salle de bains et balcon
- **f** chambre double avec deux petits lits

2 📖 **Regarde les posters et lis les descriptions. C'est A, B ou A+B?**

1 L'hôtel se trouve au centre-ville.
2 Il n'y a pas de bruit, on est sûr de dormir.
3 C'est facilement accessible en voiture, en avion ou en train.
4 On ne paie pas de supplément pour le parking.
5 On a la climatisation et une piscine.
6 La réceptionniste parle anglais et espagnol.
7 C'est bien situé pour visiter la vieille ville.

3 🎧 **M. et Mme Toule veulent aller passer 4 jours à Perpignan avec leurs deux enfants. Ils comparent les deux hôtels. Réponds aux questions en anglais.**

1 What features of the Villa Duflot do M. and Mme Toule like the most? What don't they like?
2 What advantage of the Hôtel de France does M. Toule particularly seem to appreciate?
3 What does Mme Toule think about the fact that the hotel is near the shops?
4 How inconvenient for the Toules is the absence of a restaurant in the Hôtel de France?
5 What do they decide to do, and why?

A Hôtel de France ☆☆☆
Hôtel trois étoiles de charme au cœur de la ville
À deux pas des magasins et du centre historique
Réservation: 00 33 (0) 4 68 34 92 81 ou francehotel@wanadoo.fr
Parkings de ville payants à 100 m (3 € à 10 €/24 h)

41 € –68 €
55 € –110 €

B Hôtel La Villa Duflot ☆☆☆☆
Calme et luxe au cœur d'un parc de 15 000 m²
À quelques minutes du centre-ville et de l'autoroute
Proche aéroport et gare
Restaurant gastronomique • bars • patio fleuri
Réservation: 00 33 (4) 68 56 67 67 ou contact@villa-duflot.com

41 € –68 €
55 € –110 €
108 € –128 € ch. double/pers.
168 € –208 € ch. simple/pers.

4 💬 **Mme Toule (T) appelle l'Hôtel de France pour réserver. Elle parle à la réceptionniste (R). Lisez le dialogue à deux.**

T Bonjour. Est-ce que vous avez des chambres libres **pour le 5 août**, s'il vous plaît?
R Oui. Combien de chambres voulez-vous?
T Je voudrais réserver **une chambre familiale. Nous sommes quatre, deux adultes et deux enfants.**
R C'est pour combien de nuits?
T **Trois nuits, du 5 au 7 août.**
R Nous avons **une chambre familiale avec douche au premier étage, à 82 €.** Et une autre **avec salle de bains au deuxième étage, à 92 €.** Laquelle préférez-vous?
T Je prendrai **la chambre à 82 €.** Est-ce que le petit déjeuner est compris dans le prix?
R **Non, le petit déjeuner est en supplément, c'est 6 € par personne.** C'est à quel nom, s'il vous plaît?
T **Toule, T-O-U-L-E.**
R Bien. Vous paierez par carte de crédit, Mme Toule?
T **Non, je vous enverrai un chèque avec une lettre de confirmation.**

Maintenant, recommencez le dialogue en changeant les détails qui sont en gras.

À plus!

5 Lis la lettre que Mme Toule a envoyée à l'Hôtel de France.

Madame C. Toule
1, avenue Charles de Gaulle
13 000 Marseille

Marseille, le 12 avril

Madame,

Suite à notre conversation téléphonique de ce matin, je vous écris pour confirmer ma réservation.

Nous serons quatre personnes: deux adultes et deux enfants âgés de 5 et 8 ans, donc je voudrais réserver une chambre familiale avec un grand lit et deux petits lits et avec douche. Nous voulons réserver la chambre pour trois nuits, du 5 au 7 août.

Je vous envoie ci-joint un chèque pour un montant de 82 €, ce qui correspond au prix de la chambre pour une nuit. Pouvez-vous m'envoyer un reçu à l'adresse ci-dessus, s'il vous plaît? Merci d'avance.

Je voudrais savoir s'il y a un point internet dans toutes les chambres. Et qu'est-ce qu'il y a pour les jeunes dans l'hôtel?

Je vous prie d'agréer, Madame, l'expression de mes sentiments distingués.

C. Toule

Choisis une des situations que tu as inventées dans l'exercice 4 et écris à l'Hôtel de France pour confirmer ta réservation. Adapte la lettre de Mme Toule.

! POINT LANGUE

Writing a formal letter

- Look at Mme Toule's letter to the Hôtel de France. Note how the letter is set out and the date written (the addressee's name and address can be written above the date). Note also the formal ending formula.
- Find the phrases used to make a request/to find out information, and give their meaning in English. Other phrases you may wish to use include:

To make a request:

Est-ce que vous pourriez…?   *Veuillez m'envoyer…* (very formal)
Could you please…?   Please could you send me…?

To find out information:

Qu'est-ce qu'on peut faire/visiter?   *Est-ce qu'il y a un/une/des…?*
What is there to do/visit?   Is there a…/Are there any…?

Pouvez-vous me dire si on peut…/où se trouve(nt)…?
Can you tell me if it is possible to…/where the…is/are?

6  Lis l'information et réponds aux questions.

La chambre d'hôtes

- Chez l'habitant
- Environnement calme et agréable
- Location pour une ou plusieurs nuits
- Petit déjeuner inclus
- Repas en table d'hôtes possible

Le gîte rural

- Logement meublé et équipé
- Dans une demeure traditionnelle et authentique
- Situé dans un village, à la campagne, en montagne
- Location à la semaine, pour quelques jours ou un week-end
- Accueil par les propriétaires

C'est un gîte rural, une chambre d'hôtes ou les deux?

1 Your accommodation is not independent.
2 You will be in rural surroundings.
3 You will be greeted by the owners.
4 You can stay there for one night only if you prefer.
5 You can cook your own meals.

7 Sabine et Florence logeront à l'auberge de jeunesse ou au camping? Écoute leur conversation, puis complète le texte.

Sabine and Florence cannot stay in a hotel because it is .... Florence does not want to go camping; she prefers to be indoors .... But Sabine does not want to go to a youth hostel, as she does not like the idea of sleeping in a dormitory or sharing .... And she does not want to have to .... when she is on holiday. In the end, the girls have no choice: they will have to stay .... because ....

5 On contacte l'office de tourisme

☑ Read and understand tourist office documentation
☑ Contact the tourist office

1 🗨 **Qu'est-ce que c'est? Avec un(e) partenaire, identifie la documentation.**

1 un dépliant sur les excursions en car
2 un guide touristique de la ville
3 une liste des musées et galeries d'art
4 une carte de la région
5 un horaire des trains
6 un dépliant sur les festivals et les événements culturels
7 une brochure sur les bars, les cafés et les restaurants
8 un dépliant sur les promenades en bateau

2 📖 **M. et Mme Toule envoient un courriel à l'office de tourisme de Perpignan. Quelle documentation de l'exercice 1 vont-ils demander?**

Exemple: 1 — c.

1 Ils vont aller dans les Pyrénées-Orientales en voiture.
2 Ils ne savent pas où ils pourront manger.
3 Ils aiment tout savoir sur les villes qu'ils visitent.
4 M. Toule voudrait faire une sortie en mer pendant les vacances.
5 Mme Toule veut savoir s'il y aura un concert pendant son séjour dans la région.
6 M. et Mme Toule ne veulent pas prendre la voiture tous les jours, c'est fatigant. *(deux réponses)*
7 Ils pensent qu'il y a un musée préhistorique dans la région.

3 📖 🗨 **Sur** http://office-de-tourisme.net **ou sur** www.tourisme.fr, **sélectionne un département puis choisis une ville. Lis l'information et prends quelques notes en français. Fais une petite présentation de la ville et de la région à ton/ta partenaire.**

4a 📖 **Lis le courriel de M. Touné à l'office de tourisme de Millau.**

> Bonjour,
>
> J'ai consulté votre site sur internet, mais est-ce que je peux vous demander de m'envoyer un peu de documentation, s'il vous plaît?
>
> Pouvez-vous m'envoyer un plan de la ville et une brochure sur la région? Je voudrais aussi un dépliant sur les hôtels, s'il vous plaît.
>
> Je voudrais savoir s'il y a des festivals ou des spectacles culturels pendant l'été. Et qu'est-ce qu'il y a pour les jeunes de 12 à 15 ans? Enfin, est-ce qu'on peut louer des vélos?
>
> Merci d'avance,
>
> Jacques Touné
> 12, rue du Lavoir
> 13 800 Istres

b 🏰 **Écris un courriel à l'office de tourisme de la ville que tu as choisie dans l'exercice 3. Demande des renseignements ou de la documentation sur les choses qui t'intéressent.**

Trouve l'adresse électronique de l'office de tourisme de la ville et envoie le courriel!

À plus!

5 📖 **Explique en anglais ce qu'André et Faly feront cet été.**

> *Pendant les vacances, je resterai à Saint-Denis. Mon père travaille à l'office de tourisme et il n'a pas de congés pendant la saison touristique, donc nous n'allons jamais nulle part. Je ferai la grasse matinée tous les jours, et pour passer le temps je jouerai sur mon ordi. Puis mes cousins de la métropole viendront passer 3 semaines, alors on ira se baigner et je leur ferai visiter le coin.*

André

> *Moi, j'irai chez ma sœur aînée à Dakar. Elle y habite depuis 2 ans. Elle me fera visiter la ville. Je veux voir la Grande Mosquée et le Palais présidentiel. Je lui demanderai de m'accompagner au parc zoologique, et surtout, je voudrais visiter l'île de Gorée. J'en ai beaucoup entendu parler! On pourra aussi aller à la plage et, pourquoi pas, au cinéma! On va passer 2 semaines fantastiques!*

Faly

6a 🎧 **Gabi répond aux questions de l'exercice 1 page 74 en donnant plus de détails. Note les informations supplémentaires.**

b 💬 **Relis les informations supplémentaires que Gabi a données dans ses réponses. Quel genre d'information/ Quels mots/Quelles expressions a-t-elle ajoutés? Explique en anglais.**

Exemple: *On fait du camping. **Mais je n'aime pas beaucoup faire du camping, quand il pleut, tout est mouillé —** opinion + reason.*

7 💬 **À toi! Reprends tes notes de l'exercice 2 page 74 et ajoute des détails à tes réponses. Pose les questions à un(e) partenaire et réponds à ton tour.**

❗ INFO PRONONCIATION

The future tense

1 In all forms of a French verb in the future tense, you hear a 'r' sound in the last syllable. Where does this sound come from? Is it also the case for those verbs that are irregular in the future tense? (Check the examples you have come across.) This can help to identify the tense of a verb in a listening exercise. It also means that it is important for you to pronounce this French 'r' sound as accurately as you can. Try to say the following:

> *je finirai, elle partira, nous serons, je verrai, tu sortiras, on aura, ils iront, elle se lèvera*

Now listen and repeat.

2 The following verbs present an additional pronunciation problem. How do you think they should be pronounced? Have a go!

> *je jouerai, elle créera, vous louerez, je continuerai, nous remercierons, ils oublieront*

Now listen and repeat.

Look carefully at the following pairs of verbs. Which verb from each pair do you hear on the recording? Check their meaning.
a *je vendrai/je viendrai*
b *nous serons/nous saurons*
c *tu iras/tu auras*
d *je devrai/je dirai*
e *elles se lèveront/elles se laveront*
f *il verra/il voudra*

Now practise saying the verbs in pairs.

❗ QUESTIONS CULTURE

Les vacances et les jours fériés en France et en Grande-Bretagne

Lis les phrases suivantes. À ton avis, c'est la France ou la Grande-Bretagne?
- Les écoliers et les collégiens ont plus de jours de vacances par an.
- Les jours fériés sont souvent le lundi.
- Si un jour férié tombe un mardi ou un jeudi, beaucoup d'entreprises ferment aussi le lundi ou le vendredi: les employés "font le pont" (ils ont un week-end de 4 jours).
- Les gens préfèrent partir à l'étranger pour les vacances.
- Environ 65% de la population passe ses vacances au pays.
- C'est le pays du monde qui reçoit le plus de visiteurs étrangers par an.

1 📖 Read the information on the *Centre de Vacances*.

un atelier	a workshop
un stage	a training course
un moniteur	an instructor

Find the four incorrect statements and correct them.

1 Only two activities are not related to the sea.
2 Only 8- to 14-year-olds are supervised.
3 Everybody does at least sailing and kite-surfing.
4 The surroundings are ideal and quite outstanding.
5 The centre boasts safe and practical accommodation.
6 Accommodation is organised according to age groups.
7 Activities have to be booked on registration evening.

2 🎧 Brieuc talks about his holiday at the *Centre de Vacances*.

a Listen to the first part of the conversation and complete the sentences.

1 Brieuc will stay in Postofort for ....
2 The Centre is ...... kilometres from Quimper.
3 Brieuc loves going to Postofort, because ....
4 If it is very windy, Brieuc will go ....
5 He will not go kite-surfing because ....
6 It will be the first time that Brieuc ....

b Listen to the second half of the conversation and answer the following questions.

1 Why does Brieuc feel comfortable at the Centre?
2 Why is he happy to share a bedroom?
3 What does he think of the meals?
4 Does Brieuc trust the instructors? Why?
5 What happened to him last year?
6 What is the only problem for Brieuc?

3 🏕 Réponds aux questions.

1 Est-ce que tu aimerais passer des vacances au Centre de Postofort? Pourquoi?
2 Quelles activités voudrais-tu pratiquer? Pourquoi?
3 Tu as déjà pratiqué certaines de ces activités? Lesquelles? Explique et dis si tu as aimé ou pas.

Centre Nautique de Crozon-Morgat, en Bretagne

Centre de vacances

Le Centre de Vacances de Postofort est rattaché au Centre Nautique de Crozon-Morgat. Les séjours sont de 5 jours, 1 ou 2 semaines. Les activités ont lieu tous les jours sauf le dimanche, matin et après-midi. Les jeunes choisissent le soir leurs activités du lendemain.

Activités nautiques
Voile, catamaran, planche à voile

Activités terrestres
Pêche à pied, plage, randonnée à pied ou en VTT, tennis, ateliers de bricolage

Stages en option
Surf, initiation à la plongée ou au kayak de mer
Perfectionnement catamaran ou planche à voile, kite surf

CNCM, Port de Plaisance – BP 13, 29160 CROZON – www.cncm.fr

- ☞ Toutes les activités sont surveillées.
- ☞ Moniteurs diplômés (1 moniteur pour 8–14 jeunes).
- ☞ Entièrement rénové en 2005, le Centre de Vacances offre confort, sécurité et fonctionnalité.
- ☞ Hébergement: répartition dans les chambres et dans les bâtiments en fonction de l'âge.
- ☞ Un environnement magique dans un site exceptionnel, parfaitement adapté aux activités nautiques.

4 🏕 You have seen this competition in a French travel magazine and decide to enter.

"L'endroit idéal pour des vacances de rêve!"
Écrivez un article sur votre destination idéale et gagnez deux billets d'avion pour y aller passer vos vacances!

Dans l'article, vous devez expliquer:
- **où se trouve cet endroit et faire sa description**
- **quelles sont les attractions touristiques et ce qu'on peut y faire**
- **comment est le climat**
- **quelles sont les possibilités pour se loger et mentionner les transports**

Pour finir, inventez un slogan qui va attirer les touristes vers cet endroit magique!

5 💬 You show your French friend this leaflet about Millau, where you will spend your summer holiday.

Answer your friend's questions about the holiday (get some notes ready beforehand — bullet points, 40 words maximum).

Prepare one or two questions to ask your friend (on the topic of holidays or on Millau).

Venez découvrir Millau!

Rencontre avec la nature dans un cadre unique!

- **Le musée de Millau**, seul musée du gant en France
- **Sites fortifiés du XVème siècle**
- **Le viaduc de Millau**

Près de Millau

Les caves de Roquefort, le roi des fromages!

Escalade, descente canoë ou raft des Gorges du Tarn

Promenade, randonnée ou pique-nique dans le parc naturel de Montpellier-le-Vieux

Baignade, nautisme et pêche dans les lacs du Lévézou

Pour vous distraire

Animations musicales   Exposition photo   Discothèques   Stages peinture   Marchés nocturnes

Et bien sûr, nos restaurants, cafés-bars, hôtels, campings et fermes auberges seront heureux de vous accueillir!

Here are your friend's questions.

1 Pourquoi avez-vous choisi Millau pour les vacances, toi et ta famille?
2 Vous avez déjà visité cette région?
3 Vous y passerez combien de temps?
4 Où est-ce que vous logerez?
5 Qu'est-ce que tu feras, exactement?
6 Les vacances, c'est important pour toi? Pourquoi?
7 Vous allez toujours en vacances à l'étranger?
8 Tu aimes partir en vacances avec ta famille? Pourquoi?

6 📖 Le père d'André travaille à l'office de tourisme de Saint-Denis. Lis l'entretien et réponds aux questions en anglais.

– *Qu'est-ce qui attire les visiteurs à la Réunion?*
– *C'est surtout la géographie et la géologie de l'île. La Réunion, c'est une montagne volcanique dans l'océan. Avec sa végétation et ses cascades, c'est le paradis des randonneurs. Le Piton de la Fournaise est un volcan encore actif: on peut s'approcher des coulées de lave. Et la flore réunionnaise passionne les botanistes.*
– *Et les plages?*
– *Les plages sont fabuleuses, autant pour les amateurs de surf et de plongée que pour les pêcheurs. Mais l'île est très montagneuse et n'a qu'une trentaine de kilomètres de plages. Sur certaines plages, le sable est noir.*
– *Vous avez des festivals à la Réunion?*
– *La population de l'île est très mixte: blancs, noirs, Indiens musulmans, Chinois… Avec le temps, la population de la Réunion est devenue une population "arc-en-ciel", culturellement très riche! Les traditions, les festivals, les fêtes religieuses diverses, la cuisine reflètent la mixité et la diversité de la population.*
– *Et la meilleure époque de l'année pour venir?*
– *D'avril à novembre, pour éviter les risques de cyclones pendant la saison chaude. À partir de novembre, il vaut mieux ne pas se baigner sur les plages désertes.*

| une coulée de lave | lava flow |

1 What are the advantages and the disadvantages of the island's beaches?
2 What are the particular attractions of the mountainous areas?
3 What makes the island so culturally rich?
4 What examples show this cultural variety?
5 Is Christmas a good time to visit Reunion?

7 💬 Pose ces questions à un(e) partenaire.

1 Tu aimerais visiter l'île de la Réunion? Pourquoi?
2 As-tu déjà visité une île? Explique. Tu aimerais visiter une île? Laquelle?

Vocabulaire

Les vacances, c'est pour quoi faire?
Les vacances, c'est pour…
> …se reposer/se retrouver en famille.

Je profite des vacances pour…
> …échapper à la routine/me détendre.

J'attends toujours les vacances avec impatience!
Pendant les vacances, on peut…
> …faire la grasse matinée/partir à l'étranger/
> se faire de nouveaux amis.

Les activités
J'aime…
> …essayer des sports nouveaux/
> faire une croisière en mer/
> faire de l'alpinisme/de la plongée/
> me bronzer sur la plage/
> visiter un parc d'attractions/
> voir les sites touristiques.

Pendant les vacances, j'adore…
> …faire des excursions/du tourisme/
> faire la fête/sortir le soir/
> me baigner dans la mer/
> passer du temps avec mes copains/
> partir en voyage organisé/
> voir des endroits nouveaux.

Le logement
D'habitude, nous réservons…
> …une chambre d'hôte/des chambres à l'hôtel.

Nous logeons dans une auberge de jeunesse.
Nous aimons faire du camping.
Mes parents louent un gîte.
Je resterai chez ma tante/chez des amis.
Nous dormirons dans un dortoir/la caravane.

Le camping et l'auberge de jeunesse
Nous voulons un emplacement pour…
> …deux personnes/une tente et une voiture.
> …à l'ombre/avec une prise électrique.

Nous sommes quatre.
Est-ce que l'eau est potable?
Est-ce qu'il y a…
> …une épicerie/un terrain de jeux?

Est-ce qu'on peut louer des sacs de couchage?
J'aime/je n'aime pas faire du camping parce que…
> …on est en plein air/on est plus libres/
> il y a des insectes/il y a du bruit/
> quand il pleut, tout est mouillé.

What are holidays for?
Holidays are for…
> …resting/getting together with the family.

I take advantage of the holidays to…
> …escape the routine/relax.

I always look forward to the holidays!
During the holidays, you can…
> …have a lie-in/go abroad/
> make new friends.

Activities
I like …
> …to try new sports/
> to go on a sea cruise/
> to go climbing/to go diving/
> to sunbathe on the beach/
> to visit a theme park/
> to see the tourist sites.

During the holidays, I love …
> …to go on outings/to go sight-seeing/
> to party/to go out in the evening/
> to swim in the sea/
> to spend time with my friends/
> to go on a package tour/
> to see new places.

Accommodation
We usually book…
> …a room in a B&B/hotel rooms.

We stay in a youth hostel.
We like to go camping.
My parents rent a gîte.
I will stay at my aunt's house/with friends.
We will sleep in a dormitory/the caravan.

Campsite and youth hostel
We want a pitch for…
> …two people/a tent and a car.
> …in the shade/with an electric socket.

There are four of us.
Is this water drinkable?
Is there…
> …a grocery shop/a playing field?

Is it possible to hire sleeping bags?
I like/I do not like camping because…
> …you are outdoors/you have more freedom/
> there are insects/it is noisy/
> when it rains, everything gets wet.

Pour voyager

Je voyagerai en voiture/à moto.
Je prendrai l'Eurostar/le train/le TGV.
Je partirai en avion/en bateau/en car.
Nous traverserons la Manche en ferry.
Nous louerons une voiture/un camping-car.
Nous prendrons le bus/le métro/un taxi.
Mes parents m'accompagneront/m'amèneront en voiture.
L'avion décollera à... et atterrira à... .
La traversée/Le vol durera... (minutes/heures)
une compagnie aérienne à bas prix

Travelling

I will travel by car/motorbike.
I will take the Eurostar/the train/the TGV.
I will go by plane/boat/coach.
We will cross the Channel by ferry.
We will hire a car/a camper van.
We will take the bus/the underground/a taxi.
My parents will give me a lift.
The plane will take off at... and will land at... .
The crossing/The flight will last... (minutes/hours)
a low-cost airline

Transports: avantages et inconvénients

Je préfère voyager en... parce que c'est...
...bon marché/confortable/excitant/
moins dangereux/pratique/rapide.
Je n'aime pas voyager en... parce que...
...c'est fatigant/lent/stressant/trop cher.
...j'ai le mal de mer/j'ai peur.
Les autoroutes sont payantes en France.
À mon avis, on (n')est (pas) en sécurité.

Transport: advantages and disadvantages

I prefer to travel by... because it is...
...cheap/comfortable/exciting/
less dangerous/practical/fast.
I do not like to travel by... because...
...it is tiring/slow/stressful/too expensive/
...I get seasick/I am scared.
You have to pay to use the motorway in France.
In my opinion, it is (not) safe.

À l'office de tourisme

Je voudrais...
...une carte de la région/un horaire des trains/
un plan de la ville/une liste des galeries d'art/
le programme des cinémas.
Avez-vous...
...un dépliant sur les excursions en car/
un guide touristique de la cathédrale?
Pourriez-vous me donner...
...un dépliant sur les festivals et les concerts/
une brochure sur les promenades en bateau/
des renseignements sur le quartier historique?
Pouvez-vous me dire...
...ce qu'il y a pour les jeunes de 12 à 15 ans/
où se trouvent les parkings/
s'il y a des événements musicaux?
Pouvez-vous me recommander...
...un hôtel trois étoiles près du centre-ville/
...un (bon) restaurant végétarien près d'ici?

At the tourist office

I would like...
...a map of the area/a train timetable/
a town plan/a list of art galleries/
the cinema programme.
Do you have...
...a leaflet on coach trips/
a tourist guide for the cathedral?
Could you give me...
...a leaflet on festivals and concerts/
a brochure about boat trips/
information on the historic district?
Can you tell me...
...what there is for 12–15-year-olds/
where the car parks are/
if there are any music events?
Can you recommend...
...a three-star hotel near the town centre/
a (good) vegetarian restaurant nearby?

Unité **7**

On arrive
en France!

1 Bonne route!
2 Le logement et l'office de tourisme
3 Quel temps fera-t-il?
4 On prend le bus et le train
5 Au café et au restaurant
6 On est invités!

1 Bonne route!

- ☑ **Learn how to understand signs, notices and maps**
- ☑ **Learn how to ask and find your way**
- ☑ **Learn how to hire a car at the airport**
- ☑ **Revise the use of question words**

1 📖 **Regarde les dessins des panneaux. Trouve la deuxième partie des messages. (Pour deux panneaux, il y a deux possibilités.)**

1 AUTOROUTE DU SOLEIL — A7

2 Bienvenue à *Calais*

3 SORTIE DE GARAGE

4 P PARKING PAYANT

5 STATIONNEMENT INTERDIT SUR LA PLACE

6 CIRCULATION À SENS UNIQUE

7 BOUCHON A LA SORTIE 10

a Placez le ticket sous le pare-brise du véhicule
b Roulez à droite
c Vitesse réduite sur 5 kilomètres
d Sortie et péage 2 km
e Laisser le passage libre
f les jours de marché
g pendant la durée des travaux

2 📖 **Regarde le plan, et identifie la destination. Attention! En France, les voitures roulent à droite, bien sûr!**

1 Allez tout droit et prenez la première rue à droite. Tournez à gauche avant d'arriver au parking. C'est à droite.

2 C'est très simple. Il faut aller tout droit jusqu'au deuxième feu rouge. Au feu rouge, il faut tourner à droite, et c'est un peu plus loin sur votre droite.

3 Allez tout droit. Aux premiers feux, tournez à gauche. Continuez tout droit, traversez le pont et prenez la première à droite.

4 Aux feux, vous prenez à gauche, et au prochain carrefour, vous devez tourner à droite. Vous la trouverez sur votre droite.

5 Montez l'avenue jusqu'au deuxième feu rouge. Après, prenez la rue à gauche et continuez tout droit. Vous arriverez à un rond-point. Là, prenez la deuxième sortie, et c'est à 100 mètres environ à gauche.

6 Aux deuxièmes feux, tournez à droite. Descendez l'avenue, passez devant l'hôtel de ville. Au prochain carrefour, prenez à gauche, et au carrefour suivant, à droite. Traversez le passage à niveau, et vous y êtes!

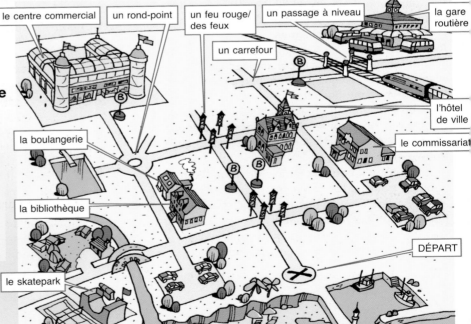

le centre commercial · un rond-point · un feu rouge/des feux · un passage à niveau · la gare routière · un carrefour · l'hôtel de ville · la boulangerie · le commissariat · la bibliothèque · le skatepark · DÉPART

À plus!

3a 🎧 Écoute et note en français ce que cherche chaque touriste.

b 🎧 🔺 Écoute encore et note trois questions différentes posées par les touristes. Puis complète ta liste avec les questions de tes voisins.

4a 💬 Avec un(e) partenaire, regardez le plan et répondez aux questions des touristes de l'exercice 3 à tour de rôle.

b 💬 Maintenant, inventez des dialogues complets: une personne est le/la touriste, et l'autre donne les renseignements.

5 📖 L'arrivée à l'aéroport.

M. et Mme Wood, les parents de James, sont arrivés à l'aéroport de Perpignan. Ils ont pris un vol direct au départ de Southampton. Ils ont embarqué à l'heure prévue, mais ils ont décollé à 10 h 55 au lieu de 10 h 15. À part ça, le vol s'est très bien passé. Ils ont été très contents, en débarquant à Perpignan, de voir que le soleil était au rendez-vous. Ils sont passés au contrôle des passeports et puis ils ont attendu pendant 20 minutes l'arrivée de leurs bagages. Ils se dirigent maintenant vers le bureau de l'agence de location de voitures qui se trouve dans une salle voisine. Ils vont devoir parler français...ça y est, les vacances commencent!

C'est vrai (V), faux (F) ou pas mentionné (PM)?

1 The plane taken by Mr and Mrs Wood landed late.
2 Mr Wood was angry because the plane took off late.
3 James was on the same flight as his parents.
4 The weather in Perpignan is disappointing.
5 The Woods are going to drive around in a rented car.
6 Mr Wood waited for the luggage while his wife was speaking to a French passenger.

6 🔺 Copie et complète les questions avec le mot ou l'expression corrects.

D'où   Combien   Où   Comment
À quelle heure   Combien de temps   Pourquoi   Que
Quel   Qui

1 .... vient d'arriver à Perpignan?
2 .... le vol des Wood a-t-il décollé?
3 .... s'est passé leur vol?
4 .... sont-ils partis? De Gatwick?
5 .... de retard avaient-ils au décollage?
6 .... sont-ils contents en arrivant à Perpignan?
7 .... temps fait-il à Perpignan?
8 .... les Wood ont-ils attendu leurs bagages?
9 .... vont M. et Mme Wood maintenant?
10 .... vont-ils être obligés de faire?

7 💬 À deux, répondez aux questions de l'exercice 6 à tour de rôle.

8 📖 M. et Mme Wood sont à l'agence de location de voitures. À ton avis, que va leur demander l'employé?

1 une pièce d'identité du conducteur
2 le permis de conduire du conducteur
3 le certificat d'assurance anglais
4 une photo d'identité du conducteur
5 les détails de la réservation
6 la carte de crédit du conducteur
7 le billet d'avion avec la date du retour en Angleterre
8 une adresse locale où les contacter

9 🎧 Écoute et vérifie tes réponses de l'exercice 8. Note deux détails supplémentaires.

Point grammaire

Asking questions

In this unit, look for examples of questions that use the question words from exercise 6 and rewrite each question using a different formulation. For example, *'Où est-ce qu'on peut trouver un parking, s'il vous plaît?'* can be written in two ways:

Où peut-on trouver un parking, s'il vous plaît?
On peut trouver un parking où, s'il vous plaît?

2 Le logement et l'office de tourisme

douche et WC

location   demi-pension   à partir de   salle de bains attenante

premier étage   une semaine   chambre pour une personne

réservation   fiche   pension complète   couloir

1 🎧 **M. et Mme Wood (W) arrivent à leur hôtel et parlent au réceptionniste (R).**

a **Devine comment compléter le script (les mots de la liste ne sont pas tous nécessaires).**

b **Écoute et vérifie.**

2a 💬 **Lis la conversation de l'exercice 1 avec un(e) partenaire.**

b 💬 **Maintenant, travaille avec deux partenaires pour imaginer un scénario différent à trois personnes.**

3 📖 **Au bureau d'accueil du camping. Écris les numéros et les lettres dans l'ordre correct de la conversation.**

W   Bonjour, monsieur. Nous avons réservé une chambre pour (**1**) ....

R   C'est à quel nom, s'il vous plaît?

W   Wood. W, DEUX O, D. Nous avons fait la (**2**) .... par téléphone.

R   Ah, voilà! M. et Mme Wood, une chambre double avec (**3**) .... , jusqu'au 18 août. Si vous voulez bien remplir cette (**4**) ....
   Merci. Voilà votre clef. C'est la chambre 116, au (**5**) .... Elle est très agréable, il y a un balcon qui donne sur le jardin. Vous prenez la (**6**) .... ?

W   Non, le petit déjeuner seulement. Où se trouve la salle à manger?

R   Au fond du (**7**) .... à gauche, madame.

W   Et le petit déjeuner est servi (**8**) .... quelle heure le matin?

R   À partir de 7 heures 45 et jusqu'à 9 heures 15.

W   Où est l'ascenseur, s'il vous plaît?

R   Juste derrière vous, madame.

W   Ah oui, merci.

R   Je vous en prie.

Monique

1 Bonsoir, monsieur. Est-ce que vous avez de la place pour une voiture et une petite caravane?

2 Nous n'avons pas d'animaux... Pour la prise électrique, c'est combien?

3 Nous sommes trois: mon mari, ma fille de cinq ans et moi. Pouvez-vous m'indiquer les tarifs?

4 Merci beaucoup, monsieur.

5 Où se trouve le bloc sanitaire, s'il vous plaît?

6 Pour une nuit seulement. Nous repartons demain matin.

L'employé

a Bonsoir, madame. C'est pour combien de nuits?

b Il faut payer un supplément de 4 €. Voulez-vous remplir cette fiche, s'il vous plaît?... Merci. C'est l'emplacement numéro 47. Tournez à gauche après le magasin d'alimentation, et allez tout droit. C'est à 150 mètres environ. Vous serez très bien, c'est très paisible.

c Les douches et les toilettes sont tout près d'ici, entre le bureau d'accueil et la piscine.

d C'est 30 € par nuit pour l'emplacement et deux personnes adultes. Pour un enfant de moins de 7 ans, c'est 5 € en plus par nuit. Je regrette, mais les animaux ne sont pas admis.

e Vous avez de la chance, il reste un emplacement libre avec prise électrique. Combien êtes-vous?

À plu

4 💬 Travaille avec un(e) partenaire.

a Lisez la conversation de l'exercice 3 dans l'ordre correct.

b Adaptez la conversation pour les situations 1 et 2. Changez aussi les tarifs et les directions, et imaginez des questions supplémentaires.

5 🎧 À l'office de tourisme. Écoute les conversations (1–6) et note en français ce que demande chaque personne.

6 📖 Fais des paires correctes.

À l'office de tourisme de Pasdetouristesici...

1 Quels festivals y a-t-il au mois d'août?

2 Est-ce que le château est ouvert tous les jours?

3 Où va le petit train touristique?

4 Est-ce qu'il y a des tarifs de groupe?

5 Le marché aux puces a lieu quand?

6 Les inscriptions pour les randonnées, c'est ici?

7 Qu'est-ce qu'il y a pour les enfants, le soir?

8 Il ne faut pas payer pour voir l'exposition, n'est-ce pas?

9 Est-ce qu'il y a un concours de boules, ce soir?

a Il n'est jamais ouvert, les fantômes n'aiment pas être dérangés.

b Nous n'organisons aucune fête et aucun spectacle en été.

c Il n'a lieu qu'un dimanche par mois, mais hors saison touristique.

d L'entrée n'est ni libre ni gratuite. Les visites sont payantes et guidées.

e Ce soir? Oui, mais je ne vous recommande pas d'y aller, c'est dangereux!

f Il ne va nulle part. Les visites étaient trop populaires, nous les avons arrêtées.

g Nous ne faisons de réductions à personne, sauf aux membres du club.

h Il n'y a rien. Les gens d'ici n'aiment pas le bruit le soir.

i C'était ici. Mais nous n'acceptons plus d'inscriptions, c'est fini!

7 🏕 Avec ton/ta partenaire, inventez deux questions supplémentaires à poser à l'office de tourisme de Pasdetouristesici. Écrivez les réponses aux deux questions, puis comparez vos questions et réponses aux questions des autres étudiants de la classe. Faites une liste des 10 questions et réponses favorites.

8 💬 Avec un(e) partenaire, lisez les questions des touristes de l'exercice 6 à tour de rôle, et imaginez les réponses d'un employé plus typique!

Exemple: Question 1 — Il y a un festival de musique, et un festival de danse moderne très populaire.

Point grammaire

Using negatives: recap

In Units 1–6, you revised the main negative constructions, such as *ne...pas, ne...rien* etc.

● Find and explain in English all the negatives used in exercise 6 above.

● Pay particular attention to the placing of all the different negative constructions. Can you regroup them according to how they are placed in the sentence?

3 Quel temps fera-t-il?

☑ **Understand the weather forecast**

☑ **Talk about holiday plans affected by the weather**

1 📖 **Des touristes en vacances dans la région de Strasbourg en octobre ont obtenu ce bulletin météo à l'office de tourisme. Regarde la carte, puis trouve et corrige les quatre erreurs.**

- Le temps sera nuageux ou il neigera sur une bonne partie du département aujourd'hui.
- Il fera plus mauvais temps sur la partie ouest, et il y aura des orages dans le sud-ouest.
- Dans le nord et le nord-est, le temps sera légèrement nuageux.
- Il y aura du soleil dans la région de Haguenau, et des éclaircies sur Strasbourg.
- Dans le centre le ciel sera couvert et le temps sera très ensoleillé.
- Il fera froid à Benfeld, et il fera généralement beau dans le sud-est.

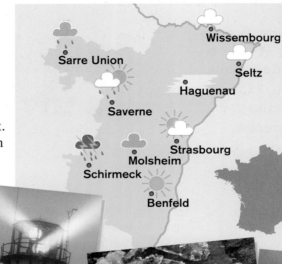

2 🏛 **Avec un(e) partenaire, allez sur** www.meteofrance.com, **ou bien sur** www.meteoconsult.fr. **Trouvez la météo pour le pays, la région ou la ville de votre choix, n'importe où dans le monde. Prenez des notes, puis écrivez quelques lignes pour expliquer quel temps il fait dans cet endroit aujourd'hui et quel temps il y fera.**

3 💬 **Au choix, enregistrez le bulletin météo que vous avez préparé pour la radio ou faites une présentation du bulletin météo pour la télévision.**

❗ POINT LANGUE

Using weather phrases in different tenses

Weather phrases can be difficult because they use irregular verbs. This table should help you.

Passé	Présent	Futur	
Il faisait/ il a fait	Il fait	Il va faire/ il fera	beau/ du soleil/ des averses
Il y avait/ il y a eu	Il y a	Il va y avoir/ il y aura	des nuages/ du brouillard/ de la brume
Le temps était/ a été	Le temps est	Le temps va être/sera	ensoleillé/ nuageux/ orageux
Il pleuvait/ il a plu	Il pleut	Il va pleuvoir/ il pleuvra	
Il neigeait/ il a neigé	Il neige	Il va neiger/ il neigera	
Il gelait/ il a gelé	Il gèle	Il va geler/ il gèlera	

À plus!

4 📖 **Lis la carte postale de Ségolène et explique en anglais:**
- **comment le temps a affecté les vacances**
- **les autres problèmes qu'a eus la famille**

5 🎧 **Ces quatre personnes ont dû changer leurs projets ou leurs habitudes de vacances à cause du temps. Pour chaque personne, note en anglais:**
- **le projet ou l'habitude AVANT le problème**
- **les conditions météo qui ont causé un problème**
- **ce qu'on a changé ou décidé**

6 《》 **Regarde les dessins. Explique le problème et les projets pour l'année prochaine.**

Exemple: 1 — Il voulait faire du ski. Mais il a fait soleil et il n'y a plus de neige! Alors il a fait de la randonnée. L'année prochaine, il partira au bord de la mer.

Chère Nathalie,

Nous ne sommes pas contents de notre camping, cette année! Les trois premiers jours, il a fait une chaleur atroce. Notre emplacement n'est pas du tout ombragé, donc c'était infernal! En plus, nous sommes près d'un étang, alors le soir c'était plein de moustiques! Avant-hier, nous avons eu un gros orage: l'eau est rentrée dans la tente, tout était trempé. Hier, Nicole a bu de l'eau à un robinet marqué "eau non potable" (elle ne sait pas encore lire!) et aujourd'hui elle a mal au ventre...

Enfin, dans la nuit le vent s'est levé, et il a arraché le parasol, qui est allé s'écraser contre le pare-brise de la voiture! Luc est furieux, car il a eu des problèmes pour faire réparer la voiture, et nous avons dû annuler notre sortie aux Morilles...

Je t'embrasse, j'espère que tu passes de meilleures vacances que nous!
À bientôt,

Ségolène

L'année prochaine

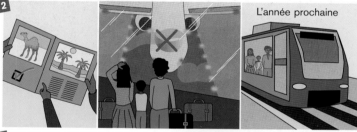

L'année prochaine

Musée de la mer

L'année prochaine — École de Plongée

7 👤 **Pendant tes vacances, tu as changé tes projets à cause des conditions météo. Raconte! Dans ton paragraphe, mentionne:**
- **où tu étais en vacances**
- **tes projets**
- **le temps qu'il a fait**
- **le problème**
- **la décision/les changements**

4 On prend le bus et le train

Learn about travelling by bus and by train

Learn how to buy tickets and how to read timetables

Learn how to describe a journey

1 Regarde l'horaire de bus. Avec un(e) partenaire, lisez et répondez aux questions.

Du lundi au vendredi, les jours ouvrables

Vers Canet-Plage					Vers Perpignan Gare SNCF				
Gare SNCF	06.25	07.55	et	20.55	Canet Sud	06.47	07.17	et	20.17
Place Catalogne	06.30	07.00	toutes	20.00	Canet Plage	06.51	07.21	toutes	20.21
Château Roussillon	06.42	07.12	les 30	20.12	Château Roussillon	07.08	07.38	les 30	20.38
Canet Plage	06.59	07.29	minutes	21.29	Place Catalogne	07.20	07.50	minutes	20.50
Canet Sud	07.03	07.33	jusqu'à	21.33	Gare SNCF	07.25	07.55	jusqu'à	20.55

Horaires valables jusqu'au 30 septembre, et du 31 octobre au 4 novembre

1 À quelle heure est-ce que le premier bus de la journée arrive à Canet Plage?
2 À quelle heure part le dernier bus de la gare SNCF?
3 Il faut combien de temps pour aller de la gare de Perpignan à Canet Sud?
4 Quand est-ce qu'on ne peut pas utiliser cet horaire?
5 Quel bus doit-on prendre si on veut être à Canet Plage pour 10 h du matin?

2 Inventez des questions supplémentaires. Répondez à tour de rôle.

3a Fabien et son correspondant James vont aller à la plage en bus. Écoute leur conversation et réponds aux questions en anglais.

1 What are the advantages for Fabien and James of catching the bus at the station?
2 Which bus are they going to catch and why?
3 Where can tickets be purchased?
4 How much is a single from Perpignan to Canet-Plage?
5 Why does Fabien think that a single ticket from Perpignan to Canet is good value?
6 How much will today's return trip to Canet-Plage cost James? Why?

b Écoute encore la conversation entre Fabien et James et regarde l'horaire. Il y a une erreur. Tu peux la trouver?

4 M. et Mme Wood se renseignent sur les transports en commun. Ils voient cette publicité.

LE P'TIT BUS *gratuit*

au cœur de Perpignan

Ce P'tit Bus sympathique vous dépose sur demande tout au long de votre itinéraire. Pourquoi ne pas en profiter?

Castillet

Le P'tit Bus
Navette gratuite

Le P'tit Bus circuit commun
Le P'tit Bus circuit 1
Le P'tit Bus circuit 2

La fréquence du P'tit Bus est d'environ 7 minutes

De 7h45 à 12h20 et de 13h15 à 19h40

Tous les jours, sauf les dimanches et jours fériés

131

Lis la publicité. Fais la liste des avantages et des inconvénients du P'tit Bus en anglais.

5 M. et Mme Wood regardent les panneaux et les affiches dans le hall de la gare de Perpignan. C'est quel panneau ou quelle affiche? Fais des paires correctes

1 On veut changer des livres sterling en euros.
2 On a très soif et on veut un casse-croûte.
3 On veut laisser sa valise.
4 On veut acheter son billet de train.
5 On est arrivé à la gare à l'avance.
6 Il y a une urgence et on veut sortir très vite.
7 On a composté son billet et le train va entrer en gare.
8 On doit absolument faire ça avant d'aller sur le quai.

a Guichet
b Buffet
c Accès aux quais 2 et 3 par le passage souterrain
d Sortie de secours
e Bureau de change
f Compostez vos billets ici
g Consigne automatique
h Salle d'attente

6 Écoute les réponses de l'employé. Qu'est-ce qu'on lui a demandé?

Exemple: 1 — e

a Est-ce qu'il faut changer?
b Le train pour Nice part à quelle heure, et de quel quai?
c Est-ce que je peux avoir une place à côté de la fenêtre?
d Je voudrais une place dans un compartiment non-fumeur.
e Un aller simple pour Lyon en deuxième classe, c'est combien?
f Donnez-moi un aller-retour en première, s'il vous plaît.
g Le train en provenance de Dijon arrive à quelle heure?
h Est-ce que le train à destination de Paris est en retard?

7 Avec un(e) partenaire, imaginez des dialogues au guichet de la gare. Une personne est l'employé(e), l'autre le voyageur.

8 Gabi va partir en vacances en train chez des cousins à Toulouse, avec sa grand-mère et sa petite sœur. Regarde l'information qu'elle a obtenue de la SNCF et réponds aux questions.

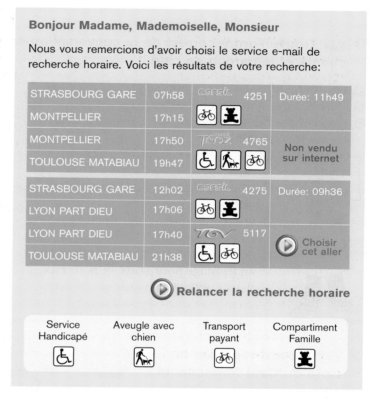

Bonjour Madame, Mademoiselle, Monsieur

Nous vous remercions d'avoir choisi le service e-mail de recherche horaire. Voici les résultats de votre recherche:

STRASBOURG GARE	07h58	*Corail* 4251	Durée: 11h49	
MONTPELLIER	17h15	🚲 🧸		
MONTPELLIER	17h50	*Téoz* 4765	Non vendu sur internet	
TOULOUSE MATABIAU	19h47	♿ 🚶 🚲		
STRASBOURG GARE	12h02	*Corail* 4275	Durée: 09h36	
LYON PART DIEU	17h06	🚲 🧸		
LYON PART DIEU	17h40	*TGV* 5117	▶ Choisir cet aller	
TOULOUSE MATABIAU	21h38	♿ 🚲		

▶ **Relancer la recherche horaire**

Service Handicapé	Aveugle avec chien	Transport payant	Compartiment Famille
♿	🚶	🚲	🧸

1 How did Gabi find out this information?
2 Are the trains direct to Toulouse?
3 Can tickets be purchased online? Explain your answer.
4 Which train has the most facilities/services for disabled people?
5 If Gabi is not satisfied with the information received, what can she do?
6 Which journey is faster? Can you explain why?

9 Gabi va envoyer un courriel à ses cousins pour leur donner les détails du voyage. Écris le message pour elle. Tu dois inclure:
• la date du voyage
• l'heure du départ de Strasbourg
• les changements en route
• l'heure d'arrivée en gare de Toulouse Matabiau
• des renseignements sur le train

N'oublie pas d'ajouter une petite touche personnelle au message!

5 Au café et au restaurant

☑ Learn how to order drinks and snacks in a café

☑ Compare restaurants and menus

☑ Discuss eating in a restaurant and learn how to order a meal

☑ Learn about disjunctive and emphatic pronouns

1 📖 **Trouve l'ordre correct de la conversation entre la cliente et le garçon de café.**

1 Bonjour. Qu'est-ce que je vous sers?

2 Désolé, nous n'avons plus de pizzas.

3 Nous avons des croque-monsieur, des merguez, toutes sortes d'omelettes…

4 Bien, je vous apporte ça tout de suite.

5 Nous faisons aussi des sandwichs grillés.

6 D'accord. Vous voulez quelque chose à manger?

7 Alors, un thé et un sandwich grillé au fromage pour **vous**, et pour **eux**, deux chocolats chauds, une crêpe au miel et une crêpe au sucre… C'est tout?

a Oui… Une crêpe au miel pour **lui**, et pour **elle** une crêpe au sucre… Moi, je prendrai une pizza.

b Des omelettes? Non, je n'aime pas beaucoup ça.

c Oui, c'est tout, merci.

d Garçon, s'il vous plaît!

e Alors, qu'est-ce que vous avez comme plats chauds?

f Deux chocolats chauds pour les enfants, et un thé pour **moi**, s'il vous plaît.

g Je prendrai un sandwich grillé au fromage.

2 💬 **À deux, regardez la carte du *Café Panaché*, et adaptez le dialogue de l'exercice 1.**

Café Panaché

Tarif des consommations

Boissons chaudes	
Café express/crème	1,75 €
Café décaféiné	1,80 €
Chocolat	2,10 €
Thé nature/citron	1,80 €
Boissons froides	
Sirop de menthe/fraise	1,40 €
Jus de fruit	1,90 €
Citron/orange pressée	2,20 €
Eau minérale plate/gazeuse	1,80 €
Boissons alcoolisées	
Apéritifs	2,80 €
Bière bouteille/pression	3,10 €
Vin rouge/blanc/rosé (verre)	1,20 €
Snacks	
Croissant/brioche	1,10 €
Sandwichs jambon/saucisson	1,90 €
Glaces et sorbets	
Glaces (la coupe)	2,10 €
Sorbets	2,10 €

SERVICE COMPRIS

Point grammaire

Disjunctive and emphatic pronouns

The emboldened pronouns in the dialogue above are known as disjunctive pronouns because they are disconnected from the verb by a preposition (in this case, the preposition *pour*). Here are some further examples:

> *Tu t'assieds **avec moi** ou **à côté de lui**?*

Here is the full list of disjunctive pronouns:

> *moi, toi, lui/elle, nous, vous, eux/elles*

These pronouns can also be used for emphasis:

> *Il déteste le rap, mais **eux**, ils adorent ça.*
> He hates rap music, but **they** love it.

Can you find an example of emphatic pronoun in the dialogue above?

3 🎧 **On réserve une table au restaurant *La Citrouille*. Écoute et note (en anglais ou en français):**
- **le nom, le numéro de téléphone et les préférences du client**
- **les détails de la réservation**

4 💬 **À deux, inventez des dialogues pour faire des réservations au restaurant.**

5 📖 **Quel restaurant conseilles-tu à ces personnes?**

1 Ils veulent manger ensemble après le match.
2 Ils célèbrent leur anniversaire de mariage.
3 Ils ne prendront qu'un plat principal.
4 Il a invité ses enfants et petits enfants. Il a réservé pour avoir une bonne table.
5 Elles cherchent un endroit où elles pourront bavarder tranquillement.
6 Il a très faim et cherche un endroit où garer sa voiture.
7 Elle aime les plats raffinés.
8 Elle aime dîner vers 18 heures. C'est lundi.

Chez Valentin

Restaurant gastronomique au cœur de la ville historique

Ouvert 7j/7j sans interruption de midi à minuit
Réservation souhaitée à partir de 6 personnes

❖ Spécialités locales
❖ Cuisine biologique
❖ Idéal groupes ou tête à tête
❖ Salle climatisée, service de qualité

Au Ballon Rond

Venez savourer nos plats traditionnels, grillades de viandes ou de poissons dans un décor simple et chaleureux

En semaine 12 h/15 h et 19 h/23 h

samedi/dimanche 12 h/0 h

Diffusions sportives et ouverture après match. Ambiance garantie!

Grand parking et terrasse ombragée en saison

Le midi, menu à prix fixe à 15 €, ou plat du jour à 10 €. Le soir, à partir de 18 €

6 🎧 **Quel menu choisissent les clients (1–6)? Qu'est-ce qu'ils commandent?**

A
La Table D'Ernest
Menu à 24 €

Assiette de crudités
Assiette de charcuterie
Soupe à l'oignon gratinée

Escalope de veau
Poulet rôti
Steak au poivre
Côte de porc grillée

Toutes nos viandes sont accompagnées de frites ou de haricots verts sautés, au choix.

Fromage

Fruits frais
Flan au caramel
Mousse au chocolat

B
La Table D'Ernest
Menu à 35 €

Nos hors d'œuvre
Cœurs d'artichauts à l'orange
Aubergines à la catalane
Saumon fumé

Nos spécialités
Soupe de poissons méditerranéenne
Canard laqué à l'orientale
Filet d'agneau champignons
Bœuf bourguignon

Nos fromages
Plateau de fromages du terroir

Nos desserts
Gâteau au fromage
Tarte aux pommes maison
Salade de fruits exotiques

7 🎧 **Écoute et note les différences avec la conversation ci-dessous. Il y a cinq catégories: entrée, plat principal, légumes, boissons, dessert.**

Exemple: Comme entrée: Marie — salade de tomates; Thomas — ...

La serveuse	Messieurs Dames, vous voulez commander?
Marie	Oui. En entrée, je voudrais du potage. Qu'est-ce que c'est, le potage du jour?
La serveuse	Le velouté de tomates.
Marie	Très bien. Et comme plat principal, je prendrai le bœuf aux olives.
La serveuse	Vous voulez un légume?
Marie	Non, je préfère une salade verte, s'il vous plaît.
La serveuse	Et vous, monsieur, qu'est-ce que vous désirez?
Thomas	Pour commencer, je vais prendre les fruits de mer.
La serveuse	Et comme plat principal?
Thomas	Qu'est-ce que vous avez, comme plats de pâtes?
La serveuse	Des nouilles aux champignons et à la crème, des tagliatelles aux épinards, des...
Thomas	Apportez-moi les tagliatelles, j'adore ça!
La serveuse	Entendu! Et comme boissons?
Thomas	Apportez-nous une bouteille de vin rouge.

(une heure plus tard)

La serveuse	Vous prenez un dessert?
Marie	Non, merci. Juste un thé nature pour moi.
Thomas	Et pour moi, un café...et l'addition, s'il vous plaît!

8 🏛️ 💬 **À trois, lisez la conversation de l'exercice 7. Écrivez un menu en français, puis adaptez la conversation en utilisant votre menu.**

6 On est invités!

☑ **Revise forms of address and learn how to write formal invitations**

☑ **Learn about visiting a French family**

1 📖 **Regarde ces invitations et réponds aux questions.**

1 What event is being celebrated in each case?

2 How is it being celebrated?

3 Classify the invitations, from the most formal to the least formal. Explain what helped you to do this, giving examples.

1

Mme Vve Adrienne Daubat &
M. et Mme Marc Gutran vous invitent à vous joindre à eux pour célébrer le mariage de

Yannick et Zoë

le samedi 15 juin à 14 heures
à l'Hôtel de Ville de Prades. Un vin d'honneur sera servi dans la salle Lousa après la cérémonie religieuse en l'église Saint Pierre.   RSVP

2

*Venez vous joindre à nous
le dimanche 14 avril*
Mamie Josette soufflera ses cent bougies!

Rendez-vous dans la salle des fêtes de Villefranche, rue des Commerces, à partir de 15 heures.

3

Magali nous quitte pour prendre son nouveau poste à Arles en septembre. Tout le personnel est invité à partager son "pot de départ" jeudi midi dans la cantine.

4

Pour fêter les fiançailles de Manon et Antoine, nous organisons une réception à l'Hôtel du Midi, rue des Troubadours, le 12 mai à 20 heures, et serions très heureux si vous pouviez être des nôtres.

RSVP Matthieu et Valérie Desjardins,
12 rue Diderot, Rodez.

2 📖 **Voici des réponses à des invitations. Réponds aux questions en anglais.**

a

Daniel et moi sommes très heureux d'apprendre la naissance de Chloé. Nous ne pourrons pas être à la fête organisée en son honneur, mais nous viendrons faire sa connaissance dès notre retour.
Affectueusement...

b

Merci de penser à nous, nous attendons la fête avec impatience! Nous vous embrassons tous bien fort...

c

Nous vous remercions de votre aimable invitation. C'est avec le plus grand plaisir que nous serons des vôtres! Toutes nos félicitations aux parents, et meilleurs vœux de bonheur aux futurs époux!

d

Merci de l'invitation! Nous y serons, c'est promis! Bisous...

e

C'est très gentil de votre part de nous inviter. Nous regrettons de ne pouvoir accepter en raison d'un autre engagement. Nos meilleurs vœux en cette heureuse occasion...

f

Je vous remercie de votre aimable invitation, et me fais une joie de venir. Félicitations et vœux de bonheur...

1 Which replies are accepting an invitation, and which are sending apologies?

2 Are any of the replies suitable for the invitations in exercise 1? Which ones? Explain your choices.

3 Classify the replies from the most to the least formal. Justify your decisions.

3 ✏️ **Avec un(e) partenaire, écrivez une invitation formelle pour une occasion spéciale de votre choix. Échangez l'invitation avec d'autres étudiants, et écrivez une réponse à leur invitation.**

4a 🎧 **La mère de Fabien parle au téléphone. Note en anglais:**
- **à qui elle parle**
- **pourquoi elle téléphone**
- **comment on va s'organiser**

b 🎧 **Écoute encore et réponds en anglais.**

1 Would you say that Mme Fabrégas is being formal, or informal?

2 Make notes as you listen, to explain why you think that.

À plus!

5 📖 **M. et Mme Wood sont invités chez les parents de Fabien. Trouve l'extrait de conversation approprié pour chaque dessin.**

Exemple: 1 — d

1
— Vous prendrez un petit apéritif? Un vin de la région?
— Oui, je veux bien.
— Juste une petite goutte pour moi, je conduis. Merci... À votre santé!

4
— Bonsoir! Mme Wood? Je suis la maman de Fabien, et voici mon mari...
— Enchantée! Je vous présente mon mari...
— Je suis très heureuse de faire votre connaissance...

2
— Vous aimez les poivrons rouges?
— Oui, merci. C'est vraiment délicieux.
— S'il y a quelque chose que vous n'aimez pas, dites-le, n'est-ce pas!
— Je te sers une autre tranche de rôti, Fabien?

5
— Un peu plus de café?
— Vous prendrez un autre morceau de tarte?
— C'est très bon, mais ça me suffit, merci.
— Tu en veux un autre morceau, Fabien?

3
— Tenez, c'est pour vous!
— Quel beau bouquet! Merci, mais il ne fallait pas!
— Et je vous ai apporté une petite bouteille...
— Oh là là! C'est très gentil, mais c'est trop!

6
— Quel joli jardin!
— Merci, c'est très gentil... Venez, je vais vous faire visiter...
— Mais vous n'êtes pas loin du centre-ville, n'est-ce pas?

7
— Merci encore de votre hospitalité.
— Il n'y a pas de quoi...et maintenant, on se fait la bise, d'accord?
— Au revoir, et merci pour tout!
— De rien... Alors à samedi à l'aéroport, pour le départ!

8
— Excusez-moi, est-ce que vous pouvez me passer votre assiette?
— Je vais vous aider à débarrasser...
— Ne bougez pas...Fabien va me donner un coup de main...
— Fabien, tu veux aller chercher le fromage, s'il te plaît?

6 🏛 **Fais la liste des expressions utilisées dans l'exercice 5 pour:**
- **se présenter ou présenter une autre personne**
- **inviter et offrir**
- **accepter ou refuser poliment**
- **demander ou offrir de l'aide**
- **remercier**

7 💬 **À trois ou quatre, inventez une conversation qui vous permettra d'utiliser au maximum les expressions des exercices 1, 2 et 6. Écrivez le script et jouez la scène.**

> ⚠ **QUESTIONS CULTURE**
>
> - What do you know about forms of address in France? List the things you know.
> - Are there any differences between being or receiving a guest in France and in the UK?
> - Make a list of any phrases that might help you if you visited a French family.
>
> Review and complete your lists after working through these two pages.

1a 🎧 Listen to the conversation with André's father, Mr Dorali, who works at the tourist office in Saint Denis de la Réunion. In which order was he asked the following questions?

1 Est-ce que les touristes fréquentent beaucoup les offices de tourisme?
2 Et en général, combien de temps restent les visiteurs?
3 M. Dorali, savez-vous combien de touristes viennent à la Réunion chaque année?
4 D'où viennent les visiteurs, exactement?
5 Et où logent les touristes?
6 Donc ils arrivent à l'aéroport... Alors sur l'île, comment se déplacent-ils?

b 🎧 Listen to the conversation with Mr Dorali again. What does he say about the following?

1 le nombre 400 000
2 la métropole
3 un hélicoptère
4 une semaine ou 10 jours
5 les campings
6 la météo

2 💬 You are at a railway station in France and talk to the employee at the ticket office. Your friend will play the part of the employee. Include the following in your conversation:

● Say where you want to travel to, and when.
● Say what kind of tickets you want (there are two of you).
● Find out if there are reductions for students.
● Ask about platforms and times.

You are quite hungry; find a place where you can eat and order the food and a drink.

You can ask other questions if you wish.

3a 📖 Explain these messages in English.

1 Vitesse de circulation des véhicules limitée à 20 km/h

2 Nous vous demandons de ne pas manger, boire et fumer dans les chambres

3 Vous êtes priés de faire le moins de bruit possible pour ne pas déranger vos voisins

4 Il est interdit d'allumer du feu

5 Il est conseillé de ne pas laisser d'objets de valeur dans les dortoirs

6 Circulation interdite la nuit de 23 h à 8 h

7 Veuillez laisser la salle de bains propre après usage

8 Pour louer draps ou sacs de couchage, s'adresser à la réception

b 📖 Where could you expect to find these messages? In a campsite, a youth hostel, or both?

4 🎧 Gabi's mum phones the tourist office in Sélestat (in the Alsace region). Answer the questions in English.

un siège	seat
un casque	(safety) helmet
ramener	to bring back
une caution	(breakage) deposit

1 What costs 8 €? What costs 150 €?
2 How much is it to hire a child seat?
3 How much will it cost Gabi's mum to hire bikes for herself, Gabi and Gabi's little sister for a day?
4 What is she advised to do?
5 Where can she collect the bikes from?
6 How long exactly can she keep the bikes for if she hires them for a day?
7 What information is she given regarding payment?
8 Why does the employee mention the bus stop in Boulevard de Nancy?

5 📖 💬 **During their holiday, Mr and Mrs Wood look at the weather forecast in the local paper. Look at the map and answer the questions in French.**

1 Quel temps fera-t-il sur la côte aujourd'hui?
2 Est-ce qu'il gèlera en montagne?
3 Quelle était la température à Perpignan l'année dernière à la même date?
4 Quel temps fera-t-il dans la région dans les trois prochains jours?
5 Où est-ce qu'il fera le moins beau aujourd'hui?

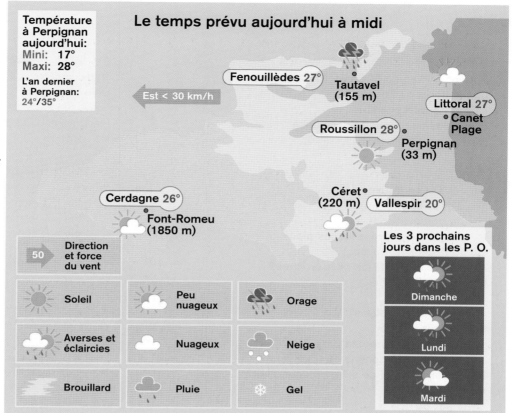

Le temps prévu aujourd'hui à midi

Température à Perpignan aujourd'hui:
Mini: 17°
Maxi: 28°

L'an dernier à Perpignan: 24°/35°

Est < 30 km/h

Fenouillèdes 27°
Tautavel (155 m)
Littoral 27°
Canet Plage
Roussillon 28°
Perpignan (33 m)
Céret (220 m)
Vallespir 20°
Cerdagne 26°
Font-Romeu (1850 m)

Direction et force du vent — 50

Soleil	Peu nuageux	Orage
Averses et éclaircies	Nuageux	Neige
Brouillard	Pluie	Gel

Les 3 prochains jours dans les P. O.

Dimanche
Lundi
Mardi

6 📖 **Find the four incorrect statements. Explain in English why they are incorrect.**

1 Dans l'ensemble, il fera plutôt froid dans la région aujourd'hui.
2 En voyant les prévisions météo, les Wood décident de ne pas aller au site préhistorique de Tautavel aujourd'hui. C'est une bonne décision.
3 Ils auraient besoin d'emporter leurs parapluies et leurs imperméables.
4 Les parents de Fabien vont aller passer la journée à Céret. Fabien et James vont aller à la plage à Canet. Les parents auront meilleur temps.
5 À la plage, les garçons ne pourront pas se baigner parce que le vent soufflera trop fort.
6 Les parents de Fabien veulent manger dans le jardin de leur maison à Perpignan ce soir. Il n'y aura aucun problème.
7 Les Wood auront du beau temps pour continuer de visiter la région dans les jours qui viennent.

7 ⛪ **Choose one of the following tasks.**

a **Write an account of a journey that you made recently. Include the following points:**
- **where you went, when and with whom**
- **how you travelled (give details)**
- **how long the journey was, the changes you had to make**
- **what you did to pass your time during the journey**
- **your impressions of the journey, and opinion on the various means of transport you used**

Explain where you will go next time, how you will travel, and why.

b **Give an account of a special event you were invited to recently. Include the following points:**
- **what the special occasion was**
- **where it was, and describe the setting**
- **what you wore and what gift(s) you took**
- **the meal or party and the atmosphere**
- **whether you enjoyed it, and explain why**

Explain how you will celebrate your next birthday, where and why.

Vocabulaire

Comprendre les panneaux
Bouchon/Péage à la sortie 10
Circulation à sens unique
Laisser le passage libre
Placez le ticket sous le pare-brise
Stationnement interdit

Understanding signs
Traffic jam/pay toll at exit 10
One-way traffic
Leave the entrance/exit clear
Place ticket under windscreen
No parking

On cherche un endroit
Où est/Où se trouve…
   …l'arrêt de bus (m)
   …le commissariat
   …la gare routière, s'il vous plaît?
Où sont/Où se trouvent…
   …les toilettes (f) les plus proches?
Est-ce qu'il y a…?
Je cherche…
Pouvez-vous me dire s'il y a…?
Savez-vous s'il y a…
   …un bureau de poste près d'ici?
   …une librairie dans le quartier/coin?
Pour aller à l'hôtel de ville, s'il vous plaît?
C'est loin d'ici?
C'est par où?
C'est à quelle distance d'ici?

Looking for a place
Where is…
   …the bus stop
   …the police station
   …the bus station, please?
Where are…
   …the nearest toilets?
Is there/are there…?
I am looking for…
Can you tell me if there is/are…?
Do you know if there is/are…
   …a post office near here?
   …a bookshop in this district/area?
How do I get to the town hall please?
Is it far from here?
Which way is it?
What distance is it from here?

Les directions
Allez tout droit…
   …jusqu'au carrefour/jusqu'aux feux.
Au rond-point…
Au carrefour suivant…
   …continuez tout droit/prenez la première sortie.
Au deuxième feu rouge…
   …tournez à gauche/tournez à droite.
Descendez/montez l'avenue.
Passez devant la gare SNCF.
Traversez le pont/le passage à niveau.
Ce n'est pas loin.
C'est tout près.
C'est à deux minutes/500 mètres (d'ici).
C'est/vous le trouverez sur votre gauche.

Directions
Go straight ahead…
   …as far as the crossroads/as far as the traffic lights.
At the roundabout…
At the next crossroads…
   …carry on straight ahead/take the first exit.
At the second set of traffic lights…
   …turn left/turn right.
Go down/go up the avenue.
Go past the railway station.
Go over the bridge/the level crossing.
It is not far.
It is very close.
It is 2 minutes/500 metres away (from here).
It is/you will find it on your left.

Au bureau d'accueil
Est-ce que c'est fermé/ouvert…
   …aujourd'hui?
   …en semaine?
   …tous les jours?
Est-ce qu'il y a des réductions…
   …pour les enfants?
   …pour les personnes âgées?
Est-ce que vous faites des tarifs de groupe?
Pouvez-vous m'indiquer les tarifs?

At the reception desk
Is it closed/open…
   …today?
   …during the week?
   …every day?
Are there any reductions…
   …for children?
   …for the elderly?
Do you do group prices?
Can you tell me what the prices are?

C'est fermé le dimanche et les jours fériés.	It is closed on Sundays and bank holidays.
Il faut payer un supplément de 10 €.	You have to pay an extra 10 €.
Le concert/le concours de boules a lieu…	The concert/the bowls competition takes place…
L'entrée est libre/gratuite.	The entrance is free/free of charge.
L'entrée est payante.	There is an admission fee.
Les animaux ne sont pas admis.	Pets are not allowed.

On prend le bus / Travelling by bus

Je voudrais …	I would like…
Donnez-moi…	Give me…
…un ticket/un carnet de tickets, s'il vous plaît.	…a ticket/a book of tickets, please.
À quelle heure part/arrive le premier bus?	At what time does the first bus leave/arrive?
Combien coûte un ticket?	How much is a ticket?
C'est un tarif unique.	There is only one fare.
Où est-ce qu'on achète les tickets?	Where do we buy the tickets?
Combien de temps dure le trajet?	How long does the journey take?
Il faut combien de temps pour aller de…à…?	How long does it take to go from…to…?
C'est quel arrêt, pour (la gare)?	Which stop is it for (the station)?
Où est le prochain arrêt?	Where is the next stop?
Il y a un bus toutes les dix minutes…	There is a bus every ten minutes…
…à partir de 6 h 30 jusqu'à 22 h.	…starting from 06.30 and until 22.00.
Il y a trois bus par heure/jour.	There are three buses per hour/day.

On prend le train / Travelling by train

Un aller simple/aller-retour pour Paris…	A single/return ticket to Paris…
…en deuxième/première (classe).	…second/first class.
Le train à destination de…/en provenance de…	The train going to…/coming from…
…arrive à quelle heure/sur quel quai?	…arrives at what time/on what platform?
…est à l'heure/en retard?	…is on time/late?
…part de quel quai?	…leaves from which platform?
Le train est direct, ou il faut changer?	Is it a direct train, or do I have to change?
Le train va entrer en gare quai 1 voie 2.	The train is approaching platform 1 track 2.
Vous avez une correspondance à…	You have a connection at…
Vous pouvez réserver votre billet en ligne.	You can book your ticket online.

À la gare / At the station

Compostez votre billet avant de passer sur le quai.	Stamp your ticket before going to your platform.
Pour votre sécurité…	For your safety…
…il est interdit de traverser les voies.	…it is forbidden to cross the tracks.
…empruntez le passage souterrain.	…take the subway.
…signalez tout bagage non accompagné.	…report any unaccompanied luggage.

Au restaurant / At the restaurant

Nos viandes sont accompagnées de légumes.	Our meat dishes are served with vegetables.
Je voudrais commander.	I would like to order.
Pour commencer…	To start with…
Je vais prendre/Je prendrai…	I am going to have/I will have…
Qu'est-ce que vous avez, comme parfums?	What flavours do you have?
Qu'est-ce que vous me recommandez?	What do you recommend?
Apportez-nous l'addition, s'il vous plaît.	Can you bring us the bill, please?
Le service est compris?	Is service included?

Unité 8

Le shopping

1 Les annonces de magasins

2 Où faire son shopping et ses courses?

3 On parle de la mode

4 On fait les magasins

5 À la poste et à la banque

1 Les annonces de magasins

☑ **Understand shop adverts**

1 📖 💬 **Lis les annonces de magasins. C'est quel magasin? Choisis le bon mot dans la boîte et explique ta réponse. Attention! Il y a plus de mots que d'annonces.**

Exemple: L'annonce numéro 4 est une bijouterie parce qu'on y vend des bracelets et des colliers.

une pharmacie

une boucherie-charcuterie   une bijouterie

une boulangerie-pâtisserie   une librairie-papeterie   une confiserie

un magasin d'alimentation générale   un magasin de fruits et légumes

un supermarché   un magasin de cadeaux   un bureau de tabac

un magasin de jouets   un magasin de mode   un magasin de sport

un magasin de chaussures

une épicerie

1

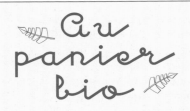

Au panier bio

Légumes, fruits

**Ouvert mardi–samedi,
10 h 00–12 h 30
et
15 h 00–19 h 00**

*3 000 références de produits
certifiés culture biologique*

*Arrivage de produits frais:
mardi, jeudi et vendredi*

**Chemin des Salines,
Zone artisanale**

☎ 01 31 88 52 79

LIVRAISON À DOMICILE

2

M. et Mme Leclou

**Fournitures scolaires
et de bureau**

**Livres • Magazines
Beaux-arts • Cadeaux**

Soldes toujours au mois d'août

49, rue Gambetta
Tel/Fax: 02 31 82 19 12

4

Monique Maurois

*Anniversaires?
Mariages?
Venez nous voir!*

Place du Vieux Marché
De 9 h 00 à 12 h 00 et de 15 h 00 à 19 h 00
Fermé le dimanche

*Toute une gamme de bracelets,
colliers, anneaux, en or ou en argent*

3

Au garde-manger plein

Ouvert tous les jours, de 9h à 20h sans interruption

Tous les produits nécessaires pour un repas réussi

VRAIMENT MOINS CHER

Rue de l'Horloge
☎ 01 21 22 10 21

À plus!

5

MARC YBERT

Viande de qualité supérieure

Bœuf ▪ Agneau ▪ Produits régionaux

Promotion spéciale tous les jours

21, rue Mirabeau
(*derrière la place du marché, près du parking*)

6

Salé   Sucré   Gâteaux

Pains spécialisés, cuits au four à bois

Venez déguster les produits du pays

Ouvert du lundi au samedi, de 9h à 19h.
30, rue Molière

7

LA MAISON DE SOPHIE

Quiches ✒ **Salades** ✒ **Tartes**
Pizzas ✒ **Tomates farcies**

N'hésitez pas!

Ouvert du mardi au samedi
Heures d'ouverture: 9h–12h et 14h–19h

8

Rive d'Auge

Tenues de ville

Tenues de soirée

Mode féminine personnalisée du 36 au 50

Remise sur toutes les marques connues!

**Ouvert 7J/7
25, rue le Hoc**

9

Au petit nounours

*Puzzles
Jeux de société
Chiens en peluche*

Horaires: du lundi au samedi,
9 h 00–12h 30 et 14 h 00–18 h 30
Fermé dimanches et jours fériés

10

Un moment de loisir

Journaux   Magazines   Tabac

Ouvert tlj de 10 h 00 à 12 h 00
et de 14 h 00 à 18 h 30

Place Henri IV

11

C'est pour offrir

Nous vous proposons un grand choix: des jeux de boules, des jeux de cartes, des cartes de vœux, des maquettes, des peluches, des porte-clés

Tout est bon marché

3, rue Leclerc (à côté de la poste)

2 📖 **Cherche ces phrases dans les annonces de l'exercice 1.**

closed
sales   discount
a complete selection
home delivery
opening times
7 days a week
open continuously
fresh produce
bank holidays
all well-known brands
local products
every day
special offer
everything is a bargain
come and taste
a wide range

3 🏯 **Choisis cinq magasins différents dans la boîte et prépare une annonce pour chacun. Donne le nom du magasin, l'adresse, les heures d'ouverture et des détails sur ce qu'on peut y acheter, en utilisant toutes les expressions de l'exercice 2.**

une parfumerie
une boucherie-charcuterie
une papeterie
un bureau de tabac
un magasin de meubles
un magasin de musique
un magasin de vêtements pour enfants
un magasin de chaussures

4 🎧 **Écoute ces cinq annonces. Note le type de magasin et au moins deux détails en anglais.**

2 Où faire son shopping et ses courses?

✓ **Exchange information about shopping facilities in your town and area**
✓ **Shop for food**
✓ **Use** *ne…aucun(e)*
✓ **Use demonstrative pronouns**

Comme tu sais, j'habite à Saint-Évarzec en Bretagne. Malheureusement, il n'y a pas grand-chose pour ceux qui aiment faire du shopping. Mais nous avons de quoi nous débrouiller. Sur la Place du Marché, nous avons deux boulangeries et, tout près, il y a une boucherie-charcuterie où maman achète la viande. En plus, il y a un fleuriste — ce qui m'étonne, parce qu'ici tout le monde cultive des fleurs! Nous allons au petit supermarché si nous avons oublié quelque chose. Pour les provisions, nous allons chaque mois au supermarché le plus proche, qui se trouve à Fouesnant. **Il n'y a aucun magasin de vêtements, il n'y a aucune librairie, il n'y a aucun magasin de chaussures.** Le grand magasin le plus proche se trouve à Quimper. À mon avis, c'est mieux à Quimper parce qu'il y a un plus grand choix de magasins.

Brieuc

Bien sûr, à Perpignan, il y a plein de magasins puisque c'est une très grande ville. **Il n'y a aucun problème** si on aime faire les courses, **il n'y a aucun jour** où tout est fermé. Il y a des magasins de haute qualité, et d'autres qui offrent des vêtements à bas prix. Tous les mercredis et samedis matin, il y a un marché sur la Place Rigaud, où on peut acheter des fruits et des légumes du pays, du pain, du miel et des olives, tous des produits locaux, et il y a de plus en plus de produits bio. À Noël, nous allons au supermarché Auchan parce qu'on peut y acheter n'importe quoi à des prix intéressants. Tous les matins sur la Place Cassanyes, il y a un marché où on peut acheter des produits frais. Le dimanche matin, le marché aux Puces, qu'on trouve avenue du Palais des Expositions, est très populaire.

Fabien

1 📖 **Brieuc et Fabien parlent des magasins dans leur ville et dans leur région. Lis ce qu'ils disent, puis réponds aux questions. Regarde les expressions en gras. Est-ce que tu peux les traduire en anglais?**

On parle de Saint-Évarzec, Perpignan ou on ne sait pas? Explique ta réponse.

1 Ici, on trouve pas mal de marchés.
2 Il n'y a aucun problème si on veut acheter des vêtements.
3 À Noël, les magasins sont ouverts plus tard.
4 On peut toujours trouver quelque chose à un prix avantageux.
5 Ici, les magasins sont toujours fermés le dimanche.
6 Si on a besoin de quelque chose d'imprévu, il faut se contenter du petit supermarché.
7 Il faut toujours se déplacer si on a besoin de vêtements.
8 Les salons de coiffure sont nombreux.
9 Il n'y a aucun choix de magasins si on veut acheter de la viande.
10 Il n'y a pas de grand magasin ici.

Point grammaire

Ne…aucun(e)

Did you work out the meanings of the phrases in bold in exercise 1?

• *Aucun* is an adjective that is used with *ne* to mean 'no/not any', usually for emphasis. It must agree with the noun that follows and *ne* comes before the verb.

Examples:
• *Il n'y a aucun magasin.*
There is no shop (at all).

• *Il n'y a aucune librairie.*
There isn't a single bookshop.

• *Elle n'a vendu aucun fruit.*
She didn't sell any fruit.

• *Aucun(e) des* is used at the beginning of a sentence to mean 'none of'. You still need the negative *ne* but it comes after *aucun(e) des* and before the verb.

Examples:
• *Aucun des magasins n'a fermé.*
None of the shops has closed.

• *Aucune des filles n'a gagné.*
None of the girls won.

À plus!

2 💬 Pendant ton séjour en France, ton/ta correspondant(e) français(e) te montre un site du village où il/elle va passer ses vacances en famille en Angleterre en juillet. Il/Elle te pose des questions parce qu'il/elle ne comprend pas bien l'anglais. Utilise *ne...aucun(e)* si possible!

Exemple: — *Est-ce qu'on peut acheter des provisions?*
— *Non, il n'y a aucun magasin, mais il y a un supermarché sur la route de Truro.*

1 On peut faire de la natation à St Mark?
2 Je peux acheter des timbres?
3 Je peux consulter un docteur si nécessaire?
4 On peut jouer au tennis?
5 Je peux visiter un musée?
6 On peut acheter des vêtements?
7 On peut manger?
8 Alors, qu'est-ce qu'on peut faire?

3 🎧 Écoute André, Gabi, Brieuc, Faly et Fabien. Note où ils aiment faire des achats et au moins deux raisons en français. Note aussi s'il y a des inconvénients.

4 🎧 Écoute ces personnes qui font des courses. Dans ton cahier, écris les titres "Provisions désirées", "Quantité" et "Problème" et note les réponses. Il y a quatre conversations.

5 🏠 💬 Tu as décidé d'inviter des amis chez toi pour fêter ton anniversaire. Fais une liste de ce que tu veux acheter comme provisions (au moins dix choses!) et les quantités. Après, avec un(e) partenaire, invente une conversation dans un magasin d'alimentation générale où tu commences par « J'ai invité des copains chez moi. Je voudrais… » Mentionne les quantités, demande les prix et demande des recommandations. Ton/Ta partenaire et toi devez utiliser les expressions dans la boîte. Pour chaque article, imaginez qu'il y a un problème!

Ça fait combien en tout? | Avez-vous? | Je voudrais… | Et avec ça?
C'est combien? | Pouvez-vous me recommander…?
Il me faut… | Je cherche… | Je n'ai plus de… | Qu'est-ce que vous avez comme…?
Vous en voulez combien? | Je vous propose… | Ça fait… | Montrez-moi… | Donnez-moi…

Village of St Mark

▶ 17th century church
▶ 17th century pub (no food available)
▶ Nearest shops: 10 miles
▶ Post office: 8 miles
▶ Nearest medical facilities: in Truro, 15 miles away
▶ Tourist office: also in Truro
▶ Supermarket: 8 miles on the road to Truro
▶ Sports centre: 8 miles.
▶ Bicycle hire at village garage. Cycle route, guided walks from the church.

Point grammaire

Demonstrative pronouns

- *Ce/Cet*, *cette* and *ces* are **demonstrative adjectives** meaning 'this' (or 'that') and 'these' (or 'those').

  Example: J'adore ce chocolat/ces oranges.
  I love this chocolate/these oranges.

- *Celui* (m), *celle* (f), *ceux* (m pl) and *celles* (f pl) are **demonstrative pronouns** meaning 'the one' and 'the ones', and are usually used to distinguish between two similar objects or people. Here are some examples taken from exercise 4:

  – *Je voudrais commander un gâteau au chocolat [...] comme **celui** à côté des croissants.*
  I would like to order a chocolate cake [...] like **the one** next to the croissants.

  – *Les choux-fleurs sont à combien? **Ceux** de Provence sont moins chers?*
  How much are the cauliflowers? Are **the ones** from Provence cheaper?

  The demonstrative pronoun agrees in gender and number with the noun to which it refers.

- You can add *-ci* or *-là* to the demonstrative pronouns to distinguish between 'this one' and 'that one', or between 'these here' and 'those there'.

  *Example: **Celui-ci** est à 20 € et **celui-là** est à 22 €.*
  This one is €20 and that one is €22.

3 On parle de la mode

Talk about fashion

Describe and buy clothes

Use *qui* and *que*

1 On a fait un sondage sur la mode. Regarde les neuf questions posées dans le sondage, puis choisis les deux réponses possibles pour chaque question. Écris une troisième réponse — ta réponse à toi!

1 Toi, tu aimes suivre la mode?

2 Que penses-tu des vêtements de marque?

3 Tu as un look individuel?

4 Tu portes des bijoux?

5 Tu dépenses beaucoup d'argent sur les vêtements?

6 Tu as acheté des vêtements récemment?

7 Où est-ce que tu achètes tes vêtements?

8 On dit que les adolescents sont visés par la publicité. Tu es d'accord?

9 Le look pour le futur, ça sera comment?

a Oui, une ceinture en cuir et des bottes.

b Beaucoup de styles différents! Aucun style précis.

c J'aime les vêtements de sport parce qu'ils sont confortables; ma couleur préférée est le bleu.

d Tout mon argent!

e Je n'ai aucune préférence — là où il y a des prix avantageux.

f Non, je profite des soldes, et je recycle et fais de la couture.

g Je crois que non, je porte tout ce qui est confortable et pratique.

h Oui, je viens d'acheter un débardeur.

i Oui et non, je m'achète ce qui est à la mode mais à prix raisonnable. Ce que je préfère, ce sont des vêtements de couleurs vives.

j Je ne peux pas sortir sans mettre des colliers, des bracelets et des bagues.

k Ils sont à des prix fous — c'est une perte d'argent.

l Aucune idée! On verra!

m Ils sont de très bonne qualité, mais on peut en trouver du même style à un prix plus raisonnable.

n Dans les grands magasins où il y a un grand choix de styles.

o Oui, ça nous met la pression — personne ne veut être rejeté parce que ses vêtements ne sont pas cool.

p Non, je n'en porte jamais.

q Non, pour moi, ça n'a aucune importance.

r Sans aucun doute. Dans les magazines, à la télé, on voit toujours des adolescents vêtus à la mode.

2 **Pour bien décrire les vêtements, on peut ajouter des détails sur la couleur (bleu, rouge…), le tissu (en coton, en soie…), le motif (à pois, à carreaux…), la taille (long, court…) et les accessoires (collier, ceinture…).**

Exemple: *Elle porte un tee-shirt → Elle porte un tee-shirt à manches courtes → Elle porte un tee-shirt en coton à manches courtes et à rayures rouges.*

Change les détails de chaque description ci-dessous.

Exemple: *une casquette en velours beige → une casquette en coton noir.*

1 Un boléro en fausse fourrure.

2 Un chemisier bleu clair à col rond.

3 Un tee-shirt à motifs géométriques en jersey.

4 Une robe courte à pois bleus sans manches.

5 Une paire de bottes kaki à revers écossais jaune.

6 Un débardeur noir à bretelles fines en coton.

7 Une jupe longue à fleurs en coton.

8 Une ceinture bleu marine en cuir.

9 Un short noir uni avec deux grandes poches.

3a  **Travaille avec un(e) partenaire. Ajoutez autant de détails que possible sur Mickaël et Sophie. Vous avez 10 minutes. Après, lisez votre description à tes copains/ tes copines de classe.**

1 Mickaël porte un pantalon noir et une chemise blanche.
2 Sophie porte une jupe jaune et un chemisier rouge.

b Quand on décrit une personne, on peut ajouter des détails sur leurs vêtements. Retournez à votre description de Mickaël et Sophie et ajoutez des accessoires, des bijoux et du maquillage.

Exemple: Elle porte un collier de perles rouges, des boucles d'oreilles en or, des lunettes de soleil Gucci et beaucoup de bracelets multicolores. Elle a un petit sac en cuir marron et une écharpe rouge. Elle porte du rouge à lèvres rose et du fard à paupières bleu, et elle a un piercing au nez et un tatouage au bras.

4 **Écoute la conversation dans le magasin de vêtements. Éloïse cherche une nouvelle tenue pour fêter son anniversaire. Choisis les deux phrases correctes.**

1 Éloïse rejects the blue dress because she does not want to look like anyone else.
2 The velvet T-shirt is in fashion.
3 The skirt is too old-fashioned.
4 She has not got a black pair of trousers.
5 Eventually she buys a silk blouse.

5a **On t'a invité(e) à un bal déguisé. Décide ce que tu vas porter et écris une description de ton apparence (tenue, chaussures, bijoux, accessoires, maquillage etc.).**

b **Après avoir décidé ce que tu vas porter, tu vas dans un grand magasin pour acheter tout ce dont tu as besoin. En utilisant les mots dans la boîte, invente une conversation avec un(e) partenaire.**

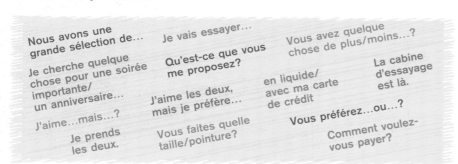

Nous avons une grande sélection de…
Je vais essayer…
Vous avez quelque chose de plus/moins…?
Je cherche quelque chose pour une soirée importante/ un anniversaire…
Qu'est-ce que vous me proposez?
La cabine d'essayage est là.
J'aime…mais…?
J'aime les deux, mais je préfère…
en liquide/ avec ma carte de crédit
Je prends les deux.
Vous faites quelle taille/pointure?
Vous préférez…ou…?
Comment voulez-vous payer?

Point grammaire

Qui and que

Qui and que are **relative pronouns** and they are used to link two clauses together (the main clause and the relative clause of a sentence).

1 Qui means 'who' or 'which/ that' and is the implied **subject** of the relative clause.

Examples:
- *Ce tee-shirt, **qui** est en velours, te va très bien.* This T-shirt, **which** is in velvet, really suits you. (*qui* refers to 'ce tee-shirt', subject → *Ce tee-shirt est en velours*)
- *La fille **qui** te regarde a la même jupe que toi.* The girl **who** is looking at you is wearing the same skirt as you. (*qui* refers to 'la fille', subject → *La fille te regarde*)

2 Que means 'who(m)' or 'which/that' and is the implied **object** of the relative clause.

Examples:
- *Le pantalon noir **que** tu portes avec ta veste est démodé.* The black trousers **that** you wear with your jacket are old-fashioned (*que* refers to 'le pantalon noir', object → *Tu portes le pantalon noir*)
- *L'homme **que** tu regardes a les mêmes lunettes que toi.* The man **whom/that** you are looking at is wearing the same trousers as you. (*que* refers to 'l'homme', object → *Tu regardes l'homme*)

4 On fait les magasins

✔ **Exchange information about shops**

✔ **Give your opinion about shopping experiences**

1 🎧 **Écoute Gabi et Brieuc qui parlent des achats qu'ils ont faits récemment, puis réponds aux questions.**

1. Avec qui est-ce que Gabi est allée au supermarché?
2. Comment y sont-elles allées?
3. Qu'est-ce qui était facile?
4. Pourquoi est-ce que Gabi a pu acheter une ceinture?
5. Qu'est-ce qui était ennuyeux?
6. Pourquoi est-ce qu'elle aime le magasin qui s'appelle Le Look (trois détails)?
7. Pourquoi est-ce que Brieuc n'aime pas faire les magasins avec sa mère?
8. Comment a-t-il acheté le cadeau pour son ami?
9. Pourquoi est-ce qu'il aime les Galeries Lafayette?
10. Qu'est-ce qu'il a aimé à Noël?

2 💬 **Imagine que tu es une des personnes dans le dessin. Réponds aux questions suivantes, et après ton/ta prof te posera encore des questions.**

1. Où est-ce qu'on a pris cette photo et quand?
2. Qu'est-ce que tu as acheté dans le magasin? Décris tous tes articles.
3. Comment est le magasin? (Niveaux? Restaurants? Rayons?)
4. Tu aimes faire les magasins?
5. Tu as un magasin favori? Donne des détails.
6. Qu'est-ce que tu as acheté récemment?

3 📖 **Lis les renseignements sur les super-marchés en France et écris dix détails en anglais.**

Si vous êtes déjà allé en France, vous connaissez sans doute les noms des plus grands supermarchés français — Carrefour, Auchan, Champion, Intermarché et Leclerc.

Intermarché, avec son enseigne "Les Mousquetaires" et qui se dit l'expert en produits frais, a des supermarchés en Espagne, au Portugal, en Belgique et en Pologne. Comme tous les autres, il offre des cartes de fidélité — un service où le client peut cumuler des euros — et il offre ses propres marques, les marques nationales et des produits du terroir.

Carrefour vous offre, comme d'autres, des services voyages, spectacles et assurances, a des rayons papeterie, presse, vêtements et jeux vidéo, et bien sûr vous donne la possibilité de faire vos achats en ligne.

Les heures d'ouverture des supermarchés sont variables selon les villes. Les vacanciers devraient faire attention: les horaires sont différents en juillet et en août, et certains magasins sont fermés le dimanche.

Pour plus de renseignements, visitez les sites: www.intermarche.com et www.carrefour.fr

À plus!

4 **Écris un paragraphe sur les supermarchés en Angleterre pour le magazine d'un collège français. Mentionne:**
- **les noms des plus grands supermarchés**
- **lesquels sont les plus populaires (selon toi)**
- **pourquoi les horaires d'ouverture varient selon les services qu'ils offrent**

5 **Marie-Claire, une cousine de Gabi, vient de passer 1 mois en Angleterre. Elle parle des différences qu'elle a remarquées entre les magasins en France et ceux en Angleterre. Décide si les phrases sont vraies (V), fausses (F) ou pas mentionnées (PM).**

1 Il faut payer plus pour les vêtements en Angleterre.

2 On paie moins en France pour les chaises, les fauteuils et les télévisions.

3 Il y a moins de magasins ouverts le dimanche après-midi en France.

4 Beaucoup de magasins sont fermés le lundi en France.

5 En général, les magasins anglais sont ouverts plus longtemps que les magasins français.

6 En Angleterre, les supermarchés sont ouverts sans interruption.

7 Certains magasins ne sont pas ouverts en août en Angleterre.

8 Les magasins sont plus beaux en France.

9 Le service cadeaux est très populaire en France.

10 On peut acheter du pain très tôt le matin en France.

6 **Écris une lettre à un(e) copain/copine. Parle-lui d'une sortie dans les magasins avec ta mère ou un(e) ami(e). Mentionne:**
- **le mode de transport**
- **les types de magasins où tu es allé(e)**
- **avec qui tu y es allé(e)**
- **ce que tu as acheté**
- **ce que tu as pensé de ta sortie**
- **où tu feras tes achats à Noël**
- **ce que tu as offert à un(e) ami(e) comme cadeau d'anniversaire l'année dernière**

! INFO PRONONCIATION

Liaison (2)

Students of French often complain that 'French words run into one another' and that it is difficult to make out the different words in a sentence. Liaison (or linking of two words) is mostly responsible for this. In addition to liaison, various strategies are used to enable as smooth a pronunciation as possible. Here are some examples.

1 Adding the letters 't', 'l' or 's'.

Examples:
- *Ira-**t**-elle aux magasins?/Pourquoi a-**t**-on acheté…?*
- *Ce**t** article est cher/Ce**t** homme adore la mode.*
- *Si **l'**on préfère la plage, il y a…/C'est un endroit où **l'**on peut acheter…*
- *Achète ces biscuits!* → *Achète**s**-en!*
- *Va aux magasins!* → *Va**s**-y!*

(Note: the addition of an 'l' occurs mainly in formal written French.)

2 Using a different form before a vowel.

Examples:
- ***ma** sœur* → ***mon** amie*
- ***ta** bouche* → ***ton** oreille*
- ***sa** passion* → ***son** idée*

Say all the above examples out loud. Also try to say the words without the additional letters or without changing the form. Which do you find easier to say? Now listen and repeat all the examples.

5 À la poste et à la banque

1 🎧 **Dans ces six conversations on essaie de décider quel cadeau on va acheter. Écris les titres "Pour qui?", "Première suggestion" et "Décision" et note les réponses.**

2 📖 **Lis les renseignements donnés sur les bureaux de poste en France, puis réponds aux questions.**

1 Explique deux choses que l'on peut faire dans un bureau de poste, à part acheter des timbres et envoyer des lettres.

2 Est-ce que tous les bureaux de poste sont ouverts sans interruption?

3 Les bureaux de poste ferment à quelle heure le samedi?

4 Est-ce que les heures d'ouverture sont pareilles dans toutes les villes?

5 Pourquoi est-il utile de connaître l'existence du bureau de poste de la rue du Louvre à Paris?

6 À part les bureaux de poste, où est-ce qu'on peut acheter des timbres?

7 Si on achète des timbres dans un café-tabac, qu'est-ce qu'on est obligé de faire?

3 🎧 **Écoute les réponses entendues à la poste et décide si la question posée est a ou b.**

1a Est-ce que la boîte aux lettres est à l'extérieur?
b C'est quel guichet pour les timbres?
2a Faut-il peser la lettre?
b Quand est-ce que la lettre arrivera?
3a Où est-ce qu'il faut peser le paquet?
b Est-ce que ce timbre est suffisant?
4a Est-ce que je pourrais aussi avoir un carnet de timbres?
b Il y a combien de timbres dans un carnet?
5a Est-ce que vous avez un timbre à 1 euro 60, s'il vous plaît?
b Je voudrais envoyer une lettre en Angleterre, c'est combien?

Au bureau de poste

Vous voulez envoyer des lettres? Expédier un paquet? Acheter des timbres, soit individuels, soit en carnets? Toutes ces opérations s'effectuent à la poste. Mais saviez-vous qu'on peut également y recevoir et envoyer de l'argent, recevoir un colis ou du courrier, et consulter des annuaires téléphoniques?

La plupart des bureaux de poste sont ouverts du lundi au vendredi à partir de 9 heures du matin, et ferment à 7 heures du soir. Il y en a très peu qui sont ouverts sans interruption. Beaucoup de bureaux de poste ouvrent le samedi matin jusqu'à midi. Faites attention: dans certaines villes, les heures d'ouverture peuvent être différentes. Il faut se renseigner en regardant les heures d'ouverture marquées sur la porte. À Paris, dans la rue du Louvre il y a un bureau de poste ouvert tout le temps, même la nuit.

Si vous avez besoin de timbres, vous pouvez en acheter également dans des machines normalement situées à l'intérieur du bureau de poste, ou bien encore dans un bureau de tabac, une librairie, une papeterie, ou même dans certains cafés-tabacs si vous achetez des cartes postales en même temps.

Point grammaire

Indirect object pronouns *lui* and *leur*

Below are some extracts from exercise 1. Can you work out the meaning of *lui* and *leur*?

● *C'est l'anniversaire de papa,...qu'est-ce qu'on va **lui** acheter?*
● *Tu veux **leur** acheter un cadeau?*

Lui and *leur* are **indirect** object pronouns. *Lui* usually means '**to/for him**' or '**to/for her**', but it can also mean '**from him**' or '**from her**'. *Leur* usually means '**to/for them**', but it can also mean '**from them**'.

It can be difficult to see the need for an indirect object pronoun, as in English we often say 'I gave him the book' instead of 'I gave the book **to** him'.

Normally indirect object pronouns are placed in front of the verb. In the perfect tense, they are placed in front of the auxiliary (e.g. *Je **leur** ai acheté ce DVD*). If there are two verbs, as in the first example above, the pronoun is placed between the two verbs.

À plus!

4 Tu es dans un bureau de poste en France. Tu veux:

- **envoyer des cartes postales en Angleterre et aux États-Unis**
- **envoyer un paquet à ta mère pour son anniversaire**
- **trouver le bon guichet pour les colis**
- **te renseigner sur les heures d'ouverture.**

Prépare des phrases en utilisant celles de l'exercice 3. Ton/Ta prof va jouer le rôle de l'employé(e) de poste.

5 Regarde ces renseignements préparés pour les étudiants britanniques qui viennent vivre en France quelque temps. Réponds aux questions.

1 Give the names of two of the main banks in France.
2 To open an account, how long do you have to intend to stay in France and in what capacity?
3 What other documents do you need to open a bank account besides your passport and your *carte de séjour*?
4 What will you get after opening your account?
5 How much will it cost to open an account?
6 What do you learn about opening hours?

6 Écoute les trois conversations à la banque et copie et remplis la grille.

| la devise | currency |

On veut changer quoi et combien?	Problème	Solution

7 Ton père va en France et en Suisse mais il ne parle pas français. Il veut savoir comment dire les phrases suivantes en français. Écris-les pour lui en utilisant les mots dans la boîte.

1 Which counter is it to change some money?
2 I would like to change £100 sterling.
3 Can I change a traveller's cheque?
4 What is the exchange rate?
5 I have lost my cheque book.
6 I have my passport as identity.
7 Can I have some Swiss money?
8 I have lost my bank card.
9 Can I have some coins?
10 I only have small change.
11 Can you give me some bank notes?
12 I only have a 50-euro bank note.

La banque en France

Les plus grandes banques en France s'appellent le Crédit Agricole, le Crédit Lyonnais, la Société Générale, le Crédit Mutuel, la BNP (Banque Nationale de Paris) et la Banque de France.

Pour ouvrir un compte bancaire, il vous faudra donner une preuve de votre identité et de votre intention de rester en France pour plus de 3 mois, en fournissant les documents suivants: votre passeport, votre carte de séjour (documentation nécessaire si vous voulez passer plus de 3 mois en France, soit comme étudiant, soit comme employé) et un certificat d'hébergement ou un autre document qui peut servir de justificatif de domicile, comme une quittance de loyer ou une facture d'électricité.

Une fois votre demande acceptée, on vous donnera un chéquier et une carte bancaire. Le chéquier est gratuit mais les cotisations pour la carte font entre 15 et 50 euros. Normalement, l'ouverture d'un compte bancaire ne coûte rien.

En général, les banques sont ouvertes de 9 heures à 16 heures ou 17 heures, du lundi au vendredi. Certaines banques sont ouvertes le samedi matin et ferment le lundi.

un chéquier
une pièce d'identité
des pièces
toucher/changer un chèque
une carte bancaire
de la monnaie
un billet
un passeport
le taux de change
des euros
des livres
de l'argent

SOCIETE GENERALE
VISA
CHANGE

1 📖 **Read this article about a department store in Paris and answer the questions.**

1 Give one reason why this store is famous.
2 Give details as to when it is open.
3 What indicates its success?
4 What type of customer is it likely to attract? Explain your answer.
5 How accessible is it?
6 How does it reach out to people from abroad?

Les grands magasins

Situé à Paris au 64, boulevard Haussmann et nommé le Printemps Haussmann, ce grand magasin se vante d'avoir le plus grand rayon beauté du monde avec 1 million de produits, dont beaucoup sont des articles de luxe. Les horaires d'ouverture sont de 9 h 35 à 20 h 00 du lundi au samedi, sauf le jeudi quand le magasin ferme à 22 h 00. Il y en a aussi un en Andorre et un à Tokyo.

Les rayons maison, beauté, coiffeurs et instituts de beauté, enfants, lingerie et homme, attirent un public affamé de luxe. Vous arriverez au magasin en descendant à la station de métro Havre-Caumartin ou en prenant un des autobus qui s'arrêtent aussi là. Si vous prenez la voiture, il y a trois entrées qui donnent accès direct au magasin. Ne vous inquiétez pas si vous ne parlez pas français — le personnel parle plus de huit langues étrangères!

2 🎧 **Listen to these announcements in a large department store and answer these questions.**

1 Which two sentences are incorrect?
   a The shop is going to close as usual at 9.00 p.m.
   b The store normally closes at 7.00 p.m.
   c The store is open every day of the week.
2 Choose the two sentences that best describe the facilities in the store.
   a You do not have to go up or down a floor to go to the toilet.
   b You can find information on every level.
   c It is easy to move between floors.
3 Which three sentences best describe why you would choose to eat in the store?
   a You can have a quick snack or a leisurely lunch.
   b The cafés and restaurants are open all day.
   c There are different types of refreshments available.
   d The food is not expensive.
   e You can treat your children to an ice cream or a pancake.
   f The restaurants and cafés are all on the same floor.
4 Why might you go to the ground floor?
   a To buy household goods.
   b To buy stationery.
   c To buy shoes.
5 Which three sentences are true?
   a All the clothes departments are on the same floor.
   b Sports equipment is on the fourth floor.
   c Furniture is on the ground floor.
   d To buy a book you need to go to the third floor.
   e There is a reduction of 50% on everything between 3.00 and 3.30 p.m.

3 🖥 **You have seen an advertisement for a competition organised by your twin town in France: a new department store is going to open in a year and the owners want a leaflet to advertise the store. Using a computer, design a suitable leaflet for the store, mentioning the location of the store, the opening times, the number of floors, what types of departments there will be, places to eat, special features, facilities and any special offers.**

4 💬 **Ton/Ta correspondant(e) français(e) veut acheter un cadeau ou des bijoux pour son frère/sa sœur. Tu vois cette annonce dans le journal régional. Tu lui proposes de l'accompagner au magasin.**

MISS MODE CLOTHES FOR ALL OCCASIONS
T-shirts • Trousers • Dresses • Shorts • Jumpers • Shoes
Jewellery • Handbags
Special offers on many items
OPEN EVERY DAY except Sundays 9.30 a.m.–6.30 p.m.
25% reduction on all brand names

1 Quand est-ce que le magasin est ouvert?
2 Il y a des réductions?
3 Qu'est-ce que je peux y acheter?
4 Il y a des soldes?

5 📖 **Read the advice on using the internet and answer the questions in English.**

Acheter sur internet — dix conseils

On vous conseille de:

1 Ne sélectionner que les sites sécurisés.
2 Toujours lire les conditions de vente.
3 Ne jamais donner d'informations personnelles.
4 Vérifier la description du produit, le prix et les frais de livraison.
5 Ne pas jeter le récapitulatif de la commande.
6 Ne pas oublier: un premier clic pour valider la commande, un deuxième clic pour la confirmer.
7 Accepter seulement les transactions signalées par un cadenas en bas de l'écran ou par un cadenas fermé.
8 Vérifier le produit tout de suite après la livraison.
9 Signaler immédiatement par courrier électronique un produit défectueux.
10 Demander un remboursement si nécessaire, dans les 30 jours après votre rétraction.

1 Give three things you are advised to do before making your order.
2 How will you know if the site is safe?
3 What should you do as soon as you get the goods?
4 What should you do if the product is faulty?

6 🎧 **Listen to these people talking about where they prefer to shop. Choose which question they have been asked from the questions below.**

a Tu as un magasin favori?
b Tu aimes faire des achats au supermarché?
c Tu te sers d'internet pour faire des achats?
d Tu préfères aller au supermarché ou faire les courses en ville?
e Pourquoi est-il est devenu si populaire de faire les courses sur internet?
f Il y a des inconvénients avec les supermarchés?

7 ✏️ **Write an article for a French school magazine about shopping. Mention the facilities in your area, whether there are any markets, your favourite shop, what you have bought recently, where you go shopping at Christmas, what you think of brand names and what young people think about fashion.**

8 💬 **You work in a shopping centre on Saturdays at the information desk. A French-speaking person needs some information about the centre. Your teacher will play the part of the visitor.**

HARTBUSH SHOPPING CENTRE

Opening hours: Monday–Friday, 9.00 a.m.–7.00 p.m. Saturdays 8.30 a.m.–9.00 p.m. Sundays closed

Toilets: 1st and 3rd floor
Restaurant: 2nd floor
Cafeteria on ground floor and basement
All clothes shops: 1st floor
Household goods: 2nd floor
Parking ticket machines available on all floors
Sales end today!

9 📖 **Lis les extraits de quatre blogs au sujet d'internet.**

Le blog de Marc
Internet, c'est super. Je suis abonné parce que les profs nous demandent de faire des recherches. Je peux faire ça sans me déplacer; internet, c'est très utile.

Le blog de Lucie
À mon avis, internet, c'est fantastique — on peut communiquer très rapidement avec les gens. Avant, on devait attendre longtemps avant d'avoir des nouvelles.

Le blog de Clément
Internet, j'adore! J'ai un site personnel, où je parle de moi-même, donne des détails sur ma journée et mes sentiments.

Le blog de Charles
C'est fantastique! Je peux regarder des vidéos, écouter et télécharger de la musique, prendre contact avec d'autres utilisateurs. J'apprends plein de choses!

Tout le monde est ravi avec internet, mais est-ce qu'il y a des inconvénients? Lesquels des avis donnés ci-dessous sont vrais, selon toi?

À cause d'internet, on:
1 risque d'être paresseux
2 devient ermite
3 risque de grossir
4 risque de ne pas apprendre à se parler face à face
5 oublie comment se débrouiller sans internet
6 risque d'être victime

Vocabulaire

Les annonces

jours fériés, fêtes
livraison à domicile
promotion spéciale
Venez déguster…
produits de pays/du terroir
heures/horaires d'ouverture
sans interruption
une gamme de bracelets
des soldes

Advertisements

bank holidays/public holidays
home delivery
special offer
Come and taste…
local produce
opening times
without closing
a range of bracelets
sales

Où nous faisons notre shopping

Regarder les produits sur l'écran,
    sans se déplacer, c'est commode/pratique.
Il n'y a pas de queue.
Je préfère voir ce que j'achète.
à n'importe quelle heure
sans les frais de transport
pas de tracas
Il y a des risques.
J'adore les supermarchés, on y trouve de tout.
Tout est au même endroit.
On peut trouver toutes les marques/garer la voiture.
Il y a presque toujours du monde.
Ils manquent de caractère.
Ils sont tous pareils.
J'aime les magasins individuels.
Le service est personnel.
Ils ont une connaissance profonde des produits.
Les articles sont plus chers.
Mon magasin préféré s'appelle…
J'ai acheté/J'ai payé/J'ai choisi/J'ai cherché…
À Noël, je fais mon shopping à…
J'ai offert un livre à mon père pour son anniversaire/
    à Noël.

Where we do our shopping

Looking at the products on screen,
    without leaving the house, is convenient/practical.
There is no queue.
I prefer to see what I am buying.
at any time
without the cost of transport
no hassle
There are risks.
I love supermarkets; you find everything there.
Everything is in the same place.
You can find all the brands/park the car.
There is almost always a lot of people.
They lack character.
They are all the same.
I like individual shops.
The service is personal.
They have a full knowledge of the products.
Things are more expensive.
My favourite shop is called…
I bought/I paid/I chose/I looked for…
At Christmas, I shop at…
I gave my father a book for his birthday/
    at Christmas.

On achète des vêtements

Vous préférez…?
Comment voulez-vous payer?
Vous faites quelle taille?
Vous faites quelle pointure?
Je vais essayer…
Qu'est-ce que vous me proposez?
La cabine d'essayage est là.
Je prends les deux.
Je le (la)/les prends.
C'est trop cher/grand/petit.
C'est moins cher(s)/chère(s).
Vous en avez d'autres?

Buying clothes

Do you prefer…?
How do you want to pay?
What size are you? (clothes)
What size are you? (shoes)
I am going to try on…
What can you suggest?
The changing room is there.
I will take them both.
I will take it/them.
It's too expensive/big/small.
It's cheaper
Do you have any others?

À plus!

On achète un cadeau

Pouvez-vous me montrer des…

...bracelets/colliers/bagues/boucles d'oreille/jeux de société/
jeux de cartes/flacons de parfum/cartes de vœux/
maquettes/chiens en peluche/nounours/porte-clés?

Buying a present

Can you show me some…

...bracelets/necklaces/rings/earrings/board games/
card games/bottles of perfume/greeting cards/
models/fluffy dogs/teddy bears/key rings?

Les supermarchés

Il faut payer plus/On paie moins pour…
Ils ouvrent plus tôt.
On peut faire ses achats en ligne.
On peut cumuler des euros.
Les heures/horaires d'ouverture sont variables.

Supermarkets

You have to pay more/You pay less for…
They open earlier.
You can do your shopping online.
You can accumulate euros.
Opening times vary.

Dans un grand magasin

Où se trouve le rayon vêtements/
    le rayon meubles?
au sous-sol/au rez-de-chaussée/au premier étage/
    au deuxième étage/à chaque niveau
Je cherche…
    ...l'escalier roulant/l'ascenseur/
    le rayon arts ménagers/
    le rayon parfumerie.

In a department store

Where is the clothing department/
    the furniture department?
in the basement/on the ground floor/on the first floor/
    on the second floor/on each level
I am looking for…
    ...the escalator/the lift/
    the household goods department/
    the perfume counter.

Au bureau de poste

Je voudrais envoyer une lettre/
    une carte postale/un colis (un paquet)
    en Angleterre.
Est-ce qu'il y a du courrier/une boîte aux lettres/
    un annuaire téléphonique/
    un distributeur automatique de timbres?
Chaque guichet offre des services différents.
C'est combien pour envoyer une carte postale?
C'est quel guichet pour les timbres?
Il faut peser la lettre?
Quand est-ce que la lettre arrivera?
Quand est la prochaine/dernière levée?

At the post office

I would like to send a letter/
    a postcard/a parcel
    to England.
Is there any mail/a postbox/
    a telephone directory/
    a stamp vending machine?
Each counter has different services.
How much is it to send a postcard?
Which counter is it for stamps?
Do I need to weigh the letter?
When will the letter arrive?
When is the next/last collection?

À la banque

Je voudrais ouvrir un compte bancaire.
Il me faut…
    ...un chéquier/une carte bancaire/
    des euros/des pièces/de la monnaie/
    des billets/des livres sterling
    ...toucher (changer) un chèque de voyage.
Il faudra…
    ...donner une preuve de votre identité/
    de votre intention de rester en France.
    ...fournir un passport/une carte de séjour/
    une pièce d'identité/un certificat d'hébergement/
    une quittance de loyer/une facture d'électricité.
Quel est le taux de change?

At the bank

I would like to open a bank account.
I need…
    ...a cheque book/a bank card/
    euros/coins/loose change/
    bank notes/English pounds
    ...to cash (change) a traveller's cheque.
You will need…
    ...to prove your identity/
    your intention of staying in France.
    ...to provide a passport/a residence permit/
    some identification/a housing certificate/
    a rent receipt/an electricity bill.
What is the exchange rate?

Unité **9**
On a des problèmes!

1 Café, restaurant, hébergement
2 On n'est pas satisfait de ses achats
3 Objets perdus, objets trouvés
4 Problèmes de santé
5 Et si on a un accident?

1 Café, restaurant, hébergement

> ☑ **Complain about poor service in a café or restaurant**
> ☑ **Complain about inadequate accommodation**
> ☑ **Use the pluperfect tense**

1 📖 **Regarde la liste des problèmes. Ça se passe au café, au restaurant, ou dans les deux?**

1 Il y avait un chewing-gum collé sous la table.
2 Il manquait une fourchette et un couteau.
3 Il y avait une mouche morte sur la table.
4 J'avais commandé du poulet et on m'a servi du porc.
5 La serveuse n'était pas très polie.
6 Nous avions réservé une table mais nous avons dû attendre.
7 Le service était compris, mais le garçon m'a demandé un pourboire.

2 📖 **On se plaint au restaurant: trouve deux phrases pour chaque dessin.**

Exemple: 1 — c, i

a Le service est beaucoup trop lent!
b Je vais me plaindre au patron du restaurant.
c Vous ne pouvez pas faire attention?
d Vous avez fait une erreur dans l'addition.
i Vous avez renversé de la sauce sur ma veste!
ii Attendre plus de demi-heure entre les plats, c'est inadmissible!
iii Vous avez compté une bière, mais je n'en ai pas bu!
iv J'avais une chaise cassée, et ma femme un verre sale!

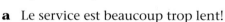

| se plaindre to complain |

Point grammaire

The pluperfect

Look carefully at the bold verb constructions in these sentences:

> *Quand je suis arrivé, il **avait fini**.*
> When I arrived, he had finished.

> *J'ai téléphoné à Muriel, mais elle **était partie**.*
> I rang Muriel, but she had left.

The verbs in bold express a past action that occurred before the other action(s) mentioned in the sentence. The tense used is called the pluperfect tense (*le plus-que-parfait*).

Look again at the examples:
● How is the tense formed?
● Are there rules of agreement?

Can you find examples of verbs in the pluperfect tense in exercise 1?

3 🗨 **Tu as eu des problèmes au café ou au restaurant. Raconte! Tu dois mentionner:**
● **le nom du café/restaurant**
● **où il se trouve et à quelle occasion tu étais là**
● **avec qui tu étais là**
● **le problème**
● **ce que tu as fait et dit**

4 🎧 **Melle Douai et Mme Saltay, professeurs de français, sont à Paris avec un groupe d'étudiantes de leur collège. Il y a beaucoup de problèmes à l'hôtel Millais où elles logent. Écoute (1–7). C'est quel dessin?**

5a 📖 **Voici la liste des problèmes évoqués dans l'exercice 4. Fais des phrases complètes.**

une araignée

1 La fenêtre...
2 La moquette...
3 L'ascenseur...
4 Il n'y a pas de...
5 Nous n'avons pas de...
6 Il y a une araignée...
7 Le rideau de la douche...
8 Le chauffage central...
9 Le miroir...
10 Il y a un trou...
11 La salle de bains...
12 Le robinet...

a ...ne marche pas.
b ...fait trop de bruit.
c ...est en panne.
d ...est dégoûtante.
e ...dans mon drap de lit.
f ...est cassé.
g ...papier dans les WC.
h ...dans notre armoire.
i ...ne ferme pas.
j ...est déchiré.
k ...lumière.
l ...est très sale.

b 🎧 **Écoute encore pour vérifier.**

6 📖 **Regarde ces résultats sur deux hôtels français, postés sur un site internet par des touristes.**

	Hôtel Belle Étoile	Hôtel du Centre
Chambres	● ● ● ● ○	● ● ● ○ ○
Service	● ● ○ ○ ○	● ● ○ ○ ○
Rapport qualité/prix	● ● ● ○ ○	● ● ● ● ○
Propreté	● ● ● ● ○	● ● ● ◐ ○
Situation géographique	● ● ● ● ○	● ● ● ● ●

a Lis ces commentaires. C'est quel hôtel?

1 Un bon hôtel pour le prix que nous avons payé. La chambre n'était pas très spacieuse et la douche ne marchait pas très bien, mais nous étions près de l'île de la Cité et de la Cathédrale Notre-Dame, quel bonheur! Le propriétaire de l'hôtel n'était pas très bavard. Le restaurant de l'hôtel était fermé pour travaux, mais les restaurants et les bars de ce quartier très animé étaient une meilleure option!

2 Un hôtel cher que je ne recommande pas. Les croissants étaient délicieux, et le café, parfait, mais le service était loin d'être impeccable. La chambre avait tous les conforts nécessaires, mais le personnel n'était ni sympathique ni discret! Notre chambre étant au septième étage, nous avions vue sur la baie, mais la plage était à 20 minutes. Heureusement, nous n'avions réservé que pour trois nuits!

b Réponds aux questions en anglais.

1 Explain why the tourists gave the hotels 2.5 out of 5 for service.
2 Why wasn't it a problem that the restaurant in hotel 1 was closed?
3 In your view, what was the worst thing at each hotel?
4 Do you think the tourists would go back to these hotels? Why (not)?
5 Which hotel would you prefer? Why?

7 🏰 **De retour au collège, Melle Douai décide de poster ses commentaires sur l'hôtel Millais sur internet. Regarde les exemples dans l'exercice 6, et écris les commentaires pour elle.**

8 💬 **Ta famille a eu des problèmes à l'hôtel. Explique! C'était la chambre? Les repas? Le personnel? L'hôtel en général? Les voisins?**

2 On n'est pas satisfait de ses achats

✔ **Learn how to describe problems with goods and ask for a refund**

✔ **Learn how to return or exchange goods**

1 📖 **Regarde les dessins et trouve la bonne description.**

1 Il y a un défaut.
2 C'est la mauvaise couleur.
3 Le produit est abîmé.
4 Il y a eu un problème de livraison.
5 Ce n'est pas la bonne taille.
6 Le produit ne convient pas.

convenir	to suit
un défaut	fault
abîmé	damaged

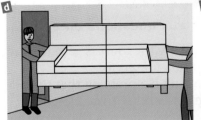

2a 🎧 **Écoute ces clients. Identifie le problème (1–6, exercice 1) et ce que le client demande (phrases a–d).**

Exemple: 2 C'est la mauvaise couleur. — b On veut échanger le produit.

a On veut être remboursé.
b On veut échanger le produit.
c On veut se plaindre.
d On veut parler à un responsable.

rétrécir	to shrink
démodé(e)	old-fashioned

b 🎧 **Écoute encore les clients, et prends des notes en anglais pour expliquer le problème de chacun.**

3 💬 **Travaillez à deux: client(e) et employé(e).**

Client(e)

Tu es en France. Tu n'es pas content(e) d'un produit que tu as acheté. Tu retournes au magasin. Décide ce que tu as acheté, quand, quel est le problème, et ce que tu vas demander à l'employé(e).

Employé(e)

Tu travailles au service clients d'un grand magasin en France. Un(e) client(e) vient se plaindre. Tu dois poser ces questions au/à la client(e). Prépare aussi une ou deux questions supplémentaires que ton/ta partenaire ne voit pas:

1 Je peux vous aider, monsieur/mademoiselle?
2 Qu'est-ce qui ne va pas?
3 Je suis vraiment désolé(e). Vous avez votre reçu?
4 Qu'est-ce que je peux faire pour rectifier le problème?

4 🎧 **Ces cinq personnes ont eu un problème quand elles ont fait leurs achats en ligne. Choisis la bonne phrase pour chaque personne.**

Exemple: 1 — c

La personne...

a est en colère parce qu'elle a eu un problème de livraison.
b est fâchée parce qu'on ne lui a pas livré exactement ce qu'elle avait commandé.
c est furieuse parce que ses produits sont arrivés abîmés.
d est déçue parce que le produit n'est pas comme elle l'avait imaginé.
e n'est pas satisfaite parce qu'il manque un article.

quel dommage!	what a pity!

À plus!

5 📖 Lis ces commentaires trouvés sur un forum internet. 🔲

1
Je me suis acheté une voiture d'occasion que j'avais vue en ligne. Elle avait l'air très bien, et elle n'était pas chère. Après huit jours, j'ai commencé à avoir des problèmes, et j'ai été obligé de la faire réparer!

2
Je ne fais plus livrer de pizzas à domicile! Une fois, on m'a livré la commande d'une autre personne. Une autre fois, je pense que la boîte était tombée par terre pendant le transport, c'était un vrai désastre!

3
Mon écran plat que j'ai commandé en juin? Toujours pas arrivé! J'ai téléphoné trois fois, et toujours la même réponse: « vous le recevrez dans la semaine. » J'ai envoyé un mél, on ne m'a pas répondu!

4
Je n'ai pas de chance! J'ai fait nettoyer un pantalon au pressing, il est revenu avec une tache. J'ai fait laver une couverture, elle a rétréci! Le personnel du pressing n'a pas respecté les instructions de lavage!

un pressing	dry cleaner's
d'occasion	second-hand
un écran plat	flat screen

Maintenant, choisis un conseil ou une suggestion pour chaque personne.

a C'est peut-être une bonne idée d'ouvrir la boîte au moment de la livraison?

b Vous pouvez vous faire rembourser, si l'employé n'a pas suivi les conseils de l'étiquette!

c Vous ne pouviez pas demander conseil à un professionnel, avant de faire votre achat?

d Pourquoi est-ce que vous n'annulez pas votre commande?

! POINT LANGUE

Look at the verb construction in this sentence:

*J'ai été obligé de **faire réparer** la voiture.*

This construction, *faire* + infinitive, is equivalent to the English 'to get something done'.

The sentence above translates as: 'I had to have the car mended/get the car mended.'

Can you find more examples of this construction on this page? Translate the sentences into English.

! INFO PRONONCIATION

Contractions

1 Before a vowel or a silent *h*. For example:

le + été = **l'**été   la + amie = **l'**amie
le + homme = **l'**homme   la + heure = **l'**heure

*La pomme? Je **l'**ai mangée.* (**not** *je la ai mangée*).

*Le russe? Il va **l'**apprendre.* (**not** *il va le apprendre*).

Say the examples with and without the contractions. Which do you find easier to pronounce?

2 One-syllable words containing *e*. For example:

ce + est = **c'**est   de + un = **d'**un
me + envoie = **m'**envoie   que + un = **qu'**un

Can you find other one-syllable words containing *e* that follow this rule?

3 Before the pronoun *y*. For example:

*Il **n'**y a pas de gendarmerie.*
*J'**y** suis allé.*

4 *Du, des, au, aux,* and *s'il*. For example:

Il a **du** retard. (**not** *il a de le retard*)
J'ai **des** problèmes. (**not** *j'ai de les problèmes*)
Il va **au** parc. (**not** *à le parc*)
Tu as mal **aux** pieds. (**not** *à les pieds*)
S'il fait beau, on peut se baigner, **s'il** te plaît? (**not** *si il*)

Read the examples with and without the contractions. Which make for smoother pronunciation?

Try to find in this unit other examples of contractions that have not been mentioned here.

6 📝 Tu as vu cette annonce dans un magazine français.

Tu décides d'écrire un petit article en français au magazine. Dans ton article:

- **Explique ce que tu as acheté, quand et où tu l'as acheté.**
- **Décris le problème.**
- **Explique ce que tu as fait pour résoudre le problème.**
- **Donne un conseil ou fais une suggestion aux lecteurs du magazine.**

(Si tu préfères, parle du problème d'une autre personne, tes parents par exemple.)

Pas satisfait de vos achats?

Faites-nous part de vos problèmes!

résoudre	to solve

3 Objets perdus, objets trouvés

1 📖 **Lis les petites annonces.**

a **Qu'est-ce qu'on a perdu? Identifie les dessins.**

b **Réponds aux questions.**

  1 What incentive do most people give to the would-be finders of their lost items?

  2 Can you guess what the phrase *lunettes griffées* means?

  3 List three reasons given in the adverts for wanting to find the lost items?

  4 What measures had the owners of the lost dogs taken in order to be able to trace their pets?

a **Perdu 30/12** chienne 2 ans, environs de Vinça. Porte collier en cuir noir, tatouage 3 HDF 094. Très affectueuse. Forte récompense. Tél. 04 68 63 12 90.

b **Perdu centre ville 28/12** lunettes homme griffées Calvin Klein. Tél. heures repas 04 68 34 12 57. Récompense.

c **Perdu plage Argelès 27/12** écharpe en soie et gants noirs en laine neufs. Aucune valeur commerciale mais grande valeur sentimentale (cadeau Noël irremplaçable). Prière de tél. 04 67 34 12 56.

d **Perdu 29/12** quartier du port chien adulte marron et noir, portant collier, puce électronique. Enfant malheureux, aidez-nous à le retrouver SVP. Récompense assurée. 04 66 37 98 69.

e **Perdu vestiaire piscine municipale** de Saint Paul 28/12 matin bague en or femme, bijou de famille. Tél. 04 68 65 734 01. Généreuse récompense.

2 💬 **Avec un(e) partenaire, faites la description des objets pas utilisés dans l'exercice 1.**

3 🏛 **Pendant tes vacances à Paris, tu as perdu quelque chose. Écris une petite annonce pour le journal local.**

4 🎧 **Qu'est-ce qu'ils avaient perdu?**

a **Copie et remplis la grille (il y a quatre personnes en tout).**

Objet perdu	Description ou contenu	Perdu quand et où?	Importance ou valeur de l'objet?	Récupéré où?
porte-feuille	vieux, en cuir noir	il y a trois jours, parking du centre commercial	cartes de crédit	bureau du service clients
			une femme de ménage	cleaner

b **Écoute encore et note des détails supplémentaires.**

Exemple: **1** *Il est allé au commissariat. Une cliente a trouvé le portefeuille. L'employée a téléphoné dans l'après-midi.*

5 📖 **Lis le courriel de Mme Toule. Écris un résumé en anglais.**

Madame,

Je suis restée dans votre hôtel du 5 au 7 août, avec ma famille. Nous avions la chambre 17. Nous pensons que notre fille a laissé un de ses jouets dans l'armoire.

Il s'agit d'un ours en peluche brun, qu'on appelle « Paddington ». Il porte un manteau en laine rouge avec de gros boutons en bois, un chapeau rond, et des bottes en caoutchouc bleues. J'avais cousu une étiquette avec le nom de ma fille, Morgane Toule, à l'intérieur du manteau.

Ma fille est très triste, elle avait ce nounours depuis l'âge de 2 ans. Est-ce que vous l'avez retrouvé?

Je vous remercie de me répondre au plus tôt.

C. Toule

un ours	bear
un ours en peluche	teddy bear (*en peluche* describes the fabric)
un nounours	teddy bear

! POINT LANGUE

To say what something is made of, use *en* + the material:
*une table **en bois*** (a wooden table)
*une boîte **en verre*** (a glass box)

Can you find other examples in exercise 1?

À plus!

6 Lis la carte postale. Décide si c'est vrai (V), faux (F) ou pas mentionné (PM).

1 Annie and Daniel are spending a week in Prague.
2 They find the city of great architectural interest.
3 They won't have any photos of the city.
4 A man stole Daniel's rucksack.
5 He had lots of valuable items in it.
6 The camera was brand new.
7 Daniel reported the theft to his insurers.
8 The police officers were friendly with them.
9 They saw the camera being stolen.

7 À tour de rôle avec un(e) partenaire, imaginez ce qu'on a volé à chaque personne. Notez tous les détails. Il faut:

- faire une description complète de l'objet ou de l'animal (On lui a volé sa voiture… C'était une voiture de marque Citroën…)
- expliquer quand et où on l'a volé (On lui a volé la voiture hier soir vers 21 h… La voiture était dans la rue…)

8 Écoute les personnes de l'exercice 7 et vérifie! Vous avez un point pour chaque détail correct. Qui a le plus de points dans la classe?

9 Tu es en vacances. On vient de te voler quelque chose. Écris une carte postale à un(e) ami(e) français(e). Explique:

- où tu es, avec qui, pour combien de temps
- ce qu'on t'a volé et quand c'était
- où tu étais et ce que tu faisais quand le vol a eu lieu
- ce que tu as fait quand tu as découvert le vol
- ce que tu vas faire maintenant

Essaie d'utiliser au moins une fois la construction *venir de* à l'imparfait, suivie d'un verbe à l'infinitif.

Bonjour de Prague! La ville est très atmosphérique, et le Pont Charles avec ses sculptures est magnifique. Malheureusement, nous avons perdu les photos que nous avions prises hier, parce qu'on nous a volé notre appareil photo numérique! Je venais de l'offrir à Daniel pour son anniversaire. On nous l'a volé dans le tramway. Il y avait beaucoup de monde et nous étions serrés comme des sardines! Daniel ne pouvait pas bouger, parce que derrière lui il y avait un homme très grand. Quand nous sommes descendus, son sac à dos était ouvert, l'appareil photo avait disparu…et l'homme aussi!

Pour être sûrs que l'assurance nous remboursera, nous sommes allés au commissariat de police faire une déclaration de vol. Un interprète nous a aidés, il était très gentil, contrairement aux policiers, qui n'aimaient pas les touristes! Nous allons acheter un appareil jetable et retourner au Pont Charles.

Bises, Annie et Daniel

| jeter | to throw |
| serrer | to squeeze |

Point grammaire

Venir de in the imperfect + infinitive

Venir de in the present tense, followed by an infinitive, is used to refer to the immediate past. For example:

Je viens de manger.   I have just eaten.

In the following example, *venir de* is in the imperfect tense:

Je venais de manger quand il est arrivé.
I had just eaten when he arrived.

The construction conveys the fact that an event **had just** taken place when another event happened.

4 Problèmes de santé

□✓ **Revise the parts of the body and how to describe aches and pains**

□✓ **Learn what to say at the doctor's surgery or the chemist's**

□✓ **Use en + present participle**

1 🎧 **On téléphone au cabinet médical pour prendre rendez-vous (1–4). Note trois détails par conversation.**

mon médecin traitant	my GP/usual doctor
un congé	leave/day off

2 📖 **C'est quelle personne?**

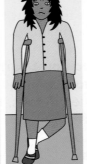

1 Elle a mal à la gorge et elle tousse.
2 Il a mal à l'œil et il pleure.
3 Il a très mal à la cheville gauche, il a probablement une entorse.
4 Il s'est fait mal au genou.
5 Elle s'est fait mal à la jambe, et elle marche avec des béquilles.

CENTRE MEDICAL
TEL. 04 68 54 34 55

Docteur Philippe OUERA
MEDECINE GENERALE
TEL. Dom. 68 54 47 30

Docteur Aurélien LANNERS
MEDECINE GENERALE

Docteur Carine GAUSSERAND

3a 💬 **Retrouve la conversation entre le médecin et le patient (les phrases du docteur sont dans l'ordre).**

1 Bonjour, M. Grosbois. Qu'est-ce qui ne va pas?
2 Vous avez de la fièvre. Vous êtes malade depuis quand?
3 Hmm... oui, je vois. Écoutez, je vais vous faire une ordonnance, et vous irez à la pharmacie.
4 Non, mais vous allez vous reposer quelques jours. Vous avez votre carte vitale, s'il vous plaît?
5 Merci. Qu'est-ce que vous avez à la main?
6 Je vais vous donner une crème. Je vous donne aussi des comprimés pour la fièvre, et des pastilles pour la gorge. Buvez beaucoup, c'est très important!
7 Si dans trois jours ça ne va pas mieux, revenez me voir.

a Pas de problème, j'ai toujours soif!
b Je ne me sens pas très bien, docteur. J'ai très mal à la gorge. J'ai froid, aussi.
c Voilà, docteur.
d C'est grave, docteur?
e D'accord, docteur. Merci beaucoup.
f J'ai commencé à me sentir fatigué vendredi après le travail. J'avais mal partout... alors, je me suis couché en arrivant à la maison!
g Je me suis fait mal en tombant de vélo, la semaine dernière. Ce n'est rien.

b 💬 **Lisez la conversation à deux. Changez les détails.**

! POINT LANGUE

Avoir mal/se faire mal

Can you work out the difference between *avoir mal* and *se faire mal* from the following example?

> *Il s'est fait mal au dos quand il est tombé, et maintenant il a très mal au dos!*

Avoir mal is used to say that a part of your body is hurting.

Se faire mal is used to say that you injured part of your body.

Both expressions are followed by *au/à la/à l'* or *aux*, depending on the gender and number of the part of the body.

Point grammaire

En + present participle (2)

Look at the examples below from exercise 3. Try to work out what they mean.

1 *Je me suis fait mal en tombant de vélo.*
2 *Je me suis couché en arrivant à la maison.*

The *en* + present participle construction can have the following meanings in English:

- while doing something (see Unit 2, page 19)
- by doing something (example 1)
- on doing something (example 2)

À plus!

4a 🎧 **Écoute les conversations télé-phoniques et choisis la phrase appropriée. C'est pour quelle(s) personne(s)?**

Exemple: 1 — a, d

a Elle ne va pas mieux.
b Elle va mieux.
c Elle va plus mal.
d Elle n'a pas très faim
e Elle a eu de la température.
f Elle a déjà vu un médecin.
g Elle est enrhumée.
h Elle est satisfaite de son traitement.

b 🎧 **Écoute encore et note un détail supplémentaire pour chaque personne.**

5 📖 **Voilà ce que le pharmacien a dit. Retrouvez les clients.**

1 Ce sirop est très bien pour les enfants. Donnez-lui une cuillerée de sirop quatre fois par jour.

2 Voilà des comprimés pour la douleur, à prendre matin et soir. Mais allez voir un médecin si vous n'allez pas mieux d'ici 48 heures.

3 Prenez un peu de paracétamol pour la fièvre. Restez au chaud, buvez beaucoup. Vous serez vite guéri... Vous voulez une boîte de Kleenex?

4 Puisque vous êtes malade depuis plusieurs jours, je vous conseille d'aller voir un médecin.

supporter	to bear/to stand
la douleur	pain
comestible	edible
empêcher	to prevent

a Je voudrais des mouchoirs en papier, et... qu'est-ce que vous avez, pour le rhume?

b Ça fait plusieurs jours que j'ai mal au cœur. J'ai envie de vomir, je ne peux rien manger, et je me sens très fatigué!

c Ma fille tousse beaucoup depuis quelques jours, la toux l'empêche de dormir la nuit. Vous pouvez me donner quelque chose? Elle a 5 ans.

d Je me suis réveillé avec un mal de tête terrible! C'est vraiment difficile à supporter! Qu'est-ce que vous me recommandez?

6a 💬 **À la pharmacie en France, un(e) touriste anglais(e) ne parle pas français, et l'employé(e) ne parle pas anglais. Tu es l'interprète! Travaille avec deux partenaires.**

Toi	*Say that you speak French and offer to help.*
Touriste	Could you explain that I have earache?
Toi	*Explain the problem to the chemist.*
Employé(e)	Ah, d'accord! Je comprends, maintenant! Il/Elle a mal depuis quand?
Toi	*Ask the tourist what the chemist wants to know.*
Touriste	I've had earache for 3 or 4 days.
Toi	*Explain what the tourist said in French.*
Employé(e)	C'est très douloureux?
Toi	*Translate the chemist's question.*
Touriste	Yes, it really hurts. Tell the chemist that I cannot sleep at night.
Toi	*Convey the information to the chemist.*
Employé(e)	Est-ce qu'il/elle a d'autres symptômes?
Toi	*Explain what the chemist wants to know.*
Touriste	No. I had a sore throat last week, but that's finished now.
Toi	*Translate the information for the chemist.*
Employé(e)	Je vais lui donner des comprimés pour la douleur, et des gouttes.
Toi	*Explain what the chemist has decided.*
Employé(e)	Il/Elle doit mettre deux gouttes dans chaque oreille quatre fois par jour, et prendre un comprimé trois fois par jour avant les repas.
Toi	*Translate the chemist's instructions.*

b 💬 **Invente d'autres situations avec tes partenaires (à la pharmacie ou ailleurs). Une personne doit interpréter pour les deux autres.**

> ⓘ **QUESTIONS CULTURE**
>
> This is from a French chemist's website:
>
> **Nos services et nos compétences**
> Orthopédie, homéopathie, herboristerie, dermo-cosmétique, location et vente de matériel médical, incontinence, animaux, champignons, aide à la vie quotidienne.
>
> Compare these services and products with those usually available from chemists in your country.
>
> You click on the link for '*champignons*' and find the following text. What advice is given? Is there anything similar in your country?
>
> Nos pharmaciens ont reçu une formation qui leur permet d'identifier la plus grande partie des champignons.
> Ne risquez pas votre vie!
> Demandez l'avis d'un pharmacien avant de consommer des champignons!

5 Et si on a un accident?

> ☑ **Describe accidents, breakdowns and emergencies**
> ☑ **Use verbs in the passive**

1a 🎧 **Regarde les dessins et écoute (1–4). Quels problèmes sont mentionnés?**

b 🎧 **Écoute encore et pour chaque personne, note en anglais:**
- **les circonstances de l'accident**
- **ce que chaque personne a été obligée de faire**

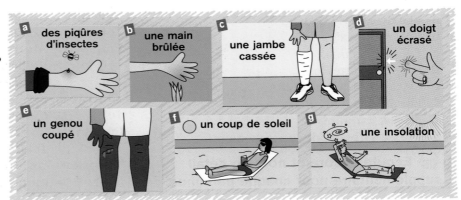

a des piqûres d'insectes
b une main brûlée
c une jambe cassée
d un doigt écrasé
e un genou coupé
f un coup de soleil
g une insolation

2 📖 **Pendant ses vacances, Mme Wood a trouvé cette information dans le journal local.**

Choisis les mots appropriés pour compléter les phrases.

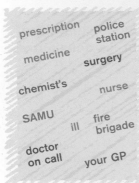

prescription
police station
medicine
surgery
chemist's
nurse
SAMU
ill
fire brigade
doctor on call
your GP

de garde	on duty/on call
la caserne des Pompiers	fire station

SERVICES MÉDICAUX DE GARDE

Médecins de garde: de 20h à 8h, composer le ☎ 17 (Police Nationale).

SAMU: 24h sur 24, ☎ 15.

Infirmières de garde: toutes les infirmières sont en service. Veuillez contacter votre infirmière habituelle ou l'infirmière la plus proche de votre domicile (voir annuaire téléphonique).

Pharmacies de garde: nuit du jeudi au vendredi: pharmacie Foch, près de la caserne des Pompiers. ☎ 04 68 34 45 73.

De 22h à 7h, se présenter au commissariat de police avec ordonnance et papiers d'identité.

1. If you are .... during the night, and you need a .... , there is no problem.
2. However, to access a .... , you need to call the *Police Nationale* first.
3. In absolute emergencies, or for something really serious, call the .... at any time.
4. To buy some .... during the night, you can go directly to the *pharmacie Foch* until 10 p.m.
5. After that, to access the .... , and for security reasons, you need to go to the .... first.

3 🗻 💬 **Tu dois téléphoner aux urgences en France.**

a Prépare par écrit ce que tu vas dire. Tu dois utiliser *avoir mal* ou *se faire mal*, et la construction *en* + participe présent.

Exemple: Allô? Mon copain a eu un accident. Il est tombé en faisant du roller. Il a très mal au bras gauche, et il ne peut pas marcher. Je pense qu'il a une cheville cassée!

1. Allô, les urgences? Mon petit frère a eu un accident. Il...
2. Allô? C'est le SAMU? Venez vite! Ma professeur de français va très mal! Elle...
3. Allô? C'est le docteur Sauvet? Venez vite! Ma mère est très malade. Elle s'est intoxiquée...

une peau de banane	banana skin
descendre de l'autobus	to get off the bus
glisser	to slip

b Lis les messages à ton/ta partenaire. Comparez les messages.

c Maintenant, invente d'autres scénarios!

À plus!

4  **Étudie le vocabulaire. Écoute les conversations et note:**
- **le(s) problème(s)**
- **où est la voiture**
- **le type de voiture ou le numéro d'immatriculation**

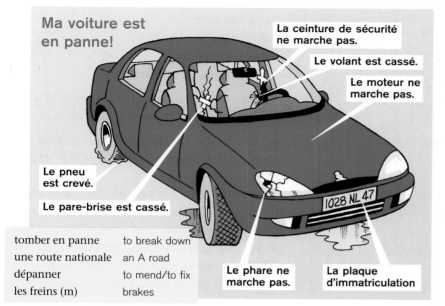

Ma voiture est en panne!

La ceinture de sécurité ne marche pas.

Le volant est cassé.

Le moteur ne marche pas.

Le pneu est crevé.

Le pare-brise est cassé.

1028 NL 47

Le phare ne marche pas.

La plaque d'immatriculation

tomber en panne	to break down
une route nationale	an A road
dépanner	to mend/to fix
les freins (m)	brakes

Point grammaire

The passive

Compare the following sentences:

*Le 4×4 **a heurté** la voiture bleue.*
*La voiture bleue **a été heurtée** par le 4×4.*

Both convey the same content, but in the first sentence the subject of the verb *did* something (the 4×4 bumped into the blue car). In the second sentence, the subject of the verb *had something done to it* (i.e. it was passive — the blue car was bumped into).

The passive is used to say that things are done/were done/will be done to someone or something. It is formed from *être* in the required tense followed by the past participle of the verb. The past participle agrees with the subject of the verb.

5 Regarde les dessins et copie les descriptions dans l'ordre correcte.

1 Je descendais le boulevard à pied en direction du centre ville. Il y avait beaucoup de circulation.

2 Le motocycliste aussi a freiné. Le chauffeur du camion, surpris, a tourné le volant vers la droite, et la moto a été renversée par le camion!

3 Le motocycliste a été emmené à l'hôpital par les secouristes. Le conducteur de la voiture bleue avait très mal au cou, et il est aussi allé à l'hôpital. Le chien est parti en courant!

4 Une moto qui roulait lentement venait en sens inverse.

5 L'ambulance et les gendarmes sont arrivés. Les gendarmes se sont occupés de la circulation.

6 Le conducteur de la voiture bleue a freiné, mais le conducteur du 4×4 qui la suivait n'a pas pu s'arrêter. La voiture a été heurtée par le 4×4.

7 Le motocycliste était gravement blessé. Heureusement, il portait son casque! J'ai immédiatement appelé les secours sur mon portable.

8 J'étais presque en face du parc quand un chien est sorti du parc en courant, et a traversé le boulevard.

Mercredi dernier, j'ai été témoin d'un accident de la circulation...

1 📖 **Read the letter and answer the questions in English.**

Chère Mamie,

Nous voilà enfin en Écosse, mais tu ne devineras jamais ce qui nous est arrivé! Quand nous sommes arrivés à Édimbourg, la chambre d'hôtel que tu nous avais réservée n'était pas libre! Ça paraît incroyable, mais cet hôtel pratique la surréservation! La réceptionniste nous a dit que toutes les chambres d'un standard similaire étaient prises. Mon voyage de noces commençait mal! Max était furieux, et il a demandé à parler au gérant. En fait, rassure-toi, tout s'est merveilleusement bien arrangé: on nous a donné une suite, et nous avons droit à tous les services qui vont avec, sans frais supplémentaires! Et quand nous sommes arrivés dans la suite, un énorme bouquet de roses blanches m'attendait, et on nous avait préparé le champagne. Alors tu vois, tu ne pouvais pas nous faire de plus beau cadeau de mariage!

Gros bisous Mamie, et encore merci! xxx

Anne et Max

deviner	to guess

1 What problem did Anne and Max encounter?
2 Why did the problem arise?
3 How did the hotel solve the problem?
4 What surprise awaited Anne and Max in their suite?
5 Why did Anne and Max go to Scotland?
6 Why does Anne thank her grandmother?

2 🎧 **Anna Buchler, la mère de Gabi, parle à son amie Nadia. À deux, discutez et anticipez les réponses. Puis, écoute la conversation et complète le texte.**

Madame Buchler voulait faire **(1)** .... à Gabi pour son anniversaire. Donc elle avait réservé une table pour quatre personnes dans **(2)** .... Malheureusement, quand elles y sont arrivées, le patron s'était trompé de **(3)** .... , et il n'y avait plus de table libre. La maman de Gabi était très déçue et vraiment **(4)** .... !
Alors, à la demande de Gabi, elles sont allées dans une crêperie qui a **(5)** .... récemment près de la gare. Elles ont bien mangé, et Gabi a aimé la crêperie, mais il y a eu des problèmes avec **(6)** .... et avec la musique. Alors, l'année prochaine, Gabi fêtera son anniversaire chez **(7)** .... !

3a 🎧 **Listen to this account of a mugging. Describe the following and explain what each person did:**
- **the woman**
- **the man**
- **the passer-by**
- **the emergency services**

Example: The woman is approximately 80 years old. She fell and shouted for help.

b 🎧 **Describe the mental and physical state of the elderly lady after the attack.**

4 💬 **Work with a partner. You are on holiday in Carcassonne, in southern France. You have lost something, and go to the lost property office:**
- **Decide what you have lost, and prepare to answer the employee's questions.**
- **Prepare one or two questions to ask the employee.**

Today is Saturday, and you are going back home on Monday.

VILLE DE CARCASSONNE
Bureau des objets trouvés
Ouvert tous les jours de 10 h à 18 h 30
sauf le dimanche et jours fériés

Below are some of the questions the employee will ask. The employee will also prepare one or two questions that you cannot see.

- Je peux vous aider?
- Quand et où avez-vous perdu ça, exactement?
- Vous pouvez en faire une description?
- Je suis désolé(e), mais pour l'instant personne ne l'a rapporté. Revenez lundi matin!
- Ah! Dans ce cas, voici notre numéro de téléphone.
- Est-ce que je peux avoir votre nom, prénom, et votre adresse, s'il vous plaît? Comment ça s'écrit?

5 Tu es en France avec des amis qui ne parlent pas français. Vous avez des problèmes de voiture. Tu dois répondre aux questions du mécanicien (ton/ta partenaire). Puis, changez de rôle.

Voilà les questions du mécanicien:

- Bonjour. Qu'y a-t-il pour votre service?
- Quel est le problème, exactement?
- C'est urgent?
- Où êtes-vous?
- Qu'est-ce que vous avez, comme voiture?
- Vous pouvez me donner le numéro d'immatriculation?
- Pouvez-vous me donner votre numéro de portable?

(Tu dois choisir la voiture, et ton/ta partenaire peut inventer des questions supplémentaires.)

6 Read the newspaper extracts and find an appropriate title for each one.

1 Attaque à main armée dans un bar du centre ville
2 Son téléphone lui sauve la vie
3 Tremblement de terre: les secours s'organisent
4 Accident de haute montagne: le drame est évité
5 Le feu a fait deux blessés graves la nuit dernière
6 Le conducteur avait un taux d'alcool trop élevé
7 Inondations catastrophiques dans toute la région

a Un incendie a fait huit blessés, dont deux graves, à Montpellier dans la nuit de mercredi à jeudi. L'incendie, qui a nécessité l'intervention d'une cinquantaine de pompiers, a complètement détruit deux appartements. Les pompiers ont réussi à éteindre les flammes vers 3 heures du matin.

b Les pluies violentes de la semaine dernière sont à l'origine de la dévastation qui s'offre partout à nos yeux. Les rivières se sont métamorphosées en véritables torrents, détruisant tout sur leur passage: des ponts ont été emportés, des routes noyées, les réseaux électriques détruits…

c Deux alpinistes qui s'étaient perdus à cause du brouillard ont été retrouvés ce matin. L'un deux était blessé, mais l'intervention rapide des secouristes a permis d'éviter le pire: demi-heure après avoir été retrouvés, ils étaient transférés d'urgence par hélicoptère au centre hospitalier de Grenoble.

d Le séisme a frappé deux fois samedi soir dans un quartier de Zhangye, en Chine. Huit personnes ont trouvé la mort et vingt-neuf ont été blessées. Dix mille maisons ont été détruites dans la région, et 20 000 tentes et 2 tonnes de vêtements chauds ont déjà été envoyés vers Zhangye.

7 Write a newspaper article based on one of the three titles not used in exercise 6. Before you write the article, re-read examples a–d and look carefully at:
- how the sentences are constructed
- the verb tenses used (e.g. the pluperfect or perfect tenses)
- the use of the passive
- the vocabulary used (make a list of useful words that you can include in your article)

8 Mathilde calls the dentist's surgery. Why does she call? What is the problem with the appointment? How is it solved?

arracher une dent	to take a tooth out
plomber une dent	to put a filling in a tooth

Vocabulaire

Café, restaurant, hôtel
Il manque un couteau/une cuillère/deux fourchettes.
Il y a…
    …un cheveu/une mouche dans mon assiette (f).
    …un trou dans la nappe.
    …une erreur dans l'addition.
La serveuse a demandé un pourboire.
Le garçon a renversé mon verre.
Le patron (la patronne) s'est trompé(e).
Le robinet est cassé/ne marche pas.
Le drap est déchiré.
Il n'y a pas de savon.
La moquette est sale/tachée.

Café, restaurant, hotel
There is/are a knife/a spoon/two forks missing.
There is…
    …a hair/a fly on my plate.
    …a hole in the tablecloth.
    …an error in the bill.
The waitress asked for a tip.
The waiter knocked my glass over.
The boss/owner made a mistake.
The tap is broken/does not work.
The sheet is torn.
There is no soap.
The carpet is dirty/stained.

Problèmes avec les achats
Ça ne me plaît pas beaucoup/du tout.
Ce n'est pas ma taille/mon style.
C'est abîmé/démodé.
C'est trop court/grand/étroit/large/long.
Est-ce que vous avez le/la/les même(s)…
    …en plus grand/petit?
Je voudrais l'/les échanger.
J'ai gardé mon reçu.

Problems with goods
I don't like it much/at all.
It is not my style/size.
It is damaged/old-fashioned.
It is too short/big/narrow/wide/long.
Do you have the same one(s)…
    …in a larger/smaller size?
I would like to exchange it/them.
I have kept my receipt.

Réactions
C'est dommage!
Je suis déçu(e)/fâché(e)/furieux(euse)/en colère.
C'est inadmissible/incroyable/inacceptable.
Je veux annuler ma commande/être remboursé/
    me plaindre/voir le propriétaire.

Reactions
What a pity!/It's a shame!
I am disappointed/cross/furious/angry.
It is intolerable/incredible/unacceptable.
I want to cancel my order/to be refunded/
    to complain/to see the owner.

Au bureau des objets trouvés
Perdu/trouvé…
C'est en argent/bois/cuir/or/verre.
C'est une montre de marque…
Je l'ai laissé(e)/oublié(e)…
Il y a (une étiquette avec) mon nom à l'intérieur.
J'ai fait une déclaration de perte.
Est-ce que quelqu'un l'a trouvé(e)?
Je paierai les frais d'envoi.
Je donnerai une récompense.
Quelqu'un l'a apporté(e) au bureau.

At the lost property office
Lost/found…
It is made of silver/wood/leather/gold/glass.
The make of the watch is…
I left it/forgot it…
There is (a label with) my name on the inside.
I have reported it (I reported the loss).
Has anyone found it?
I will pay the postage.
I will give a reward.
Someone brought it to the office.

Au voleur!
On m'a volé…
On m'a cambriolé(e)/J'ai été cambriolé(e).
J'ai fait une déclaration de vol.
J'ai dû remplir une fiche.
Quand le vol a eu lieu, j'étais…/je faisais…
Au secours!

Stop thief!
I have been robbed/someone has stolen my…
I have been burgled.
I have reported the theft.
I had to fill in a form.
When the theft took place, I was…/I was doing…
Help!

À plus!

Problèmes de santé

Qu'est-ce qui ne va pas?	What is wrong?
J'ai mal à l'œil/au cou.	My eye/neck hurts.
J'ai mal à la tête/aux dents.	I have a headache/toothache.
Je me suis fait mal à l'épaule/au poignet/à la cheville/aux doigts.	I've hurt my shoulder/my wrist/my ankle/my fingers.
Je me suis coupé l'orteil/cassé une dent.	I've cut my toe/broken a tooth.
Je me suis blessé(e)/brûlé(e) à l'épaule.	I've injured/burned my shoulder.
Je me suis fait une entorse.	I have a sprain.
J'ai chaud/froid/faim/soif.	I'm hot/cold/hungry/thirsty.
J'ai de la fièvre/des boutons/la grippe/une insolation/ un (mauvais) rhume.	I have a temperature/spots/the flu/sunstroke/ a (bad) cold.
J'ai mal au cœur.	I feel sick.
J'ai pris un coup de soleil.	I am sunburnt.
Je dors mal.	I am not sleeping well.
Je tousse. J'ai vomi.	I have a cough. I was sick.
Je suis enrhumé(e).	I've caught a cold.
Je suis fatigué(e)/malade.	I'm tired/ill.
Je vais mieux/plus mal.	I'm better/worse.
Je suis guéri(e).	I've recovered.

Chez le médecin/le dentiste

Ça (vous) fait mal?	Does it hurt (you)?
C'est douloureux?	Is it painful?
Ce n'est pas grave.	It is not serious.
Je vais vous donner…	I am going to give you…
…des comprimés/des gouttes/un médicament/ des pastilles/du sirop.	…some tablets/some drops/some medicine/ some throat sweets/some cough mixture.
Je vais vous faire une ordonnance/une piqûre.	I am going to give you a prescription/an injection.
Il faut arracher/plomber une dent.	You have to have a tooth out/a filling.

La voiture ne marche pas

Ma voiture est en panne.	My car has broken down.
Mon numéro d'immatriculation est le…	My registration number is…
Pouvez-vous changer/réparer le…?	Can you change/mend the…?
Pouvez-vous me dépanner?	Can you fix my car?
J'ai un pneu crevé.	I have a burst tyre.
La ceinture de sécurité/le moteur ne marche pas.	The seat belt/the engine doesn't work.
Les freins/les phares ne marchent pas.	The brakes/the lights do not work.
Le pare-brise/le volant est cassé.	The windscreen/the steering wheel is broken.

Les accidents

Il/Elle s'est fait mal/s'est blessé(e)…	He/she hurt himself/herself/injured himself/herself…
Il a été gravement blessé.	He has been seriously injured.
Il y avait un accident de la circulation.	There was a road accident.
Le conducteur a freiné/roulait trop vite.	The driver braked/was going too fast.
Il n'a pas fait attention.	He did not pay attention/he was not careful.
La voiture a doublé/heurté/renversé le motocycliste.	The car overtook/bumped into/knocked down the biker.
Elle a glissé sur du verglas.	It skidded on some black ice.
L'incendie/les inondations/le tremblement de terre a (ont) détruit…	The fire/the floods/the earthquake destroyed…
On a appelé les pompiers/les services d'urgence.	The fire brigade/the emergency services were called.

1 Finies les vacances!
2 Les rapports avec la famille
3 Tu aides chez toi?
4 Qui sont tes copains?

1 Finies les vacances!

☑ **Talk about a past holiday**
☑ **Talk about a past journey**
☑ **Revise tenses and the passive**

1 📖 **Quatre jeunes Français parlent de leurs vacances. Lis les extraits et réponds aux questions.**

Qui…

1 a fait un long voyage?
2 se plaint du temps?
3 a apprécié la nourriture?
4 n'a pas quitté son pays?
5 a fait un voyage scolaire?
6 n'a pas passé ses vacances en famille?
7 s'est intéressé à l'architecture locale?
8 a utilisé les transports publics?
9 a fait la connaissance de personnes de son âge?

a *J'ai passé une semaine dans une station balnéaire sur la côte atlantique, Royan. Mes parents y avaient loué un appartement face à la mer. J'ai rencontré beaucoup de jeunes à l'école de voile, et un soir à marée basse nous avons fait une fête sur la plage. C'était très amusant et il y avait beaucoup d'ambiance!*

| la marée basse | low tide |
| une station balnéaire | seaside resort |

b *Je suis allé voir mon frère en Thaïlande. Depuis 2 ans il travaille à Bangkok, une ville fantastique! Ce que j'ai préféré, c'est de prendre le bateau-taxi sur la rivière. La promenade à dos d'éléphant était géniale, les temples sont très beaux et la cuisine…je n'avais jamais rien mangé d'aussi délicieux! Mais la chaleur était pénible.*

c *Mon prof d'art a organisé un voyage à Barcelone en juillet, et j'y suis allée. Nous avons voyagé en train et logé à l'auberge de jeunesse. J'avais déjà vu la Sagrada Familia, la cathédrale de Gaudi, elle est absolument fabuleuse, et les musées Picasso et Miró sont fascinants. Un jour on est allés au parc d'attractions de Port Aventura, c'était super excitant!*

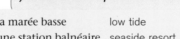

Point *grammaire*

Revision of past tenses

List the past tenses used in the three texts in exercise 1. Give an example of each tense and explain why it has been used.

2 🎧 **C'est le jour de la rentrée scolaire. Les étudiants parlent des grandes vacances. Écoute, et remplis la grille.**

	With whom?	Where?	When and for how long?	Transport and problems	Accom-modation	Activities	Opinion(s)
Maxime *(exemple)*	two friends	London	end of July, one week	train and ferry, seasick	with a family	sightseeing, English course	very useful
Manon							
Théo							

3 📖 **Juliette écrit à sa correspondante québécoise. Lis la lettre puis réponds aux questions en anglais.**

rigolo	amusing
une amende	fine
un flic	police officer/cop (slang)
une grève	strike

1 Summarise the positive and negative aspects of Juliette's holiday.

2 Explain what hopes she holds for next year, and why.

4 📖 **Fais des questions complètes.**

Exemple: 1 — d = Est-ce que tu es parti en vacances cette année?

1 Est-ce que tu es	**a** temps êtes-vous partis?
2 Où es-tu	**b** es-tu allé?
3 Avec qui y	**c** allé exactement? À l'étranger?
4 Pourquoi est-ce que vous êtes	**d** parti en vacances cette année?
5 Combien de	**e** en vacances la prochaine fois?
6 Comment avez-	**f** fait exactement?
7 Où avez-vous logé?	**g** de bonnes vacances?
8 Qu'est-ce que tu as	**h** allés là en vacances?
9 Quand est-ce que tu es	**i** vous voyagé?
10 Est-ce que tu as passé	**j** rentré chez toi?
11 Quand et où est-ce que tu iras	**k** À l'hôtel?

5 💬 **Pose les questions à ton/ta partenaire, puis réponds aux questions toi aussi.**

6 📝 💬 **Utilise tes réponses de l'exercice 5 pour préparer et faire une présentation orale:**

- **Prépare ton script.**
- **Prépare des notes (30 mots maximum) ou un diagramme à partir de ton script.**
- **Fais la présentation. Tu dois parler pendant 3 minutes maximum.**
- **Réponds aux questions des autres étudiants/du professeur.**

Chère Anaïs,

Comme promis, je t'écris pour te raconter mes vacances. Avec ma mère, c'était pas toujours rigolo, mais dans l'ensemble j'ai passé de bonnes vacances! J'ai beaucoup aimé notre gîte. Les châteaux de la Loire étaient très beaux, mais c'est tout ce que nous avons vu! La région est pleine d'histoire (la passion de ma mère).

Pour les châteaux, mon préféré c'était le château de Chambord. Il a été construit au XVII siècle, et il est très connu. Je t'envoie des photos, elles ont été prises avec mon nouvel appareil.

Un jour nous avons été arrêtés par les flics! Mon père n'avait pas vu un panneau de limitation de vitesse. Il a eu une amende. Le jour suivant, on avait prévu d'aller en train à Orléans (la ville où Jeanne d'Arc a été brûlée). Hélas, quand on est arrivés à la gare, il y avait grève de la SNCF!

J'espère que l'année prochaine je serai enfin autorisée à venir te voir au Québec. J'ai tellement envie de faire ta connaissance!

Écris-moi vite pour me donner de tes nouvelles,

Juliette

 Point *grammaire*

Revision of the passive

Look at this sentence taken from Juliette's letter:

Il a été construit au XVII siècle.

The emboldened verb is in the passive. What tense is it in?

Can you find other examples of verbs in the passive in Juliette's letter? Explain which tense is being used each time and give the meaning in English.

! *Conseil!*

Speaking tasks

Give detailed answers and create opportunities to use a variety of tenses. You don't have to wait to be asked questions to use the tenses.

Include opinions and give reasons for them. Again, don't wait to be asked.

Look at the example and compare the two answers.

Est-ce que tu es parti en vacances?

a *Cette année je suis parti en vacances au mois d'août.*

b *Cette année je suis parti en vacances au mois d'août. J'aime bien aller en vacances en été. L'an dernier nous étions partis en octobre, et il avait plu!*

---

2 Les rapports avec la famille

Talk about holidaying with parents

Talk about your relationship with parents and family

1 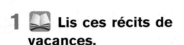 **Lis ces récits de vacances.**

Réponds aux questions en anglais.

1 Give three reasons why Georges had a good holiday.
2 Describe the relationships between Alain and the other members of his family.
3 Note five French phrases that you can use later to talk about your family relationships.

Georges *Cet été je suis parti 10 jours au bord de la mer avec mes parents. Ça s'est très bien passé. Pendant les vacances, mes parents ne sont pas stressés, alors on peut discuter. Je m'entends bien avec eux. Pendant la journée on est allés à la plage ensemble, et j'ai passé beaucoup de temps avec eux, c'était bien! J'ai rencontré plein de jeunes de mon âge, et le soir mes parents m'ont permis de sortir avec mes nouveaux copains.*

Alain *J'ai passé des vacances affreuses à la montagne avec mes parents et ma sœur, et je me suis ennuyé à mourir! Ma sœur est trop stupide, je ne peux pas la supporter! En plus, je me suis disputé avec ma mère, parce qu'elle refusait de me laisser aller à la fête du village. Mon père s'est énervé et j'ai été privé de sorties pendant 3 jours! Franchement, ça ne vaut pas la peine de partir en vacances.*

| priver | to deprive/not to allow |
| ça ne vaut pas la peine | it isn't worth it |

2a 🎧 **Écoute ces jeunes (1–6). C'est qui?**

a Ses parents l'ont négligé pendant les vacances.
b Ses parents ont passé beaucoup de temps avec lui.
c Ses parents lui ont défendu de sortir le soir.
d Sa mère a été très compréhensive.
e Il s'est disputé avec son père.
f Sa mère s'est fâchée.

b 💬 **Et toi? Pose les questions à ton/ta partenaire, et prends des notes. Puis réponds à ton tour:**

- **Est-ce que tu as eu des problèmes avec tes parents, pendant les vacances?**
- **Est-ce que tu as passé beaucoup de temps avec eux? Donne des exemples.**
- **Tu aimes partir en vacances avec ta famille/tes parents? Pourquoi?**
- **Est-ce que vous aimez le même type de vacances et d'activités? Explique!**

c 📝 **Utilise les réponses de ton/ta partenaire, et écris un paragraphe pour résumer ce qu'il/elle a expliqué.**

3 📖 **Est-ce qu'ils s'entendent avec leurs parents? Trouve une bonne description pour chaque personne.**

| un avis | opinion |
| l'argent de poche | pocket money |

1 Mes parents ne comprennent pas les jeunes. Pour eux, l'opinion des adolescents n'a aucune importance.
2 Ma mère me critique toujours parce que mon frère aîné avait de meilleures notes que moi à l'école. C'est injuste. Ce n'est pas ma faute si je trouve ça difficile!
3 Mes parents s'intéressent à tout ce que je fais. Ils écoutent mes idées et font beaucoup d'efforts pour me comprendre.
4 Ma copine ne peut rien décider toute seule. Sa mère veut toujours savoir ce qu'elle fait. Moi, j'ai de la chance, ma mère ne me traite plus comme une enfant. Elle me demande souvent mon avis.
5 Je n'ai pas d'argent de poche, donc je ne peux aller seul nulle part. J'en ai marre!

a On accepte de me voir grandir.
b Mes parents sont très ouverts.
c Mes parents ne sont jamais là.
d On ne me prend jamais au sérieux.
e Je n'ai aucune indépendance.
f On me compare toujours à mon frère.
g Je m'entends mieux avec mes grands-parents.

À plus

4 📖 **Lis les interviews de Gabi, Faly et Brieuc et fais les exercices a et b.**

a Écris une phrase par personne en anglais pour résumer ses relations avec les membres de sa famille.

b Vrai ou faux? Donne un exemple du texte pour justifier ta réponse.

Exemple: 1 — Vrai — 'Elle n'est pas toujours disponible quand je voudrais.'

1 La mère de Gabi n'est pas toujours libre quand Gabi a besoin d'elle.

2 Gabi a beaucoup de responsabilités.

3 Gabi et sa mère ne peuvent pas compter sur la grand-mère.

4 Brieuc et son beau-père ne s'entendent pas du tout.

5 Brieuc a accepté facilement la séparation de ses parents.

6 Le père de Brieuc n'est plus présent dans sa vie.

7 Faly est très proche de ses parents.

8 Depuis que son frère et sa sœur aînés sont partis, Faly se sent un peu seule.

9 Faly adore sa sœur aînée.

10 Faly a du mal à supporter son petit frère.

5a 📖 🎧 **La vie de famille, le mariage, les enfants… Qu'est-ce qu'ils en pensent? Lis les phrases avant d'écouter l'enregistrement (1–7).**

a Être enfant unique, ce n'est pas idéal.

b Rester ensemble et se disputer tous les jours? Non, merci!

c J'ai une grande famille, c'est génial parce qu'on n'est jamais seul!

d À mon avis, ce n'est pas possible d'être toujours d'accord dans une famille.

e Dans une famille, il faut s'aider.

f C'est un peu difficile de trouver un espace privé!

g J'ai du mal à accepter la séparation de mes parents.

b 🔄 **Et toi? Pose les questions à ton/ta partenaire, puis réponds à ton tour:**

- **Est-ce que tu t'entends bien avec tes parents/ta famille en général? Pourquoi?**
- **Avec qui est-ce que tu t'entends le mieux? Pourquoi? Donne des exemples.**
- **Qu'est-ce que tu penses du mariage?**

– Gabi, avec ta mère et ta petite sœur, ça se passe bien?

Il n'y a pas de problèmes majeurs! C'est un peu dur sans mon père…ma mère est obligée de travailler beaucoup. Donc elle n'est pas toujours disponible quand je voudrais. Mais on est bien ensemble. Je fais beaucoup de choses à la maison pour l'aider. On a de la chance, ma grand-mère n'habite pas loin, c'est elle qui garde ma petite sœur dans la journée. Et moi je passe beaucoup de temps chez elle aussi, elle est formidable! Elle m'apprend beaucoup de choses, elle m'aide et elle m'encourage beaucoup.

– Brieuc, tu as de bonnes relations avec ton beau-père?

J'ai des copains qui ne s'entendent pas du tout avec leurs beaux-parents. Chez eux il y a toujours des disputes. Moi je ne peux pas me plaindre. Bien sûr, quand mes parents ont divorcé, c'était très difficile. Je n'avais pas le moral… Mais je vois mon père tous les week-ends. On fait beaucoup de choses ensemble. C'est un peu comme s'il était encore à la maison. Et mon beau-père fait tout pour me faire plaisir, on joue au foot ensemble, il s'intéresse à mon travail…et il ne se dispute jamais avec ma mère.

– Faly, tu as une grande famille. Ça se passe comment?

Ma sœur et mon frère aînés ne sont plus à la maison, et la maison est un peu vide maintenant. Avant, j'avais toujours quelqu'un avec qui parler! Mon petit frère m'agace. Comme tous les ados de 13 ans, il pense qu'il a toujours raison! J'ai beaucoup de respect pour mes parents, mais celle avec qui je m'entends le mieux dans la famille, c'est ma grande sœur. Pendant les vacances je suis allée la voir à Dakar, on est allées partout et on a bavardé du matin au soir. Et le 8 août, pour mon anniversaire, elle a organisé une fête pour moi… C'était merveilleux!

disponible	available
apprendre	to teach

! POINT LANGUE

Phrases using *avoir*

Compare these phrases with their English translations:

*avoir **raison***	to be right
*avoir le **mal de mer***	to be seasick
*avoir de la **chance***	to be lucky
*avoir **besoin** de*	to need
*avoir **envie** de*	to want to
*avoir du **mal** à*	to find it difficult to

The French phrases use *avoir* + noun (in bold above), whereas most of the equivalent English phrases use the verb 'to be' + an adjective.

Can you think of other '*avoir*' phrases that you have met before? For example, do you remember how to say 'to ache', 'to be cold', 'to be hungry' and 'to seem'?

Make up some French sentences to use any five phrases.

3 Tu aides, chez toi?

☑ **Describe what you do to help out at home**

☑ **Talk about the problems this may bring to relationships**

☑ **Use the *après avoir* construction**

1 📖 **Qu'est-ce qu'ils font? Regarde les dessins.**

1 Je fais la vaisselle dans la cuisine.
2 Je sors la poubelle.
3 Je nettoie la salle de bains.
4 Je débarrasse la table.
5 Je donne à manger au chat.
6 Je fais du jardinage.
7 Je range ma chambre.
8 Je passe l'aspirateur dans le salon.
9 Je fais la lessive.
10 Je remplis le lave-vaisselle.

Damien

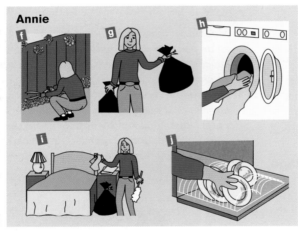

Annie

⚠ QUESTIONS CULTURE

Les tâches ménagères: qui fait quoi, dans une famille française?

Plutôt elle	Plutôt lui	Partagent
Le ménage 65%	Le bricolage 68%	S'occuper des enfants 32%
La vaisselle 80%	Jardinage 40%	Courses 45%
		Le linge 32%

Study the table.

How do the French survey results compare with what happens in your country? Discuss with a partner.

Compiled from *Francoscopie* 2005 (p. 132). See www.linternaute.com/femmes/dossier/0311taches/enquete/7methodo.shtml (19/04/07).

2a 🎧 **Écoute Marianne, Jean, Léa, Patrick et Océane:**
- **Qu'est-ce qu'ils font pour aider chez eux?**
- **Quand est-ce qu'ils font ça?**

Exemple: Marianne remplit le lave-vaisselle tous les jours. Elle met la table tous les soirs...

> ça sent bon/mauvais   it smells good/bad

b 🎧 **Écoute encore: ils ont une opinion positive (P), négative (N), ou positive et négative (P+N) du travail de la maison?**

Exemple: Marianne — N

3 🎧 **Quelle excuse donnent ces huit jeunes pour ne pas aider?**

a *J'ai beaucoup de travail scolaire.*

b *Ce n'est pas ma responsabilité.*

c *Je ne m'entends pas avec mes parents.*

d *Ma mère ne travaille pas.*

e *C'est trop fatigant.*

f *Nous avons une femme de ménage.*

g *Je n'ai pas le temps!*

h *Ma mère est trop exigeante!*

i *On ne m'a jamais demandé d'aider!*

j *J'ai des choses plus intéressantes à faire!*

> exigeant(e)   demanding

4 ✏ **Écris trois excuses que tu utilises pour ne pas faire les tâches ménagères.**

5 Lis le récit de Julie, et réponds aux questions en anglais.

> *À mon avis, c'est normal d'aider les parents à la maison. Surtout si les parents travaillent, comme les miens. En ce qui me concerne, je fais ma chambre bien sûr, et pendant le trimestre je vais chercher mon petit frère Théo à la sortie de l'école. Je le garde aussi quand ma mère n'est pas là. Tous les soirs après avoir mangé j'essuie la vaisselle. Je fais la poussière dans le salon une fois par semaine. Après avoir fait tout ça, je n'ai pas beaucoup de temps libre, mais je ne me plains pas.*
>
> *Là où je ne suis plus d'accord, c'est quand mon autre frère, Gaëtan, qui a un an de moins que moi seulement, ne fait rien pour aider! Après le collège, il fait du sport. Sa chambre est en désordre permanent. À l'heure de la vaisselle il a toujours besoin d'aller aux toilettes. Bizarre, non? Après être allé aux toilettes, il disparaît dans le salon. Le week-end, d'habitude, il s'enferme dans sa chambre sous le prétexte des devoirs, mais moi je sais qu'il passe son temps à envoyer des textos à ses copains.*
>
> *Franchement, j'ai du mal à supporter son égoïsme, et mes parents sont vraiment trop naïfs. Et puis ce n'est pas juste, parce que moi je fais beaucoup de choses, et lui, il ne fait pratiquement rien!*

1 Why does Julie think that children should help with household chores?
2 Why does she think that it is particularly important in her family?
3 How does she help with Théo?
4 What does she object to, however?
5 Why does Julie say that her parents are too naïve?
6 How does she feel about Gaëtan's behaviour?
7 When she compares her situation to Gaëtan's, how does she feel?

6 Lis les questions (1–8):
- **Prépare des notes (pas des phrases entières) en français pour répondre aux questions.**
- **Réponds aux questions.**
- **Interroge ton/ta partenaire, et prends des notes.**

1 Qu'est-ce que tu fais pour aider à la maison?
2 Quand est-ce que tu fais ça exactement?
3 Tu aimes ça? Pourquoi?
4 Qu'est-ce que tu as fait hier ou ce matin, par exemple?
5 Qu'est-ce que tu ne fais jamais? Pourquoi?
6 Tu penses que tu fais suffisamment pour aider? Pourquoi?
7 Est-ce que tout le monde aide, dans ta famille?
8 À ton avis, c'est normal d'aider à la maison? Pourquoi?

7 Regarde tes notes de l'exercice 6. Qui fait plus de choses pour aider à la maison: ton/ta partenaire ou toi? Pourquoi, à ton avis? Écris un paragraphe pour comparer, et donner ton opinion.

Exemple: *Une fois par semaine, (Shaun) lave la voiture de son père, parce que son père lui donne de l'argent pour ça. Il range sa chambre rarement, parce que c'est ennuyeux. Il sort le chien tous les soirs, parce qu'il va au parc retrouver ses copains. À mon avis, (Shaun) n'aide pas beaucoup ses parents parce qu'il est trop paresseux! Moi, je fais beaucoup de choses: je...tous les jours, parce que...*

Point grammaire

Using the *après avoir* construction

Look at these sentences from Julie's text, and compare them with their English translations:

*Tous les soirs **après avoir mangé** j'essuie la vaisselle.*
Every evening after eating (or: after I have eaten), I do the washing up.

***Après avoir fait** tout ça, je n'ai pas beaucoup de temps libre.*
After doing (or: after I have done) all that, I do not have much free time.

The *après avoir* construction is useful for talking about consecutive actions in a concise and structured way. However, for the construction to be possible, the subject of both verbs in the sentence must be the same (in these examples, Julie does both actions every time).

Now look at this example:

Après être allé aux toilettes, il disparaît dans le salon.

Which auxiliary is used in this example? Why?

What would happen if the subject of the verbs was feminine or/and plural?

Make up some sentences of your own to use the *après avoir/après être* constructions.

4 Qui sont tes copains?

- ☑ Describe your best friend
- ☑ Describe the qualities of a good friend
- ☑ Revise the future tense

1 📖 **Lis ces descriptions.**

Honnête et généreux. Plein de vie, et très drôle. Adore le sport, aime la compétition.

 **a Max**

Réservé, mais sympathique. Très sensible. Doué en informatique et passionné de musique.

b Julien

Toujours de bonne humeur. Très bavarde! Adore ses copains et joue du saxo. Veut devenir célèbre.

c Mélanie

Fier, jaloux et hypocrite. Curieux et casse-pieds. Ne s'intéresse qu'à lui-même.

d Benoît

Très patiente, mais dynamique. Intelligente et travailleuse, elle veut réussir. Passionnée de science-fiction.

e Olivia

a Qui sont les meilleurs amis de Thomas, Manon et Vincent?

b Maintenant, réponds aux questions en anglais.

1 Explain your choices in part a.
2 One person probably finds it difficult to have friends. Which one, and why?
3 Which of these five people could be your friend(s)?

Thomas *En fait, j'ai deux meilleurs copains, un garçon et une fille. On est toujours ensemble tous les trois, on fait de la musique ensemble. Un jour, on enregistrera un album. Ce sera génial, je sais qu'on réussira.*

Manon *Ma meilleure copine? Je la connais depuis toujours! On s'intéresse aux mêmes choses. On a les mêmes idées. Toutes les deux, on veut avoir de bons résultats. On va réviser ensemble pour les examens, elle va m'aider. Quand j'ai un problème, je sais que je peux me fier à elle.*

se fier (à)   to trust (in)

Vincent *Mon meilleur copain est très amusant et comme moi, il préfère les activités physiques. Dimanche prochain je jouerai dans une finale de tennis, et bien il viendra et il sera là pour m'encourager!*

2 ✏️ **Écris un petit paragraphe pour décrire ton caractère et ta personnalité. Tu dois:**
- décrire ton caractère (aspects positifs et aspects négatifs!)
- expliquer ce que tu aimes ou n'aimes pas faire, et pourquoi

Tu peux:
- dire comment tu étais quand tu étais plus jeune
- expliquer si tes goûts ont changé, en donnant des exemples

3 🏫 💬 **À deux, préparez une liste de questions pour interviewer une personnalité française (sportif/acteur/politicien etc.) sur:**
- son caractère
- son/sa meilleur(e) ami(e)

Faites l'interview! Une autre personne de la classe joue le rôle de la personnalité.

4 🎧 **Écoute les conversations et remplis la grille en anglais.**

Where and when they met	Shared interests and activities	When they get together
1		
2	la cité	(housing) estate
3	le conservatoire de musique	music school
4	une bande	group/gang

Point grammaire

Talking about the future

List all the verbs in the future tense in exercise 1. Explain the differences between the two types of future tense used.

List the irregular verbs used in the texts and give their infinitives. Can you remember any more verbs that are irregular in the future tense? Try to list a few. If you are unsure, you can refer back to Unit 6.

À plus

5  **Tu parles de tes copains avec ton/ta partenaire. Tu dois inclure ou mentionner:**
- **si tu as beaucoup de copains**
- **quand et où tu les vois**
- **ce que vous faites ensemble**
- **une description complète de ton/ta meilleur(e) ami(e)**
- **depuis combien de temps tu le/la connais**
- **pourquoi vous vous entendez bien**
- **ce que vous avez fait/vous ferez ensemble**

6 **Te reconnais-tu? Lis le texte.**

Pour les ados, les copains sont parfois plus importants que la famille. Les parents n'apprécient pas leur musique. Ils critiquent leur façon de s'habiller ou de se maquiller. Ils s'inquiètent de leur passion pour les émissions de télé réalité: ils ont peur que les jeunes imitent des modèles qu'ils n'approuvent pas!

Les ados d'aujourd'hui sont souvent très indépendants et libres de faire ce qu'ils veulent de leur argent de poche. Mais ils sont en général des consommateurs très influencés par la publicité. La majorité pense qu'il est nécessaire de porter des vêtements ou des chaussures de marques connues.

Les ados choisissent leurs copains selon leurs centres d'intérêt mais aussi selon leur culture ou leur milieu social. Ils adoptent souvent un langage qui les distingue des adultes ou d'autres groupes de jeunes. Beaucoup appartiennent à une bande. Ils adoptent les mêmes marques ou le même style que leurs copains.

Explique en anglais l'idée principale de chaque paragraphe.

7 **Discute avec ton/ta partenaire:**
- **Est-ce que tu regardes beaucoup la télévision? Qu'en pensent tes parents?**
- **Est-ce que tu es influencé(e) par la publicité? Donne des exemples.**
- **Comment choisis-tu tes ami(e)s?**
- **Qui a plus d'influence sur toi: tes parents, ou tes amis? Donne un exemple.**

! *Conseil!*

Speaking tasks

Before you answer exercise 7, compile a list of vocabulary, phrases and structures from this unit that you could use to enhance your language. You could probably answer the questions without this, but using more unusual or difficult language correctly will boost your marks.

8 **Ami réel, ou ami virtuel? Écoute les deux conversations, et trouve les réponses correctes.**

1 Aïcha thinks that mobile phones...
   a ...are absolutely necessary.
   b ...are quite useful.
   c ...do not cost anything.
2 She uses hers mostly to...
   a ...talk to her friends.
   b ...talk to her family.
   c ...send text messages.
3 She thinks using the internet to send messages is...
   a ...great because it's fast.
   b ...not as good as using a mobile.
   c ...better than using a mobile.
4 Daniel uses his mobile to...
   a ...call his parents and his sister.
   b ...contact his friends.
   c ...chat with everyone.
5 Daniel uses the internet to...
   a ...make new contacts.
   b ...do his homework.
   c ...talk to and play online with his friends.

| un inconnu | stranger |
| bête | silly/stupid |

9 **Tu participes à cette enquête sur internet.**

> **Tu es plutôt portable, internet...ou les deux?**
> **Écris-nous pour expliquer!**

Écris un paragraphe et mentionne:
- **ce que tu utilises exactement**
- **quand tu l'utilises**
- **avec qui tu communiques**
- **ce qu'en pensent tes parents**

(!) INFO PRONONCIATION

Le tréma

Tréma is the double dot found in words such as *Noël* or *maïs*. Say the following, then listen and repeat.

> *J'aime le tennis **mais** je préfère la natation.*
> *J'ai mangé des pommes de terre et du **maïs**.*

How does the *tréma* affect the pronunciation of the 'i' in *maïs*?

The *tréma* is used with vowels (mainly 'e' and 'i' in French) to show that the vowels should be pronounced separately.

Say the following out loud:

> *Le maïs, un enfant naïf, une personne égoïste, Noël, Gaëlle, Citroën, faire du canoë.*

Now listen and repeat.

Unité 10 — C'est en plus!

1 You have just returned from a holiday in Grenoble. Your French friend calls you, to find out how you got on. Answer your friend's questions.

Grenoble
Ville de charme au cœur des Alpes

Visites audio guidées: centre historique, musées

Croisières sur les lacs de Savoie, excursions dans les Alpes

Grand choix d'hôtels toutes catégories

Venez déguster nos produits régionaux, faire du shopping

Visitez le quartier des antiquaires, le parc Paul Mistral…

Réservation en ligne, par tél: +33 4 56 52 38 38 ou par mail: res@grenoble_isere.info

In the course of the conversation, you must tell your friend:
- how long you stayed in Grenoble, and when you came back
- how you travelled, and any problems encountered during the journey
- where you stayed and what it was like
- what you did in and around Grenoble
- what you liked best and give reasons
- what plans you have for your next holiday

You must also ask your friend some questions.

Some questions your friend may ask include:
- Tu es rentré(e) quand, exactement?
- Qu'est-ce que tu as fait à Grenoble?
- Est-ce que tu as visité les alentours?
- Qu'est-ce que tu as préféré? Pourquoi?
- Où avez-vous logé, ta famille et toi?
- Le voyage s'est bien passé?
- Où iras-tu en vacances, la prochaine fois?

Conseil!
Answering listening questions

The first difficulty with an exercise such as 2b (below) is that you do not know how long the answers need to be. However, in an exam paper, the amount of space and the number of marks allocated to each answer should guide you.

You are usually expected to understand the gist of what is being said and some of the detail. Answers could be just an item of vocabulary or a word or phrase that shows your understanding of a passage or your ability to capture its mood. You may even be asked for your opinion. Some questions simply require straightforward factual information. For example, question c in section 3 could be any of these types, but questions 2b and 3b seem to ask for straightforward factual information.

The statements relate the main points of the conversation, so you already know a lot about what you are going to hear. Read them all *before* the listening starts and take in all the information.

Anticipate the answers as much as possible. Question 3c, for example, is asking for a feeling. Try to imagine the possibilities in the circumstances described.

2a André explains how he spent his holiday. Answer the questions below.

1 Which two answers are true?
   a André and his family went to France.
   b They received cousins from France.
   c They stayed for 10 days.
   d They stayed for 3 weeks.
2 Which two activities were they interested in?
   a Going to the mountains.
   b A helicopter ride over the volcanoes.
   c Seeing the countryside and landscapes.
   d Seeing the local flora and fauna.
3 Where else did they go? (1 answer)
   a The tourist office.
   b To see friends of his father.
   c To places off the beaten track.

b Listen to the second part of the conversation with André (three sections). Fill in the missing details.

Section 1
What André liked about Paul was that he was …….. and …….. .

Section 2
a Everybody helped with household chores because …….. .
b The children helped with …….. and …….. .

Section 3
a André was amazed at how much he and Paul …….. .
b In the evenings, they used to …….. and …….. .
c When it was time to say good-bye, André felt …….. .

Two things are helping André to feel more positive. What are they?

À plus!

3 While in France, you see this competition in a teenage magazine.

You decide to take part in the competition. Write a description in French.
In your text, mention:
- the qualities of a good friend
- the importance of having a real friend

Give examples, and justify your opinions.

> # Le thème de la compétition du mois de juin: l'amitié!
>
> Le ou la gagnant(e) partira une semaine en vacances en Italie…avec son ou sa meilleur(e) ami(e), bien entendu!
>
> Voici notre question:
> **Un ami idéal, qu'est-ce que c'est?**
>
> Envoyez vos réponses avant le 28 juin, adresses postale et Internet en dernière page.

4a Read the message that Myriam posted on the internet, then answer the questions.

b Now read the replies that Myriam received.

	Message d'origine de la discussion
Myriam, 33 ans *Envoyé le 18 janvier*	**"Tâches ménagères à 13 ans"** Ma fille Sophie a 13 ans, elle m'aide beaucoup depuis toujours. Je l'ai élevée seule jusqu'à 11 ans, c'est peut-être à cause de ça. Elle range sa chambre, met et débarrasse la table, fait son lit et m'aide à passer l'aspi. De temps en temps je la sollicite pour d'autres choses comme la poussière du salon. Je lui donne de l'argent pour les « grands travaux », comme passer l'aspi dans la voiture, ce que personne ne veut faire! Depuis octobre elle est grande sœur, et j'ai tendance à la solliciter plus souvent, mais jamais pour des travaux lourds. Elle ne touche jamais aux produits toxiques, et elle n'utilise pas le four de la cuisinière à gaz. Mais je l'envoie souvent faire deux-trois courses pour moi. Le mercredi souvent c'est elle qui s'occupe du repas, et quelquefois elle garde son petit frère de 3 mois. J'ai toujours aidé mes parents quand j'étais jeune, et je trouve naturel que ma fille m'aide à son tour. Mais est-ce que je lui en demande trop? Comment cela se passe-t-il chez vous?

1 Is Sophie used to helping her mum? Why?
2 Why does she have to help her even more now?
3 Why does she get paid for vacuuming the car?
4 What sort of jobs does Sophie never do? Why not, in your opinion?
5 Does Myriam find it normal that her daughter should help her so much? Why?

Maria, 44 ans *Envoyé le 20 janvier*	**"Juste milieu"** C'est normal que votre fille participe au ménage, dans les limites de ce qu'on peut demander à une adolescente de 13 ans bien sûr. Vous ne lui demandez rien de dangereux, alors si elle est heureuse et vous lui montrez que vous l'aimez, vous n'avez pas à vous inquiéter. Moi aussi, quand j'avais son âge, j'aidais beaucoup ma mère, ça ne m'a pas fait de mal!
Pierre, 32 ans *Envoyé le 20 janvier*	**"Trop, c'est trop!"** Demander à ta fille de t'aider, d'accord, mais toi tu exagères! Tu fais quoi, toi, si elle passe l'aspi partout, même dans la voiture? Et puis c'est ton choix d'avoir eu un deuxième enfant, ce n'est pas à elle de s'occuper du bébé! Apprends à te débrouiller toute seule!
Agnès, 29 ans *Envoyé le 25 janvier*	**"Injuste"** Je voudrais moi aussi te poser deux questions: 1 Est-ce que tu n'es pas en train de donner une image peu valorisante des femmes à ta fille? 2 Est-ce que plus tard tu vas demander à son petit frère de t'aider à la maison?

Summarise in English the arguments in Myriam's favour and those against.

c Now it is your turn to write a reply to Myriam. Are you going to use *tu* or *vous*? Compare your answer with your friends' replies. Do you all agree?

Vocabulaire

Les vacances passées

J'ai passé les vacances à…/avec…/en famille.
Je suis allé(e) passer 10 jours à…/chez… .
Je suis parti(e) en voyage scolaire.
Mes parents n'ont pas eu de congé.
J'ai fait la connaissance d'une fille/d'un garcon.
J'ai rencontré beaucoup de jeunes.
J'ai invité des copains (chez moi).
Je me suis bien amusé(e).
Je me suis ennuyé(e) (à mourir).
Il y avait une bonne ambiance.
J'ai passé de bonnes/d'excellentes vacances.
J'ai passé des vacances affreuses/ennuyeuses.
Ça ne vaut pas la peine de partir en vacances.
Je suis rentré il y a 2 jours.
J'étais impatient(e) de rentrer.
Je n'avais pas envie de rentrer.

Last holiday

I spent my holiday in…/with…/with my family.
I spent 10 days in…/at… .
I went on a school trip.
My parents did not have any time off work.
I met a girl/boy.
I met lots of young people.
I invited friends round (to my house).
I had a good time.
I got bored (to death).
There was a good atmosphere.
I had a good/excellent holiday.
I had a dreadful/boring holiday.
It isn't worth going on holiday.
I came back 2 days ago.
I was looking forward to coming back.
I did not feel like coming back.

Ça allait, avec les parents?

Ça s'est très bien/mal passé.
C'était bien de passer du temps avec mes parents.
Je me suis disputé(e) avec…
Ma mère s'est fâchée/mise en colère.
Mon père s'est énervé/stressé.

What was it like with your parents?

It went really well/badly.
It was good to spend some time with my parents.
I had an argument with…
My mother got cross/angry.
My father lost his temper/got stressed.

Les rapports avec la famille

Je (ne) m'entends (pas) bien avec elle/lui/eux.
Je m'entends mieux/moins bien avec…
Je ne peux pas la/le/les supporter.
Il/Elle m'agace.
On…
   …(ne) cause (pas) beaucoup ensemble.
   …fait beaucoup de choses/ne fait rien ensemble.
   …(ne) peut (pas) discuter.
Mon beau-père/ma mère…
   …(n')est (pas) très compréhensif (-ve) avec moi.
   …(n')est (pas) très ouvert(e).
   …me critique toujours/me néglige.
   …me traite comme un(e) enfant.
Il/Elle…
   …m'encourage.
   …refuse de me laisser aller à…
   …(ne) s'intéresse (pas) à ce que je fais.
   …(ne) s'occupe (pas) (bien) de moi.
J'ai de la chance!
J'en ai marre!

Relationships with your family

I (do not) get on well with her/him/them.
I get on better/less well with…
I cannot stand her/him/them.
He/she annoys me.
We…
   …(do not) chat a lot together.
   do lots of things/do not do anything together.
   …can(not) have a discussion.
My stepfather/my mother…
   …is (not) very understanding towards me.
   …is (not) very open-minded.
   …always criticises me/neglects me.
   …treats me like a child.
He/she…
   …encourages me.
   …refuses to let me go to…
   …is (not) interested in what I do.
   …(does not look after) looks after me (well).
I am lucky!
I am fed up!

La vie de famille

J'aime bien/je n'aime pas…
   …être enfant unique/avoir une grande famille.
Je me sens seul(e)/Je ne suis jamais seul(e).

Family life

I quite like/I don't like…
   …being an only child/having a large family.
I feel lonely/I am never alone.

Je suis très proche de ma sœur/mon demi-frère. | I am very close to my sister/my stepbrother.
Mes parents sont divorcés/séparés. | My parents are divorced/separated.
Ma mère/mon père… | My mother/my father…
  …habite avec quelqu'un/s'est remarié(e). | …lives with someone/has remarried.
Mon père/ma sœur me manque. | I miss my father/my sister.
Dans une famille… | In a family…
  …c'est/ce n'est pas facile d'être toujours d'accord. | …it is/it is not always easy to agree.
  …c'est difficile d'avoir un espace privé. | …it is difficult to have some private space.
  …il faut s'aider. | …you have to help one another.

Meilleure amie/meilleur copain — Best friend

On aime les mêmes choses. | We like the same things.
On a les mêmes goûts/idées/intérêts. | We have the same tastes/ideas/interests.
On est inséparables/toujours ensemble. | We are inseparable/always together.
On rit/s'amuse beaucoup ensemble. | We have a good laugh/a lot of fun together.
On s'est rencontré(e)s à…/en… | We met at…/in…
On se connaît depuis 2 ans/toujours. | We have known each other for 2 years/for ever.
Je sais que je peux… | I know that I can…
  …compter sur elle/lui. | …count on her/him.
  …me fier à elle/lui. | …trust her/him.
Elle/Il est toujours disponible pour moi. | She/he is always there for me.
Elle/Il me ressemble. | She/he is like me.
C'est l'ami(e) idéal(e). | He/she is the ideal friend.

Aider à la maison — Helping at home

Je fais beaucoup de/plusieurs choses… | I do a lot of/several things…
Je ne fais pas grand-chose/rien… | I do not do much/anything…
  …pour aider à la maison. | …to help at home.
Je dois… | I have to…
  …donner à manger aux animaux. | …feed the pets.
  …garder/m'occuper de mon petit frère. | …look after/take care of my little brother.
  …faire mon lit. | …make my bed.
Il faut faire/je suis obligé(e) de faire… | I have to do…
  …du jardinage/la vaisselle/le repassage/ | …some gardening/the washing-up/the ironing/
  la lessive/le ménage/les courses. | the washing/housework/the shopping.

Qu'est-ce que tu en penses? — What do you think about it?

J'aime bien/j'ai horreur de faire… | I quite like/I hate doing…
Ça m'est égal de faire… | I don't mind doing…
À mon avis… | In my opinion…
  …c'est normal d'aider. | …it is normal to help.
  …ce n'est pas ma responsabilité. | …it is not my responsibility.
Mes parents sont trop exigeants. | My parents are too demanding.
Ce n'est pas juste, parce que… | It is not fair, because…
  …ma sœur/mon frère ne fait rien. | …my sister/my brother does not do anything.
C'est impossible, parce que… | It is impossible, because…
  …j'ai beaucoup de travail pour le collège. | …I have a lot of schoolwork.
  …je n'ai pas beaucoup de temps libre. | …I do not have much free time.

11

Le travail et l'argent

1 Les jeunes et le travail

> ✔ Talk about part-time jobs
> ✔ Discuss advantages and disadvantages of part-time jobs

1 📖 **Écris les paires correctes dans ton cahier.**

1 Je travaille pour mon oncle, je l'aide dans son garage. D'habitude, je nettoie l'intérieur des voitures. Quelquefois je réponds au téléphone ou j'appelle les clients pour leur dire que leur voiture est prête.

2 Moi, je travaille pour une voisine, qui a un salon de coiffure. Je lave les cheveux des clientes et je nettoie régulièrement le salon. De temps en temps, on m'envoie faire des courses ou poster du courrier.

3 Ma sœur aînée travaille dans une grande surface. Parfois on la met au rayon crémerie, mais d'habitude, elle travaille comme caissière.

4 Moi aussi, j'ai un petit boulot. Je travaille comme plongeur dans un restaurant du bord de mer. Le week-end, je fais le service en salle.

5 Mon job à moi, c'est le baby-sitting. Je m'occupe du gosse de ma voisine les jours où elle rentre tard du travail. Normalement, ça n'arrive pas plus d'une fois par semaine.

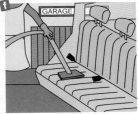

2 🏫 **Ton frère/ton copain a un petit boulot: c'est le dessin que tu n'as pas utilisé dans l'exercice 1! Explique ce qu'il fait exactement, donne des détails (quand, où, combien…).**

3 🎧 **Copie et remplis la grille. Il y a quatre personnes: Léna, Magali, Lucas et Lydia.**

les frais (de transport) — (travel) expenses

> ⚠ **Conseil!**
> **Answering listening questions**
> • The format of exercise 3 means that you need to focus on specific aspects of what you hear.
> • Use the example as a guide. When you listen to the recording for the example, compare what you hear to what has been selected for the answer grid.
> • You may find it useful to make rough notes the first time that you hear the recording. You can then check your notes and write your final answers after the second hearing.

	Quel boulot?	Quand?	Où?	Transport?	Détail supplémentaire
1 Léna (exemple)	serveuse	samedi midi	grande surface	bus, environ 20 minutes	ça fait 6 mois

À plus!

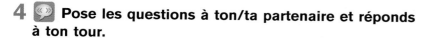

4 💬 **Pose les questions à ton/ta partenaire et réponds à ton tour.**

1 Est-ce que tu as un petit boulot? Qu'est-ce que c'est?
2 C'est loin de chez toi?
3 Comment y vas-tu, et combien de temps mets-tu pour y arriver?
4 Quand travailles-tu? Depuis quand?
5 Qu'est-ce que tu fais exactement?

5a 📖 **Ils ont une opinion positive (P) ou négative (N) de leur petit boulot? Si c'est positif et négatif, écris PN.**

Léna
Le samedi le fast-food est toujours plein, alors c'est fatigant. Je ne voudrais pas faire ce travail toute la semaine, je ne le trouve pas particulièrement enrichissant. Et puis notre chef est très exigeant.

Magali
Il y a du bon et du mauvais. En ce moment c'est agréable parce que c'est l'été. Je finis tôt, mais je ne peux jamais faire la grasse matinée. Mais en hiver, ce sera trop dur! Et je ne gagne pas beaucoup.

Lydia
J'aime être en plein air. C'est un travail varié, et qui donne beaucoup de satisfaction. En plus, la vieille dame est toujours contente de me voir. Elle est très gentille et généreuse: je suis très bien payée!

Lucas
L'avantage, c'est que les clients sont aimables, donc c'est sympathique. L'inconvénient, c'est que je suis toujours avec mes parents. Je voudrais travailler avec des jeunes de mon âge.

b 📖 **Note en français les avantages et les inconvénients de chaque travail.**

6 💬 **Travaille avec un(e) partenaire. Une personne parle de Matthieu, l'autre parle de Laetitia. Mais d'abord, lis la section « Conseil! »**

Exemple: Malick

| un chenil | kennel |
| une jardinerie | garden centre |

Malick
● Chenil
● 17 h–19 h mardi et jeudi
● Donner à manger aux chiens, nettoyer
● 💜 /30 € par semaine
● 💚 animaux
● *pour acheter*

Matthieu
● Jardinerie
● 11 h–15 h dimanche
● Arroser plantes, faire du rangement
● 7 € de l'heure
● ☺ Plein air
patron sympa

Laetitia
● Pâtisserie de sa tante
● 9 h–13 h samedi
● Servir les clients, préparer les commandes
● 25 € par jour
● ☺☺ Bien payé mais fatigant

7 🏠 **Ton frère/ton copain donne son opinion sur son petit boulot (exercice 2). Qu'est-ce qu'il en pense? Pourquoi? Quels sont les avantages et les inconvénients de son travail? Utilise la forme « je ».**

❗ Conseil!
Speaking tasks

Compare the two scripts about Malick:

1 Malick travaille dans un chenil. Il travaille de 17 heures à 19 heures les mardi et jeudi soirs. Il donne à manger aux chiens, et il nettoie le chenil. Il gagne 30 € par semaine. Il est très content, parce qu'il est bien payé, et parce qu'il adore les animaux. Il économise son argent pour s'acheter une mobylette.

2 Malick travaille deux soirs par semaine. De 17 heures à 19 heures le mardi et le jeudi, il travaille dans un chenil, où il doit donner à manger aux chiens et faire du nettoyage. On lui donne 30 € par semaine. Il est très content parce qu'il trouve que c'est bien payé. En plus, il aime ce travail parce qu'il a toujours adoré les animaux. Il ne dépense pas l'argent qu'il gagne, il le met de côté, et bientôt il pourra s'acheter une mobylette neuve.

While in essence the content of the two scripts is the same, script 2 contains:
● examples of past and future tenses
● more structured sentences (using relative pronouns such as *où*, *que*, as well as using *parce que*)
● examples of direct and indirect pronouns (*il le met de côté/on lui donne*)

Using all of these would secure higher marks.

Before you talk about Matthieu and Laetitia, think carefully about what you could do to enhance the quality of your language.

2 Trouver un petit boulot

✔ Discuss more benefits and drawbacks of part-time work

✔ Talk about finding work and places of work

✔ Use the relative pronoun *dont*

1a 📖 **Fais deux listes: commentaires positifs et commentaires négatifs. Puis, explique les phrases en anglais.**

1 Si on a un petit boulot, on est plus indépendant.
2 C'est une expérience nouvelle.
3 Les petits boulots pour les moins de 18 ans ne sont pas souvent intéressants.
4 On a la satisfaction d'avoir gagné son argent.
5 C'est dur de faire des études et d'avoir un petit job en même temps.
6 Quand on a un petit boulot, on est toujours fatigué.
7 Ça prépare au monde du travail.

b ✏️ **Tu peux penser à d'autres aspects positifs ou négatifs des petits boulots pour les jeunes? Écris tes idées.**

2 ✏️ **Choisis deux commentaires de l'exercice 1. Pour chacun, écris quelques phrases en français:**
* **explique si tu es d'accord ou pas, et pourquoi**
* **donne des exemples**

Exemple: 7 — Ça prépare au monde du travail

Explication: *À mon avis, c'est vrai. Au collège, on a une expérience limitée. Avec un petit boulot, on gagne de l'argent. Si on ne travaille pas bien, on perd le travail et le salaire! Mon frère avait un petit job dans un café l'année dernière. Mais il arrivait toujours en retard au travail, et il a perdu son emploi.*

3 🎧 **Trois jeunes donnent leur opinion sur les petits boulots.**

a Chacun mentionne deux opinions de l'exercice 1. Note les numéros correspondants.

b Écoute encore et pour chacun, note (en anglais) un commentaire qui n'est pas dans l'exercice 1.

soi-même	yourself/oneself
financièrement	financially

4 📖 ✏️ **Comment faire, pour trouver un petit job? Lis ce commentaire tiré d'un forum internet.**

Martin P. *Marseille*	**"Trouver un petit job"**
	Trouver un petit boulot, c'est une bonne idée, mais ce n'est pas facile si on a moins de 16 ans. Selon leur profession, les parents, les voisins ou les amis peuvent donner un peu de travail à leurs enfants. Mais c'est plus dur pour les jeunes dont les parents n'ont pas de ferme, de commerce, ou de restaurant! Alors comment faire?
	On peut mettre une annonce dans un journal, dans une vitrine de magasin, ou sur internet. Si ça ne réussit pas, on peut faire le tour des magasins, ou frapper aux portes et offrir de faire du jardinage ou un autre job. C'est ce que j'ai fait quand mes annonces sont restées sans réponse. Et c'est comme ça que matin et soir depuis un mois je promène Baro, un labrador plein d'énergie dont le propriétaire est malade. Et franchement, c'est génial!

a Explique en anglais:
* **les solutions que Martin mentionne**
* **son expérience personnelle**
* **quelle sorte de personne est Martin — justifie ta réponse**

b Explique en français:
* **quelle solution tu préfères, et pourquoi**
* **un exemple personnel, ou l'exemple d'un ami/frère, etc.**

Point grammaire

Using the relative pronoun *dont*

Look at these two sentences from the text above:

*Je promène Baro, un labrador **dont** le propriétaire est malade.*
I walk Baro, a labrador whose owner is ill.

*…les jeunes **dont** les parents n'ont pas de ferme.*
…the young people whose parents don't have a farm.

Dont usually translates as 'whose', but how would you translate it in the following sentences?

*J'ai vu trois annonces, **dont** deux qui m'intéressent.*
*Il a invité beaucoup d'amis, **dont** plusieurs sont très amusants.*

À plus!

5 📖 Lis ces petites annonces trouvées sur internet.

> JH 17 ans, cherche job pour Pâques et/ou été. Pas beaucoup d'expérience, mais les grosses journées ne me font pas peur. Sociable et ouvert. Préfère la restauration mais toutes propositions bienvenues. Patrick (Blois)

> Expérience garde d'enfants, aide aux devoirs à domicile, cherche petit job à l'année. 17 ans, sérieuse, mature et patiente, non fumeuse. Les familles pour qui j'ai travaillé sont prêtes à vous rassurer. Nadia (Paris)

> Disponible tout de suite, JH 16 ans, grand et fort, beaucoup d'énergie à dépenser, cherche petit boulot pour sam./dim. Motivé, responsable, très volontaire. J'adore être dans la nature. Daniel (Pau)

> Âgé de 16 ans, cherche job pour grandes vacances. Me débrouille bien en anglais et espagnol, ai des bases d'allemand. Motivé, disponible 7j/7. Merci de me contacter. Alain (Nice)

> Bonjour! Vous n'aimez ni repasser ni faire le ménage? Mon taux horaire est de 5 €/heure. Je suis une lycéenne de 17 ans cherchant petit boulot permanent. Discrète et travailleuse, flexible. Éva (Prades)

a C'est qui?

1 This person is suited to working on a farm.
2 She knows how much she wants to earn.
3 A job in a campsite would be ideal for him.
4 This person has good references.
5 A job in a bar or a cafeteria is a good idea for him.
6 This person is prepared to try any type of work.

b Pour chaque personne, note:
- **les traits de caractère qui vont attirer un futur employeur**
- **les autres aspects positifs de leur annonce**

6a 🏫 Fais une liste des mots ou expressions utiles pour écrire une annonce.

Exemples: Cherche emploi/ayant expérience/disponible 7j/7 etc.

b 🏫 Écris une petite annonce pour toi, et une autre pour ton/ta partenaire. Puis comparez ce que vous avez écrit.

7 🏫 💬 Ton frère/ta sœur de 18 ans voudrait travailler en France cet été. Il/Elle a fait une demande à ce centre de vacances. Le directeur du centre téléphone pour l'interviewer. Joue le rôle de ton frère/ta sœur.

Le directeur va te questionner sur ces points:
- **toi et tes études**
- **pourquoi tu demandes ce poste**
- **pourquoi tu veux travailler en France**
- **ton expérience du travail**
- **ta disponibilité**
- **tes projets pour l'avenir**

Centre de vacances de Leucate

Centre aéré pour les enfants de 8 à 12 ans

À 500 mètres de la plage

Recrute moniteurs/monitrices pour les vacances d'été

Envoyer CV et lettre de motivation avant le 15 mars

Tu veux en savoir plus, et tu poses aussi des questions.

a Avec un(e) partenaire, préparez les questions du directeur et tes questions.

b Discutez vos idées pour répondre aux questions, préparez du vocabulaire, des expressions et des verbes.

c À deux, faites l'interview.

Conseil!

Speaking tasks

In transactional tasks, you have to interact fluently with your teacher or friend. You are assessed on the quality of your language and its accuracy. You need to fulfil all tasks and express your opinions.

- Before the exam, you will be given a task description, listing the points the questions will cover.
- During the exam, you may be asked some unexpected questions that result naturally from something you say. The questions, however, remain within the areas outlined.
- To prepare for this task, you can research appropriate vocabulary and phrases. You can also study the verbs you want to use, and think of ways to include a variety of tenses or constructions.
- You can prepare the questions that you need to ask: study the stimulus and the opportunities it gives you.
- Finally, you are assessed on your pronunciation and intonation. Practise saying out loud all the language that you plan to use.

3 On parle de l'argent

Je suis fauché!

☑ Explain how much money you get

☑ Describe what you do with your money

☑ Revise direct and indirect object pronouns

☑ Use two pronouns together

1 📖 **Lis et réponds aux questions en français.**

a Je reçois 20 € toutes les deux semaines.

b Moi, on me donne 10 € tous les quinze jours, mais j'ai un petit boulot, donc je gagne aussi.

c Ma mère n'a pas beaucoup d'argent, donc je ne lui demande pas d'argent de poche.

d Mon père est au chômage, je n'ai que 10 € par mois. Mais je gagne pas mal en faisant du baby-sitting.

e Moi, j'ai 35 € par mois. Mes parents me donnent 25 € et mes grands-parents 10 €.

1 Qui a le plus d'argent de poche? Combien par mois?
2 Qui en a le moins? Pourquoi?
3 Qui se débrouille pour avoir plus d'argent? Comment?

Point grammaire

Revision of direct and indirect object pronouns

Look at this example of a direct object pronoun:

Je travaille pour mon oncle, je l'aide.

Here is an example of an indirect object pronoun:

Brieuc? Son beau-père lui donne 10 €.

Translate the sentences into English, and work out which words the pronouns replace in each instance.

What is the difference between direct and indirect object pronouns?

Je travaille pour mon oncle, j'aide mon oncle. (direct object)
Brieuc? Son beau-père donne 10 € à Brieuc. (indirect object)

Find more examples of both direct and indirect pronouns on pages 144–48. Explain which type they are and which words they replace.

2 🎧 **Écoute Matthieu, Arnaud et Henri et choisis les deux phrases correctes pour chacun.**

1 Il n'a jamais reçu d'argent de poche.
2 Il a plus d'argent que son frère.
3 On lui donne de l'argent pour les occasions spéciales.
4 En plus de son argent de poche, il gagne 50 € par mois.
5 Il est satisfait de son argent de poche.
6 Il voudrait être financièrement indépendant.

3 📖 **Lis les textes.**

Ma mère et mon beau-père me donnent 10 € toutes les semaines, et mon père me paie beaucoup de choses. Il me les achète le week-end, quand on est ensemble. Et je travaille le samedi matin, on me paie bien. L'argent que je gagne, je le mets de côté, et avec ces économies, je m'achète des choses importantes, comme ma guitare. L'argent qu'on me donne, j'en dépense une partie et l'autre partie je l'économise. J'essaie d'économiser 20 € par mois.

Brieuc

Chez moi, ma mère est la seule à travailler. Elle me donne 20 € par mois. En général, je les dépense. J'adore faire du shopping, alors 20 €, c'est vite parti! Je voudrais bien avoir un petit job, mais ma mère compte sur mon aide à la maison. Heureusement, je reçois aussi 10 € de ma grand-mère. Ceux-là, je les mets toujours de côté pour leur acheter des cadeaux de Noël à toutes les deux. Ma mère voulait des boucles d'oreille, et je les lui ai achetées avec mes économies.

Gabi

Décide si c'est vrai (V), faux (F) ou pas mentionné (PM).

1 Gabi used to get more pocket money.
2 She spends all her money on herself.
3 She cannot have a part-time job.
4 She is going to buy some earrings for her mother.
5 Brieuc gets pocket money on a regular basis.
6 He saves up about half of his pocket money.
7 His dad also gives him money at the weekend.
8 He bought his guitar with money from his Saturday job.

À plus!

4a Votre professeur de français vous demande de préparer une liste de questions pour interroger vos correspondants sur « L'argent de poche, les petits boulots, les dépenses des jeunes ». Avec un(e) partenaire, écrivez des questions pour chaque thème.

Exemples:

L'argent de poche: Est-ce que tu reçois de l'argent de poche?
Les petits boulots: Qu'est-ce que tu fais, comme travail?

b Comparez vos questions aux questions des autres étudiants, et préparez la liste finale pour l'enquête.

c Vous testez la liste en posant les questions de l'enquête aux autres étudiant(e)s de la classe. Demandez aussi ces deux questions:

- Est-ce que tu as suffisamment d'argent pour faire tout ce que tu veux?
- Est-ce que tu recevais de l'argent quand tu étais plus jeune?

5 Dans mes rêves… Écris un paragraphe (imaginaire, et amusant si possible) sur les aspects suivants:

- l'argent de poche que tu reçois
- le petit boulot que tu fais
- ce que tu fais de ton argent

Ne mets pas ton nom. Ton professeur va lire une sélection de textes. Peux-tu deviner qui les a écrits?

Point grammaire

Using two pronouns together

Look at these sentences:

*Mon père **me** paie beaucoup de choses. Il **me les** achète le week-end…*
*Ma mère voulait des boucles d'oreille, et je **les lui** ai achetées…*

When two pronouns are needed in the same sentence, they are both placed before the verb. But in which order? Look at the examples above. Do indirect object pronouns always come first? What happens if a reflexive pronoun is used?

Deciding in which order to use pronouns can be difficult, but this table should help.

me te se nous vous	le la les	lui leur	y	en

→

QUESTIONS CULTURE

What do you know about the euro? How much is it worth in pounds or pence? Check on the internet if you are not sure (visit www.xe.com/ucc).

All euro (and cent) coins from all countries are identical on one side:

The other side of the coins is different for each country, and for the various denominations.

Here are some French coins. Do you know what each of them represents? (Check on www.eurocoins.co.uk if you do not know.)

Can you tell which countries these coins come from?

Which countries use the euro?
In 2002, 12 of the 15 countries in the European Union (EU) listed below adopted the euro as their only currency. Which three countries opted out of the Eurozone?

l'Allemagne	*la Finlande*	*le Luxembourg*
l'Autriche	*la France*	*les Pays-Bas*
la Belgique	*la Grèce*	*le Portugal*
le Danemark	*l'Irlande*	*le Royaume-Uni*
l'Espagne	*l'Italie*	*la Suède*

Since 2004, 12 more countries have joined the EU (the last two being *la Roumanie* and *la Bulgarie*). Do these countries use the euro?

What are the advantages and the disadvantages of a single EU currency?

And finally, which of these statements is true?

1 All euro coins and banknotes are made in Strasbourg, France.
2 Some euro coins and banknotes are made in the UK.
3 Each EU country makes its own euro coins and banknotes.

4 On téléphone

☑ Learn how to make a phone call and leave a message

☑ Learn how to make arrangements to be contacted by phone

☑ Use *aller* (imperfect tense) + infinitive

1a 🎧 Identifie les deux ou trois phrases (a–m) utilisées dans chaque conversation (1–5).

b 🎧 Écoute encore. Explique en anglais pourquoi on téléphone.

c 💬 À deux, inventez des dialogues. Il y a deux scénarios différents:
- la personne appelée est là
- la personne appelée n'est pas là

On appelle
- **a** Est-ce que je peux laisser un message pour...?
- **b** Est-ce que vous pouvez me passer...?
- **c** Je rappellerai en fin de journée.
- **d** Est-ce que je pourrais parler à...?
- **e** Je m'excuse de vous déranger.
- **f** C'est...à l'appareil.

On répond
- **g** Je suis désolé, ça ne répond pas.
- **h** Vous voulez lui laisser un message?
- **i** C'est de la part de qui?
- **j** Ne quittez pas, je vous le passe.
- **k** Voulez-vous me donner votre numéro de téléphone?
- **l** Qui est à l'appareil?
- **m** Est-ce que vous pouvez répéter?

2 📖 💬 Complète les dialogues avec la phrase appropriée. Lisez les dialogues à deux.

- **a** Je me suis trompé(e) de numéro.
- **b** C'est occupé.
- **c** Vous avez laissé un message sur mon répondeur.
- **d** Vous voulez patienter, ou vous préférez rappeler?
- **e** Je vais essayer son portable.

1
— Allô? Est-ce que je pourrais parler à Carole, s'il vous plaît? C'est de la part de Myriam...
— Je suis désolée, mais il n'y a personne de ce nom ici!
— Oh, excusez-moi, ...

2
— Allô? Mme Blanc à l'appareil. Est-ce que vous pouvez me passer M. Dupuis, s'il vous plaît?
— Oui, tout de suite... Ah, je suis désolée, ... Vous voulez lui laisser un message?
— Non, je dois lui parler, c'est urgent. ....

3
— Allô? Je voudrais parler à Marc Valence, s'il vous plaît. C'est Jeanne Hostailler à l'appareil.
— Je suis désolé, mais sa ligne est occupée. ....

4
— Allô? M. Guitard? Bonjour, c'est Paul Fernand, du garage Peugeot, à l'appareil. ....
— Oui, merci de rappeler. Ma voiture est prête?

3 ✏️ 💬 À deux, inventez des conversations téléphoniques entre des personnes célèbres.
- **Préparez les scripts par écrit.**
- **Jouez les scènes.**

4a 🎧 Les copains de David ont téléphoné pour lui parler. Sa mère a répondu au téléphone et a noté les messages pour lui. Écoute Martin, Rachid et Paul. Quel copain représente chaque numéro?

Ton ami **(1)** a appelé ce matin juste quand j'allais sortir. Il va partir en vacances à l'étranger. Il a dit qu'il allait rappeler ce soir vers 6 heures.

(2) a téléphoné. Je lui ai dit que tu allais regarder le match de foot au village ce soir, il te verra là-bas.

Tu as eu un appel de **(3)**. Il voulait savoir si tu sortais ce soir. Rappelle-le chez lui avant 6 heures ce soir, STP.

À plus!

grammaire

Using *aller* (imperfect tense) + infinitive

Look at the emboldened verbs in the following examples:

*Ton ami a appelé juste quand **j'allais sortir**.*
*Il a dit **qu'il allait rappeler** ce soir.*

How would you translate them into English?

You have used the construction *aller* + infinitive (but with *aller* in the present tense) to refer to things that are about to or going to happen. When *aller* is in the imperfect tense, the construction refers to things that *were* about to or going to happen. Therefore, you should have translated the sentences above as:

Your friend called just as **I was about to go out**.
He said that **he was going to call back** this evening.

b **Il y a un autre appel pour David. Lis le script et écris le message pour David.**

— Allô? Est-ce que je pourrais parler à David, s'il vous plaît? C'est Lydia Ventoux, de l'agence pour l'emploi.
— Je suis la maman de David. C'est à quel sujet?
— Nous avons deux offres d'emploi pour votre fils. Est-ce qu'il peut passer à l'agence?
— Écoutez, il va rentrer dans une demi-heure, mais moi je dois sortir... je vais lui laisser un message.

5 **En ton absence, on a pris ces messages téléphoniques pour toi. À deux, imaginez les conversations.**

Message 1

Ta copine Maloé a appelé. Elle voulait savoir si tu allais descendre en ville demain. Elle a demandé si tu pouvais la rappeler sur son portable.

Message 2

M. Barbet a téléphoné. Il veut savoir si tu peux travailler demain matin. Il pense qu'il y aura plus de clients que d'habitude au magasin. Il a dit qu'il allait te rappeler vers 19 heures.

INFO PRONONCIATION

Sending and receiving an SMS in French

The language used in an SMS (*un texto*) is very different from that used in all other types of messages. It uses abbreviations and plays on sounds. You may find it easy to understand messages in your own language, such as 'Hi m8 HRU?… Gr8! CU 2nite!', but how would you cope with French SMS language?

1 Look at these examples:

kesk tfé 2main?
Qu'est-ce que tu fais demain?

Slt tlm! rdv 2van le resto.
Salut tout le monde! Rendez-vous devant le restaurant.

Vi1 manG ché moa!
Viens manger chez moi!

Lu'6, tu C f'R le taf de mat?
Lucie, tu sais faire le devoir de maths?

('Taf' is a word young people use for 'travail' or 'devoirs'.)

See if you can work out some patterns.

Practise reading the above text messages out loud.

2 Do you find it difficult to remember verb endings? Look at these examples (but don't use them in your exams!):

ai — é	était — éT
j'ai — G	c'était — CT
j'avais — jaV	t'étais — TT
tu as — tu a	j'ai voyagé — G voyaG
je suis — chuis	ils ont fait — il zon fé
c'est — C	elle a acheté — L A HT

Practise reading the verbs out loud.

3 Try to decipher the following messages and write them in 'normal' French:
a Slt cl'R! Tu vi1 o kolèj 2main?
b bjr él'N, G bokou émé ta fet', CT 5pa!
c dani'L, chuis tro strC, apl moa!
d tu vi1 o bar ou T tro OQP? 6'mon

Listen to the recording of the messages and check what you have written.

4 Why not try to write some *textos* of your own? See if your friends can work out what you are trying to say.

5 Le stage en entreprise

1a 🎧 Écoute et note en français:
- où il/elle a fait son stage
- quand il/elle a fait son stage
- ses horaires de présence
- les transports utilisés

b 🎧 Écoute encore, et note des détails supplémentaires, en français ou en anglais.

2 📖 Julien et Lise racontent comment ils ont trouvé leur stage.

> **Lise** *Je ne savais pas où faire mon stage… Je ne sais pas trop quel métier je voudrais faire! Finalement, je l'ai fait dans les bureaux d'une compagnie d'assurances où travaille notre voisine. C'est elle qui m'a suggéré de faire une demande. Donc j'ai écrit au chef du personnel, qui m'a demandé d'aller le voir. L'entretien s'est bien passé, et ils ont accepté de me prendre pour une semaine. J'ai eu de la chance!*

> **Julien** *Je veux faire carrière dans le sport, et j'avais pensé faire une demande de stage pour le Centre de Sports de ma ville. Mais d'autres personnes ont eu la même idée avant moi, et quand je suis allé voir la directrice du centre, il n'y avait plus de places. J'ai dû me contenter d'une place que j'ai trouvée dans un magasin d'articles sportifs, un jour où j'y étais allé pour m'acheter des baskets. J'ai été très déçu.*

Trouve les deux phrases correctes. Explique pourquoi les autres phrases sont fausses.

Exemple: 1 *Julien espérait faire son stage au Centre de Sports.*

1 Ni Julien ni Lise n'avaient d'idées pour leur stage.
2 On les a aidés à trouver leur place de stage.
3 Julien a contacté le Centre de Sports trop tard.
4 Lise est allée passer un entretien.
5 Julien et Lise ont été très satisfaits de leur stage.

3 🎧 Écoute Mohamed et Bertrand. Trouve les phrases appropriées à chacun. (Une option n'est pas utilisée, d'autres sont utilisées deux fois.)

1 He organised his work experience himself.
2 He got his placement through a relative.
3 His school organised his placement for him.
4 His school's careers adviser helped him.
5 He sent off lots of application letters.
6 He knew exactly what he wanted to do.

> le conseiller d'orientation   careers adviser

4 💬 Pose les questions à ton/ta partenaire:
- **Quand et où est-ce que tu as fait ton stage en entreprise?**
- **Combien de temps a duré ton stage?**
- **Quels étaient tes horaires?**
- **Comment est-ce que tu y allais?**
- **Comment est-ce que tu as trouvé ta place de stage? (On t'a aidé? Tu as passé un entretien?)**

Point grammaire

Using the relative pronoun *où*

In a longer sentence, the relative pronoun *où* links the second clause to a word in the first clause that refers to a place:

*Elle habite à **Lyon**//**où** elle travaille.*
She lives in Lyon, **where** she works.

How you would translate *où* in the following examples:

*Il est parti le jour **où** tu as téléphoné.*
*Tu te rappelles la première fois **où** tu l'a vue?*

Où can refer to time and translate as 'when'/'that', or not be translated at all. The sentences above could be translated as:

He left on the day (that) you rang.
Do you remember the first time (when) you saw her?

À plus!

5 Sophie raconte son stage à la mairie (a–e).

a 📖 Trouve la ou les question(s) posée(s) à Sophie pour chaque paragraphe.

1 Avec quels professionnels as-tu travaillé?

2 Tu penses que tu aimerais faire ce travail plus tard dans ta vie?

3 Qu'est-ce que tu as préféré?

4 On t'a confié beaucoup de responsabilités?

5 Comment s'est passée ta première journée de stage?

6 Est-ce que ce stage a été une expérience réussie pour toi?

7 À ton avis, ça vaut la peine de faire un stage?

8 Qu'est-ce que tu as fait exactement?

9 Est-ce que tu as aimé l'environnement de travail?

b 📖 Décide si c'est vrai (V), faux (F) ou pas mentionné (PM).

1 Sophie a été bien accueillie.

2 Elle trouve qu'elle a perdu son temps.

3 Elle a apprécié l'attitude des gens.

4 Le stage l'a aidée à choisir son futur métier.

5 C'était pénible de changer tout le temps d'activité.

6 Elle s'est fait de très bons amis.

7 Elle a préféré le monde du travail à la vie du lycée.

8 Elle n'a aucune envie de reprendre les études.

c 💬 Sophie utilise ces mots à propos de quoi? Ferme ton livre et explique oralement à ton/ta partenaire, en français.

- nerveuse
- utile
- intéressant
- différent

a Le premier jour, j'étais un peu nerveuse. Je ne connaissais personne, et c'était un environnement si différent du lycée! Je me suis présentée un peu à l'avance. La réceptionniste m'a donné un badge avec mon nom. Je suis restée avec elle toute la journée, et j'ai observé ce qu'elle faisait. Elle m'a expliqué comment fonctionne la mairie et les responsabilités de chaque personne. Je suis allée distribuer le courrier aux différents bureaux, et j'ai regardé le site de la mairie sur internet.

b Chaque jour j'étais dans un service différent. On m'a demandé de classer des documents et de taper des lettres à l'ordinateur, j'ai fait du traitement de texte. Le jour où j'étais aux services techniques, j'ai accompagné le responsable en ville pour vérifier les travaux dans le parc. Un autre jour, je suis allée dans une école maternelle avec la déléguée à l'éducation.

c Il y avait une bonne ambiance. On voit beaucoup de gens différents, parce qu'on est souvent en contact avec le public. Quand je ne savais pas faire quelque chose, tout le monde était patient avec moi, ça changeait du lycée! On m'a traitée en adulte, et on m'a donné des responsabilités. Ça m'a beaucoup plu. Je me suis sentie utile et à l'aise tout de suite.

d C'était bien de faire des choses nouvelles tous les jours. Mais ma journée favorite, c'était le vendredi, parce qu'il y avait un mariage. Le matin, j'ai aidé l'employée à préparer la salle et les documents (j'ai essayé l'écharpe tricolore du maire!). Et l'après-midi, j'ai assisté à la cérémonie, c'était intéressant, et la mariée était très belle!

e J'ai beaucoup appris pendant ce stage, c'était très utile. Je n'avais aucune expérience de la vie professionnelle, et le stage m'a permis de découvrir le monde du travail. J'ai rencontré des gens nouveaux, et j'ai essayé beaucoup d'activités différentes. Maintenant je suis plus motivée au lycée, je veux avoir de bonnes qualifications pour entrer dans la vie professionnelle.

6 🗣 Fais une présentation pour parler de ton stage en entreprise. Utilise tes réponses de l'exercice oral 4 page 152, et le vocabulaire de ces deux pages. Tu dois:

- préparer des notes pour t'aider (30 ou 40 mots maximum, mais pas de verbes conjugués)
- mentionner les aspects évoqués dans les questions 1–9 de l'exercice 5a

	All teenagers	Over 50% of young people	Boys	Girls	Parents	Those aged 9 and over
Manage to save up						
Spend the most on electronic goods						
Receive the most pocket money						
Like to know how the money is spent						

1a 📖 **Read this article, then put a cross in the appropriate boxes in the grid.**

b 📖 **Now answer these questions in English.**

1 When do most French children receive their first pocket money? Why?
2 What does the figure 23 refer to?
3 Why are retailers so interested in young people?
4 How are these young people targeted?

Les jeunes Français de 7 à 15 ans reçoivent en moyenne 23 euros par mois. (En fait seulement un quart des moins de 9 ans reçoivent de l'argent.) La majorité des parents pensent que c'est important pour les enfants d'apprendre à gérer leur argent, et ils leur en donnent dès qu'ils savent compter!

Le budget global des jeunes Français est de…deux milliards d'euros! On comprend l'intérêt des commerçants et des publicitaires pour les ados! Il semble que les lecteurs mp3 et les iPods, les jeux vidéo et les téléphones portables attirent surtout les garçons, et que les jeunes Françaises (surprise?) achètent avant tout des vêtements et des chaussures.

Les jeunes ne dépensent pas tout leur argent tout de suite. La grande majorité sait faire des économies, en particulier en vue d'un futur "achat important". La plupart des parents surveillent les achats de leurs enfants. Et on s'aperçoit (surprise?) que les filles reçoivent encore moins d'argent que les garçons!

(Source: lefigaro.fr, article by C. Ducros, 26 August 2006)

2 **During his week's work experience in a local school, Daniel received the e-mail messages on the right.**

a 📖 **Read the messages and answer the following questions.**

1 Who sent which message to Daniel?
- the headteacher
- his mentor
- the school secretary
- the switchboard operator
- his head of department
- a PE teacher
- the social committee
2 Work out the French for:
- an attachment
- copy and paste
- forward (a message)
3 What past events are referred to in messages 4 and 7?

b 🏠 **Write a brief reply to messages 2 and 5 as if you were Daniel. Answer all the questions asked.**

1 Tous les mardis après l'école, séance de fitness gratuite dans le gymnase pour les profs et tout le personnel. Prends tes baskets et viens nous rejoindre! Ne t'inquiète pas, ambiance détendue.

2 Ton collège a appelé ce matin et a laissé un message pour toi. Ça a l'air assez important. Tu peux passer à la récré? Merci!

PS: comment ça se passe pour toi? Toujours envie de devenir enseignant?

3 Urgent, STP! Peux-tu passer dans ma salle chercher les cahiers des 5ème C, et les porter dans la salle 41 pour le cours cet après-midi? Merci! Au fait, mes 6ème ont beaucoup apprécié ton aide hier!

4 N'oubliez pas…la salle des profs à la récré demain! Comme tous les vendredis, nous célébrerons l'approche du week-end et échangerons les nouvelles autour d'un petit gâteau…

Ci-dessous, je vous ai copié-collé le faire part de naissance de Brigitte, c'est un garçon! Tout va bien.

5 Je dois te voir pour discuter de ton progrès. Je t'attendrai dans la salle des profs demain à 10 h. Est-ce que tu as des problèmes à discuter? As-tu reçu le questionnaire que je t'ai envoyé hier, à remplir pour vendredi?

6 J'aimerais vous voir pour un petit briefing dans la matinée. Passez à mon bureau et adressez-vous à ma secrétaire; le lundi elle a beaucoup à faire, mais elle s'occupera de vous. Apportez votre dossier.

7 L'agenda de la semaine prochaine est prêt, vous le trouverez en pièce jointe.

URGENT: M. Durand ne retrouve pas le cahier d'appel qu'il avait posé sur le bureau de la réception. Il en a besoin. Je vous fais suivre son mél.

c 🏠 **The following week, Daniel writes a long e-mail to his friend Nadia to tell her all about his work experience. Write the text of the e-mail. In the e-mail, Daniel mentions:**
- **how his first day went**
- **the atmosphere at the school**
- **how he was treated by the staff**
- **how the children reacted**
- **what he enjoyed and what he didn't like**

À plus!

3 🎧 **Malorie talks about her part-time work. Listen to the conversation and complete the sentences.**

Malorie has been working as a .... for .... Finding the job was not very .... She started .... her interview. She works from 9 to .... on Saturdays and earns .... a week. She never gets bored at work because .... She uses her money to pay for .... and to ....

4 🎧 **Listen to the telephone conversation between M. Fabiau and Mme Tricoire and find the correct answers. Make sure you read the *Conseil!* section first.**

1 M. Fabiau téléphone à Charles pour...
   a ...lui offrir une place de stage.
   b ...lui offrir un petit boulot.
   c ...lui laisser un message.

2 Charles est resté au studio...
   a ...une semaine.
   b ...un mois.
   c Ce n'est pas précisé.

3 M. Fabiau a apprécié Charles parce qu'il...
   a ...s'intéresse beaucoup à la photo.
   b ...a travaillé très dur.
   c ...était toujours content.

4 M. Fabiau...
   a ...cherche un assistant à temps partiel.
   b ...cherche un employé pour les vacances.
   c ...cherche quelqu'un à temps complet.

5 Mme Tricoire pense que pour Charles, le travail du lycée...
   a ...doit avoir la priorité.
   b ...est important, mais pas autant que la photo.
   c ...sera un problème.

6 M. Fabiau demande...
   a ...si Charles peut le rappeler.
   b ...si Charles peut lui envoyer un mél ou un fax.
   c ...s'il peut rappeler Charles.

7 Mme Fabiau semble...
   a ...fâchée contre M. Fabiau.
   b ...enchantée avec M. Fabiau.
   c ...reconnaissante envers M. Fabiau.

8 On a l'impression que Madame Tricoire...
   a ...connaît très bien M. Fabiau.
   b ...ne sait pas qui est M. Fabiau.
   c ...sait qui est M. Fabiau.

⚠ POINT LANGUE

Savoir and connaître

Both verbs *savoir* and *connaître* translate into English as 'to know'. So, what is the difference? Look at the examples:

J'habite à Paris depuis 15 ans, donc je connais bien Paris.
I've lived in Paris for 15 years, so I know Paris well.

Je n'ai jamais rencontré Andy Murray, mais je sais qui c'est.
I've never met Andy Murray, but I know who he is.

Je ne suis jamais allé au Pérou, c'est un pays que je ne connais pas, mais je sais que la capitale est Lima.
I've never been to Peru, it's a country that I don't know, but I know that the capital is Lima.

Use *connaître* to show that you are well acquainted with someone or something, that it is familiar to you. Use *savoir* to refer to knowledge of facts.

Now make up some sentences of your own using both *connaître* and *savoir*.

⚠ *Conseil!*

Answering listening questions

● Read all the questions and options before you listen to the recording. A later question may give you a clue for an earlier one. (Look at questions 1 and 4 in exercise 4, for example.)

● In this type of exercise, often two of the options given are quite similar, and the correct answer is likely to be one of these. Listen out for some detail that will make a difference between them. (Look at question 7, where two of the options express positive feelings.) However, this is not always the case (as shown in question 2).

● Questions often test your understanding of verb tenses. Listen out for verb endings and other clues such as time phrases. (Taking careful note of the tenses used in the recording will help in question 1.)

● Answers are not often spelled out distinctly in a recording, so you must not rely on the fact that you have recognised a key word used in one of the answers (as happens in question 2).

● In some cases, you need to listen to the whole of the recording before you can decide on an answer. (This is the case for questions 2, 7 and 8.)

● After the first listening, try to narrow your choice down to just two options. If you are still unsure after the second listening, don't leave a question unanswered, take a chance!

Vocabulaire

Tu as un petit boulot?
J'ai un petit boulot/un petit job.
Je travaille à temps partiel.
Je n'ai pas de petit boulot en ce moment, mais…
   …je chercherai du travail après mes examens.
   …je travaillerai quand j'aurai 16 ans.

Have you got a part-time job?
I have a part-time job/a small job.
I work part time.
I do not have a job at the moment, but…
   …I will look for work after my exams.
   …I will work when I am 16.

Qu'est-ce que tu fais?
Je travaille…
   …au bureau d'accueil/comme plongeur(euse)/
   dans une grande surface/pour mon oncle.
J'aide mes parents.
Il y a toujours quelque chose à faire.
Je fais du baby-sitting.
Je distribue les journaux.
Je travaille…
   …trois heures/deux fois par semaine.
   …tous les samedis matin.
   …le week-end seulement.
   …pendant les grandes vacances.
J'aide des personnes handicapées.
Je travaille pour une œuvre caritative.

What do you do?
I work…
   … at the reception desk/as a washer-up/
   in a hypermarket/for my uncle.
I help my parents.
There is always something to do.
I baby-sit.
I have a paper round.
I work…
   …three hours/twice a week.
   …on Saturday mornings.
   …at the weekend only.
   …during the summer holidays.
I help disabled people.
I work for a charity.

Avantages et inconvénients
Il y a du bon et du mauvais.
Le patron/la patronne (n')est (pas)…
   …généreux (-euse)/exigeant(e)/sympathique.
C'est/Ce n'est pas…
   …dur/fatigant/enrichissant/frustrant/utile.
C'est un travail qui…
   …(n')est (pas) bien payé.
   …(ne) donne (pas) beaucoup de satisfaction.
Ça permet…
   …d'être indépendant(e).
   …d'avoir un peu plus d'argent.
   …de faire quelque chose de différent.
   …de rencontrer des gens nouveaux.
On n'a pas beaucoup de temps pour les loisirs.

Advantages and disadvantages
There are good things and bad things about it.
The boss is (not)…
   …generous/demanding/friendly.
It is/It is not…
   …hard/tiring/rewarding/frustrating/useful.
This work…
   …is (not) well paid.
   …gives (does not give) a lot of satisfaction.
It allows you…
   …to be independent.
   …to have a little more money.
   …to do something different.
   …to meet new people.
You don't have much time for leisure activities.

Tu as de l'argent?
Je ne gagne pas beaucoup.
Je suis assez/très bien/mal payé(e).
Je gagne…/On me donne…
   …(6) livres par heure.
Je reçois des pourboires.
Ma mère/mon père/mes parents me donnent de l'argent de poche.
Je reçois de l'argent de mes grands-parents.
Je ne reçois pas d'argent de poche.
Je reçois x livres…
   … par semaine/tous les mois/tous les quinze jours/
   une fois par mois/pour les occasions spéciales.

Have you got any money?
I do not earn much.
I am quite/very well/poorly paid.
I earn…/they give me…
   …(6) pounds an hour.
I get tips.
My mother/father/parents give(s) me pocket money.
I get money from my grand-parents.
I do not get any pocket money.
I get x pounds…
   …per week/every month/every fortnight/
   once a month/for special occasions.

À plus!

Je ne reçois que *x* livres par mois.	I only get *x* pounds per month.
Je suis toujours fauché(e).	I am always broke.

Avec l'argent que je gagne/que je reçois...

With the money I earn/I get...

J'achète/Je me paie des CD/du maquillage.	I buy/I pay for CDs/make-up.
Je dépense tout mon argent.	I spend all my money.
J'en dépense une partie.	I spend some of it.
Je (ne) gaspille (pas) mon argent.	I (do not) waste my money.
J'économise *x* livres par mois.	I save up *x* pounds per month.
Je fais des économies pour...	I save up to/for...
Je mets de l'argent de côté pour...	I put money aside for/to...

Au téléphone

On the telephone

C'est...à l'appareil.	It's...calling.
Je voudrais.../Est-ce que je peux/pourrais...	I would like to.../Can I.../Could I...
...laisser un message pour/parler à...?	...leave a message for/speak to...?
Est-ce que vous pouvez me passer...?	Can you put me through to...?
Je m'excuse de vous déranger...	I am sorry to trouble you...
Je me suis trompé(e) de numéro.	I have got the wrong number.
Je vais essayer son portable.	I am going to try her/his mobile.
Il/Elle a laissé un message sur mon répondeur.	He/She left a message on my answer phone.
Qui est à l'appareil?/C'est de la part de qui?	Who is calling?/Who (shall I say) is calling?
Je suis désolé(e), ça ne répond pas/c'est occupé.	I am sorry, there is no reply/it is engaged.
Voulez-vous...	Would you like to...
...lui laisser un message?/patienter?/rappeler plus tard?	...leave her/him a message?/hold?/call again later?
Ne quittez pas, je vous le/la passe.	Hold the line, I'll put you through.

Le stage en entreprise

Work experience

J'ai fait un stage en entreprise du...au...	I did my work experience from...to...
J'ai organisé mon stage moi-même.	I organised my placement myself.
Le conseiller/la conseillère d'orientation...	The careers adviser...
...m'a aidé(e) à organiser mon stage.	...helped me to organise my placement.
...m'a aidé(e) à trouver un stage dans.../chez...	...helped me to find a placement in.../at...
J'ai envoyé une lettre au/à la...	I sent a letter to the...
...chef du personnel/directeur (-trice)/responsable.	...head of HR/manager/person in charge.
J'ai dû passer un entretien.	I had to go for an interview.
J'ai aidé.../j'ai observé...	I helped.../I observed...
On m'a appris à.../demandé de...	They taught me to.../asked me to...
On m'a traité(e) en adulte.	They treated me as an adult.

C'est une bonne idée?

Is it a good idea?

Ça apprend à être responsable.	It teaches you to be responsible.
Ça permet de découvrir le monde du travail.	It allows you to find out about the world of work.
Ça prépare à la vie professionnelle.	It prepares you for your working life.
J'ai aimé faire quelque chose de pratique.	I enjoyed doing something practical.
J'ai beaucoup appris.	I learned a lot.
On peut voir si on aimerait faire ce métier plus tard.	You can find out whether you would like to do that job later.
On rencontre des gens différents.	You meet different people.
Ça (ne) m'a (pas) beaucoup plu.	I enjoyed it (I did not enjoy it) a lot.
Je (ne) me suis (pas) senti(e) très utile.	I felt (did not feel) very useful.
C'est une perte de temps.	It is a waste of time.

Unité

Notre environnement

12

1 Les problèmes écologiques dans le monde

2 La pollution et le problème des ressources

3 Le tourisme et l'environnement

4 Ton environnement local, c'est comment?

5 Qu'est-ce qu'on peut faire?

1 Les problèmes écologiques dans le monde

> ☑ **Talk about global environmental problems**
>
> ☑ **Use the conditional tense**

1a 📖 **Regarde la carte et lis les informations. On parle d'où? Fais des paires correctes.**

1 Katrina: en août 2005, l'ouragan Katrina a fait plus de mille morts dans le sud des États-Unis et détruit des centaines de maisons.

2 La vague de chaleur de l'été 2003 a fait des dizaines de milliers de morts sur le Vieux Continent, 14 000 victimes en France.

3 Janvier 2007: la famine est pire en Afrique de l'est après les récentes sécheresses et plus de 11 millions de personnes ont besoin d'aide.

4 Novembre 2002: 77 000 tonnes de mazout à la mer. L'accident du Prestige à l'origine de la marée noire qui pollue les côtes espagnoles.

5 Bhopal (Inde, 1984): cette catastrophe de l'industrie chimique a fait plus de 2 800 morts et affecté plus de 20 000 personnes.

6 Plusieurs espèces de poissons menacées de disparition par la surpêche, et chaque année des millions de tonnes de produits polluants finissent dans les océans.

7 Automne 2003: au-dessus de l'Antarctique, le trou dans la couche d'ozone fait plus de 28 millions de kilomètres carrés.

8 Tous les 10 ans depuis 1980, l'Arctique a perdu environ 10% de sa couche de glace permanente.

9 La destruction de la forêt amazonienne, "poumon de la planète", continue. La forêt abrite 30% des espèces animales et végétales de la planète.

10 Avril 1986: explosion de réacteur nucléaire à Tchernobyl en URSS. Quel est l'impact de l'accident sur les hommes et sur l'environnement?

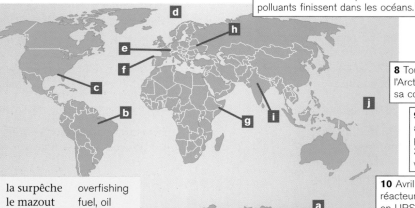

la surpêche	overfishing
la mazout	fuel, oil
la sécheresse	drought

b 📖 **Classe les événements en trois catégories:**
- **les changements climatiques**
- **la pollution**
- **la disparition des ressources naturelles**

c 📖 **Trouve et note les expressions françaises pour:**
- **the destruction of the rainforest**
- **an oil slick**
- **famine**
- **endangered species**
- **a heat wave**
- **the hole in the ozone layer**

2a 📖 ✏️ **Sur des sites français d'internet, cherche un exemple supplémentaire de problème pour chaque catégorie de l'exercice 1b. (Pour commencer la recherche, utilise des expressions-clé de l'exercice, comme "changements climatiques"/"marée noire" etc.) Prends des notes, puis écris une ou deux phrases sur chaque problème.**

b ✏️ 💬 **À deux, comparez vos notes et préparez un résumé des points essentiels de vos deux recherches.**

c 💬 **Présentez votre travail aux autres étudiants de la classe.**

3 📖 Lis le texte.

Le réchauffement de la planète est un phénomène indéniable. Au siècle dernier, la température moyenne du globe s'est élevée de 0,6° à 0,8°. Aux pôles nord et sud, et en montagne, la glace fond et disparaît. Le niveau des mers monte. Certaines régions de la planète sont de plus en plus affectées par les cyclones; d'autres, par la sécheresse.

La majorité des scientifiques sont d'accord: la principale cause du réchauffement est l'activité humaine. Depuis 50 ans, la population mondiale a plus que doublé, et l'industrialisation s'est accélérée: l'homme produit de plus en plus de gaz à effet de serre.

Selon les experts du GIEC, le principal facteur polluant est l'électricité (à cause des méthodes employées pour la produire), puis les transports, l'industrie et le bâtiment. C'est pourquoi les scientifiques demandent aux pays riches de réduire leurs émissions de gaz à effet de serre, pour diminuer les dangers qui menacent d'abord et surtout les pays les plus pauvres.

GIEC	IPCC
(Groupe intergouvernemental sur l'évolution du climat)	(Intergovernmental Panel on Climate Change)

a Trouve et note les expressions françaises pour:
- **global warming**
- **greenhouse gases**
- **reduce greenhouse gas emissions**

b Maintenant réponds aux questions en anglais.

1 According to the panel of experts, what are the main factors contributing to the greenhouse effect?
2 Give four examples of phenomena cited in the text that point to global warming.
3 What has led to the dramatic increase in the production of greenhouse gases?
4 According to the article, when did global warming begin to accelerate?
5 According to the text, who is most at risk?

4 📖 Fais des paires correctes. (Pour certaines phrases, il y a plus d'une solution!)

1 Si les pays riches diminuaient leurs émissions de gaz...
2 Si la glace ne fondait pas aux pôles nord et sud...
3 Sans le réchauffement de la planète...
4 Sans les activités de l'homme...

a ...il y aurait moins de cyclones.
b ...les pays pauvres seraient moins menacés.
c ...le niveau des mers monterait moins.
d ...il y aurait moins de gaz à effet de serre.

5 🎧 Quel scénario pour l'avenir? Réponds aux questions en anglais.

1 What do some experts fear for the year 2100?
2 What would a rise in temperature of 2°C cause?
3 What could happen in Africa in 100 years' time?
4 What could reach 3 billion by 2080?

The conditional tense

The conditional tense is used to say 'would':

*En voiture, j'**arriverais** plus vite.*
I **would get there** more quickly by car.

*Nous **aimerions** vous voir.*
We **would like** to see you.

The conditional is formed by adding the imperfect tense endings to the infinitive of a verb.

Verbs that are irregular in the future tense are also irregular in the conditional tense — for example:

je voudrais	I would like
nous serions	we would be
elle irait	she would go
j'aurais	I would have

Now look at these sentences:

Si j'avais le temps, je voyagerais.
If I had the time, I would travel.

Si elle étudiait un peu plus, elle réussirait son examen.
If she studied a bit harder, she would pass her exam.

The conditional tense is used to say what would happen if a certain condition were fulfilled.

2 La pollution et le problème des ressources

☑ Talk about pollution and the overuse of natural resources

1a 🎧 **Des journalistes parlent de la pollution de l'air à la radio. Dans quel ordre (1–6) mentionnent-ils les différents aspects a–f?**

BULD'AIR
BULLETIN DE LA QUALITÉ DE L'AIR

une usine	factory
le plomb	lead

b 🎧 **Écoute encore. Pour chaque aspect mentionné, note un détail supplémentaire en anglais.**

2a 📖 **Lis les textes qui accompagnent les photos.**

1 154 milliards de litres d'eau minérale en bouteille étaient consommés dans le monde en 2004, surtout dans des pays où l'eau du robinet ne représente pas de danger pour la santé. Cette consommation excessive épuise les réserves naturelles. Pour fabriquer les bouteilles, on utilise 2,7 millions de tonnes de plastique par an. Puis il y a l'emballage (plastique et carton), le transport, le recyclage ou la destruction. Une bouteille jetée prendra entre 500 et 1 000 ans pour disparaître. Brûler une bouteille donne des produits toxiques.

2 Plus de 800 millions de voitures circulent chaque jour sur la planète. Les Européens utilisent leur voiture pour 80% des kilomètres qu'ils font, et très souvent pour des petites distances. En France, 27% des émissions de gaz à effet de serre sont causés par les transports. Chaque année des millions de voitures arrivent en fin de vie. Aucune n'est entièrement recyclable. Si la demande n'augmente pas, les réserves mondiales de pétrole seront adéquates pour 40 ans de plus.

3 Il n'a jamais été aussi facile d'acheter un bouquet bon marché: station-service, supermarché, internet... Venues d'Asie, d'Afrique, d'Amérique du Sud ou d'ailleurs, les fleurs que nous offrons ont souvent fait des milliers de kilomètres en avion. Pour être belles, elles consomment des pesticides, boivent de l'eau dans des pays où parfois l'eau est limitée, grandissent dans des serres chauffées 24 h/24. Pour la Saint-Valentin 2004, l'Europe a importé 50 millions de tonnes de fleurs du Moyen-Orient (20 avions cargo).

épuiser	to exhaust
jeter	to throw (away)
le pétrole	oil

À plus!

Réponds aux questions en anglais.

1 Why is the consumption of mineral water said to be unnecessary in some of the main consumer countries?

2 How are empty plastic mineral water bottles disposed of, and how is this dangerous?

3 How do we know that Europeans are not great users of public transport?

4 What is said about the world's known oil reserves?

5 Why is it easier and cheaper to buy flowers now than in the past?

6 What environmental and health hazards can some of the flowers we buy represent?

7 What do the following figures refer to?
- 154 billion
- 800 million
- 50 million
- 0%
- 27%
- 1,000 years

b Trouve et note les expressions françaises pour:

- **none is entirely recyclable**
- **a health hazard**
- **excessive consumption is exhausting natural reserves**
- **packaging**

3 Lis les phrases 1–6 dans la grille. C'est la voiture, les fleurs ou la bouteille d'eau minérale?

	La bouteille d'eau minérale	Le bouquet de fleurs	La voiture
1 Son utilisation n'est pas toujours raisonnable. (*exemple*)	✓		✓
2 Ça utilise des ressources naturelles qui sont limitées.			
3 Ça pose des problèmes écologiques et de recyclage.			
4 Ça contribue à la production de gaz à effet de serre.			
5 C'est souvent produit dans des pays pauvres.			

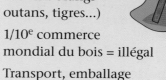

4 Regarde les images et lis les renseignements donnés.

1 *Des fraises toute l'année*

Royaume-Uni: 20% des fraises sont importées

1 tonne importée du Moyen-Orient = 4,5 tonnes CO_2

(1 tonne produite au Royaume-Uni en saison = 20 kg CO_2)

Litres d'eau?/Produits chimiques?

Emballage

2 *Meubles de jardin en bois tropical*

Forêts: des millions d'arbres en moins dans le monde chaque année

Forêts tropicales: espèces rares menacées (Asie du Sud-Est: orangs-outans, tigres...)

1/10e commerce mondial du bois = illégal

Transport, emballage

a Choisis un des produits (1 ou 2). À partir des renseignements donnés, écris un petit paragraphe pour expliquer la situation et les problèmes. Tu peux aussi chercher des renseignements supplémentaires sur internet.

b Choisis un produit qui t'intéresse. Cherche des renseignements sur internet, dans un livre ou dans un magazine et prends des notes. Puis écris un paragraphe pour expliquer le problème. Si possible, illustre avec une photo.

c Lis ton paragraphe aux autres étudiants de ta classe, et écoute les autres étudiants. Fais une liste des problèmes mentionnés. Lequel te paraît le plus grave? Pourquoi?

3 Le tourisme et l'environnement

☑ Discuss the impact of tourism

☑ Use indefinite adjectives and pronouns

1a 📖 **Trouve le paragraphe qui correspond à chaque titre.**

1 Avec 75 millions de touristes par an, la France est la première destination touristique du monde.

2 À l'Alpe d'Huez, 250 kilomètres de pistes et 785 canons à neige garantissent le ski d'octobre à avril.

3 À Paris en été, on peut voir des centaines de cars de tourisme près des sites touristiques.

4 L'île grecque d'Antiparos, 35 km², reçoit 10 000 touristes chaque été, soit dix fois sa population.

5 Au Kénya, les recherches montrent que le tourisme a un impact sur la faune.

6 Le tourisme a profondément affecté l'environnement et le mode de vie des habitants du Népal.

b 💬 **Avec un(e) partenaire, expliquez les problèmes a–f en anglais.**

c 💬 **Discutez à deux en français:**
- **Quel problème évoqué dans l'exercice 1a est le plus grave? Pourquoi?**
- **Vous connaissez un exemple semblable? Expliquez!**

2a 🎧 **Ces commentaires sur le tourisme (1–6) sont positifs (P), négatifs (N) ou positifs et négatifs (P+N)?**

b 🎧 **Écoute encore, et note des détails (en français ou en anglais) sur les aspects mentionnés.**

| les ordures | rubbish |
| peu importe | it doesn't matter |

a En été on manque d'eau, il y a des bouteilles en plastique et des détritus sur les plages. Certains touristes ont acheté une maison sur l'île, et les maisons sont maintenant trop chères pour les gens locaux.

b Les gens qui cultivaient les champs ou gardaient les troupeaux de yacks sont maintenant guides touristiques. Le Sherpa Anu a ouvert un bar-restaurant avec télévision satellite. Sa femme regarde des films, lui le cricket.

c Les véhicules hors routes dérangent les habitudes des animaux, et la présence de restaurants modifie le régime alimentaire des oiseaux et autres animaux, qui mangent les déchets.

d Pour recevoir les touristes, la côte méditer-ranéenne est devenue une suite de stations touristiques, de parkings et de ports de plaisance (souvent utilisés quelques semaines par an seulement).

e Pour fabriquer la neige artificielle, on crée des lacs artificiels, ou on prend l'eau dans les lacs voisins. L'environnement est modifié. Et les canons sont bruyants et gourmands d'électricité.

f Pendant que les touristes visitent les bâtiments, les chauffeurs laissent les moteurs en marche pour maintenir la climatisation. À leur retour, les touristes retrouvent un véhicule frais et confortable.

⚠️ Conseil!
Answering reading questions

Some statements may require you to show an understanding of the whole text and to draw conclusions (e.g. statement 1 in exercise 3).

When reading a French text for gist, ignore unknown words that are not essential for you to grasp the main points. For example, you may not know *arroser* or *nuire*, but you can find all the answers nevertheless.

If you do need to understand these words, you may be able to infer their meaning from the context. For example, you can work out that *arroser* is to do with using water on golf courses.

À plus!

3 Lis le texte sur le tourisme solidaire.

De plus en plus de gens réalisent que le tourisme peut avoir un impact négatif et s'en inquiètent. Pour certains, passer des vacances dans un endroit où l'eau, pourtant rare, sert à remplir les piscines des hôtels, ou à arroser des terrains de golf est devenu intolérable. Ils veulent profiter de leurs vacances, mais ils ne veulent pas nuire à l'environnement. Alors ils cherchent une formule plus satisfaisante.

Ils pensent que les gouvernements et les opérateurs touristiques sont responsables de la détérioration de l'environnement ou des cultures locales. Ils veulent découvrir la nature et avoir des contacts avec la population locale, mais ils sont déterminés à les respecter. Ils souhaitent que toute la population profite de l'argent du touriste, pas seulement une minorité. Surtout, ils veulent se sentir utiles au pays visité.

| se sentir | to feel |
| souhaiter | to wish |

a Décide si c'est vrai (V), faux (F) ou pas mentionné (PM).

1 The main objective of *tourisme solidaire* is to benefit local populations.
2 The majority of French people are in favour of *tourisme solidaire*.
3 Luxury hotels are great consumers of water and other natural resources.
4 Tourists are the only ones to blame for the waste of natural resources.
5 To avoid wasting natural resources, many people now spend their holiday in their own country.
6 A *touriste solidaire* is both interested in and keen to safeguard the traditions of the country he or she visits.

b Est-ce que tu peux expliquer l'expression "tourisme solidaire" en anglais?

4 Et toi? Quelle sorte de touriste es-tu?

- **Comment voyages-tu quand tu pars en vacances?**
- **Ton voyage a beaucoup d'impact sur l'environnement? Explique. Est-ce que c'est un problème pour toi?**
- **Quand tu visites un pays étranger, qu'est-ce qui t'intéresse?**
- **En vacances, est-ce que tu respectes l'environnement? Donne un exemple.**
- **As-tu remarqué des problèmes écologiques là où tu vas en vacances? Explique.**

Point grammaire

Indefinite adjectives and pronouns

Look at these examples:

Certains touristes ont acheté une maison.
Some tourists have bought a house.

Plusieurs touristes ne respectent pas l'environnement.
Several tourists do not respect the environment.

Certains and *plusieurs* are called indefinite adjectives because they add an unspecified value to the noun.

Other examples of indefinite adjectives are *chaque* (each), *autre(s)* (other) and *quelque(s)* (some).

An indefinite pronoun can be used instead of an indefinite adjective and noun, for example:

Certains ont acheté une maison.
Some have bought a house.

Plusieurs ne respectent pas l'environnement.
Several do not respect the environment.

Other examples of indefinite pronouns are *d'autres* (others), *quelqu'un* (someone) and *quelque chose* (something).

! QUESTIONS CULTURE

Le transport de l'avenir?

L'Airbus A380, vous connaissez? Création européenne, cet avion de 500 à 800 passagers sera peu bruyant. Sa consommation en carburant et ses émissions de CO_2 seront comparables à celles d'une voiture de taille moyenne. Il transportera plus de passagers avec moins de vols!

- What are your views on this plane?
- Is it going to be good for the environment or global warming? Why?
- Would you like to travel in it? Give reasons.

5a Fais deux listes:
- **les aspects positifs du tourisme (par exemple l'industrie du tourisme emploie des millions de personnes)**
- **les aspects négatifs du tourisme (par exemple le tourisme de masse menace la nature)**

b À ton avis, quel problème est le plus grave? Pourquoi?

4 Ton environnement local, c'est comment?

☑ **Describe your local environment and housing in your area**

☑ **Discuss ways to improve the local environment**

☑ **Talk about transport issues in your area and ways to improve the situation**

1 📖 ✏️ **Lis les textes. Pour chacun, écris en anglais deux remarques positives et deux remarques négatives.**

1 Mes parents ne peuvent pas se payer une maison. Alors nous habitons dans une HLM en ville. Ce n'est pas très joli, mais le loyer n'est pas trop élevé. L'appartement n'est pas mal, mais l'immeuble est vieux. On a une ligne de chemin de fer à 100 mètres, avec des trains jour et nuit.

2 Nous avons une maison jumelée en banlieue, à 5 minutes des commerces. On a un parc pas loin, mais on a une route au fond du jardin, et aux heures d'affluence, le bruit et la pollution sont insupportables. Dans le quartier il y a quelquefois du vandalisme. Pour aller en ville, il y a le bus, mais le soir ce n'est pas très recommandé.

3 Nous avons une maison individuelle à la campagne. Si on aime l'espace, c'est bien, je suppose. Mais pour nous, les jeunes, il n'y a rien. Les transports en commun? Inexistants! Si en ville on est gênés par le bruit des voisins, ce n'est pas le cas ici!

une HLM (habitation à loyer modéré)	council flat

> ⚠️ **POINT LANGUE**
>
> Note the meanings of these verbs in the conditional:
>
> | *Je pourrais* | I could/would be able to |
> |---|---|
> | *Je devrais* | I should/would have to |
> | *Il faudrait* | One/We should |

2a 🎧 **Écoute les solutions proposées. C'est pour quel commentaire de l'exercice 1?**

b 🎧 **Écoute encore, et note une solution pour chaque commentaire de l'exercice 1.**

Exemple: 1 — On pourrait rénover l'immeuble.

3 📖 **Problèmes et solutions: fais des paires appropriées.**

1 Les poubelles sont toujours pleines, il y a des détritus par terre.
2 On a construit 50 maisons neuves de plus. Il y a du béton partout, et il n'y a plus d'espaces verts pour les enfants.
3 Mon quartier est neuf, mais on a une usine à moins de 500 mètres. Ça ne sent pas très bon.
4 Ce qui m'ennuie le plus là où j'habite, c'est le bruit: les voitures, la musique et les cris des voisins.

a Il faudrait interdire la construction de logements à proximité des zones industrielles.
b On devrait limiter la circulation, et on pourrait essayer de parler gentiment aux voisins!
c Au lieu de ça, est-ce qu'on ne pourrait pas rénover les maisons anciennes du centre-ville?
d Il faudrait vider les poubelles plus souvent.

le béton	concrete

4 💬 **Relis les exercices 1 et 3. Adapte les phrases pour parler des problèmes là où tu habites.**

5a ✏️ **Écris un paragraphe pour dire où tu habites et décrire l'environnement local. Donne les aspects positifs et les aspects négatifs. Mentionne:**

- **les types de logements**
- **les installations et les espaces verts**
- **ce qu'il y a pour les jeunes**
- **les transports et la pollution**

b Qu'est-ce qu'on pourrait faire pour améliorer ton environnement local? Écris quelques suggestions.

Exemples: *On pourrait...On devrait...*
Si on construisait..., les gens pourraient...
Il faudrait peut-être...

6 🎧 **Cinq personnes parlent des problèmes de transport dans leur ville ou dans leur région. Qui mentionne ça?**

a Les bus ne sont pas assez fréquents.
b Les limitations de vitesse ne sont pas respectées et le bruit est insupportable.
c Les gens ne devraient pas utiliser leur voiture pour les petites distances.
d Les piétons ne sont pas en sécurité.
e Les embouteillages et la pollution de l'air rendent la vie impossible!

7a 📖 ✍️ **Quelles solutions aux problèmes de la voiture? Fais une liste de tes idées en anglais.**

b 📖 **Compare ta liste à ces suggestions en français.**

> **Le covoiturage:** on partage sa voiture avec une ou deux personnes qui font le même trajet, à des horaires semblables.
>
> **Le péage urbain:** une idée dont les Parisiens ont peur — payer pour circuler en voiture dans le centre-ville. Ça existe dans d'autres pays.
>
> **La voiture moins polluante:** voiture hybride, Cyber Car, carburants "verts"... Un jour peut-être des voitures à moteur à hydrogène?
>
> **Les parcs-relais:** on gare sa voiture dans un parking hors du centre-ville, et on finit d'arriver en utilisant le bus.
>
> **Les transports en commun:** on développe les réseaux existants, on crée des couloirs pour les bus, on réintroduit le tramway.
>
> **Tu as une autre idée?**

c Trouve et note les expressions françaises pour:
- **the congestion charge**
- **a park and ride**
- **a car-share scheme**

d Réponds aux questions en anglais.

1 What are the conditions necessary for the success of car sharing?
2 What efforts are being made concerning public transport?
3 Which of these initiatives rely mostly on individual choices?
4 Which of the initiatives or suggestions is the most useful in your view? Why?

8 🎧 **Fabien et Gabi parlent des problèmes de transport là où ils habitent. C'est vrai (V), faux (F) ou pas mentionné (PM)?**

À Perpignan...
1 Il y a des problèmes de circulation aux heures d'affluence.
2 Les services de bus pour les parcs-relais sont très fréquents.
3 Dans le centre-ville, les bus gratuits circulent tous les jours, sauf les jours fériés.
4 On peut très facilement circuler à vélo.

À Strasbourg...
5 Les habitants de Strasbourg peuvent circuler en tram-train.
6 Le tram-train, c'est une bonne idée si on habite à l'extérieur de la ville.
7 Le réseau de pistes cyclables et de parcs à vélo est pratiquement non existant.
8 Il y a beaucoup de zones piétonnes dans le centre-ville.

9 ✍️ **Au choix:**

a Est-ce qu'il y a des problèmes avec les transports là où tu habites? Écris un paragraphe pour expliquer. Mentionne:
- **quels sont les problèmes**
- **où et quand exactement**
- **ce qu'on a déjà fait pour améliorer la situation**
- **ce qu'on pourrait faire encore**

b Si tu étais un député (MP), ou un responsable de ta ville/région, qu'est-ce que tu ferais pour résoudre les problèmes environnementaux causés par les transports?

5 Qu'est-ce qu'on peut faire?

☑ Discuss recycling, conservation, renewable materials and energies

☑ Use direct and indirect speech

1a 🎧 **Que font Brieuc, Gabi et Fabien? Copie et remplis la grille.**

	Recycling	Saving water and energy	Renewable energies	Fighting pollution
Brieuc	(*exemple*)			
Gabi				
Fabien				

le chauffage solaire   solar heating

b 🎧 **Écoute encore Brieuc, Gabi et Fabien. Complète les phrases en anglais.**

1 Brieuc says that we must not waste water because ....
2 One thing that really annoys him is ....
3 Gabi is particularly concerned by the fate of ....
4 To help the environment, she already ....
5 Fabien says that global warming is ....
6 To help save energy at home, he already .... and ....

2 📖 **Maintenant lis le texte et corrige les quatre erreurs avec des mots de la liste.**

Gabi, Brieuc et Fabien sont tous les trois étonnés par les problèmes de l'environnement, de la pollution et du réchauffement de la planète. Ils pensent qu'il faut arrêter de gaspiller les ressources naturelles, parce qu'elles sont importées, et qu'on doit réinventer la nature. Avec leur famille, ils font un effort pour consommer l'eau et l'énergie.

Brieuc a dit que son beau-père ferait installer le chauffage solaire à la maison. Fabien a expliqué que l'an prochain, sa famille et lui partiraient en vacances en train au lieu de partir en avion. Gabi a promis qu'à partir de septembre, avec sa copine, elles iraient au lycée à vélo!

respecter
protéger   chères   menacés   responsables
limitées   conserver   préoccupés

3 🔺 **Tu dois trier le contenu de la poubelle. Écris les listes dans les colonnes appropriées. (Certains articles peuvent aller dans plus d'une liste.)**

Ça peut être recyclé	Ça peut être réutilisé	Ça peut être réparé.
les déchets du jardin	le portable	les rollers

trier   to sort
les piles   batteries

4 Lis ces bonnes résolutions.

1
Cette année, je vais:
- planter un arbre dans le jardin
- acheter des produits de saison
- porter les piles et les verres au centre de recyclage
- refuser les publicités dans ma boîte aux lettres

2
Au supermarché, je vais:
- choisir des fruits sans emballage
- acheter des légumes bio
- trouver un produit « vert » pour lessive
- prendre du papier WC recyclé

3
À la maison, je vais:
- mettre des ampoules longue durée
- installer une citerne dans le jardin pour récupérer l'eau de pluie
- installer panneaux solaires sur le toit?

4
Ne pas oublier de:
- fermer le robinet quand je me brosse les dents
- éteindre l'ordi et la TV quand je ne m'en sers pas
- prendre des sacs réutilisables pour faire les courses
- éteindre la lumière quand je sors

a Classe les idées en catégories:
- **pour économiser l'énergie**
- **pour utiliser des énergies renouvelables**
- **pour réduire la pollution**
- **pour protéger la nature et les animaux**

b À ton avis, quelle idée
- **est la plus utile?**
- **la plus facile à réaliser?**
- **la plus coûteuse?**

Justifie tes réponses.

5 Fais une liste. Mentionne:
- **cinq choses que ta famille et toi vous faites, et qui ne sont pas bonnes pour l'environnement et la planète**
- **cinq choses positives pour l'environnement et la planète que vous faites**
- **une chose supplémentaire que toi personnellement, tu es prêt(e) à faire pour aider l'environnement et la planète**
- **une chose que tu trouverais vraiment difficile de faire**

6 Explique à ton/ta partenaire ce que toi et ta famille vous faites et ce que vous ne faites pas pour l'environnement et la planète. Qui fait plus d'efforts, ta famille ou sa famille?

Exemple: *Moi, je n'éteins pas l'ordinateur, mais j'éteins toujours la lumière. Ma mère...*

(!) INFO PRONONCIATION

In this chapter, there are a number of words where the combination of vowels poses a pronunciation problem. Try to say the following out loud:

*les heures d'af**fluence**, l'énergie nu**cléaire**, euro**péenne***

Listen to the recording and repeat.

It is necessary to pronounce the consecutive vowels distinctly, in separate syllables:

*les heures d'af**flu//ence**, l'énergie nu**clé//aire**, euro**pé//enne***

Say the following, reading the bold parts as two syllables:

*Des sacs **réu**tilisables, l'air est pol**lué**, il faut **réin**troduire les espèces disparues, une maison indivi**duelle**, il fait trop chaud **dehors**, on doit **réin**venter les villes, il se sent très **préo**ccupé.*

Listen to the recording and repeat.

Point grammaire

Direct and indirect speech (1)

Look at this sentence:

*Brieuc a dit que son beau-père **ferait** installer le chauffage solaire.*
Brieuc said that his stepfather would get solar heating installed.

When Brieuc spoke, this is what he said:

*Brieuc: "Mon beau-père **fera** installer le chauffage solaire."*

In direct speech (i.e. when he speaks), Brieuc uses the future tense to describe what will happen in the future.

In indirect speech (i.e. when we explain what he said), the conditional tense is used to refer to future events.

In exercise 2, Gabi is reported to have promised that, from September, she would cycle to school:

*Gabi **a promis** qu'à partir de septembre, avec sa copine, elles **iraient** au lycée à vélo.*

Can you work out what she actually said herself in the recording in exercise 1?

Gabi: "........"

1 📖 **Read the two poems and complete the exercises.**

a *Ce que nous avons*: choose the correct ending for each of the lines using a–h and then write out the complete poem.

> **Ce que nous avons**
>
> Nous avons les voitures mais nous n'avons …
> Nous avons du papier mais nous n'avons…
> Nous avons les maisons mais nous n'avons…
> Nous avons les hamburgers mais nous n'avons…
> Nous avons les bateaux mais nous n'avons…
> Nous avons les rues mais nous n'avons…
> Nous avons les usines mais nous n'avons…
> Nous avons le temps chaud mais nous n'avons…
> Nous avons les luxes mais notre planète va mal!

   a pas de mers propres,
   b pas d'air propre,
   c pas d'icebergs,
   d pas de campagne,
   e pas de couche d'ozone,
   f pas d'espaces pour jouer,
   g pas d'animaux sauvages,
   h pas d'arbres,

b *Qui est responsable?*: summarise the poem in English. What is the main point being made?

> **Qui l'a fait?**
>
> Il y a un trou dans le ciel,
> Les rayons de soleil nuisibles ont percé.
> Qui l'a fait? Pas moi!
> Les arbres sont morts,
> Il y a seulement de petites souches.
> Qui l'a fait? Pas moi!
> Les rivières sont polluées,
> Elles sont très sales et sentent mauvais.
> Qui l'a fait? Pas moi!
> Il y a de la pollution dans l'air,
> C'est le carnage des fleurs et des récoltes.
> Tu l'as fait? — Non!
> Alors, QUI L'A FAIT?

Poems adapted from texts by V. Bowles and D. Petriello,
Another World of Words, published by
Cambridgeshire County Council (1993).

c 🎧 **Listen to the poem *Ce que nous avons* and check you have written it in the correct order.**

2a ✏️ 💬 **Write a poem about the environment. If you prefer, you can write a song or an article for a magazine, a newspaper or the internet.**

b ✏️ 《》 **Write two or three slogans for an environmental organisation. Try to use the vocabulary and key phrases that you have learnt in this unit.**

Make a recording of your poem and your slogans. Perhaps you can listen to those of other members of the class.

3 📖 **Complete the text with words from the list.**

> choquants
> augmenter   grave   responsables
> réduire   consommation   moins polluantes
> gaz nocifs

Parce que la situation est grave un grand nombre de pays ont signé des traités internationaux: le protocole de Kyoto est le plus récent. Son objectif est de …….. la production de gaz à effet de serre.

C'est dans les pays riches que la consommation d'énergie et la production de …….. sont les plus élevées. Ces pays doivent donc trouver des méthodes de production …….. . Mais ce n'est ni facile, ni immédiat.

Dans les pays en train de se développer, comme la Chine et l'Inde, la production de CO_2, par exemple, risque d'augmenter très vite. Enfin les pays pauvres, très menacés par le changement climatique, ne se sentent pas …….. .

Quelques chiffres …….. : si tout le monde consommait comme les Français, trois planètes seraient nécessaires pour satisfaire la consommation mondiale! Et la …….. moyenne d'eau par habitant est dix fois plus élevée en Amérique du Nord qu'en Afrique.

> nocif/nocive   harmful

4 Read the following text about the future of the car and then copy and complete the paragraph below in English.

La voiture est un objet dont on connaît tous les défauts. Elle nuit à l'environnement, les gens s'en plaignent. Elle menace la planète, les gens le savent. Elle tue, elle blesse, elle est dangereuse, les gens en ont peur. Alors, va-t-elle disparaître? Rien n'est moins sûr. Beaucoup de personnes pourraient assez facilement s'en passer, c'est vrai. Mais les mentalités devront évoluer, car la voiture est synonyme d'indépendance et de confort. Enfin dans les campagnes, la voiture est un objet dont les habitants, isolés, ont besoin.

Dans les pays développés, on a les ressources nécessaires pour chercher et mettre en place des alternatives, mais tout le monde n'est pas prêt à changer ses habitudes. Alors, une seule solution pour l'avenir: la voiture devra devenir plus propre, moins bruyante, moins dangereuse…

se passer de	to do without
les mentalités	the way people think

People have contradictory feelings towards the car. On the one hand, they are well aware of its negative impact: …….. (mention 3 things).
On the other hand, cars symbolise …….. (2 details).
For those people who …….. (mention 1 thing), it would be difficult to do without the car.
Before alternatives can be successfully implemented, people need to …….. (1 detail).
The car of the future will have to …….. (mention 3 things).

5 Discuss the following questions with your partner:

- **Pour toi, est-ce que la voiture est un problème? Une menace pour l'environnement? Un outil absolument nécessaire? Dis ce que tu penses, et pourquoi. Donne des exemples.**
- **Est-ce que tu auras une voiture, plus tard? Quelle sorte de voiture? Pourquoi?**
- **Comment imagines-tu la voiture de l'avenir?**

6 This person is talking about Reunion Island. Listen to the recording and answer the questions in English.

1 Why is the flora of the island said to be exceptional?
2 What has made this possible?
3 How serious is the threat to the native flora and fauna?
4 What are the two main causes of danger?
5 Are the people of Reunion Island aware of the situation?

Vocabulaire

Les problèmes écologiques
La sécheresse/un ouragan a tué des milliers de victimes.
Un accident industriel/nucléaire a détruit des centaines de maisons.
La flore et la faune sont menacées.
La forêt amazonienne est en danger.
Les espèces rares risquent de disparaître.
La planète se réchauffe/les températures montent.
Il n'y a pas (suffisamment) d'eau potable.

Environmental problems
The drought/a hurricane has killed thousands of victims.
An industrial/nuclear accident has destroyed hundreds of houses.
The flora and the fauna are threatened.
The rainforest is in danger.
Rare species could disappear.
The planet is warming up/temperatures are rising.
There is not (sufficient) drinking water.

La pollution
L'air/la terre est pollué(e).
Les océans/les plages/les rivières sont pollué(e)s.
Les gaz d'échappement/les produits chimiques polluent l'atmosphère.
Il faut améliorer la qualité de l'air.
L'essence sans plomb est moins polluante.

Pollution
The air/the soil is polluted.
The oceans/the beaches/the rivers are polluted.
Exhaust gases/chemicals pollute the atmosphere.
Air quality must be improved.
Lead-free petrol is less polluting.

Le tourisme: avantages et inconvénients
Le tourisme affecte/a un impact sur…
  …l'environnement/la faune.
  …le mode de vie des populations locales.
Le tourisme de masse est une menace pour la nature/les cultures locales.
Le tourisme…
  …apporte du travail/de l'argent.
  …emploie des millions de personnes.
Aller à l'étranger/voyager c'est une expérience enrichissante.

Tourism: advantages and disadvantages
Tourism affects/has an impact on…
  …the environment/the fauna.
  …the way of life of local populations.
Mass tourism is a threat to nature/local cultures.
The tourist industry…
  …brings work/money.
  …employs millions of people.
Going abroad/travelling is a rewarding experience.

Les ressources naturelles
La consommation excessive épuise les ressources naturelles.
La nature est menacée.
L'eau potable est précieuse.
Des espèces sont en voie de disparition.
Les réserves de pétrole sont limitées.
Il faut/il faudrait…
  …économiser l'énergie/respecter l'environnement.
Il ne faut pas/faudrait pas…
  …gaspiller les ressources naturelles/nuire à l'environnement.

Natural resources
Natural resources are exhausted by excessive consumption.
Nature is under threat.
Drinking water is precious.
Some species are disappearing.
Oil reserves are limited.
We must/we should…
  …save energy/respect the environment.
We must not/we should not…
  …waste natural resources/harm the environment.

Les voitures: problèmes et solutions
C'est un danger pour les piétons.
Il y a toujours des embouteillages.
Le bruit de la circulation est insupportable.
Les gens se garent n'importe où.
Les parkings sont toujours pleins.
On ne peut pas circuler aux heures d'affluence.
On devrait…
  …améliorer les réseaux de transports en commun.
  …utiliser davantage les transports en commun.

Cars: problems and solutions
It is a danger to pedestrians.
There always are traffic jams.
The traffic noise is unbearable.
People park anywhere.
Car parks are always full.
In the rush hour, you cannot move.
We should…
  …improve public transport networks.
  …use public transport more.

À plus!

On ne devrait pas…
   …autoriser les voitures dans les centres-villes.
   …utiliser la voiture pour les petites distances.
On pourrait…
   …utiliser les parcs-relais.
   …construire des voitures moins polluantes.
   …partager sa voiture avec d'autres personnes.

We should not…
   …allow cars in the centre of towns.
   …use cars for short distances.
We could…
   …use the park and rides.
   …build less polluting cars.
   …share our car with other people.

Les problèmes locaux

Dans ma cité/mon quartier/ma rue/ma ville…
   …il y a quelquefois du vandalisme.
   …il n'y a plus beaucoup de commerces.
   …il n'y a rien pour les jeunes.
   …les gens jettent des ordures par terre.
   …les poubelles sont toujours trop pleines.
   …les transports en commun sont inexistants.
   …on est gênés par le bruit des voisins.
   …on n'a pas beaucoup d'espaces verts.
   …il y a du béton partout.
   …les enfants ne peuvent pas jouer en sécurité.

Local problems

On my housing estate/in my area/street/town…
   …we sometimes have vandalism.
   …there are no longer many shops.
   …there is nothing for young people.
   …people throw rubbish on the ground.
   …dustbins are always too full.
   …public transport is non-existent.
   …the noise from neighbours is a nuisance.
   …we do not have many green spaces.
   …there is concrete everywhere.
   …children cannot play safely.

Un environnement meilleur

Il y a beaucoup de zones piétonnes.
Il n'y a pas beaucoup de criminalité.
Il n'y a plus de papiers sales par terre.
Les alentours sont propres.
On a amélioré l'éclairage.
On a construit…
   …des pistes cyclables.
   …des terrains de jeux/de sport.
On a planté des arbres et des plantes.

A better environment

There are a lot of pedestrianised areas.
There is not much crime.
There are no longer dirty wrappers on the ground.
The surrounding area is clean.
Lighting has been improved.
They have built…
   …cycle tracks.
   …play areas/sports grounds.
They have planted trees and plants.

Des gestes utiles

Pour économiser l'énergie et les ressources naturelles…
   …je ferme le robinet.
   …j'éteins l'ordinateur et les lumières.
Il vaut mieux acheter des produits de saison.
On peut aussi…
   …baisser un peu le chauffage.
   …utiliser des ampoules de longue durée.
   …utiliser des énergies renouvelables.
On peut recycler…
…le carton/les emballages/le papier/le verre.
On a des conteneurs spéciaux pour les déchets verts/
   les objets en métal.
Pour lutter contre la pollution/protéger la nature…
   …il est préférable de choisir des produits bio.
   …il est conseillé d'acheter des produits recyclés.
   …il vaut mieux ne pas utiliser des produits nocifs.
   …nous porterons les piles au centre de recyclage.
   …nous utiliserons des sacs réutilisables pour faire les courses.

Helpful gestures

To save energy and natural resources…
   …I turn off the tap.
   …I switch off the computer and the lights.
It is better to buy products that are in season.
You can also…
   …turn the heating down a little.
   …use long-life bulbs.
   …use renewable energies.
You can recycle…
…cardboard/packaging/paper/glass.
There are special containers for green waste/
   metal objects.
To fight against pollution/protect nature…
   …it is preferable to choose organic products.
   …it is advisable to buy recycled products.
   …it is better not to use harmful products.
   …we will take batteries to the recycling point.
   …we will use re-usable bags to do our shopping.

Être responsable

1 Les jobs

☑ **Read and understand job adverts**

1 📖 **Regarde les annonces pour les jobs. Choisis les mots qui manquent parmi ceux dans la boîte et explique ton choix en anglais.**

coiffeur/ coiffeuse

serveur/ serveuse

jardinier/ jardinière

mécanicien/ mécanicienne

vendeur/ vendeuse

caissiers/ caissières

cuisiniers/ cuisinières

au pair

facteur

journaliste

secrétaire

professeurs

Annonces

1

Supermarché du coin recherche

????????.

- Bonne présentation.
- Expérience pas nécessaire.

Pour tous renseignements, tél. 02 19 41 66 57.

2

Restaurant du Vieux Marché.

Travail saisonnier.

Recherche d'urgence

????????.

Âge: plus de 18 ans.
Expérience nécessaire.

3

Office de tourisme

cherche **????????**

pour entretien du parc, avec connaissance des plantes.

À partir du 1er avril.
Envoyez CV et lettre.

4

Maison David

cherche

????????

pour les rayons homme et femme. Travail immédiat. Tél. au 04 24 71 28 11.

5

Vous avez déjà travaillé dans l'enseignement? Vous êtes patient? Vous cherchez un métier gratifiant? Vous cherchez un emploi à mi-temps?

Venez nous voir à l'Institut Extracours. Nous cherchons des

????????

dans toutes les matières.

6

Notre journal local recherche **????????** professionnel et expérimenté. Disponible immédiatement. Prêt à voyager.

7

Cherchons

????????

avec connaissance de langues étrangères, pendant les grandes vacances. Travail de bar près plage.

Écrire au journal, référence 8138.

8

Usine Renault. Cherche **????????** qualifiée, mi-temps, pour travail de bureau. Si ce poste vous intéresse, envoyez CV, lettre de motivation et photo.

9

Salon Marie **cherche**

????????

Pour l'été seulement.

Adressez-vous au patron.

10

Recherche **????????**.

Vous êtes matinal? Vous aimez travailler en plein air? Venez travailler avec nous!

Emploi permanent. Salaire intéressant.

11

Garage Peugeot offre apprentissage à plein temps et permanent.

????????, présentez-vous au garage Peugeot à partir de 14 h 00 toute cette semaine, rue du Château.

12

Cherchons **????????**.

Travail varié. Logement gratuit. Trois enfants.

Envoyez lettre et photo au journal, référence 7159.

À plus!

2 📖 **Regarde les annonces encore une fois et cherche ces expressions en français.**

send your CV and letter
varied work
part time
from 1st April
full time
a rewarding job
experience not necessary
knowledge of languages
well qualified
permanent job
available immediately
experienced
good salary
apply to the boss
training
smart
urgently required

3 🎧 **Écoute ces personnes qui expliquent comment elles ont trouvé leur job et remplis la grille.**

	Job	Trouvé comment?	Conditions	Détails supplémentaires
Madeleine			18 à 25 ans	
Pierre				
Juliette				
Alexis				
Nathalie				

❗ INFO PRONONCIATION

Past participle endings

The past participle of a verb in the perfect tense agrees, in gender and in number, with the direct object pronoun placed before the verb. Look at these examples:

● *Elle a choisi un CD et elle l'a acheté.*
● *Ma profession, je l'ai toujours aimée.*
● *Les examens? Je les ai finis.*
● *Les lettres? Ils les ont lues.*

Read the examples aloud. Does the addition of an 'e', 's' or 'es' at the end of the past participle alter its pronunciation? Check by listening to the recording.

Now listen to the following examples and repeat. Pay attention to the ending of the past participles.

● *J'ai choisi un CD et je l'ai offert à mon copain.*
● *C'est une longue lettre; ma mère l'a écrite ce matin.*
● *Les cadeaux? Nous les avons ouverts!*
● *Elle a choisi les cartes et elle les a écrites.*

What do you notice? Why do you think this happens?

The pronunciation of a past participle that ends in a consonant changes when it becomes feminine. Adding an 'e' or 'es' to it means that that consonant is sounded. Can you think of other verbs that will have to follow this pronunciation rule?

❗ QUESTION CULTURE

En France, les adolescents ont le droit d'avoir un travail dès l'âge de 14 ans à condition que les travaux à effectuer soient légers et ne soient pas pendant la nuit.

Si on a entre 14 et 16 ans, on a le droit de travailler pendant les vacances scolaires, et la période de travail ne doit pas dépasser la moitié des vacances.

À l'âge de 16 ans, on a plus de possibilités, mais il faut se limiter à 8 heures par jour et à 35 heures par semaine.

Tu as compris? En anglais, explique la loi sur le travail et les adolescents en France.

2 On pose sa candidature

☑ **Learn how to apply for a job**
☑ **Use impersonal verbs**

1 📖 **Véronique a posé sa candidature pour un emploi de caissière dans un supermarché. Lis sa lettre et réponds aux questions.**

> Monsieur,
>
> Je m'appelle Véronique Hervé, j'ai 16 ans et je suis étudiante au lycée Marcel Pagnol où je passe mon baccalauréat de langues. Je voudrais postuler pour le poste de caissière que vous offrez dans votre supermarché. Le poste m'intéresse beaucoup parce que j'aimerais travailler dans les relations publiques plus tard. J'ai déjà travaillé comme vendeuse dans une boulangerie pendant les vacances scolaires et maintenant je cherche un travail régulier. Je pense avoir les qualités nécessaires pour ce travail parce que je suis ponctuelle, très patiente et je m'adapte très bien aux nouvelles situations.
>
> Je serai libre à partir de 17 h 00 le lundi, le mercredi et le vendredi, et à partir de 16 h 00 le mardi et le jeudi.
>
> Si vous souhaitez une lettre de recommandation de la part de mon employeur actuel, vous pouvez le contacter à la boulangerie Duhamel, 16, rue de l'Horloge.
>
> Veuillez agréer, Monsieur, l'expression de mes sentiments distingués.
>
> Véronique Hervé

1 Qu'est-ce qui motive Véronique?
2 Quelles sont les qualités de Véronique?
3 Comment est-ce que le patron du supermarché peut se renseigner sur elle?
4 Elle travaille maintenant? Explique.
5 Qu'est-ce qu'elle a déjà fait comme travail?
6 Quand est-ce qu'elle sera disponible?

2 🎧 **Écoute une deuxième candidate — Céline Richard — pendant son entretien avec le patron du supermarché. Dans ton cahier, écris les titres "Âge", "Diplômes", "Matières étudiées", "Loisirs", "Qualités", "Langues", "Emplois précédents", "Disponibilité" et "Salaire" et note les détails donnés par Céline.**

Point grammaire

Impersonal verbs

Impersonal verbs are verbs that are only used in the third person singular (they only take the pronoun *il* as their subject). You have already met some of these:

Examples:
- *il pleut/neige*
  it is raining/snowing

- *il s'agit de...*
  it is about...

Another example is *il y a* (there is/there are), which exists only in the impersonal form.

Two other impersonal verbs were used in exercise 2: *valoir* and *falloir*.

Examples:
- *Il vaut mieux me contacter sur mon portable.*
  It is better to contact me on my mobile.

- *Il faut rendre votre badge.*
  You have to return your badge.

Il faut literally means 'it is necessary' and *il vaut mieux* means 'it is better to'.

3 💬 **Tu travailles dans une agence de recrutement. On téléphone pour avoir des renseignements sur les jobs ci-dessous. Donne des détails en français en suivant l'exemple.**

Exemple: Il y a un poste de mécanicien au garage Peugeot dans la rue de la Gare. Le salaire est bon. Il faut se présenter au garage entre 11 heures et 17 heures. Il faut avoir des diplômes. Il s'agit d'un poste permanent...

Sales assistant
Knowledge of languages desirable
Available straight away
Apply by phone

Hairdresser
Smart, experienced
Full time
Send CV

Waiter/waitress
For Saturdays and Sundays
Apply in person
Good references • Polite

À plus!

4 🎧 **Écoute ces six personnes qui parlent du travail qu'elles font maintenant et du travail qu'elles faisaient auparavant. Écris les titres "Métier actuel", "Métier précédent", "Pourquoi il/elle a changé" et "Un avantage du métier actuel" dans ton cahier et note les détails pour chaque personne.**

5 📖 🏫 **Dans ton cahier, écris les dix professions ci-dessous. Pour chacune, écris un aspect positif et un aspect négatif (selon toi). N'utilise pas la même phrase plus d'une fois.**

Exemple: *Médecin.*
Aspect positif:
on rend service
aux gens.
Aspect négatif:
on doit faire de
longues études.

médecin

chauffeur de taxi

serveur   électricien

infirmière   pompier

employé de bureau

journaliste   cuisinier

dentiste

On doit faire de longues études.

On travaille dans des conditions difficiles.

Certains clients peuvent être difficiles.

On doit se déplacer tout le temps.

C'est intéressant et varié.

On travaille dans un cadre agréable.

On peut avoir une promotion.

Il faut prendre ses propres décisions.

On a l'occasion de travailler en équipe.

C'est monotone; tous les jours se ressemblent.

On est obligé d'être patient avec les gens.

On doit rester enfermé toute la journée.

Il n'y a pas beaucoup de débouchés.

On est obligé de travailler avec les autres.

On n'a pas d'horaires réguliers.

À la fin de la journée, on est toujours libre.

On peut prendre des décisions importantes.

On travaille dans un environnement bruyant.

Ça permet de voyager.

On peut gagner un bon salaire.

On rend service aux gens.

C'est un travail calme.

On a peu de vacances et on ne choisit pas les dates.

On est en contact avec le public.

On doit travailler la nuit.

Ce n'est pas bien payé.

On peut travailler en plein air.

On peut varier ses heures.

On a la possibilité d'étudier.

3 Le chômage et les problèmes sociaux

✓ Talk about unemployment

✓ Talk about what is important to you

✓ Talk about your concerns

✓ Use *depuis* with the imperfect tense

✓ Use *lequel* as a relative pronoun

1 📖 **Lis les récits de ces ados qui ont connu les problèmes du chômage et réponds aux questions.**

Qui...

1 ...a perdu son emploi très jeune?

2 ...travaillait pour la même compagnie depuis longtemps?

3 ...a dû quitter sa région pour trouver du travail?

4 ...a dû déménager?

5 ...n'a plus pu partir en vacances?

6 ...a changé de caractère après avoir perdu son emploi?

7 ...ne cherche plus d'emploi?

8 ...a fait beaucoup d'efforts pour trouver du travail?

Martin *Mon père a perdu son emploi quand j'avais 15 ans. Il travaillait pour la même compagnie depuis 30 ans, mais on a vendu la compagnie à un Canadien qui l'a déménagée au Canada. Mon père avait 52 ans. Malheureusement, il n'a pas retrouvé d'emploi et on a dû renoncer aux vacances et à beaucoup d'autres choses — les cadeaux, les sorties, etc.*

Lise *Quand j'avais 10 ans, ma mère a été licenciée parce que le restaurant où elle préparait les repas depuis 15 ans a fermé. Et puisque je n'avais pas de père, on n'avait pas d'argent. Elle n'a pas pu payer le loyer; on a été obligés d'aller vivre avec ma grand-mère — on n'avait pas beaucoup de place.*

Sophie *Mon frère Christophe a perdu son emploi quand il n'avait que 26 ans. Il était employé dans une usine de meubles depuis presque 10 ans quand le patron a décidé de fermer. Plus de 100 employés ont été licenciés. Mon frère n'avait pas de diplômes et il est toujours au chômage. Il me semble déprimé: il ne sort presque jamais, il n'a plus d'énergie.*

Jean-Luc *Ma sœur était au chômage depuis 5 ans quand elle a trouvé un travail saisonnier dans le Midi. Elle n'a jamais eu de poste fixe. Elle a quitté le lycée sans avoir le bac, puis elle a cherché du travail dans la ville à côté de notre village, mais elle n'a pas de voiture et il y a très peu de transports publics ici. Tous les jours, elle regardait les annonces dans le journal. Elle s'est présentée à plusieurs entretiens, mais il y avait toujours un meilleur candidat! En ce moment, elle travaille dans un grand hôtel près de Toulouse; je pense qu'elle ne reviendra pas ici.*

Point grammaire

Using *depuis* with the imperfect tense

In Unit 1, there were examples of *depuis* used with the present tense (pp. 7 and 13). In the accounts given by Martin, Sophie, Lise and Jean-Luc, there are examples of *depuis* used with the **imperfect** tense. Read the examples below. Can you work out what the sentences mean?

• *Il travaillait pour la même compagnie depuis 30 ans.*
• *Elle préparait les repas depuis 15 ans.*
• *Ma sœur était au chômage depuis 5 ans.*

When *depuis* is used with the imperfect tense, it means that something 'had been happening' for a certain time.

Example:　*Il travaillait pour la même compagnie depuis 30 ans.*
　　　　　He had been working for the same company for 30 years.

2 🎧 **Écoute ces quatre chômeurs qui parlent de leurs problèmes. Remplis la grille et essaie d'écrire les phrases avec *depuis* et l'imparfait, puis explique-les en français.**

	Nombre d'années au travail	Raisons du chômage	Conséquences
Sophie			
Laurent			
Monsieur Lechat			
Michel			

À plus!

3 📖 **Qu'est-ce qui compte le plus pour toi? Es-tu inquiet/inquiète pour ton avenir et pour le monde? Lis les récits de ces adolescents qui répondent à ces deux questions pour un sondage, puis réponds aux questions.**

> **David** *Ce qui me donne le plus de soucis? Les contraintes scolaires, sans lesquelles je serais très heureux. Je trouve que dans le cadre scolaire, on n'est pas très compréhensif avec nous. On nous répète chaque jour qu'il faut absolument avoir le bac — ça me stresse plus qu'autre chose. Ce qui compte le plus pour moi, c'est ma mère et ma sœur — elles me soutiennent toujours. Le lycée mis à part, je suis heureux.*

> **Robert** *Personnellement, je suis très heureux. Quand on a de quoi manger, l'opportunité d'étudier, des amis, un logement, une famille, il n'y a pas de raison d'être malheureux. Mais ce qui m'inquiète quand même, ce sont les problèmes comme le SIDA, la pauvreté, la guerre, le racisme, les problèmes de l'environnement, avec lesquels on nous bombarde sans cesse à la télé et dans les journaux.*

1 Qui est stressé(e) à l'école?
2 Qui s'inquiète pour l'avenir du monde?
3 Qui n'a aucune idée du métier qu'elle veut faire?
4 Qui n'est pas content(e) avec sa famille?
5 Qui compte toujours sur sa famille?
6 Pourquoi est-ce que David en a marre du lycée?
7 Qu'est-ce qui inquiète le plus Robert?
8 Pourquoi est-ce qu'Annie est contente?
9 Quels sont les projets de Damien?
10 Quel est le problème mondial le plus mentionné?

4 🎧 **Écoute ces ados qui parlent de leurs soucis et de ce qui compte pour eux. Pour chaque personne, écris en anglais ce qui l'inquiète et ce qui compte le plus.**

5 💬 **Et toi? Tu as des inquiétudes? Réponds à ces questions, puis pose-les à tes copains de classe.**

1 Qu'est-ce qui t'inquiète le plus?
2 Qu'est-ce qui compte le plus pour toi?
3 Tu as confiance en toi?

> **Annie** *Je suis heureuse. J'adore avoir 16 ans car j'ai plein de liberté. Je peux découvrir de nouvelles choses, et à mon âge on n'a pas la responsabilité de payer le loyer, les factures etc. Par contre, comme beaucoup de mes copains, le SIDA, la crise du logement, le chômage et le racisme m'inquiètent pas mal.*

> **Delphine** *Ce qui compte le plus pour moi, c'est ma famille et mes amis. Oui, je suis un peu inquiète. Je m'inquiète pour mon avenir professionnel surtout. Je ne sais pas ce que je veux faire, et le stress à l'école me bouleverse de temps en temps.*

> **Damien** *C'est le détachement de ma famille qui me donne des soucis, et le milieu dans lequel je vis. On ne se parle pas; tout le monde se dispute. Mes frères, ma sœur, mes parents. En plus, on me gronde pour des choses bêtes — la couleur de mes cheveux, par exemple. On ne me donne pas de responsabilités et mes parents ne me laissent pas faire ce que je veux. Ce qui compte le plus, ce sont mes diplômes, avec lesquels je pourrai trouver un emploi et quitter ma famille. Dans la société, je n'aime voir ni l'inégalité ni le racisme.*

> **Fatima** *Mon plus grand souci, c'est l'argent! Je n'ai jamais assez d'argent; mes contraintes financières m'empêchent de sortir avec mes amis. En dehors de ça, c'est le racisme et le chômage qui m'inquiètent. Le plus important dans ma vie, c'est mes parents et, en ce moment, mes résultats scolaires — je veux avoir de très bonnes notes, avoir un bon travail et voyager un peu. Je suis tout à fait contente au collège et à la maison.*

 **Point grammaire**

Using *lequel* as a relative pronoun

Lequel means 'which' and is used as a relative pronoun after a preposition when the noun to which it relates is inanimate. It must agree with this noun. *Lequel* is the masculine singular, and the other forms are: *laquelle* (f), *lesquels* (m pl) and *lesquelles* (f pl).

Here are some examples taken from exercise 3:

● *le milieu dans lequel je vis*
the environment in which I live

● *les contraintes scolaires, sans lesquelles je serais très heureux*
school constraints, without which I would be very happy

4 Le tabac, l'alcool et la drogue

☑ **Talk about smoking and drugs**
☑ **Understand the consequences of addiction**

1 🎧 On a parlé du tabac avec un groupe de six adolescents. Écoute leurs réponses à la question "Est-ce que tu fumes?" et copie et remplis la grille.

	Combien?	Où?	Quand?	Pourquoi?	Un autre détail
1					
2					

2 📖 Que sais-tu au sujet des dangers tu tabagisme? Lesquels de ces faits sont vrais et lesquels sont faux? Sept sont vrais et trois sont faux.

1 Le tabac contient plus de dix substances cancérigènes.
2 Le tabagisme est responsable de 66 000 décès en France, soit plus d'un sur dix.
3 Pour un fumeur sur quatre, l'espérance de vie est réduite en moyenne de 10 ans.
4 Le tabagisme passif comporte des risques réels pour la santé.
5 La nicotine ne provoque aucune dépendance.
6 Le tabac tue moins de monde que toutes les autres drogues réunies.
7 Si on fume beaucoup, on risque de souffrir de maladies cardio-vasculaires.
8 Le risque de développer un cancer du poumon chez un non-fumeur augmente de 25% si son conjoint fume.
9 Depuis le 1er février 2007, il est interdit de fumer dans tous les lieux publics.
10 Le tabac ne diminue pas l'activité mentale.

3a 🖊 Imagine que tu essaies de persuader un(e) ami(e) d'arrêter de fumer. Range par ordre d'importance (selon toi) les raisons suivantes pour le/la persuader de ne plus fumer. Compare ta liste avec celle de ton/ta partenaire.

C'est un gaspillage d'argent.

La fumée est dangereuse pour ceux qui ne fument pas.

Le tabac est responsable de beaucoup de maladies, par exemple des cancers.

La nicotine est une drogue dangereuse.

On devient vite accro à la cigarette.

Il est difficile de s'arrêter.

C'est mauvais pour les poumons et la respiration.

La fumée pollue l'air.

b 🖊 Imagine qu'un(e) ami(e) essaie de te persuader d'arrêter de fumer. Range par ordre d'importance (selon toi) les raisons suivantes pour le/la convaincre que tu as de bonnes raisons de ne PAS t'arrêter. Compare ta liste avec celle de ton/ta partenaire.

J'ai l'air cool.

Je peux m'arrêter quand je veux.

Cela m'aide à me détendre.

Ça me donne du courage.

Je n'en fume que deux ou trois — ça ne me fait pas de mal.

Ça me fait du bien quand je suis stressé(e).

4 《》 À deux, lisez la conversation entre deux amis, un qui est fumeur, l'autre qui est non-fumeur. Relisez la conversation en changeant les mots en gras.

— Alors, Marc, tu fumes, n'est-ce pas?
— Oui, c'est vrai.
— Tu fumes beaucoup?
— À mon avis, non. **Cinq** ou **six** cigarettes par semaine.
— Tu avais quel âge quand tu as commencé?
— J'avais **treize** ans. J'ai commencé **par curiosité**, et maintenant **c'est une habitude.**
— Où est-ce que tu fumes le plus souvent?
— **Dans les boums**, je pense.
— Tes parents savent que tu fumes?
— Non, ça les mettrait en colère.
— Tu sais que **c'est dangereux pour la santé** et que **la nicotine rend accro**?
— Oui, mais **je vais bientôt arrêter**. Et toi, tu n'as jamais fumé?

À plus!

5 📝 **Écris un paragraphe pour un sondage national français qui demande aux adolescents de donner leur opinion sur les cigarettes.**

- Si tu fumes, mentionne quand tu as commencé, pourquoi, combien de cigarettes tu fumes maintenant et où, pourquoi tu continues de fumer, et si tu as l'intention d'arrêter un jour.
- Si tu ne fumes pas, mentionne si tu as déjà fumé, quand et pourquoi, et pourquoi tu n'a pas continué. Si tu n'as jamais fumé, dis pourquoi et mentionne quelqu'un qui fume.

6 📖 **Lis ce texte extrait d'un magazine pour adolescents où l'on parle de la drogue, puis réponds aux questions en anglais.**

Un faux bonheur

SELON UN SONDAGE RÉCENT, la curiosité, le désir d'être adulte, la pression des études, et les amis qui vous poussent à faire comme eux, se révèlent chez les adolescents comme quatre motivations qui expliquent pourquoi ils essaient la drogue.

Pourtant, la consommation de drogues expose à des risques imprévisibles: une seule expérience avec la drogue peut avoir des conséquences fatales.

Pour oublier un instant ses problèmes, on s'expose à une difficulté de concentration, à une déformation de la vision et de la réalité, à une modification du caractère, à une délinquance où le bien et le mal se confondent, et enfin à des maladies.

Paul, qui se droguait depuis 1 an, en est le témoin. « J'ai commencé par l'alcool, puis j'ai essayé la drogue qu'on m'a offerte à une boum, et peu après je suis devenu accro. À cause de mon addiction, j'ai volé de l'argent, même à ma famille. Je me détestais. Un jour, mon amie Sarah est morte de son addiction. À ce moment-là, j'ai su qu'il fallait que je m'arrête parce que je ne voulais pas finir comme elle. »

1 What are the four main reasons given for taking drugs for the first time?

2 Name five of the consequences of taking drugs.

3 What were the consequences of Paul's addiction?

4 What made him want to give up his addiction?

❗ QUESTIONS CULTURE

En France, comme dans presque tous les pays, le gouvernement essaie d'aider les adolescents et les adultes à comprendre les conséquences de leur addiction et d'offrir un certain soutien s'il y a besoin. Il y a par exemple des sites internet qui sont très utiles. En voici quelques-uns:

- www.tabac-info.net
- http://tabac-net.aphp.fr/
- www.sante-jeunesse-sports.gouv.fr/
- www.drogues.gouv.fr

En les regardant, tu trouveras plus d'informations sur le tabac et la drogue.

Est-ce que tu connais des sites anglais qui pourraient te conseiller et te renseigner sur les dangers du tabac et de la drogue?

7a 📖 **Lis les textes suivants, puis, en anglais, fais un résumé en utilisant ces titres: "Drinking alcohol is seen as a social activity" and "Drinking alcohol can have devastating consequences".**

L'alcool, ami ou ennemi?

> Je le plains. Son père est alcoolique et on l'a licencié parce qu'il était incapable de faire son travail. C'est toute la famille qui souffre.

> Mon père achète toujours une bouteille de vin et du champagne quand il y a un anniversaire dans la famille. C'est sympa!

> Chez nous, on a toujours bu un peu de vin avec les repas. Ça ne veut pas dire qu'on est des alcooliques!

> Son frère était doué pour les études. Mais il s'est mis à boire et à négliger son travail. Du coup, il a raté tous ses examens.

> Beaucoup de jeunes ne pensent qu'à boire. Moi, je ne comprends pas cette mentalité. Pour s'amuser, il n'y a pas besoin de se saouler!

> Sa mère était alcoolique. Un jour en arrivant chez lui, il l'a trouvée morte par terre. Il n'arrive pas à l'oublier.

> Avant, il était drôle. Depuis qu'il boit, il est devenu désagréable, violent même. Il ment à sa famille et on ne peut plus compter sur lui.

> Nous, quand on sort, il y a toujours quelqu'un dans le groupe qui ne boit pas d'alcool. Avec un conducteur désigné, les autres peuvent faire la fête tranquilles!

> Moi, quand j'ai vu mon copain ivre, je l'ai quitté. Je ne veux pas être malheureuse à cause de quelqu'un qui ne sait pas se contrôler!

b 📝 **Et toi? Réponds à ces questions.**

1 Est-ce que tu bois de l'alcool? Quand? Explique.

2 À ton avis, c'est dangereux? Donne un exemple.

1 🎧 **Écoute ces gens qui parlent de leurs conditions de travail. Pour chaque personne, écris une chose qui lui plaît et une chose qui ne lui plaît pas.**

2 ✏️ 💬 **Tu as vu une annonce pour plusieurs emplois différents dans un centre commercial de ta ville. Tu téléphones pour te renseigner. On te demande de laisser un message sur le répondeur en donnant ton nom, ton âge, ton numéro de téléphone, le poste qui t'intéresse, ton expérience, ta disponibilité, des détails sur ton caractère et tes qualités, et les heures auxquelles on peut te contacter. Prépare ta réponse et lis-la à ton prof.**

3 💬 **Quelques jours après, on t'invite à aller passer un entretien. Ton professeur te donne une liste de questions qu'on va peut-être te poser. Lis et réponds aux questions avec ton/ta partenaire.**

  1 Comment vous appelez-vous?
  2 Quel âge avez-vous?
  3 Qu'est-ce que vous étudiez?
  4 Quels sont vos passe-temps?
  5 Avez-vous déjà travaillé?
  6 Quelles sont vos qualités?
  7 Quels sont vos traits de caractère?
  8 Quand est-ce que vous serez libre pour commencer?

4 🎧 **La plupart des jeunes ont mentionné le racisme et l'inégalité comme préoccupations. Écoute ces adolescents qui parlent de ces deux problèmes, puis réponds aux questions en anglais.**

  1 In what way does Coralie think males and females have equal opportunities at school?
  2 What opportunity will she have that her mother did not have?
  3 In what way does Julien think that things are equal for girls and boys?
  4 What was difficult for his mother?
  5 What reason does he give for this?
  6 According to Ahmed, what percentage of the French population was not born in France?
  7 What evidence does Ahmed give to support his family's integration into the French way of life?
  8 In what way does Alima consider herself fortunate (two details)?

5 📖 **Read this article on one of the repercussions of unemployment or having low wages. Answer the questions in English.**

Médecins du monde

Une des conséquences la plus bouleversante du chômage est le manque d'argent pour le loyer mensuel. Nombreux sont ceux qui se retrouvent sans logement: on les appelle les "sans-abri" ou les "SDF" (sans domicile fixe). En France, le nombre de sans-abri s'élève à plus de 86 500. Parmi ces statistiques, il faut compter 86% de mineurs (enfants de moins de 16 ans). Il est inquiétant de constater que même des travailleurs à bas salaire sont des SDF.

La mission SDF lancée par l'association Médecins du monde remonte à l'hiver 1993. Un froid intense s'était installé dans la capitale; un groupe de SDF s'est dirigé vers la station de métro Saint-Martin pour y chercher refuge. Le groupe est devenu si important que la station a dû fermer. Le lendemain, Médecins du monde a élevé une tente pour renseigner les SDF sur leurs droits aux soins médicaux et pour les emmener à des foyers d'urgence.

Depuis ce jour-là, Médecins du monde agit pour les SDF, en demandant plus de places d'hébergement et en les accompagnant vers les foyers, surtout en hiver.

Malgré les efforts de l'organisation et les mesures qu'on a prises pour offrir plus de places dans les centres d'hébergement, nombreux sont ceux qui se retrouvent sur les trottoirs la nuit. Médecins du monde a distribué des centaines de tentes aux sans-abri à Paris pendant l'hiver 2005–2006 pour les protéger contre le froid, une opération qu'on a nommée "À défaut d'un toit, une toile de tente".

  1 Who are the *sans-abri*, or *SDF*?
  2 What alarming statistic is given in the first paragraph?
  3 What events led to the help given by *Médecins du monde*?
  4 What immediate help did MDM offer?
  5 What has MDM done since then?
  6 What happened during the winter of 2005–2006?
  7 Explain the sentence 'À *défaut d'un toit, une toile de tente*'.

À plus!

6 📖 Choisis le bon titre pour chaque paragraphe.

a Qu'est-ce que c'est, un "immigré"?

b Comment le racisme se manifeste-t-il?

c Victime du racisme

d Le racisme existe même dans le sport

e Qu'est-ce que c'est que le racisme?

f Comment combattre le racisme?

g Est-ce qu'on accepte les mariages mixtes?

1 C'est le comportement hostile contre quelqu'un qui a des caractéristiques — soit sociales soit culturelles — différentes de ses caractéristiques à soi.

2 Le 9 juin, Nabila Rahmon, 19 ans, est morte des suites de tortures infligées sur plusieurs mois par des jeunes âgés de 17 à 19 ans.

3 Paroles, mise à pied, actes de violences, meurtres, violences physiques, incendies, graffitis.

4 Respecter les autres; traiter les autres comme tu voudrais qu'on te traite; éviter de juger les autres; essayer de comprendre les différences.

5 Une personne qui réside dans un pays où elle n'est pas née.

6 Les joueurs de l'équipe d'Angleterre, battue dans un match de football contre l'Espagne, ont été la cible de certains Espagnols.

7 On me jette des regards en biais et on chuchote quand je sors avec mon mari, qui est originaire du Pakistan.

7 🎧 L'adolescence est quelquefois une période difficile, mais ça peut être aussi une période passion-nante et pleine d'optimisme. Qu'est-ce qui te rend heureux? Écoute Fabien, Faly, Brieuc, André et Gabi qui parlent de ce qui les rend heureux, et note des détails en français.

Exemple: Fabien — une partie de foot.

8 💬 Regarde la photo et réponds aux questions.

1 Où a-t-on pris cette photo?

2 Imagine que tu es une des quatre personnes de la photo. Comment te sentais-tu ce jour-là? Pourquoi?

3 Quels sont les meilleurs moments de la semaine pour toi?

4 Tu es optimiste? Explique ta réponse.

5 Qu'est-ce qui te rend heureux/heureuse?

6 Quels seront, selon toi, les avantages d'être adulte?

9 📖 Read what these four young people say about helping others. Decide which of the statements are true and correct those that are false.

Julien *Moi, je travaille comme volontaire dans un magasin qui vend des vêtements d'occasion. Notre profit va à la Croix–Rouge pour les gens des pays en voie de développement. Je ne reçois pas d'argent, mais je suis content de savoir que ce que je fais compte un peu! Il est très important de faire quelque chose pour les gens démunis.*

Carole *Je ne fais pas grand-chose pour aider les autres, mais à l'école on organise des événements pour collecter des fonds. L'année dernière, on a préparé des gâteaux à la maison, puis on les a vendus pendant la récréation. On a donné l'argent à une association pour la recherche sur le cancer.*

Alain *Cette année, on va nous sponsoriser pour passer toute une journée sans parler et l'argent sera envoyé à une association caritative qui s'occupe de personnes âgées.*

Lucas *Tous les samedis, moi, je vais à un centre pour enfants handicapés et j'aide les adultes qui s'occupent des enfants en jouant avec eux. Le week-end dernier, on est allés à la plage. Il est très important d'aider ceux qui n'ont pas autant de chance que nous.*

1 Julien receives money for his work in the shop.

2 Carole does the least to help other people.

3 Alain is giving details about an event he took part in recently.

4 Lucas thinks it is important to help others because it will help him in the future.

5 Julien works in a shop that sells new clothes.

6 Alain's class is taking part in a sponsored silence.

7 The money raised in Carole's school will go to a cancer charity.

8 The money raised in Alain's school will help the homeless.

Vocabulaire

On cherche du travail

On cherche (d'urgence)…
   …coiffeurs/serveurs/secrétaires/
   vendeurs/caissiers/mécaniciens.
bonne présentation/expérience nécessaire
connaissance de langues
expérimenté(e)/disponible immédiatement/prêt(e) à voyager/
   qualifié(e)/permis de conduire
travail saisonnier/immédiat/à mi-temps/à plein temps/varié
Adressez-vous à…/Présentez-vous à…
Précisez vos diplômes.

Looking for work

We are (urgently) looking for…
   …hairdressers/waiters/secretaries/
   sales assistants/till operators/mechanics.
smart appearance/experience necessary
knowledge of languages
experienced/available immediately/ready to travel/
   qualified/driving licence
seasonal/immediate/part-time/full-time/varied work
Apply to…/apply in person to…
Give details of your qualifications.

On pose sa candidature

Je suis très intéressé(e) par ce poste.
J'aime beaucoup les gens.
J'ai déjà fait un stage/travaillé.
Je serai disponible…
Je voudrais postuler/poser ma candidature pour ce poste.
Je cherche un poste fixe/du travail régulier.
J'ai les qualités nécessaires.

Applying for a job

I am very interested in this position.
I like people a lot.
I have already done work experience/worked.
I will be available…
I would like to apply/put my name forward for this post.
I am looking for a permanent job/regular work.
I have the necessary qualities.

Les avantages et les inconvénients des emplois

On a beaucoup/peu de vacances.
C'est un travail ennuyeux/monotone/intéressant/varié.
On travaille…
   …dans un environnement calme/avec le public/en plein air.
On rend service aux gens.
On peut/Ça vous permet de/d'…
   …gagner un bon salaire/avoir une promotion/étudier/
   varier ses heures/voyager/travailler en équipe/
   prendre ses propres décisions.

Advantages and disadvantages of jobs

You have lots of/few holidays.
It is a boring/monotonous/interesting/varied job.
You work…
   … in a quiet environment/with the public/outside.
You help people.
You can/It allows (enables) you to…
   …earn a good salary/be promoted/study/
   vary your hours/travel/work in a team/
   make your own decisions.

On parle du chômage

Il a perdu son emploi/travail.
Il a été licencié.
Il est au chômage.
Je me suis inscrit au chômage.
J'ai dû quitter mon appartement.
On a dû renoncer aux vacances.
On n'a pas pu payer le loyer.
On a été obligés de…
On doit…
   …être prêt à quitter sa région/
   travailler le week-end/bien préparer son CV/
   bien se préparer pour l'entretien/
   faire des stages différents/
   obtenir beaucoup de diplômes/
   avoir des compétences en informatique.

Talking about unemployment

He has lost his job.
He was made redundant.
He is unemployed.
I signed on to the unemployment register.
I had to leave my flat.
We had to give up our holidays.
We could not pay the rent.
We had to…
You need to…
   …be prepared to leave your area/
   work at weekends/prepare your CV well/
   prepare yourself well for the interview/
   do different work experience/
   get a lot of qualifications/
   have ICT skills.

À plus!

On parle des addictions

Le tabac est…

    …nocif/responsable de beaucoup de maladies/
    mauvais pour les poumons/la respiration.

Le tabagisme peut vous tuer/vous donner le cancer.

L'espérance de vie est réduite.

On devient vite accro à la cigarette.

Le tabagisme passif comporte des risques pour la santé.

La fumée pollue l'air.

Ça me fait du bien quand je suis stressé(e).

J'ai l'air cool.

Je peux m'arrêter quand je veux.

Je fume…

    …cinq cigarettes par jour/par plaisir/en cachette/
    dans les boums/par ennui/pour être comme mes amis.

J'ai commencé quand j'avais 14 ans/par curiosité.

Je suis devenu accro.

C'est une habitude.

Je n'aime pas le goût/la fumée.

Talking about addictions

Tobacco is…

    …harmful/responsible for a lot of illnesses/
    bad for the lungs/breathing.

Tobacco addiction can kill you/give you cancer.

Life expectancy is reduced.

You can quickly become addicted to cigarettes.

Passive smoking has risks for health.

Smoke pollutes the air.

It does me good when I am stressed.

It makes me look cool.

I can stop when I want to.

I smoke…

    …five cigarettes a day/for pleasure/in secret/
    at parties/out of boredom/to be like my friends.

I started when I was 14/out of curiosity.

I became addicted.

It is a habit.

I don't like the taste/the smoke.

Qu'est-ce qui compte pour toi?

Ce qui compte le plus, c'est…

Je m'inquiète pour…

Ma plus grande inquiétude, c'est la pauvreté/le SIDA/
    la crise du logement/le chômage/le racisme/l'inégalité.

Tu as des soucis?

Les profs devraient être plus compréhensifs.

Je manque de confiance en moi.

J'ai des difficultés à me faire des amis.

On ne me donne pas de liberté.

What's important for you?

What counts most for me is…

I worry about…

My greatest concern is poverty/AIDS/
    the housing crisis/unemployment/racism/inequality.

Do you have any worries?

Teachers should be more understanding.

I lack self-confidence.

I find it difficult to make friends.

I'm not given any freedom.

On parle de l'égalité et du racisme

Il est d'origine étrangère.

Le racisme existe…

    …dans le sport/au collège/dans le cadre du travail.

Pour combattre le racisme, il faut…

    …respecter les autres/accepter les mariages mixtes/
    bien traiter les autres/éviter de juger/
    essayer de comprendre les différences culturelles.

Le racisme se manifeste avec…

    …des paroles/des actes de violence/
    des meurtres/des graffitis.

Les filles sont traitées de manière égale.

On vit dans une société égalitaire?

Talking about equality and racism

He is of foreign origin.

Racism exists…

    …in sport/at school/at work.

To combat racism, we need to…

    …respect others/accept mixed marriages/
    treat others well/avoid judging/
    try to understand cultural differences.

Racism is seen through…

    …words/acts of violence/
murders/graffiti.

Girls are treated equally.

Do we live in an equal society?

Qu'est-ce qui te rend heureux?

Je me sens heureux quand…

Je me sens libre de toute préoccupation.

Le meilleur moment de la semaine, c'est…

Je suis content de…

What makes you happy?

I feel happy when…

I feel free from all worries.

The best moment in the week is…

I am happy with…

L'école, c'est pour quoi faire?

1 La même école pour tout le monde?

> ☑ **Discuss different types of schools**
>
> ☑ **Give reasons for choosing a school**
>
> ☑ **Use verbs followed by an infinitive**

1a 🎧 **Manu, Thierry et Philippe parlent de leur école. C'est quelle(s) personne(s)?**

1 Il va dans une école privée.
2 Son école est très académique.
3 Il a choisi cette école pour se spécialiser.
4 Son école est mixte.
5 Il est demi-pensionnaire.
6 Il prend le car de ramassage pour y aller.

le car de ramassage	school bus

b 🎧 **Écoute encore. Pour chaque école, note deux détails supplémentaires.**

2a 📖 **On a répondu à la question: « Pourquoi avez-vous choisi cette école? » Classe les raisons de la plus importante (n° 1) à la moins importante (n° 9) (à ton avis).**

a Je voulais être avec tous mes copains.
b C'est un collège qui a bonne réputation.
c On dit que les résultats scolaires sont bons.
d Mon frère aîné y était déjà allé. Et ça s'est bien passé.
e On a un car de ramassage pour y aller.
f Les installations sportives y sont vraiment bonnes.
g C'est le seul collège du coin. On n'a pas le choix.
h Mes parents travaillent à l'étranger, donc je suis obligé d'être pensionnaire.
i Il n'y a pas de problèmes de discipline importants.

b 💬 **Lis et compare ta liste à la liste de ton/ta partenaire. Vous êtes d'accord? Justifie tes choix pour les raisons numéros 1 et 9 à ton/ta partenaire.**

🛈 *Conseil!*

Answering listening questions

In an exam, look at the mark scheme. The number of marks allocated to the question may be higher or lower than the number of statements. This means that some statements may be used more than once or not at all. (Here, the addition of an "s" in the question *C'est quelle(s) personne(s)?* seems to indicate that some statements may apply to more than one person.)

Point *grammaire*

Verbs followed by an infinitive

Infinitives are often used to complement other verbs. In French, the infinitive can either follow the verb directly or be linked to the verb by a preposition, mostly *à* or *de*. This can be tricky for English speakers, because an English infinitive is always associated with the preposition 'to'.

Look at these examples:

*Je **dois parler** anglais, mais je préfère l'espagnol.*
I have to speak English, but I prefer Spanish.

*Je **suis obligé d'être** pensionnaire.*
I have to go to boarding school.

*Elle **a réussi à finir** son travail.*
She managed to finish her work.

As you work through this unit, look out for examples of these verbs, and build up your own list with examples.

3a 🏫 **Est-ce que tu peux penser à d'autres motifs dans le choix d'une école? Fais une liste.**

b 🏫 **Qui a choisi ton collège, toi ou tes parents? Pour quelles raisons? Explique!**

4 📖 **Nadia a écrit cet article pour le magazine de son collège. Lis l'article et réponds aux questions.**

J'ai passé une semaine très intéressante chez ma correspondante anglaise, Emily. Pour beaucoup de choses, sa vie ressemble beaucoup à la mienne. Mais pour ce qui est de l'éducation, son école et mon école, c'est le jour et la nuit! Elle va dans une école privée pour filles, moi dans une école publique mixte. Son école est très ancienne, mais les installations sportives y sont plus modernes que dans mon école. L'ambiance y est complètement différente, c'est plus formel, et il y a beaucoup moins de bruit.

Emily dit que ses parents l'envoient à cette école parce que d'après eux, sans les garçons les filles ont de meilleurs résultats aux examens parce qu'elles peuvent se concentrer sur leur travail. Et aussi parce que dans cette école, il y a beaucoup moins d'élèves par classe. Mais moi, je trouve que c'est dommage de séparer les garçons et les filles. Dans la vie, on n'est pas séparés! Et je n'ai pas du tout aimé son uniforme, que ses parents trouvent si chic! Je suis plus à l'aise dans mon jean!

1 Donne trois des différences mentionnées entre l'école de Nadia et celle d'Emily.
2 Qui pense qu'une école pour filles est mieux qu'une école mixte pour Emily? Pour quelles raisons?
3 Pourquoi est-ce que Nadia n'est pas d'accord?
4 Sur quel autre point Nadia n'est-elle pas d'accord avec les parents d'Emily? Pourquoi?

5 🎧 **Nadia parle encore de l'école de sa correspondante anglaise. Réponds aux questions.**

1 What did Nadia like about assemblies? Give one example.
2 Why did she like that?
3 What did she not like about assemblies?
4 Why was this a new experience for her?
5 What is the situation at her school?
6 Why is this not a problem, in her view?

6 💬 **Es-tu d'accord avec Nadia? Qu'est-ce que tu penses d'une école:**
- **où il n'y a que des filles (ou que des garçons)?**
- **où les étudiants peuvent aller en cours en jeans?**
- **où il y a moins d'élèves par classe?**
- **où il n'y a pas d'assemblées?**

Justifie tes réponses.

❗ QUESTIONS CULTURE

French state schools are *laïque*, i.e. they deliver no religious education. Students are required not to show any signs of their religious beliefs, such as wearing specific items of clothing, crosses etc. Can you think of any advantages/disadvantages to this situation?

At the same time, the school week is arranged in a way that allows students time off for religious education outside school. Do you know when this takes place?

❗ *Conseil!*
Answering listening questions in English

- When your understanding of a French script is tested through questions in English, the recorded script can be quite difficult.
- Reading the English questions first will help you form an idea of what the text is about. It will also give you some pointers. (For example, in question 4 in exercise 5 you could ask yourself what, in a school assembly, could possibly constitute 'a new experience' for a French visitor.)
- Listen for key words or phrases. (In questions 1 and 3, listen for verbs or phrases expressing likes/dislikes. For questions asking 'why?', listen for '*Pourquoi/parce que*'.)
- The first time you hear the recording, start taking notes in rough. You can complete your notes after the second hearing, and then formulate a clear and comprehensive answer.
- Don't forget to answer in English; no marks are scored for an appropriate answer given in French.

2 École ou formation professionnelle?

☑ **Discuss further education and training, and reasons for choices made**

☑ **Learn the present subjunctive**

1a 📖 **Quelles options pour les collégiens Français? Étudie le schéma et réponds aux questions.**

formation	training
une filière	pathway
pro	abbreviation for professionnel

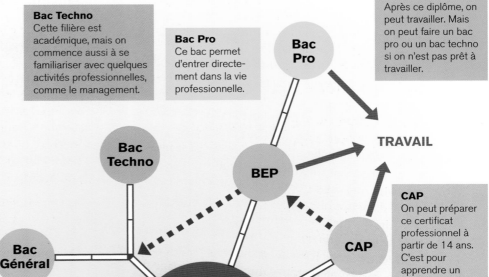

Bac Techno
Cette filière est académique, mais on commence aussi à se familiariser avec quelques activités professionnelles, comme le management.

Bac Pro
Ce bac permet d'entrer directement dans la vie professionnelle.

BEP
Après ce diplôme, on peut travailler. Mais on peut faire un bac pro ou un bac techno si on n'est pas prêt à travailler.

CAP
On peut préparer ce certificat professionnel à partir de 14 ans. C'est pour apprendre un métier précis.

Bac Général
Pour les plus académiques, qui veulent faire plusieurs années d'études après le bac sans se spécialiser.

☐ = 1 an

TRAVAIL

3ème

1 Quel bac demande le plus d'années d'études?
2 Si on a envie d'aller à l'université plus tard, quel(s) bac(s) doit-on préparer?
3 Quel bac permet de travailler tout de suite?
4 Quel diplôme demande le moins d'années d'études?
5 Après un BEP, quelles options a un étudiant?

b 📖 **Regarde encore le schéma et choisis la meilleure solution pour chaque étudiant.**

Karim ne se fatigue jamais d'étudier. Apprendre, lire, il adore ça. Il a toujours eu de bons résultats, alors pourquoi pas continuer? Il décidera plus tard quelle profession l'intéresse.

Marion en a marre d'aller à l'école. Les maths, la science, ça sert à quoi, tout ça? Ce sont des choses dont elle n'a pas besoin! Son rêve, c'est de commencer à travailler le plus tôt possible.

Benoît n'a que 14 ans, mais il sait qu'il ne veut pas passer sa vie à étudier. Il comprend qu'il est important d'avoir de bonnes qualifications, donc il ira jusqu'au bac, mais pas plus.

Anne-Marie travaille bien au collège, on lui conseille donc de continuer ses études. Elle a toujours aimé organiser les autres, et prendre des décisions, donc ce bac-là est une bonne idée pour elle.

2a 🎧 **Écoute Fabien, Yoan et Patrick. Note en anglais ce qu'ils ont choisi d'étudier au lycée.**

b 🎧 **Quelles raisons donnent-ils pour leur choix? Prends des notes en anglais.**

> ❗ **QUESTIONS CULTURE**
>
> If you were studying in France, which pathway would you choose and why?
>
> There are lots of different possible combinations of subjects and studies within each pathway, for example 3 types of *Bac Général*, 8 different *Bac Techno* and, in theory, some 60 *Bac Pro*. Research the different options on www.education.gouv.fr and then review your choice.

3 《》 **Discute avec un(e) partenaire. À ton avis, qu'est-ce qui est le plus important: choisir des matières qu'on aime, ou des matières qui seront utiles pour trouver un emploi? Donne un exemple pour expliquer.**

4a 🎧 **Écoute Gabi. C'est vrai (V), faux (F), ou pas mentionné (PM)?**

1 Elle ne veut pas étudier pendant très longtemps.
2 Elle a aimé son stage en entreprise.
3 Elle connaît quelqu'un qui pourra l'aider.
4 Elle fera un apprentissage.
5 Elle préfère un environnement plus adulte.

b 🎧 **Note cinq détails supplémentaires.**

5 📖 **Choisir son avenir, quel stress! Lis le récit de Matthieu, et réponds aux questions en anglais.**

Mon rêve, c'est de faire des études d'art. Mais mes parents disent qu'avec ça, je n'aurai pas un métier sûr. Ils craignent que je ne réussisse pas à gagner ma vie. Mon père veut que je choisisse plutôt des matières scientifiques.

Mes parents me poussent à aller à l'université parce qu'ils n'ont pas pu y aller, eux. Ils souhaitent que mes frères et moi nous continuions nos études pour avoir de meilleures qualifications.

Mais moi, l'université, ça ne m'intéresse pas. Je suis allé voir le conseiller d'orientation. Il s'est étonné que mon père ne comprenne pas que c'est important de faire des matières qu'on aime. Il m'a donné des adresses et des brochures à consulter. Je vais préparer un dossier et tout faire pour convaincre mes parents!

craindre	to fear
souhaiter	to wish
convaincre	to convince

1 Why don't Matthieu's parents agree with his choice of studies?
2 What would they prefer him to do, and why? Give two reasons.
3 How determined to follow his chosen pathway is Matthieu?
4 How was the careers adviser helpful?

Point *grammaire*

Introduction to the present subjunctive

In exercise 5, Matthieu writes:

*Mon père **veut** que je choisisse des matières scientifiques.*

*Mes parents **craignent** que je ne réussisse pas à gagner ma vie.*

*Ils **souhaitent** que nous continuions nos études.*

*Il **s'est étonné** que mon père ne comprenne pas…*

The underlined verbs are in a form that you have not seen before, called the present subjunctive. The present tense, with which you are familiar, would be *je choisis, je ne réussis pas, nous continuons* and *il ne comprend pas*.

Look at the verbs in bold. They express a wish, a fear or a surprise, i.e. the subjects of these verbs (the father, the parents, the careers teacher) wish, fear or are surprised at the action or event described by the underlined verb that follows.

Because the underlined verbs are in the subjunctive, we understand that they describe an event as viewed by the subject of the first verb, here with fear, surprise or as a wish. The subjunctive can in fact be used after verbs or phrases expressing many other views or feelings, such as doubt, possibility, necessity and regret.

To form the present subjunctive, take the *ils* form of the normal present tense, and take away *ent*. Then add the following endings:

-e, -es, -e, -ions, -iez, -ent

Examples:

Ils jouent.	*Il veut que vous jouiez avec lui.*
Ils finissent.	*Je crains qu'elle ne finisse pas.*
Ils vendent.	*Il s'étonne que je vende ma voiture.*

6 💬 **Discute avec un(e) partenaire:**
● **Tu sais ce que tu veux étudier plus tard?**
● **Tes parents sont d'accord? Pourquoi?**
● **C'est stressant de décider ce que tu vas faire à l'avenir? Pourquoi?**

3 La vie au collège, c'est comment?

☑ **Talk about school and college issues**

☑ **Learn more about the subjunctive**

1 🎧 **Cinq étudiants parlent des problèmes au collège. Trouve le sujet dont ils parlent (à gauche) et la description donnée (à droite). Attention, on parle de cinq sujets seulement!**

a Avant d'écouter l'enregistrement, essaie de deviner les réponses.

1 Le règlement	**a** En mauvais état
2 Les professeurs	**b** Trop strict
3 La discipline	**c** Injuste
4 L'ambiance	**d** Insuffisante
5 L'équipement	**e** Indifférents
6 Les bâtiments	**f** Pas très agréables

b Écoute et vérifie.

c Écoute encore et justifie les réponses correctes en anglais.

Exemple: 1 — When it rains, students are out in the playground, whereas the teachers can keep dry in the staffroom.

2 📖 **Nadia explique pourquoi elle n'aime pas l'uniforme de sa correspondante.**

Les parents d'Emily trouvent que son uniforme est élégant, mais moi je l'ai trouvé démodé. Les couleurs ne sont pas mal, mais il faut qu'Emily aille à l'école en jupe! C'est incroyable, mais elle n'a pas le droit de porter un pantalon. Et en plus, il faut qu'elle porte une cravate. Ce n'est pas confortable du tout! Et puis une fille, avec une cravate?

Emily dit qu'un uniforme, c'est facile et pratique. Elle dit que le matin, elle ne perd pas de temps à choisir ses vêtements. Ça, c'est vrai. Mais pour moi, mettre les mêmes vêtements tous les jours, pendant 5 ans, c'est horrible. Tout à fait impensable!

Emily dit que si l'uniforme est obligatoire, c'est pour que tous les étudiants soient égaux. Moi je ne voudrais pas être habillée comme les autres. Je trouve que l'identité personnelle, c'est très important. Ses parents disent que l'uniforme, c'est bon pour la discipline, mais moi je ne suis pas sûre que ça ait beaucoup d'importance. Je pense que ça ne fait aucune différence.

Avantages	Inconvénients

3 💬 **Travaille avec un(e) partenaire. Prends des notes:**
- **Fais la description de ton uniforme scolaire.**
- **Qu'est-ce que tu penses de ton uniforme?**
- **À ton avis, est-ce que l'uniforme scolaire est une bonne idée? Pourquoi?**

Point *grammaire*

More about the present subjunctive

Look at these examples:

*Il faut qu'Emily **aille** à l'école en jupe.*
Emily must go to school in a skirt.

*C'est pour que tous les étudiants **soient** égaux.*
It is so that all students are equal.

*Je ne suis pas sûre que ça **ait** beaucoup d'importance.*
I am not sure that it is important.

The verbs in bold are all in the present subjunctive.

Here, the subjunctive is used after the phrases *il faut que* (expressing a necessity), *je ne suis pas sûr que* (expressing a doubt) and *pour que* (expressing a goal).

These verbs (*aller/être/avoir*) are all irregular in the subjunctive.

À plus!

4 📖 **Qu'est-ce qu'ils pensent de leurs profs? Fais deux listes: commentaires positifs et commentaires négatifs. Trouve et copie les paires correctes dans la bonne colonne.**

Exemple: Commentaires positifs: 1 — c — Notre prof d'histoire est très intéressant. Avec lui, les heures de cours passent très vite!

1 Notre prof d'histoire est très intéressant.
2 Cette prof explique très bien.
3 Mon prof de maths n'a pas le sens de l'humour.
4 Tous ses cours se ressemblent, on s'ennuie.
5 Elle est très patiente.
6 Il me fait peur.
7 Cette prof est très enthousiaste.
8 Elle nous traite en adultes.
9 Je le trouve injuste.

a Si on dit une blague pour rire, il s'énerve.
b Elle ne se fâche pas quand on ne comprend pas.
c Avec lui, les heures de cours passent très vite!
d Elle écoute notre point de vue.
e Il me critique toujours. Avec lui, j'ai toujours tort.
f Elle sait inspirer ses étudiants.
g Il ne fait pas d'effort pour nous motiver.
h J'ai fait beaucoup de progrès avec elle.
i Je n'ose pas poser de questions en classe.

une blague	joke
avoir tort	to be wrong
oser	to dare

5 💬 **Réponds aux questions à tour de rôle avec ton/ta partenaire:**
- **Qu'est-ce que tu penses des professeurs de ton collège, dans l'ensemble?**
- **Est-ce qu'il y a un ou une prof avec qui tu ne t'entends pas? Explique.**
- **Est-ce qu'il y a un ou une prof que tu admires? Pourquoi?**
- **Est-ce que les professeurs de ton collège vous traitent en adultes? Donne un exemple.**

6 🏠 **Avec un(e) partenaire, écris une publicité pour recruter un nouveau (ou une nouvelle) professeur (vous pouvez choisir la matière). Trouvez un titre (par exemple, « Urgent! Cherchons professeur de… »). Vous devez utiliser des phrases comme: Ce professeur doit être…/Il faut que cette personne…/ Nous cherchons une personne… .**

7 🎧 **Cinq étudiants parlent de la discipline dans leur collège.**

a **Copie la liste et vérifie le sens des mots. Puis écoute et coche les mots qui sont utilisés.**

discipline
voler   moquerie   intolérant   vandalisme
ambiance   insolent   maltraiter   insultes   se battres
danger   mal élevé   respecter

b **Choisis la réponse correcte pour chaque étudiant.**

1 This person cannot understand why some students…
 a …do not want to work in class.
 b …prevent others from working in class.
 c …find it difficult to work with others.
2 This student had his mobile stolen…
 a …once, but he found it again.
 b …but never saw any fighting in his school.
3 In this school…
 a …there were a few instances of vandalism in the past.
 b …vandalism is an ongoing problem.
4 This person hates it when…
 a …others make fun of him.
 b …students who are shy or different are bullied.
 c …other students are intolerant.
5 This student likes his school because…
 a …he feels safe and comfortable there.
 b …the teachers are really good.

8 💬 **À deux, répondez aux questions à tour de rôle:**
- **Est-ce qu'il y a une bonne ambiance, dans ton collège? Donne un exemple.**
- **Est-ce qu'il y a des problèmes de discipline, quelquefois? Donne un exemple.**
- **Et dans les cours, ça se passe comment?**
- **Est-ce que toi tu as eu des problèmes, quelquefois? Explique.**

4 Être étudiant, c'est facile?

- ✔ Discuss difficulties encountered in study
- ✔ Talk about pressure to complete work and do well, and the effects on social life
- ✔ Suggest ideas for improving the situation
- ✔ Discuss the benefits of school

1 🎧 **Cinq jeunes parlent de leurs difficultés scolaires. Choisis la bonne réponse pour chaque personne.**

1 Son problème...
   a ...c'est qu'il fait la même chose tous les ans.
   b ...c'est son âge.
   c ...c'est qu'il n'est pas sérieux en classe.

2 Cette lycéenne a eu une année difficile parce que...
   a ...elle n'est pas matinale.
   b ...elle a été malade.
   c ...les autres ne l'acceptent pas complètement.

3 Ce collégien a des difficultés en classe...
   a ...parce qu'il n'aime pas les autres étudiants.
   b ...parce que les autres l'insultent quelquefois.
   c ...parce qu'il est trop timide.

4 Ce garçon a des problèmes pour étudier parce que...
   a ...il n'a pas accès à un ordinateur.
   b ...ses parents ne veulent pas qu'il fasse d'études.
   c ...chez lui, personne ne peut l'aider avec ses études.

5 Pour cet étudiant, la vie au collège est difficile...
   a ...à cause de son handicap.
   b ...parce que les autres ne l'aiment pas.
   c ...car tout le monde se moque de lui.

2 📖 **Léa a envoyé cette lettre à un magazine pour ados.**

a Trouve le français pour:
   - to win a prize
   - to take a year again
   - a (school) test
   - a detention

b Décide si c'est vrai (V), faux (F) ou pas mentionné (PM).

1 Léa écrit au magazine pour demander conseil.
2 Elle a des problèmes de discipline au collège.
3 Léa a beaucoup de volonté et travaille dur.
4 Pour Léa, les contrôles sont une perte de temps.
5 Ses parents l'ont obligée à abandonner la danse.
6 Elle trouve injuste qu'ils la comparent à son frère.
7 Léa ne pense pas qu'elle réussira son examen.
8 Léa est satisfaite de ses rapports avec ses parents.

> Ma vie est devenue un enfer! Au collège cette semaine, j'ai un contrôle tous les jours. Dans un mois, c'est l'examen. J'ai encore deux projets à finir. Pour avoir plus de temps pour les devoirs, j'ai décidé d'arrêter la danse. En 4 ans, je n'ai pas eu une seule retenue, et je n'ai jamais redoublé. Même en travaillant tout le temps, j'ai des notes tout juste passables. Mes parents ne sont jamais contents, ils voudraient que j'aie des notes extraordinaires, comme mon frère, qui remporte toujours des prix. Mais moi je n'y peux rien si mon frère est un génie et moi non! Les études et les notes, c'est devenu notre seul sujet de conversation, à la maison; c'est dommage, non? Qu'est-ce que je peux faire? Je n'en peux plus!
>
> la volonté   will

c 🏠 **Relis la lettre de Léa, et les phrases 1–8. Est-ce que tu as eu des problèmes semblables à Léa? Explique!**

d 💬 **Lis ce que tu as écrit à ton/ta partenaire. Vous avez les mêmes problèmes?**

3 📖 **Complète la réponse du magazine avec les verbes de la liste.**

> est   soit   as besoin
> vas   travaillant   iras   ailles

Léa, le stress, ce n'est bon pour personne. Alors dis à ton génie de frère que tu .... de lui, et demande-lui de t'aider quand le travail .... trop difficile. As-tu essayé de parler avec tes parents? Il faut que tu .... faire tes devoirs dans la cuisine, pour qu'ils réalisent que tu fais beaucoup d'efforts pour réussir. Ne t'inquiète pas pour ton examen, en .... comme tu fais, tu ne peux pas échouer! Et je ne suis pas sûre que ce .... une bonne idée d'abandonner la danse, alors tu .... me promettre qu'après ton examen, tu .... de nouveau à tes cours, d'accord? Bonne chance, Léa!

4 🏠 **Ton/Ta partenaire a envoyé son texte (de l'exercice 3c) au magazine où tu travailles. Écris-lui une réponse.**

À plus!

5 Voici une série de conseils pour sept étudiants qui ont des problèmes.

a Pourquoi est-ce que tu ne changes pas de place?

b Si des étudiants te maltraitent, il faut absolument que tu en parles à un prof le plus vite possible. Les profs ne peuvent pas tout deviner!

c Tu n'es probablement pas le seul à avoir des difficultés. Tes copains seront contents si le prof explique une nouvelle fois.

d N'attends pas la dernière minute pour commencer le travail et les recherches. Fais un plan, et travaille régulièrement.

e Tu dois apprendre à bien t'organiser. Prépare un emploi du temps pour les devoirs. Décide sur quelle matière tu dois travailler chaque soir.

f Est-ce qu'il n'est pas possible de communiquer ces idées par l'intermédiaire d'un délégué de classe?

g Le travail scolaire, c'est important, mais tu dois aussi te détendre. En t'organisant bien, tu trouveras le temps.

| un(e) délégué(e) de classe | class representative |
| deviner | to guess |

a Lis les conseils avec un(e) partenaire. Discutez pour imaginer les problèmes.

b Écrivez des phrases pour expliquer.

Exemple: *d — Cette personne a des problèmes pour finir le travail pour la date fixée par le professeur. Elle commence toujours son travail trop tard.*

c Maintenant, écoute les étudiants (1–7). Choisis un conseil approprié pour chacun (a–g).

Exemple: *1 — d*

Compare le script et ce que ton/ta partenaire et toi vous avez écrit.

6 Lis encore les conseils de l'exercice 5. Quels conseils sont utiles pour toi? Pourquoi? Maintenant choisis des conseils utiles pour ton/ta partenaire!

7 L'école, c'est utile? Lis la réponse de Faly.

Au Sénégal, tout le monde ne va pas à l'école. D'abord, il n'y a pas assez d'écoles, surtout dans les régions très rurales. Quelquefois il faut marcher plusieurs kilomètres pour arriver à l'école la plus proche. Moi j'ai de la chance, j'ai pu aller à l'école primaire, et là j'ai appris à lire et à écrire. Après ça, mes parents m'ont inscrite au lycée, où mon frère et ma sœur aînés sont allés avant moi. On a de la chance, parce qu'on habite dans une ville où il y a des écoles, et donc la scolarisation est possible. Et puis mes parents pensent que si on reçoit une éducation, et qu'on a des diplômes, on pourra trouver un bon travail plus tard. Ma sœur, maintenant, elle travaille dans une banque à Dakar. Donc l'école, c'est pour préparer l'avenir, qu'on espère meilleur. Mais beaucoup de jeunes ne font pas d'études secondaires. Ils voudraient bien continuer à apprendre, ou faire une formation, mais ils sont obligés de quitter l'école très jeunes pour aider leur famille. Surtout les filles. C'est la tradition ici.

| la scolarisation | schooling |

Donne deux exemples pour illustrer chacune de ces trois phrases.
1 Faly pense que l'école, c'est utile.
2 Faly pense qu'elle a beaucoup de chance.
3 Aller à l'école n'est pas toujours possible au Sénégal.

8 À ton avis, c'est utile, l'école? Fais une liste des avantages et des inconvénients. Compare tes listes à celles de ton/ta partenaire. Vous êtes d'accord?

9 Le comité de jumelage de ta ville organise une compétition pour tous les jeunes qui étudient le français au collège. Tu décides de participer à la compétition. Lis les instructions données en anglais, puis écris ta réponse.

Write an article to compare school life in your country and in a Francophone country of your choice. Make sure you do some research first!

You could mention:
► some general facts about the school systems in the two countries
► the facilities and resources
► the school day, including transport to school and meals
► differences in the subjects studied
► the problems encountered by students
► any traditions or aspects of interest that you know about
► your views and feelings

1 🎧 **Which aspect of school life are these students talking about?**

Example: 1 — f

a the discipline
b school subjects
c the general atmosphere
d a teacher
e the timetable
f buildings and equipment
g school rules

un surveillant	supervisor
(un emploi du temps) chargé	busy (timetable)
une grève	strike

2 📖 **The sentences below are from an article that appeared in a local paper, but they are all mixed up. Try to put the sentences in the correct order.**

Violence à la sortie du lycée

a Heureusement, le principal et deux surveillants, alertés par les cris, se sont précipités pour séparer les jeunes gens.

b Alors qu'ils se dirigeaient vers l'arrêt d'autobus, les deux jeunes gens ont été surpris par un groupe de garçons âgés de 14 à 16 ans qui les attendaient.

c À leur arrivée, les collégiens se sont enfuis en courant, mais il ne sera pas difficile de les identifier, car la bagarre a eu beaucoup de témoins.

d Vendredi dernier un élève de seconde et son camarade ont été agressés par une bande de collégiens à la sortie du lycée.

e Ils ont été attaqués à coups de pied, poussés, menacés, et l'une des deux victimes a reçu un mauvais coup de poing au visage et a été assez sérieusement blessée.

f On ignore pour l'instant ce qui a motivé la bagarre.

une bagarre	fight
une bande	gang
recevoir un coup de poing	to get punched

3 🎧 **Djibril is a class representative. Read the list of observations and requests that the students in his class have put together for him to take to the next meeting with the headteacher.**

1 On voudrait des plats végétariens à la cantine.
2 Il y a eu des vélos abîmés dans le parc à vélos. Mieux surveiller.
3 Les toilettes sont toujours bloquées. Faire réparer?
4 Le club de danse voudrait un placard pour y laisser leurs affaires.

Now listen to what was said at the meeting, and make a note, in English, of the decisions that were taken.

4a ✏️ **Write down five things that you are not happy about at your school. Suggest how they could be improved. Use some subjunctives in your sentences: *il faut que…/pour que…/je voudrais que…* .**

b ✏️ **Compile a list of the ten most recurrent complaints and popular suggestions in your class.**

5 💬 **Pretend to interview a celebrity of your own choice about his or her school days. Work with a partner: one of you will play the part of the interviewer, the other will be the celebrity.**
- **Decide on the person to interview, and do some research.**
- **Prepare the questions for the interview.**
- **Put together vocabulary, phrases, ideas etc. that will be used to answer the questions. Think of ways to incorporate some more advanced language.**
- **Act out the interview. You could record it or video it.**

You can choose the direction of your interview, but some aspects that you could include are:
- **the type of school(s) attended**
- **preferred/worst subject**
- **uniform and school rules**
- **problems at school**
- **any incident/special event**
- **worst and best memory**
- **further education/training**

Carla Bruni

6a 📖 **Thomas posted this message on an internet forum. What is it about?**

> Mes parents veulent que je sois pensionnaire à la rentrée, mais moi je ne suis pas sûr que ce soit une bonne idée! Que me conseillez-vous?

b 📖 **Are the replies positive (P), negative (N) or both (P/N)? Justify your answers in English.**

1 J'ai une amie qui était pensionnaire. Je me rappelle que tous les dimanche soirs, au moment de faire son sac, elle pleurait. Elle ne pouvait pas supporter de vivre éloignée de sa famille.

2 Je n'aimerais pas vivre dans un milieu aussi fermé… Mais beaucoup de jeunes s'y habituent très bien, et même ils préfèrent vivre avec leurs copains qu'avec leur famille.

3 Mes parents voyageaient beaucoup à cause de leur travail. C'était la seule façon d'avoir un peu de stabilité. Par contre, dans un monde idéal ce n'est pas ce que j'aurais choisi, car j'avais l'impression de ne pas faire partie de leur vie.

4 Ma mère m'a mis pensionnaire quand j'avais 13 ans, parce que j'étais « difficile ». Ça n'a rien arrangé, au contraire. Je me suis senti émotionnellement rejeté!

5 Depuis que je suis au pensionnat, je suis obligé de prendre mes propres décisions. Bien sûr ma famille me manque, mais je pense que l'autonomie c'est très utile dans la vie.

7 ✏️ **Écris une réponse à Thomas.**
- **Explique ton point de vue, et donne tes raisons.**
- **Pose une question à Thomas.**

❗ **Conseil!**

Answering reading questions

- In reading tasks such as exercise 6, pay attention to both gist and detail. Capturing the general mood of each message is useful, but also look for key words.
- Words such as *mais*, *par contre* (on the other hand) and *toutefois* (however) may signal a change of direction, and probably a P/N answer.

8 📖 **Several students were asked about their best and worst memories of school. Below is a selection of their answers. Sort them into two categories.**

1 Les visites scolaires. Chaque année on nous a emmenés quelque part. Non seulement c'était très utile, mais en plus, on s'est bien amusés!

2 Je n'oublierai jamais le jour de mon oral de français. J'étais tellement nerveux que j'ai tout oublié.

3 Le jour où j'ai ouvert mon casier dans le vestiaire, et où j'ai découvert qu'on m'avait volé mes affaires de sport, et surtout mes baskets neuves.

4 Je me suis fait beaucoup d'amis. J'ai rencontré toute une bande de copains et de copines avec qui je m'entends super bien. J'ai toujours quelqu'un avec qui discuter ou partager mon temps libre.

5 Ma dernière journée au collège, je pense! Je l'attendais avec impatience depuis longtemps.

6 Je me souviens que j'ai été très déçu une fois quand j'ai eu 5 sur 20 dans un devoir d'anglais.

7 J'ai été puni injustement. Quelqu'un avait fait une bêtise, et toute la classe a eu une retenue.

8 Pour moi, c'est le projet pour l'Afrique. On a fait une marche sponsorisée de 10 kilomètres. Plus de mille élèves qui marchaient ensemble, pour faire quelque chose d'utile. C'est incroyable, non?

9 ✏️ **Now write two detailed paragraphs in French about your own best and worst memories of school.**

❗ **Conseil!**

Speaking tasks

Where you and your teacher or friend must interact on a given scenario, the scene setting is written in English. The task may be based around a stimulus, either in French or in English, or you may just be given a list of points that need to be covered, as in exercise 5.

Study the situation and the task carefully, and note to whom you are talking: are you going to address your teacher/friend formally or informally?

Mark schemes vary from one exam board to another, but your answers will always score more points if they are:
- full and appropriate
- grammatically correct and unambiguous
- clearly enunciated and comprehensible

Vocabulaire

Les différents types d'écoles

C'est…
    …un collège mixte/un collège pour les filles seulement.
    …une école internationale/privée/religieuse.
    …un établissement public/un pensionnat.
J'irai …
    …dans un lycée privé/professionnel/technique.
    …à l'université/à la fac.
    …à l'IUT.

Different types of schools

It is…
    …a mixed (11–16) school/a girls' school.
    …an international/a private/a religious school.
    …a state school/a boarding school.
I will go…
    …to a private/vocational/technical sixth form college.
    …to university.
    …to technical college.

Pourquoi cette école?

C'est moi qui ai choisi…
Ce sont mes parents qui ont choisi cette école.
C'est une école qui…
    …est très académique/très connue.
    …a bonne réputation/de bons résultats scolaires.
Elle est près de chez moi.
Il y a un car de ramassage.
Les installations sportives y sont bonnes.
On dit que…
    …c'est une bonne école/la discipline est bonne.
Je l'ai choisie parce que…
Je n'avais pas le choix.
Je voulais être avec mes amis.
Je suis obligé(e) d'être/je voulais être pensionnaire.

Why this school?

I chose…
My parents chose this school.
This school…
    …is very academic/well known.
    …has a good reputation/good exam results.
It is near where I live.
There is a school bus.
The sports facilities there are good.
People say that…
    …it is a good school/discipline is good.
I chose it because…
I had no choice.
I wanted to be with my friends.
I have to/I wanted to go to boarding school.

L'uniforme

Je (ne) le trouve (pas) assez/plutôt/vraiment…
…chic/confortable/démodé/original/pratique.
Ça donne bonne impression.
C'est pour que tous les étudiants soient égaux.
C'est bon pour la discipline.
Je ne perds pas de temps à choisir mes vêtements.
Ça coûte cher.
Je suis plus à l'aise en jean.
Ça ne fait aucune différence à la discipline.
On porte tous les jours la même chose.
On est obligés de garder la veste/le pull…
…en cours/quand il fait chaud.

School uniform

I (do not) find it quite/rather/really…
…smart/comfortable/old fashioned/original/practical.
It looks good.
The aim is for all students to be the same.
It is good for discipline.
I do not waste time choosing my clothes.
It is expensive.
I feel more comfortable in jeans.
It makes no difference to discipline.
You have to wear the same thing every day.
You have to keep your jacket/your jumper on…
…in class/when the weather is hot.

On discute des profs

Je (ne) m'entends (pas) bien avec…
    …la plupart/quelques-uns de mes profs.
C'est un(e) prof…
    …que j'admire/je respecte.
    …qui m'a beaucoup encouragé(e)/m'inspire.
    …qui me fait peur/qui s'énerve facilement.
Je la/le trouve…
    …enthousiaste/(in)juste/très motivé.
    …patient(e)/bon(ne) prof.
Elle/Il nous donne beaucoup/trop de devoirs.

Discussing teachers

I (do not) get on well with…
    …most of/some of my teachers.
He/she is a teacher…
    …whom I admire/I respect.
    …who encouraged me a lot/inspires me.
    …who scares me/who loses her/his temper easily.
I find her/him…
    …enthusiastic/(un)fair/very motivated.
    …patient/a good teacher.
She/he gives us a lot of/too much homework.

À plus!

Elle/Il enseigne bien/n'explique pas bien.	She/he teaches well/does not explain well.
Elle/Il (n')a (pas) le sens de l'humour.	She/he has (does not have) a sense of humour.
Avec elle/lui, j'ai toujours tort.	With her/him, I am always wrong.
J'ai fait beaucoup de progrès avec elle/lui.	I have made a lot of progress with her/him.
Ses cours passent vite/sont utiles.	His/her lessons go quickly/are useful.
Tout le monde l'aime/l'apprécie.	Everybody likes/appreciates her/him.

La vie au collège — Life at school

Ça se passe bien/pas mal.	It is going well/okay.
Il n'y a pas de/il y a un peu de…	There is not much/there is a little bit of…
…bruit dans les couloirs/vandalisme/vol.	…noise in corridors/vandalism/theft.
Il n'y a pas/il n'y a jamais eu de problèmes graves.	There are no/there have never been any serious problems.
Il y a des élèves qui…	There are students who…
…font des bêtises/dérangent les cours/maltraitent les autres.	…act silly/disturb lessons/bully others.
…empêchent les autres de travailler.	…prevent others from working.
…se moquent des autres.	…make fun of others.
Ils ont été exclus.	They have been suspended/excluded.
L'ambiance/la discipline est bonne.	The atmosphere/the discipline is good.
Le règlement est clair.	The school rules are clear.
On se sent en sécurité.	You feel safe.
On écoute/ignore le point de vue des élèves.	They listen to/ignore the students' views.

Problèmes personnels — Personal problems

Je manque un peu de confiance.	I am not very confident.
Je n'ose pas poser de questions en classe.	I dare not ask questions in class.
Je suis obligé(e) de faire des matières que je n'aime pas du tout/trouve difficiles.	I have to study subjects that I do not like at all/find difficult.
J'ai du mal à…	I find it difficult to…
…me concentrer en cours/finir mon travail pour la date fixée.	…concentrate in class/meet deadlines.
…organiser mes devoirs/mes révisions.	…organise my homework/my revision.
J'ai eu une retenue.	I had a detention.
J'ai un emploi du temps surchargé.	My timetable is overloaded.
J'ai peur d'échouer à mon examen de…	I am worried about failing my … exam.
J'en ai assez d'étudier/d'être au collège.	I have had enough of studying/being at school.
Même en travaillant dur je n'ai pas toujours de bonnes notes.	Even when I work hard I do not always have good results.
Les examens me stressent.	I find exams stressful.
On fait trop de matières/on a trop de contrôles.	We do too many subjects/we do too many tests.

L'école, c'est utile? — Is school useful?

L'école permet…	School allows you…
…d'avoir de bonnes qualifications.	…to get good qualifications.
…de se faire de nouveaux amis.	…to make new friends.
Ça aide à trouver un bon emploi plus tard.	It helps you find a good job later in life.
C'est pour préparer l'avenir.	It helps you prepare for the future.
Les visites scolaires/les échanges scolaires…	School visits/school exchanges…
…sont amusants/très utiles.	…are fun/very useful.
On apprend beaucoup de choses.	You learn lots of things.
On peut faire beaucoup d'activités extra-scolaires.	You can do lots of extra-curricular activities.
On peut se spécialiser dans les matières qu'on trouve intéressantes.	You can specialise in the subjects that you find interesting.

1 Les résolutions et le futur

> ☑ **Talk about the resolutions you made in Year 10**
>
> ☑ **Discuss plans for the future**
>
> ☑ **Use direct and indirect speech**

1 📖 **Au début de la 3ème, Fabien, Faly, Brieuc, Gabi et André ont pris des résolutions. Est-ce qu'ils s'y sont tenus?**

Il y a 2 ans, j'ai dit que je voulais améliorer mon anglais et aller chez mon correspondant à Southampton. J'ai décidé également que je devais faire un effort en technologie, si je me souviens bien. J'ai eu l'occasion d'aller voir mon correspondant pendant les grandes vacances et j'ai eu de très bonnes notes en anglais. La technologie, j'ai fait un effort au début mais après j'ai trouvé ça ennuyeux et donc mes résultats n'ont pas été bons…

Fabien

Moi, j'ai décidé que j'allais faire un effort pour étudier mes notes d'histoire. Malheureusement, je n'aimais pas le prof, alors je n'ai rien fait… C'était trop difficile. J'ai promis à ma mère que j'allais faire mes devoirs dans toutes les matières — mais je n'ai pas fait ça non plus! On a eu beaucoup de disputes et ma mère m'a interdit de sortir le soir.

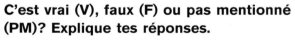

Gabi

J'ai dit que j'avais besoin de travailler plus dur en chimie et que j'allais lever la main pour répondre. J'ai aussi dit que j'allais essayer de me coucher plus tôt. Heureusement, j'ai réussi à avoir de bons résultats en chimie, mais je ne me suis pas couché plus tôt — c'est pour ça que je suis toujours fatigué… Mais tant pis! Je suis plus âgé maintenant; je ne vais pas me coucher de bonne heure — mes amis vont se moquer de moi!

Brieuc

Quand j'ai commencé en troisième, j'ai dit que je devais absolument faire des progrès en physique et que j'allais travailler très dur. J'ai promis aussi que j'allais être attentive en classe. Je pense que j'ai fait tout ça. Oui, la preuve, c'est que j'ai reçu de très bonnes notes en physique!

Faly

J'ai dit que je n'allais pas sortir pendant la semaine. Je ne sais pas pourquoi j'ai promis de faire ça! Je savais que je ne pourrais pas rester chez moi tous les soirs! J'ai aussi dit que j'allais mettre mes affaires de gym dans mon sac le soir; ça, je l'ai fait parce que je ne voulais pas être collé!

André

C'est vrai (V), faux (F) ou pas mentionné (PM)? Explique tes réponses.

1 André n'est jamais sorti le soir pendant la semaine.
2 Faly a écouté très assidûment pendant les cours de physique.
3 Fabien a fait des progrès en anglais.
4 Gabi ne s'est pas très bien entendue avec sa mère à cause du travail scolaire.
5 Brieuc a réussi dans toutes les matières.
6 Brieuc a eu plus de succès avec ses résolutions que Gabi.
7 André a tenu ses deux promesses.
8 C'est Faly qui a fait le plus d'efforts pour tenir ses résolutions.
9 Gabi n'a jamais fait ses devoirs d'histoire.
10 La mère de Fabien est contente de ses progrès.

 **Point** *grammaire*

Direct and indirect speech (2)

In Unit 12 we saw that when you need to report what someone has said, you change the 'direct' speech (the actual words said) to 'indirect speech'. When changing from direct to indirect speech, the present tense becomes the imperfect tense.

In exercise 1, Fabien, Faly, Brieuc, Gabi and André used indirect speech.

Example: *J'ai promis à ma mère que **j'allais** faire mes devoirs dans toutes les matières.*
I promised my mother that I was going to do my homework in all subjects.

Gabi's actual words (direct speech) were:
Je vais faire mes devoirs dans toutes les matières.
I am going to do my homework in all subjects.

Look at these sentences and write what was said in direct speech, as in the example.

- *J'ai dit que je voulais améliorer mon anglais.*
- *J'ai décidé également que je devais faire un effort en technologie.*
- *J'ai dit que j'allais travailler très dur.*
- *J'ai dit que j'avais besoin de travailler plus dur en chimie.*
- *J'ai dit que je n'allais pas sortir pendant la semaine.*

(!) POINT LANGUE

There are many ways of talking about your future plans: you can use the future tense, e.g. *J'irai en Angleterre* (I will go to England), *aller* + infinitive, e.g. *Je vais voyager* (I am going to travel), or one of the following, used in exercise 4:

- *J'espère aller aux États-Unis.*
  I hope to go to the United States.

- *J'ai l'intention de voyager un peu.*
  I intend to travel a little.

- *J'aimerais/J'espère avoir des enfants.*
  I would like/I hope to have children.

- *Je ne veux pas quitter ma famille.*
  I do not want to leave my family.

- *Je n'ai pas envie de voyager.*
  I do not have the urge to travel.

- *Je rêve d'avoir ma propre maison de haute couture.*
  I dream of having my own haute couture house.

---

2 🎧 **Écoute Karine, Hugues, Laure, Hélène, Sandrine et Marc. Indique s'ils ont tenu leur promesse (✓) ou pas (✗) ou si on ne sait pas (?). Explique ta réponse en anglais.**

3 🏠 💬 **Trouve les résolutions que tu as écrites au début de la 3ème. Écris ce que tu allais faire et dis si tu as tenu tes promesses.**

> *Exemple:*   *Quand j'ai commencé la 3ème, j'ai dit que j'allais... et/mais...*

4 🎧 **Écoute Fabien, Faly, Brieuc, Gabi et André qui parlent de leur avenir. Que disent-ils au sujet du mariage, des enfants, des vacances et de leurs rêves? Note des détails en français.**

> *Exemple:*   *Fabien — **mariage**: oui, après avoir voyagé, une belle femme; **enfants**: deux ou trois; **vacances**: en Asie ou en Afrique avec des copains, Angleterre avec sa famille; **rêve**: continuer à être heureux; **autre(s) détail(s)**: a eu une enfance heureuse.*

5 🏠 **Écris un paragraphe sur tes projets d'avenir. Mentionne le mariage, les enfants, les vacances et ton plus grand rêve. Utilise autant d'expressions du "Point langue" que possible.**

6a 💬 **Pose ces questions à trois ou quatre de tes copains/copines de classe. Demande-leur d'expliquer chaque réponse.**

1 Tu veux te marier un jour?
2 Tu espères avoir des enfants?
3 Tu as envie de voyager?
4 Tu as l'intention de quitter ta région?
5 Quel est ton plus grand rêve?

b 🏠 **Choisis deux des copains/copines à qui tu as posé les questions et écris un résumé de ce qu'ils ont dit.**

> *Exemple:*   *Charlotte a dit qu'elle voulait se marier avant l'âge de 30 ans et qu'elle avait l'intention de passer toutes ses vacances à l'étranger. Elle a aussi dit que...*

2 Arrêter les études pendant 1 an, pour quoi faire?

1 📖 **Beaucoup de jeunes arrêtent leurs études temporairement, en général à l'âge de 18 ans. Pour connaître les raisons, trouve les paires correctes.**

1 Pour voyager et rencontrer des gens nouveaux.
2 Pour gagner un peu d'argent avant de continuer les études.
3 Pour faire quelque chose de pratique, qui change des études.
4 Pour se donner le temps de réfléchir.
5 Pour faire du volontariat.
6 Pour voir des pays différents.
7 Pour respirer un peu et oublier les études et le travail.

a L'université, ça coûte cher!
b Ce n'est pas une bonne idée de se précipiter dans une carrière ou à l'université!
c Il y a tellement de choses à voir dans le monde. C'est fascinant!
d Pour avoir un peu d'expérience du travail et de la vie.
e Se reposer, avoir le temps de faire les choses qu'on aime, c'est important.
f Pour être utile aux autres, dans mon pays ou dans un pays étranger.
g Découvrir des cultures différentes, ça permet d'avoir l'esprit plus ouvert.

2a 🎧 **On a posé deux questions à des Français de 15 à 18 ans: "Est-ce que tu aimerais faire une pause dans tes études, après le bac?" et "Qu'est-ce que tu ferais si tu arrêtais les études pendant 1 an?" Écoute et note ce qu'ils ont répondu à chaque question.**

Exemple: 1 — Oui, voyager.

b 🎧 **Écoute encore et note un détail supplémentaire pour chaque personne.**

Exemple: 1 — jamais sorti de la France.

3 🎧 **Écoute ces jeunes. Faire une pause dans leurs études, ça les intéresse? Fais un petit résumé en anglais de ce que dit chaque personne.**

4 🏔 💬 **Et toi, qu'est-ce que tu penses?**

a Prépare des réponses à ces questions.

1 À ton avis, c'est une bonne idée d'interrompre les études pendant 1 an pour faire autre chose?
2 Quelles sortes de choses est-ce qu'on peut faire?
3 Quels sont les avantages et les inconvénients?
4 Si tu interromps tes études pendant 1 an, qu'est-ce que tu aimerais faire exactement?
5 Est-ce que tu penses faire ça plus tard? Pourquoi?

b Lis et compare tes réponses à celles de ton/ta partenaire.

c Écoute les autres personnes de ta classe.

1 Combien de personnes voudraient arrêter leurs études pendant quelque temps?
2 Qu'est-ce qu'ils aimeraient faire exactement? Fais une liste.
3 Combien de personnes pensent que ce n'est pas une bonne idée? Pour quelles raisons? Fais une liste.

À plus!

5 📖 **Quand il avait 18 ans, Damien a arrêté ses études pendant 1 an. Lis son récit.**

a Écris un titre pour chaque paragraphe (en français si tu peux, sinon en anglais).

b Lis les phrases suivantes. C'est vrai (V), faux (F) ou pas mentionné (PM)?

1 Après avoir passé son bac, Damien a décidé d'abandonner complètement les études.
2 Il n'a eu aucun problème de communication parce qu'il parlait français et anglais.
3 Il s'est inscrit à des cours du soir pour apprendre le thaïlandais.
4 Il a profité de son séjour en Thaïlande pour visiter d'autres pays asiatiques.
5 Il a été enchanté par les paysages et par les gens qu'il a rencontrés.
6 Il a voyagé sur le Mékong en camion et en tracteur.
7 Damien pense que l'année qu'il a passée en Asie a été très enrichissante pour lui.
8 Il va retourner en Thaïlande avec sa famille dès qu'il pourra.

6 🎧 **Tu vas entendre Anna parler de son expérience en Afrique. Lis d'abord le résumé de son récit, puis écoute Anna et note les cinq informations supplémentaires qu'elle donne.**

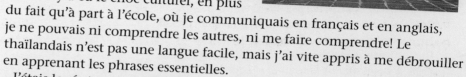

Damien en Thaïlande

Après le bac, j'en avais marre d'étudier et de passer des examens. J'ai réalisé qu'avant d'aller au conservatoire de musique, je voulais faire autre chose. Alors je suis allé travailler pendant 1 an dans l'école où mon oncle et ma tante enseignent le français, en Thaïlande. Une vraie aventure!

Je n'étais jamais allé en Asie, donc au début il y a eu le choc culturel, en plus du fait qu'à part à l'école, où je communiquais en français et en anglais, je ne pouvais ni comprendre les autres, ni me faire comprendre! Le thaïlandais n'est pas une langue facile, mais j'ai vite appris à me débrouiller en apprenant les phrases essentielles.

J'étais logé et nourri à l'école, donc j'ai pu économiser l'argent que je gagnais pour voyager. Les week-ends, je visitais la Thaïlande, et pendant les vacances scolaires je suis allé dans les pays voisins: le Laos, le Cambodge et le Vietnam. J'ai vu des paysages magiques, des montagnes aux formes étranges, des forêts immenses, des animaux sauvages... J'ai rencontré plein de gens incroyables, et j'ai appris tellement de choses!

Je me suis fait beaucoup d'amis et j'ai gardé de très bons souvenirs de mon séjour en Asie. Je pense que le plus amusant c'était l'excursion que j'ai faite sur le Mékong avec des amis, au Laos. Un homme louait des pneus — des gros pneus de camion ou de tracteur — aux touristes, et nous avons descendu le fleuve pendant 2 heures, chacun sur un pneu!

J'ai passé une année fantastique en Thaïlande. Non seulement c'est une expérience que je n'oublierai jamais, mais en plus, j'ai appris à devenir indépendant et à me débrouiller sans mes parents. Et surtout, j'ai découvert d'autres façons de vivre et de penser, des choses qu'on ne peut pas apprendre dans les livres à l'école!

Anna au Mali

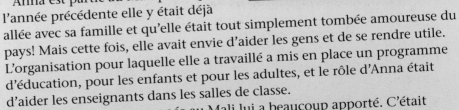

Après avoir passé son bac, Anna est partie en Afrique occidentale, au Mali. Le Mali se trouve entre l'Algérie (au nord) et le Sénégal (au sud-ouest). Elle a travaillé pour une organisation humanitaire, comme volontaire.

Anna est partie au Mali parce que l'année précédente elle y était déjà allée avec sa famille et qu'elle était tout simplement tombée amoureuse du pays! Mais cette fois, elle avait envie d'aider les gens et de se rendre utile. L'organisation pour laquelle elle a travaillé a mis en place un programme d'éducation, pour les enfants et pour les adultes, et le rôle d'Anna était d'aider les enseignants dans les salles de classe.

Anna trouve que son année au Mali lui a beaucoup apporté. C'était quelquefois difficile pour elle, parce que le climat et l'environnement étaient si différents. Mais elle a beaucoup appris. C'était une expérience positive, qu'elle recommande à tout le monde.

3 Répondre à l'attente des autres

- ✔ Discuss the pressures of following an expected career and living up to other people's expectations
- ✔ Use direct and indirect speech

1 📖 **Lis ce que disent Julie, Ismail, Nabila, Étienne et Gaëlle et réponds aux questions.**

Mes parents n'approuvent pas mes projets d'avenir. Moi, je veux voyager un peu avant de trouver un travail régulier, mais eux, ils disent qu'on devrait commencer à gagner de l'argent tout de suite, pour avoir de la sécurité plus tard dans la vie. Je pense que c'est parce qu'ils ont eu des soucis d'argent toute leur vie. Je ne veux pas les décevoir — je suppose que je peux voyager plus tard…

Julie

Moi, j'espère continuer mes études. J'aimerais tant avoir une carrière de médecin! Mon père s'attend à ce que j'abandonne mes études pour travailler avec lui dans son entreprise. Il a travaillé très dur quand il était plus jeune et maintenant il possède deux magasins de sport et veut que je travaille pour lui. Ma mère est au courant de mes désirs, mais comment aborder ce sujet avec mon père?

Étienne

Tous mes copains de classe disent qu'ils sont jaloux de moi parce que j'ai toujours les meilleures notes et je réussis très facilement aux examens. Mais moi, je trouve ça embêtant d'être le meilleur de la classe, parce que tous mes profs me poussent à aller à l'université, alors que je n'en ai pas envie. J'en ai marre des contraintes scolaires; je veux gagner de l'argent tout de suite. Mes parents sont d'accord avec les profs, mais c'est moi qui vais décider.

Ismail

Moi, je veux me marier dès que possible: mon petit copain et moi, nous voulons être ensemble et avoir une famille. Avoir une profession ne m'intéresse pas. Mes parents ne sont pas contents. Ils insistent pour que j'aille à l'université avant de me marier, surtout ma mère parce qu'elle n'a pas eu l'occasion d'étudier, mais moi, je n'ai pas envie. Je sais que je veux avoir des enfants. Mon copain et moi, nous parlons d'utiliser l'argent qu'il a mis de côté et de nous enfuir.

Gaëlle

Qui...
1. ...ne veut pas de carrière?
2. ...est très bon à l'école?
3. ...ne sait pas comment résoudre son problème?
4. ...va faire ce qu'on attend d'elle?
5. ...veut partir en cachette?
6. ...veut être professeur?
7. ...préférerait ne pas travailler tout de suite?
8. ...ne supporte pas l'avis des autres?
9. ...a un parent qui ne met pas de pression, à cause de sa propre expérience de la vie?
10. ...n'est pas sûr de réussir à faire ce qu'il voudrait vraiment faire?

Heureusement, ma mère est très compréhensive — ses parents l'ont poussée à se marier au lieu d'aller à l'université, et elle dit que je dois faire ce que je veux. Par contre, mes profs au lycée ne se montrent pas si compréhensifs. Moi, je veux travailler dans l'enseignement, mais ils disent que je suis trop timide — à mon avis, ils ne me connaissent pas très bien! — et que je devrais chercher autre chose. Il est difficile de les convaincre que c'est moi qui ai raison; j'ai donc décidé d'attendre 2 ou 3 ans pour réfléchir.

Nabila

À plus!

2  Est-ce que Christophe, Laetitia, Vincent et Valérie ont répondu aux attentes de leurs parents quand ils étaient plus jeunes? Écoute ce qu'ils racontent. Qui a dit quoi?

Qui a dit qu'il/elle...

1 ...avait quitté sa famille?
2 ...était allé(e) à l'université?
3 ...avait travaillé dans un bureau?
4 ...avait étudié à l'université pendant 1 an?
5 ...avait rencontré son mari dans un magasin?
6 ...avait beaucoup aimé la vie à l'université?
7 ...s'était inscrit(e) à une école de théâtre?
8 ...avait fait beaucoup de petits boulots?

Point grammaire

Direct and indirect speech (3)

When a speaker uses the perfect tense to report an event that took place before another event in the past, the earlier event is in the pluperfect tense.

Example: **Il a dit qu'il avait été malade.**
He said that he had been ill.

It is implied that the illness had preceded another event (e.g. before he moved house, lost his job etc.). When you change back from indirect to direct speech, the pluperfect tense changes into the perfect tense. What he said was: '**J'ai été** *malade*'.

Look at the sentences in exercise 2 and, using the perfect tense, rewrite what people said originally.

Example: 1 *Vincent a quitté sa famille.*

Conseil! Writing about a topic

When writing about a topic, you should aim to show the range and complexity of your knowledge of French by using a variety of tenses, structures and descriptions. Look at the four answers to the instruction '*Écris un paragraphe sur tes passe-temps préférés*' and see how many more details there are in number 4 compared with number 1.

Look at paragraphs 1–4 and note down the constructions, tenses, linking phrases and time markers used in each one.

With a partner, write a short paragraph on the topics in Box A. Use at least two verbs in the perfect, present and future tenses, three linking words, two time markers and a sentence with *depuis*.

A
Ton collège
Ton/Ta meilleur(e) ami(e)
Ta famille
Tes vacances   Tes loisirs
Ta ville

A way of adding interest to your written work is to use a variety of expressions for giving your opinion and to use linking words. With your partner, check that you know what the linking words in Box B mean.

B
de plus
alors au contraire mais
je trouve que... car je pense que...
en bref en conclusion cependant
je ne suis pas d'accord avec... enfin
ça dépend par conséquent donc
tout d'abord d'abord pour finir
en effet à mon avis cela dit
je crois que...

With your partner, continue each of these sentences, using a linking word in the middle.

Example: À mon avis, ma maison... → *À mon avis, ma maison est très belle parce que nous avons un grand jardin, par contre je n'aime pas la maison des voisins — elle est trop petite.*

1 Je pense que ma ville...
2 Je trouve que mon collège...
3 À mon avis, il est important de...
4 Je ne suis pas d'accord; les amis...
5 De plus, les vacances sont...
6 Tout d'abord, les cigarettes sont...
7 Donc, nous avons acheté...
8 Pour finir, je dois dire que...
9 En conclusion, elle m'a dit que...
10 Mais moi, je pense que...

1 J'aime le sport; j'aime le foot. Je joue au foot avec mes copains. Je déteste la lecture.

2 J'aime beaucoup le sport, surtout la natation et le tennis parce qu'ils sont bons pour la santé. Je vais à la piscine tous les dimanches avec ma sœur. Le week-end dernier, j'ai nagé avec ma famille et je suis allée au cinéma avec mes copains; on a vu un film romantique.

3 Ma passion, c'est le sport! J'adore tous les sports qu'on fait en équipe parce qu'on est avec ses amis et ces sports nous donnent de l'énergie. Le week-end dernier, j'ai joué dans un match de foot avec mon équipe, et j'étais contente parce que nous avons gagné. Tous les mardis soir, je m'entraîne avec mon équipe de football, et après l'entraînement, je vais au MacDo avec mes copains. La semaine prochaine, je vais jouer dans un tournoi de tennis. J'ai l'intention de devenir prof de sport plus tard.

4 Ce que j'aime le plus, c'est le sport. Pour moi, c'est plus amusant que la lecture et la télévision. Je fais partie d'un club de tennis depuis 5 ans. J'aime beaucoup aller à mon club parce que j'y rencontre mes copains. J'aime également jouer au football parce que c'est un sport international. Mon équipe préférée est Saint-Étienne parce que c'est là que j'habite. Il y a 1 an, je suis allé au grand stade regarder le match contre Liverpool, une équipe anglaise; il y avait une très bonne ambiance.

De temps en temps, je vais au cinéma. Je préfère les films d'aventure à cause des effets spéciaux. Mon ami Julien adore les films d'aventure aussi. La semaine prochaine, nous allons voir le nouveau film de Tom Cruise.

1 📖 **Look at the text below, which was written by a student who did not learn his French lessons very well! The mistakes are in bold. With a partner, try to work out what the corrections should be.**

Je suis 15 ans et je suis en 3ème au collège. Je étudie neuf matières. J'aime beaucoup les langue, surtout la français, mais je n'aime pas les sciences. Mes profs de maths et de biologie sont assez sévère. Ma prof préféré s'appelle Melle Denjean. Elle est dynamique est amusante. Les cours commence à 8 h 30 et finissent a 17 h 00. Le soir, normalement, je fait mes devoirs, mais heir j'ai allé au club des jeunes et je joué le tennis avec mes amis. L'année prochaine, je vais allé au lycée.

2a 📖 👥 **Read this paragraph about a holiday. Try to find the mistakes, then rewrite the paragraph as it should be.**

L'année dernier, j'ai allé à France avec ma famille. Nous avons passer deux semaines dans une ville près de la plage. C'était super parce-que je adore nager. L'hôtel était trés grand, mais ma chambre est petit. Moi, je nagé dans la piscine et la mer tous les jour, mais ma mère et mon père n'aime pas la natation, donc ils ont visitaient des monuments et des musées. La jour que j'ai préfère était le dimanche parce que nous sommes aller à un parc d'attraction. C'était cool! Il y avait plein deux monde. L'année prochain, je vais passer 10 jours en la Turquie avec mes copins; ça va être amusant. Cette été, je voudrai allé aux États-Unis mais je n'es pas d'argent, alors je vais reste chez moi.

b 👥 **When you have corrected the paragraph, make five suggestions that could improve the range and complexity of the piece of writing.**

3 📖 **Watch out for the small details! Below are some words that are very similar, but have different meanings. Discuss the meanings with a partner and/or find them in a dictionary.**

Example: ail — garlic; aile — wing.

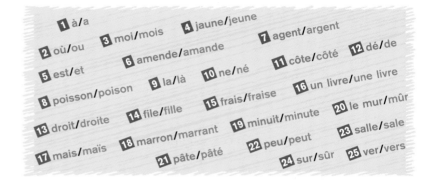

1 à/a
2 où/ou
3 moi/mois
4 jaune/jeune
5 est/et
6 amende/amande
7 agent/argent
8 poisson/poison
9 la/là
10 ne/né
11 côte/côté
12 dé/de
13 droit/droite
14 file/fille
15 frais/fraise
16 un livre/une livre
17 mais/maïs
18 marron/marrant
19 minuit/minute
20 le mur/mûr
21 pâte/pâté
22 peu/peut
23 salle/sale
24 sur/sûr
25 ver/vers

4 📖 **Read this article on *verlan* and answer the questions in English.**

Le verlan

Le verlan est une sorte d'argot qui consiste à dire les syllabes des mots à l'envers, quelquefois avec une élision. Le mot "verlan" a été créé en inversant les syllabes de l'expression "à l'envers".

C'est surtout un langage secret de bandes popularisé par des rappeurs français, par exemple le groupe Assassin. C'est par rébellion qu'on crée des mots en verlan — lorsque le public et les autorités commencent à comprendre un mot, on le recrée. Par exemple, pour le mot "arabe", voilà les formes différentes:

arabe → beara → beur → beure → reube → reub

Il n'existe pas de règles officielles — c'est ainsi que certains mots ont plusieurs formes en verlan — mais pour les mots de deux syllabes, on a tendance à inverser la première et la deuxième syllabes, et quelquefois pour des expressions courtes on inverse deux mots. Par exemple:

- manger → géman
- métro → tromé
- fumer → méfu
- méchant → chanmé
- bizarre → zarbi
- ce soir → soirce
- vas-y → zyva

Le nombre de syllabes détermine comment on change un mot. Pour les mots de plus de deux syllabes, il y a plusieurs règles, appelées, par exemple, "fusion syllabique" et "rotation", par exemple:

- cigarette → garetsi
- travailler → vailletra

Une autre manière de créer un mot est de laisser tomber une lettre. Par exemple, le mot "femme" devient "mefa"; on laisse tomber le "a" et le mot devient "meuf".

En mettant le mot "verlan" dans un moteur de recherche, tu trouveras plus d'explications, et aussi des chansons écrites en verlan.

1 What is *verlan*?
2 What is the origin of its name?
3 Who has made it popular?
4 How are words of two syllables changed?
5 What determines how a word is changed?
6 What will you find if you look up *verlan* on the internet?

| l'argot (m) | slang |

5 🎧 **Most young people have the opportunity to learn a foreign language. Listen to Lucie, Hakim, Marc, Amélie and Richard talking about their experiences and decide which reason for learning a foreign language best fits their comments.**

1 Ça vous permet de voyager plus facilement.
2 Ça encourage de bonnes relations internationales.
3 On se fait des amis plus facilement.
4 Ça nous aide à comprendre la culture d'un autre pays.
5 Ça nous rend plus tolérant.
6 En apprenant des langues étrangères, on se voit comme appartenant au monde plutôt qu'à un seul pays.
7 Ça aide à améliorer notre mémoire.
8 Ça nous aide à écouter.
9 Les langues étrangères aident à développer le cerveau.
10 C'est très utile si on veut travailler dans l'industrie ou le commerce.
11 Ça vous permet d'aller travailler dans un pays différent.

6 🏛 **Prépare un poster pour persuader des élèves de 4ème de continuer à apprendre une langue. Mentionne au moins quatre avantages.**

THE INTERNATIONAL COLLEGE

offers

Language courses for young students

French, German, Spanish, Italian, Japanese, Chinese

All levels: beginners, intermediate, advanced

June, July, August: 1 week, 2 weeks, 1 month, 2 months

Accommodation in families

Lessons mornings/afternoons/evenings

Trips, theatre visits, cinema, restaurants

❗ QUESTION CULTURE

Il y a beaucoup de gens qui continuent à étudier une ou deux langues à l'université et qui utilisent leurs compétences en langues chaque jour au travail. Fais des recherches sur le site de CiLT (the National Centre for Languages), où tu trouveras des récits de gens qui utilisent leurs langues dans des carrières variées: www.cilt.org.uk/employment/case_studies.htm

❗ *Conseil!*
Revise your writing

When you have completed a piece of writing, it is important to check for accuracy. For example, you need to look out for the following:

- the spelling of key words/phrases, e.g. *parce que*, *normalement*
- the gender of nouns, e.g. *la* télévision
- the verbs, e.g. the tense of each verb and whether you have used it and formed it correctly
- the agreement of adjectives, e.g. *la porte bleue*

Can you think of any other things you need to check?

7 💬 **You have been studying French and another language at school and would like to spend some of the summer improving either one or both of them abroad. You see this advertisement from an international college. You telephone the company, based in Paris, to say that you would like to enrol for the course of your choice. Explain:**
- **which language you are interested in**
- **what your level is**
- **how long you have studied that language**

Your teacher will play the role of the course secretary.

Vocabulaire

On parle des résolutions
Quand j'ai commencé en 3ème, j'ai dit que…
  …je voulais/j'avais besoin de/je devais
  faire un effort en…/faire des progrès en…/
  travailler dur/être attentif en classe/
  lever la main/faire mes devoirs.
  …j'allais améliorer mon anglais.
J'ai réussi à…
  …avoir de bonne notes/faire tout ça.
J'ai trouvé ça trop difficile.
J'ai fait un effort.

Talking about resolutions
When I started in Year 10, I said that…
  …I wanted/I needed/I had/
  to make an effort in…/to make progress in…/
  to work hard/to pay attention in class/
  to put up my hand/to do my homework.
  …I was going to improve my English.
I managed…
  …to get good marks/to do all that.
I found it too difficult.
I made an effort.

On parle de l'avenir
J'espère/J'aimerais/Je veux…
  …visiter des pays différents/
  quitter ma région.
Je rêve de/J'ai l'intention de…
  …voyager un peu/avoir des enfants/
  posséder ma propre compagnie/
  être riche.

Talking about future plans
I hope/I would like/I want…
  …to visit different countries/
  to leave my area.
I dream of/I intend…
  travelling a little/having children/
  owning my own company/
  being rich.

Faire une pause pendant les études
rencontrer des gens nouveaux
gagner un peu d'argent
faire quelque chose de pratique
se donner le temps de réfléchir
faire du volontariat/travail bénévole
respirer un peu
oublier le travail
être utile aux autres
avoir un peu d'expérience du travail et de la vie
faire le tour du monde
L'université, ça coûte cher.
On ne veut pas se précipiter dans une carrière.
On oublie tout ce qu'on a appris.
On perd 1 an pour rien.
On perd l'habitude d'étudier.
Si je faisais une pause pendant mes études…
  …je travaillerais/je partirais en vacances/
  je voyagerais.
J'en avais marre d'étudier.
Je suis allé(e) travailler à l'étranger.
C'était une vraie aventure.
Il y a eu le choc culturel.
J'ai appris à me débrouiller.
J'ai été logé(e) et nourri(e).
Je suis allé(e) dans les pays voisins.
J'ai vu des paysages magiques.
J'ai rencontré plein de gens.
J'ai appris tellement de choses.
J'ai gardé de très bons souvenirs.

Having a break from study
to meet new people
to earn a little money
to do something practical
to give yourself time to think
to do voluntary work
to breathe a little
to forget work
to be useful to others
have some experience of work and life
to go around the world
University is expensive.
You do not want to rush into a career.
You forget all you have learned.
You lose a year for nothing.
You lose the habit of studying.
If I had a break from study,…
  …I would work/I would go on holiday/
  I would travel.
I was fed up with studying.
I went to work abroad.
It was a real adventure.
There was a culture shock.
I learned to get by.
I got accommodation and meals.
I went to the neighbouring countries.
I saw magical scenery.
I met lots of people.
I learned so many things.
I have lots of very nice memories.

À plus!

J'ai passé une année fantastique.	I had a fantastic year.
C'est une expérience que je n'oublierai jamais.	It is an experience I will never forget.
J'ai découvert d'autres façons de vivre.	I discovered other ways of living.
C'était une expérience positive.	It was a positive experience.

Répondre à l'attente des autres — Living up to others' expectations

Mes parents ne sont pas d'accord.	My parents do not agree.
Ils ont eu des soucis d'argent.	They had money worries.
Je ne veux pas les décevoir.	I do not want to disappoint them.
Ils me poussent à étudier.	They are pushing me to study.
Je m'en fous.	I don't care.
Ils insistent pour que j'aille à l'université.	They insist that I go to university.
Mon père s'attend à ce que j'abandonne mes études.	My father expects me to give up studying.
Comment aborder ce sujet?	How can I approach this subject?
Ma mère est compréhensive.	My mother is understanding.
Il est difficile de les convaincre que c'est moi qui ai raison.	It is difficult to convince them that I am right.

Grammaire

Nouns

A noun is:
- a person (the teacher)
- a name (Mary)
- an object (guitar)
- a concept/idea (luck)
- a place (cinema)

Gender

All nouns in French are either masculine or feminine. In the dictionary, masculine nouns are often indicated with (m) and feminine nouns with (f).

In the singular, the definite article ("the") is *le* in the masculine and *la* in the feminine:

> *le chapeau* (the hat), *le sac* (the bag), *le stylo* (the pen), *le jouet* (the toy)
> *la fille* (the girl), *la porte* (the door), *la gare* (the station), *la gloire* (fame)

The indefinite article (the word for "a" or "an") is *un* in the masculine and *une* in the feminine.

The most common way to make the feminine form of a masculine noun is to add *e* to the end:

> *un ami*   *une amie*   a friend

If a noun ends in *e* in the masculine form, it does not generally change in the feminine form:

> *un élève*   *une élève*   a student

The table below shows how other masculine nouns change in the feminine form:

un boulanger	*une boulangère*	a baker
un jumeau	*une jumelle*	a twin
un époux	*une épouse*	a husband/wife
un danseur	*une danseuse*	a dancer
un moniteur	*une monitrice*	a supervisor
un technicien	*une technicienne*	a technician
un lion	*une lionne*	a lion/lioness

Some nouns are always masculine, even when referring to a female:

> *un auteur*   an author   *un médecin*   a doctor

In general, words for animals only have one gender, although there are some exceptions:

un chien	*une chienne*	a dog/bitch
un chat	*une chatte*	a cat

The word for "a person" is *une personne* and is always feminine.

Some words have a separate masculine and feminine form:

un fils	*une fille*	a son/daughter
un mari	*une femme*	a husband/wife
un roi	*une reine*	a king/queen

Some words have two genders; their meaning depends on the gender:

un livre	a book	*une livre*	a pound (sterling or weight)
un manche	a handle	*une manche*	a sleeve
un poste	a job	*la poste*	the post office
un voile	a veil	*une voile*	a sail

Plurals

For the majority of nouns, plurals are made by adding *-s* to the singular form:

une porte	*des portes*	door(s)

Nouns ending in *s*, *x* or *z* stay the same:

un bras	*des bras*	arm(s)
un nez	*des nez*	nose(s)
une voix	*des voix*	voice(s)

Nouns ending in *eau* or *eu* add *-x*:

un jeu	*des jeux*	game(s)

Nouns ending in *ail* change to *aux*:

un travail	*des travaux*	work(s)

Nouns ending in *al* change to *aux*:

un animal	*des animaux*	animal(s)

Nouns ending in *ou* add *s*:

un cou	*des cous*	neck(s)

Exceptions include:

un bijou	*des bijoux*	jewel(s)
un caillou	*des cailloux*	stone(s)
un chou	*des choux*	cabbage(s)
un genou	*des genoux*	knee(s)

> **Note**
> Some nouns are singular in form but plural in meaning, and take a singular verb. These include *la famille*, *la police* and *la foule*:
>
> | | |
> |---|---|
> | *La famille est dans la maison.* | The family is in the house. |
> | *La police arrive.* | The police arrive. |

Definite article

The word for "the" in French has four forms: *le*, *la*, *l'* and *les*.

Le is used for masculine nouns that start with a consonant:

> *le cahier*   the exercise book

La is used for feminine nouns that start with a consonant:

> *la fleur*   the flower

L' is used for nouns that begin with a vowel, whether they are masculine or feminine:

l'huile (f)	the oil
l'ennemi (m)	the enemy

Les is used with all nouns in the plural:

les cahiers	*les huiles*
les fleurs	*les ennemis*

The definite article is used:
- to refer to a particular object or person
  Le sac est sur la table.
  The bag is on the table.

- with a noun used in a general sense
  Il aime beaucoup le chocolat, mais il n'aime pas les bonbons.
  He likes chocolate a lot but he does not like sweets.

- with countries and languages
  La Belgique est très petite.   Belgium is very small.
  J'étudie l'allemand.   I study German.

- with parts of the body
  Je me lave la main.
  I wash my hand.

- with people's names or titles
  la petite Hélène   little Helen
  le roi Charles   King Charles

Changes to the definite article

Le and *les* contract to *au* and *aux* when used with *à* ("to"/"at"):

Incorrect: *Je vais* à le *magasin.*
Correct: *Je vais* **au** *magasin.*   I'm going to the shop.

Incorrect: *Ils sont* à les *magasins.*
Correct: *Ils sont* **aux** *magasins.*   They are at the shops.

There are no changes with *la* or *l'*:

Il se trouve à la poste.   He is at the post office.
Tu vas à l'église.   You are going to the church.

Le and *les* contract to *du* and *des* when used with *de*:

Incorrect: *Elle est près* de le *cinema.*
Correct: *Elle est près* **du** *cinéma.*   She is near the cinema.

Incorrect: *Vous sortez* de les *magasins.*
Correct: *Vous sortez* **des** *magasins.*   You are leaving the shops.

There are no changes with *la* and *l'*:

Elle se trouve près de la gare.   She is near the station.
Elle se trouve près de l'église.   She is near the church.

Indefinite article

There are two words for "a" and "an"; *un* is used for masculine nouns and *une* is used for feminine nouns:

un perroquet   a parrot
une maison   a house

There are specific occasions when an indefinite article is not used:
- with a person's job
  Il est facteur.   He is a postman.
- with a negative
  Je n'ai pas de chat.   I don't have a cat.

Partitive article

The word for "some"/"any" in French has four forms: *du, de la, de l'* and *des.*

Du is used for masculine nouns:

du pain   some bread

De la is used for feminine nouns:

de la confiture   some jam

De l' is used for nouns that begin with a vowel, whether masculine or feminine:

de l'eau   some water

Des is used for plural nouns:

Ils ont vu des girafes.   They saw some giraffes.

There are specific occasions when a partitive is not used:
- with a verb in the negative
  Ils n'ont pas de droits.   They haven't any rights.
- with an adjective in front of the noun
  Ils ont vu de belles plages.   They saw some beautiful beaches.

Adjectives and pronouns

Adjectives describe nouns. In French, you usually need to change the spelling of an adjective to agree with the noun that it is describing. The most usual way is to:
- add *-e* to make it feminine singular
- add *-s* to make it masculine plural
- add *-es* to make it feminine plural

For example:

Le chapeau est bleu.   The hat is blue.
La robe est bleue.   The dress is blue.
Les chapeaux sont bleus.   The hats are blue.
Les robes sont bleues.   The dresses are blue.

Exceptions

Adjectives ending in *-e* remain the same in both the masculine and the feminine:

Le livre est rouge.   The book is red.
La porte est rouge.   The door is red.

Adjectives endings in *-s* do not add an extra *s* in the masculine plural:

Le pull est gris.   The sweater is grey.
Les pulls sont gris.   The sweaters are grey.

Adjectives with the following endings change as shown below:

fam**eux**	fam**euse**	famous
am**er**	am**ère**	bitter
ind**ien**	ind**ienne**	Indian
vi**f**	vi**ve**	lively
gro**s**	gro**sse**	large, fat

Three adjectives have a special form that is used when the noun is masculine singular and begins with a vowel:
- *beau* becomes *bel*
  un bel homme   a handsome man
- *vieux* becomes *vieil*
  un vieil hôtel   an old hotel
- *nouveau* becomes *nouvel*
  un nouvel hôtel   a new hotel

The following adjectives are irregular:

blanc	*blanche*	white
complet	*complète*	complete
doux	*douce*	soft, gentle
favori	*favorite*	favourite
faux	*fausse*	false
frais	*fraîche*	fresh
long	*longue*	long
public	*publique*	public
roux	*rousse*	red
sec	*sèche*	dry
secret	*secrète*	secret

Position of adjectives

Most adjectives are placed after the noun they are describing:

Elle a un chien noir.   She has a black dog.

Some of the more common adjectives are placed before the noun. These include:

beau	beautiful/handsome		*joli*	attractive, pretty
bon	good		*long*	long
gentil	nice		*mauvais*	bad
grand	large		*nouveau*	new
gros	big		*petit*	small
haut	high		*premier*	first
jeune	young		*vieux*	old

C'est une jolie robe.   That's a pretty dress.

If you are using two adjectives to describe a noun, they are usually put in their normal position, as described above:

Une jolie robe rouge.   A pretty little dress.
Une jolie petite voiture.   An attractive little car.

Grammaire

Note
Some adjectives can be placed either before or after a noun and have a different meaning according to their position:

un ancien docteur	a former doctor
un garage ancien	an old garage
un cher oncle	a dear uncle
un livre cher	an expensive book
le dernier disque	the latest record
jeudi dernier	last Thursday
un grand homme	a great man
un homme grand	a tall man
mon pauvre oncle	my poor uncle
un oncle pauvre	a poor (i.e. "not rich") uncle
ma propre maison	my own house
ma maison propre	my clean house

Comparative adjectives

To compare one thing with another, use *plus*, *moins* or *aussi* in front of the adjective and *que* after:

plus...que	more...than
moins...que	less...than
aussi...que	as...as

Le château est plus grand que la maison.
The castle is bigger than the house.

La bière est moins chère que le vin.
Beer is less expensive than wine.

Mes amis sont aussi sportifs que moi.
My friends are as sporty as me.

As an exception, *bon* (good) becomes *meilleur* (better):

Elle a un bon portable, mais moi, j'ai un meilleur portable.
She has a good mobile, but I have a better mobile.

Mauvais (bad) becomes *pire* or *plus mauvais* (worse):

Ce vin est mauvais, mais la bière est pire (or plus mauvaise).
This wine is bad, but the beer is worse.

Superlative

To say that something is the best, biggest, smallest etc, use *le, la,* or *les plus/moins* followed by an adjective:

le livre le plus cher	the most expensive book
la robe la moins petite	the smallest dress
les hommes les plus intelligents	the most intelligent men

Exceptions include:
- le/la meilleur(e) (the best)
- le/la plus mauvaise or le/la pire (the worst)

Demonstrative adjectives

In French, there are four forms of the demonstrative adjective (meaning this, that, these, those):

ce livre (m s)	this/that book
cette robe (f s)	this/that dress
cet aéroplane	this/that aeroplane
(m; beginning with a vowel)	
cet homme	this/that man
(m; beginning with a silent h)	
ces livres (pl)	these/those books

Demonstrative pronouns

There are four forms of the demonstrative pronoun: *celui* (m s), *celle* (f s), *ceux* (m pl) and *celles* (f pl). They agree with the noun to which they refer:

Quel magasin est-ce que tu préfères? Celui qui est dans le centre.
Which shop do you prefer? The one that is in the centre.

Quelles voitures aimes-tu? Celles qui sont bleues.
Which cars do you like? The blue ones. (i.e. "Those which are blue.")

Indefinite adjectives

Chaque means "each", and never changes form:

chaque garçon	each boy
chaque fille	each girl

Quelques means "some" or "a few":

Tu as quelques vidéos.	You have some videos.

Tel means "such" and can be used to say "like that". It has four forms: *tel* (m s), *telle* (f s), *tels* (m pl) and *telles* (f pl):

Un tel livre est cher. Such a book is expensive.

Avec une telle famille, il ne s'ennuie jamais.
With a family like that, he never gets bored.

Certain means "some" or "certain":

après un certain temps	after some time, after a certain time

Plusieurs means "several":

Plusieurs personnes sont arrivées.	Several people arrived.

Autre means "other" and is used in the plural to mean "others":

un autre livre another book

Nous avons acheté les autres chaussures.
We have bought the other shoes.

Tout is the word for "all" and has four forms: *tout* (m s), *toute* (f s), *tous* (m pl) and *toutes* (f pl):

tout le temps	all the time
tous les jours	every day

Indefinite pronouns

Some common indefinite pronouns are:

chacun(e)	each	certain(e)(s)	certain
tout	all	quelqu'un	someone
autre(s)	other	quelques uns (m pl),	some, a few
plusieurs	several	quelques unes (f pl)	

These can be used either as the subject or the object of a verb:

Certains sont riches, plusieurs sont pauvres; d'autres ne sont ni riches ni pauvres.
Some are rich, several are poor; others are neither rich nor poor.

Vous avez des livres? J'en ai quelques uns dans mon sac.
Do you have any books? I have some in my bag.

Chacun a reçu 100 euros. Each (one) received 100 euros.
Il n'y en a pas d'autres. There are no others left.

Possessive adjectives

In French, the possessive adjectives have the forms shown below:

	m s	f s	m/f pl
my	mon	ma	mes
your (s)	ton	ta	tes
his/her	son	sa	ses
our	notre	notre	nos
your (pl)	votre	votre	vos
their	leur	leur	leurs

In French, the possessive adjective agrees with the object it is describing and not with the gender of the person who is the possessor. For example, "*mon père*" could be used by both a male and a female speaker.

Note
When a feminine word starts with a vowel or a silent h, use the masculine form *mon*, *ton* and *son* instead of *ma*, *ta* and *sa*:

Mon amie Louise.   My friend Louise.

Possessive pronouns

The possessive pronoun agrees with the object it is describing and not the person to whom the object belongs:

	m s	**f s**	**m pl**	**f pl**
mine	*le mien*	*la mienne*	*les miens*	*les miennes*
yours (s)	*le tien*	*la tienne*	*les tiens*	*les tiennes*
his/hers/its	*le sien*	*la sienne*	*les siens*	*les siennes*
ours	*le nôtre*	*la nôtre*	*les nôtres*	*les nôtres*
yours (pl)	*le vôtre*	*la vôtre*	*les vôtres*	*les vôtres*
theirs	*le leur*	*la leur*	*les leurs*	*les leurs*

For example:

J'ai mon crayon. Tu as le tien?
I have my pencil. Do you have yours?

Je n'ai pas de chaise. Donne-moi la sienne.
I don't have a chair. Give me his/hers.

Adverbs

Adverbs can tell you how, when, where, and how often something is done. In English, they usually end in -ly. In French, to form an adverb you generally use the feminine form of the adjective and add -*ment*:

lent (m)   *lente* (f)   *lentement* (*lente* + *ment*) slowly

Some adjectives change their final *e* to *é* before adding -*ment*:

énorme   *énormément*   enormously

If an adjective ends in a vowel, the adverb is formed by adding -*ment* to the masculine form:

poli   *poliment*   politely

If the masculine form of the adjective ends in -*ant*, the adverb ends in -*amment*.

constant   *constamment*   constantly

If the masculine form of the adjective ends in -*ent*, the adverb ends in -*emment*:

évident   *évidemment*   evidently

Position of adverbs

If the verb in a sentence is in the present, future or conditional, the adverb is usually placed after the verb:

Nous regardons tranquillement le film.   We watch the film quietly.

In a sentence where the verb is in the perfect or pluperfect tense, long adverbs, adverbs of place and some common adverbs of time all follow the past participle, whereas short common adverbs come before the past participle:

Elle a souvent pris l'autobus.   She took the bus often.
Je suis arrivée hier.   I arrived yesterday.

Comparative adverbs

The comparative of adverbs is formed in the same way as the comparative of adjectives:

Je regarde les films plus régulièrement que ma mère.
I watch films more regularly than my mother.

Il mange moins vite que moi.
He eats less quickly than me.

Elle chante aussi doucement que sa sœur.
She sings as quietly as her sister.

The superlative of adverbs is also formed in the same way as the superlative of adjectives, by using *le plus* and *le moins*:

C'est Pierre qui court le plus vite.   It is Pierre who runs the fastest.

However, there are some exceptions:
- *beaucoup* becomes *plus* in the comparative and *le plus* in the superlative

Il mange plus que moi.   He eats more than me.
C'est nous qui jouons le plus.   It is us who play the most.

- *bien* becomes *mieux* in the comparative and *le mieux* in the superlative

Personal pronouns

Personal pronouns are used in place of a noun.

Subject pronouns

Subject pronouns come before the verb and show who is doing the action:

je	I	*nous*	we
tu	you (s/informal)	*vous*	you (pl/polite)
il	he	*ils*	they (m)
elle	she	*elles*	they (f)

On has several meanings: we, one, they, you, people:

On a fini.   We/you etc. have finished.

Remember also that *il* and *elle* can be used to mean 'it' referring to masculine and feminine nouns:

Où est le livre? Il est sur la table.
Where is the book? It is on the table.

Où est la fenêtre? Elle est près de la porte.
Where is the door? It is by the window.

Direct object pronouns

The direct object of a verb is the person or thing that is receiving the action. In the sentence "The girl read the book", "the book" is the direct object. When you do not want to repeat the direct object, you can replace it with a direct object pronoun (i.e. "The girl read the book and she enjoyed **it**").

The direct object pronouns are:

me	me	*nous*	us
te	you	*vous*	you
le/la	it	*les*	them

Indirect object pronouns

An indirect object pronoun expresses "to" or "for" a person, for example "the girl gave the book **to me**", or "he bought a present **for us**". The indirect object pronouns are:

me	to/for me	*nous*	to/for us
te	to/for you	*vous*	to/for you
lui	to/for him/her	*leur*	to/for them

Grammaire

There are two other pronouns:

en	of it
y	there

Position of pronouns

Pronouns usually go in front of the verb:

Il le voit.	He sees it.

If the verb is in the perfect or pluperfect tense, the pronoun usually goes in front of the auxiliary verb:

Il m'a regardé.	He looked at me.

Order of pronouns

If you have more than one pronoun in a sentence, the order is as follows:

Position				
First	**Second**	**Third**	**Fourth**	**Fifth**
me	*le*	*lui*	*y*	*en*
te	*la*	*leur*		
se	*les*			
nous				
vous				

Il me les donne.	He gives them to me.

If you are giving a command, the pronoun follows the verb and is joined by a hyphen:

Mangez-la.	Eat it.

Note that in affirmative commands *me* becomes *moi* and *te* becomes *toi*:

Montrez-moi.	Show me.

However, if the command is negative, the pronoun comes in front of the verb:

Ne me donne pas le crayon.	Don't give me the pencil.

> **Note**
> If a direct object pronoun is placed in front of the auxiliary verb *avoir* in the perfect and pluperfect tenses, the past participle agrees in gender (m/f) and number (s/pl) with the direct object pronoun:
>
> *Elle a acheté la pomme et elle l'a mangée.*
> She bought the apple and she ate it.
>
> In the above sentence, the direct object pronoun *la* (which has contracted to *l'*) is referring to *la pomme*, which is a feminine singular noun.

Emphatic/disjunctive pronouns

The disjunctive pronouns are: *moi, toi, lui, elle, nous, vous, eux, elles*.

These are used:

- when combined with *-même*

toi-même	yourself

- in comparisons

Il est plus petit que toi.	He is smaller than you.

- as a one-word answer

Qui a le stylo? Moi.	Who has the pen? Me.

- after prepositions

Il est devant elle.	He is in front of her.

- for emphasis

Lui, il est docteur.	*He* is a doctor.

- after *c'est* and *ce sont*

C'est toujours elle qui gagne.	It's always her who wins.

Relative pronouns

Relative pronouns are used to introduce a clause giving extra information about a noun. The most commonly used pronouns are: *qui, que, qu', dont, où*.

Qui is used when the relative pronoun is the subject of the clause:

> *Le chanteur qui parle est très beau.*
> The singer who is talking is very handsome.

Que (or *qu'* in front of a vowel or a silent h) is used when the relative pronoun is the object of the verb:

> *La pomme que je mange est verte.*
> The apple (that) I'm eating is green.

Dont is used when the relative pronoun means "whose", "of whom" or "of which":

> *C'est une personne dont nous ne connaissons pas l'adresse.*
> It is a person whose address we do not know.

Où is used when the relative pronoun means "where":

> *J'ai vu la maison où il est né.*
> I saw the house where he was born.

Use *ce qui* and *ce que* to mean "what", when "what" is not a question:

Il va faire ce qui est plus facile.	He is going to do what is easier.
J'ai fait ce que tu m'as demandé.	I did what you asked me to do.

Lequel (m s), *laquelle* (f s), *lesquels* (m pl) and *lesquelles* (f pl) are used after a preposition to mean "which":

> *Il a vu le cahier dans lequel tu dessines.*
> He saw the exercise book that you draw in (lit. "in which you draw").
>
> *Il a perdu la boîte dans laquelle elle met les crayons.*
> He has lost the box that she puts the pencils in (lit. in which she puts the pencils).

> **Note**
> When used with *à*, these pronouns change to *auquel* (m s), *à laquelle* (f s), *auxquels* (m pl), and *auxquelles* (f pl):
>
> *Il a oublié le travail auquel il n'a pas donné son attention.*
> He has forgotten the work that he did not give his attention to (lit. to which he did not give his attention).
>
> When used with *de*, these pronouns change to *duquel* (m s), *de laquelle* (f s), *desquels* (m pl), and *desquelles* (f pl):
>
> *On est allé au cinéma près duquel se trouve la piscine.*
> We went to the cinema near to which the swimming pool is situated.

Asking questions

The following are question words:

Combien (de)?	How many/much?
Comment?	How?
Où?	Where?
Pourquoi?	Why?
Quand?	When?
Que/qu'est-ce que/qu'est-ce qui?	What?
Qui/qui est-ce qui?	Who?
Quoi?	What?
Quel (m s)/*quelle* (f s)/*quels* (m pl)/*quelles* (f pl)?	Which?
Lequel (m s)/*laquelle* (f s)/*lesquels* (m pl)/ *lesquelles* (f pl)?	Which (one)(s)?

Examples of questions are:

Comment vas-tu? — How are you?
Où sont les toilettes? — Where are the toilets?
Qu'est-ce qu'il a dit? — What did he say?
À quelle heure? — At what time?

Lequel des deux films préférez-vous?
Which of the two films do you prefer?

There are several ways of asking a question:

- by raising your voice at the end of the sentence

Tu vas sortir? — Are you going to go out?

- by putting *est-ce que* in front of the sentence, preceded by a question word, if appropriate

Est-ce que tu vas sortir? — Are you going to go out?
Pourquoi est-ce que tu vas sortir? — Why are you going to go out?

- by inverting the subject and the verb with a hyphen in between

Allez-vous en France? — Are you going to France?
Avez-vous fini? — Have you finished?

When the subject and verb are inverted, you need to add an extra "t" for a verb ending with a vowel:

Alors, Dominique, va-t-elle jouer au football?
Well then, is Dominique going to play football?

Referring to people

In French, the are alternative ways of asking "who?" and "what?" For example, you can either use the simple *qui?* or the more complex construction *qui est-ce qui?*, which literally means "who is it that?"

Qui (or *qui est-ce qui*) is used to ask "who?", when "who" is the subject of the verb:

Qui/qui est-ce qui est dans le jardin?
Who/who is it that (lit.) is in the garden?

Qui (or *qui est-ce que*) is used if "who" is the object of the sentence:

Qui/qui est-ce que tu regardes?
Who are you/who is it that you are (lit.) looking at?

If the pronoun is used with a preposition, use *qui*:

Avec qui es-tu parti?
Whom did you leave with? (i.e. "With whom did you leave?")

Referring to things

Use *qu'est-ce qui* if what you are talking about is the subject of the sentence:

Qu'est-ce qui a disparu?
What (lit. what is it that) has disappeared?

Use *que* and invert the verb if the thing is the object of the verb, or use *qu'est-ce que* with no inversion:

Que manges-tu/qu'est-ce que tu manges?
What are you eating?

Use *quoi* with a preposition:

De quoi parles-tu?
What are you talking about?

Quel

"*Quel?*" means "which?" As it is an adjective, it needs to agree with the noun. There are four forms: *quel* (m s), *quelle* (f s), *quels* (m pl) and *quelles* (f pl):

Quel sac? — Which bag?
Quelle voiture? — Which car?
Quels crayons? — Which pencils?
Quelles filles? — Which girls?

Negatives

Generally, negatives are expressed by using *ne* with one of the words shown below:

ne...pas	not	*ne... guère*	hardly
ne...jamais	never	*ne...aucun(e)*	no, not one
ne...rien	nothing	*ne...nulle part*	nowhere
ne...personne	no one	*ne...point*	not
ne...plus	no, no longer	*ne...ni...ni*	neither...nor
ne...que	only		

Position

With the present, future, conditional and imperfect tenses, *ne* generally goes in front of the verb and the second part of the negative after:

Elle ne mange jamais de poisson. — She never eats fish.

Ils n'iront ni en France ni en Espagne.
They will go neither to France nor to Spain.

To give a negative command, you also place *ne* in front of the verb and *pas* after:

Ne mange pas le chocolat! — Don't eat chocolate!

With the perfect and pluperfect tenses, *ne* generally goes in front of the auxiliary and *pas, jamais* etc. after it:

Il n'a pas joué au tennis. — He didn't play tennis.
Elle n'avait jamais fini. — She had never finished.

If there are pronouns in front of the verb, *ne* goes in front of the pronouns:

Je ne t'en donne pas. — I do not give you any.
Ma sœur ne me les a pas prêtés. — My sister did not lend them to me.

The negative can be used as the subject of the sentence; in this case, the second part of the negative comes first and is then followed by *ne*:

Rien ne me tente. — Nothing tempts me.

If two negatives are used, they are usually placed in alphabetical order:

Je ne regarderai plus rien. — I will no longer watch anything.

If the infinitive of a verb is in the negative, both parts go in front of the infinitive:

Elle va promettre de ne plus mentir.
She is going to promise not to lie any more.

Negatives are usually followed by *de*:

Nous n'avons pas de crayons. — We do not have any pencils.
Il ne mange jamais de poisson. — He never eats fish.

Time

Il est une heure. (no *s* on *heure*) — It is one o'clock.
Il est trois heures. — It is three o'clock.
Il est deux heures...
...*cinq.* — It is 2.05.
...*dix.* — It is 2.10.
...*et quart.* — It is quarter past two.
...*vingt.* — It is 2.20.
...*vingt-cinq.* — It is 2.25.
...*et demie.* — It is half past two.

Grammaire

Il est trois heures moins...	
...*vingt-cinq.*	It is 2.35.
...*vingt.*	It is 2.40.
...*le quart.*	It is 2.45.
...*dix.*	It is 2.50.
...*cinq.*	It is 2.55.
Il est midi.	It is midday.
Il est minuit.	It is midnight.
Il est midi/minuit et demi.	It 12:30 p.m./a.m.
(note no *e* on *demi*)	

Conjunctions

Conjunctions link two sentences or join two parts of a sentence:

à la fin	in the end	*en fait*	in fact
ainsi	thus	*enfin*	at last, finally
alors	in that case, then	*ensuite*	next
car	for/because	*mais*	but
cependant	however	*parce que*	because
c'est-à-dire	that is to say	*par conséquent*	as a result
d'abord	at first	*puis*	then, next
d'ailleurs	moreover	*quand même*	all the same
de toute façon	in any case	*plus tard*	later, later on
donc	therefore, so	*par contre*	on the other
en effet	indeed		hand

Numbers

Cardinal numbers

0	zéro	14	quatorze	60	soixante
1	un	15	quinze	70	soixante-dix
2	deux	16	seize	71	soixante et onze
3	trois	17	dix-sept	72	soixante-douze
4	quatre	18	dix-huit	79	soixante-dix-neuf
5	cinq	19	dix-neuf	80	quatre-vingts
6	six	20	vingt	81	quatre-vingt-un
7	sept	21	vingt et un	90	quatre-vingt-dix
8	huit	22	vingt-deux	91	quatre-vingt-onze
9	neuf	30	trente	99	quatre-vingt-dix-neuf
10	dix	31	trente et un	100	cent
11	onze	32	trente-deux	101	cent un
12	douze	40	quarante	110	cent dix
13	treize	50	cinquante	200	deux cents

201	deux cent un
221	deux cent vingt et un
1,000	mille
1,200	mille deux cents
1,202	mille deux cent deux
2,000	deux mille
1,000,000	un million
1,000,000,000	un milliard

Fractions

½	*un demi*	⅓	*un tiers*	¼	*un quart*	¾	*trois quarts*

Ordinal numbers

These are usually formed by adding *-ième* to the cardinal number:

trois	*troisième*	third
six	*sixième*	sixth

Exceptions:

premier (m)	*première* (f)	first
cinquième	fifth	
neuvième	ninth	

Numbers ending in an *e* drop the final *e*:

quatre	*quatrième*	fourth

Prepositions

Prepositions are placed before a noun or pronoun to express position, movement and circumstance relative to it, for example: "It is behind the shop." Below is a list of frequently used prepositions:

•	*à côté de*	next to	• *devant*	in front of
•	*après*	after	• *en*	in/by/to
•	*à travers*	across	• *entre*	between
•	*au-dessous de*	beneath	• *hors (de)*	out of/
•	*au-dessus de*	above		apart from
•	*au sujet de*	about	• *jusqu'à*	as far as/
•	*autour de*	around		up to
•	*avant*	before	• *le long de*	along
•	*avec*	with	• *par-dessus*	over
•	*chez*	at	• *parmi*	among
•	*dans*	in	• *pendant*	during
•	*de*	of/from	• *pour*	for/in order to
•	*contre*	against	• *près de*	near to
•	*depuis*	since	• *quant à*	as for
•	*derrière*	behind	• *sans*	without
•	*dès*	from (a	• *sous*	under
		specific	• *sur*	on
		moment	• *vers*	to/towards/
		in time)		about

Direct and indirect speech

In English, if you want to report on what someone else says or said, you can do it in one of two ways:

Direct speech: Daniel says: "I don't like cheese."
Indirect speech: Daniel says that he doesn't like cheese.

In French, the same applies:

Direct speech: *Daniel dit: "Je n'aime pas le fromage."*
Indirect speech: *Daniel dit qu'il n'aime pas le fromage.*

Note that in indirect speech:
- the original words are reported without inverted commas
- the words reported are introduced by *que* in a subordinate clause
- the person whose speech is reported is in the first person in direct speech, whereas the person changes to "he" in the subordinate clause in indirect speech

Change of tense in indirect speech

In order to report something that was said in the past, there is usually a change of tense in the subordinate clause. For example:

Direct speech: *Il a dit: "Je veux sortir."*
　　　　　　　　 He said: "I want to go out."
Indirect speech: *Il a dit qu'il voulait sortir.*
　　　　　　　　 He said that he wanted to go out.

Verbs

Verbs describe actions:

Last week I **went** to Paris.

When you look for a verb in the dictionary, it is shown with one of the three endings *-er*, *-ir* or *-re*. This ending indicates the type of verb and how it needs to change when written in the various tenses. The form of the verb found in the dictionary is called the infinitive, and means "to...". For example:

jouer	to play
finir	to finish
rendre	to give back

Present tense

The present tense is used to give information about what is happening at the moment or what happens on a regular basis. In English, we have two forms of the present tense: I eat and I am eating. In French, there is only one form: *je mange*.

Regular verbs

The present tense is formed by removing -*er*, -*ir* and -*re* from the infinitive and adding the appropriate endings, as shown below:

	jouer (to play)	**finir** (to finish)	**rendre** (to give back)
je	joue	finis	rends
tu	joues	finis	rends
il/elle/on	joue	finit	rend
nous	jouons	finissons	rendons
vous	jouez	finissez	rendez
ils/elles	jouent	finissent	rendent

Note: there is no ending on an -*re* verb in the *il/elle/on* form.

-*er* verb exceptions

Some -*er* verbs differ from the pattern described above. Verbs ending in -*cer* change the *c* to *ç* where the *c* is followed by *a* or *o*, to make the pronunciation soft:

lancer (to throw)

je lance	*nous lançons*
tu lances	*vous lancez*
il/elle/on lance	*ils/elles lancent*

Other such verbs include: *commencer* (to start), *avancer* (to advance), *menacer* (to threaten) and *remplacer* (to replace).

Verbs ending in -*ger* add an *e* before -*ons* in the *nous* form, to make the pronunciation soft:

nager (to swim)

je nage	*nous nageons*
tu nages	*vous nagez*
il/elle/on nage	*ils/elles nagent*

Other such verbs include: *voyager* (to travel), *loger* (to lodge), *manger* (to eat), *partager* (to share) and *ranger* (to tidy).

Most verbs ending in -*eler* double the *l* in the *je, tu, il/elle/on* and *ils* forms:

s'appeler (to be called)

je m'appelle	*nous nous appelons*
tu t'appelles	*vous vous appelez*
il/elle/on s'appelle	*ils/elles s'appellent*

A small group of verbs changes the acute accent on the infinitive to a grave accent in the *je, tu, il/elle/on* and *ils* forms:

espérer (to hope)

j'espère	*nous espérons*
tu espères	*vous espérez*
il/elle/on espère	*ils/elles espèrent*

Other such verbs include: *répéter* (to repeat) and *préférer* (to prefer).

Verbs ending in -*yer* change *y* to *i* in the *je, tu, il/elle/on* and *ils* forms:

payer (to pay)

je paie	*nous payons*
tu paies	*vous payez*
il/elle/on paie	*ils/elles paient*

Other such verbs include: *appuyer* (to lean), *envoyer* (to send), *employer* (to employ), *essayer* (to try) and *nettoyer* (to clean).

Some verbs add an accent in the *je, tu, il, elle, on* and *ils* forms:

acheter (to buy)

j'achète	*nous achetons*
tu achètes	*vous achetez*
il/elle/on achète	*ils/elles achètent*

Other such verbs include: *geler* (to freeze), *lever* (to lift), *peser* (to weigh) and *se promener* (to go for a walk).

-*ir* verb exceptions

Some -*ir* verbs use the -*er* verb endings in the present tense:

offrir (to offer)

j'offre	*nous offrons*
tu offres	*vous offrez*
il/elle/on offre	*ils/elles offrent*

Others such verbs include: *ouvrir* (to open), *couvrir* (to cover) and *souffrir* (to suffer).

Irregular verbs

There are many verbs that do not form the present tense in the way described above. The three most commonly used are:

	aller (to go)	**être** (to be)	**avoir** (to have)
je	vais	suis	ai
tu	vas	es	as
il/elle/on	va	est	a
nous	allons	sommes	avons
vous	allez	êtes	avez
ils/elles	vont	sont	ont

Below is a list of frequently used irregular verbs, some of which are conjugated in the verb tables at the end of this section.

s'asseoir	to sit down	*mettre*	to put
boire	to drink	*naître*	to be born
conduire	to drive	*paraître*	to appear
croire	to believe	*pouvoir*	to be able
connaître	to know	*prendre*	to take
construire	to build	*pleuvoir*	to rain
coudre	to sew	*recevoir*	to receive
craindre	to fear	*rire*	to laugh
devoir	to have to	*savoir*	to know
dire	to say	*sourire*	to smile
écrire	to write	*suivre*	to follow
faire	to make/do	*vivre*	to live
joindre	to join	*voir*	to see
lire	to read	*vouloir*	to wish/to want

Imperatives

The imperative is used for telling somebody to do something. To form the imperative, the *tu, vous* and *nous* forms of the present tense are used without the subject pronoun.

-*er* verbs

With -*er* verbs, the *tu* form of the present tense loses its final -*s*:

Mange ton dîner!	Eat your dinner!
Mangeons les pommes!	Let's eat the apples!
Mangez les glaces!	Eat the ice-creams!

Grammaire

-ir verbs

Choisis un gâteau!	Choose a cake!
Choisissons du vin!	Let's choose some wine!
Choisissez un livre!	Choose a book!

-re verbs

Apprends ta grammaire!	Learn your grammar!
Apprenons le vocabulaire!	Let's learn the vocabulary!
Apprenez les verbes irréguliers!	Learn the irregular verbs!

Exceptions

There are four verbs that have irregular forms in the imperative:

avoir	*aie!*	*ayons!*	*ayez!*
être	*sois!*	*soyons!*	*soyez!*
savoir	*sache!*	*sachons!*	*sachez!*
vouloir	*veuille!*	*veuillons!*	*veuillez!*

Expressing the future

There are two ways of expressing the future, just as in English:
- the future tense, which is used to talk about events that will happen or will be happening
- the "to be going to" construction, as in "I am going to see my grandma" (the immediate future)

Future tense

To form the future tense of regular *-er* and *-ir* verbs, the following endings are added to the infinitive: *-ai, -as, -a, -ons, -ez, -ont*.

For *-re* verbs, the *e* is removed from the infinitive before adding the endings.

	-er verbs	-ir verbs	-re verbs
je	*jouerai*	*punirai*	*rendrai*
tu	*joueras*	*puniras*	*rendras*
il/elle/on	*jouera*	*punira*	*rendra*
nous	*jouerons*	*punirons*	*rendrons*
vous	*jouerez*	*punirez*	*rendrez*
ils/elles	*joueront*	*puniront*	*rendront*

Some verbs do not use the infinitive to form the future tense and have an irregular stem:

acheter	*j'achèterai*	I will buy
aller	*j'irai*	I will go
avoir	*j'aurai*	I will have
courir	*je courrai*	I will run
devoir	*je devrai*	I will have to
envoyer	*j'enverrai*	I will send
être	*je serai*	I will be
faire	*je ferai*	I will do/make
mourir	*je mourrai*	I will die
pouvoir	*je pourrai*	I will be able
recevoir	*je recevrai*	I will receive
savoir	*je saurai*	I will know
venir	*je viendrai*	I will come
voir	*je verrai*	I will see
vouloir	*je voudrai*	I will wish/want

Note

In a future context, we use the present tense after "when" in English, whereas in French the future tense is used. For example, in "You will see the children when you arrive", "when you arrive" is in the present tense in English but in French the future tense is used, i.e. "when you will arrive":

*Tu **verras** les enfants quand tu **arriveras**.*

Immediate future

The immediate future is so called because it describes actions that are more imminent. It uses *aller* (to go) and an infinitive:

Je vais partir à 7 heures.
I am going to leave at 7 o'clock.

Je vais manger d'abord et après, je ferai la vaisselle.
I am going to eat first of all and afterwards I will do the washing up.

The immediate future is also used to imply that something is more certain to happen. *Il va pleuvoir* ("It is going to rain") suggests the likelihood is that it most definitely *is* going to rain, whereas *il pleuvra* ("it will rain") does not convey the same amount of certainty.

Conditional tense

The conditional tense is used to talk about things that would happen, or which someone would do. To form the conditional tense, add the following endings to the infinitive (or the irregular stem of those verbs which have an irregular stem in the future tense): *-ais, -ais, -ait, -ions, -iez, -aient*.

Note that these endings are also used for the imperfect tense.

	-er verbs	-ir verbs	-re verbs
je	*regarderais*	*finirais*	*rendrais*
tu	*regarderais*	*finirais*	*rendrais*
il/elle/on	*regarderait*	*finirait*	*rendrait*
nous	*regarderions*	*finirions*	*rendrions*
vous	*regarderiez*	*finiriez*	*rendriez*
ils/elles	*regarderaient*	*finiraient*	*rendraient*

Perfect tense

The perfect tense is used to talk about actions or events that took place in the past, usually on one occasion only. In English, we have different ways of expressing the perfect tense, for example "I watched", "I have watched" and "I have been watching". In French, there is only one form of the perfect tense: *j'ai regardé*.

Regular verbs

The perfect tense of all verbs is formed with two parts: in the case of regular verbs, a part of *avoir* in the present tense (this is often referred to as the auxiliary verb) and a past participle. To form the past participle of regular verbs, the final *-er*, *-ir*, or *-re* is removed from the infinitive and the following endings are added:

	-er verbs	-ir verbs	-re verbs
j'ai	*joué*	*choisi*	*rendu*
tu as	*joué*	*choisi*	*rendu*
il/elle/on a	*joué*	*choisi*	*rendu*
nous avons	*joué*	*choisi*	*rendu*
vous avez	*joué*	*choisi*	*rendu*
ils/elles ont	*joué*	*choisi*	*rendu*

Verbs with irregular past participles

A number of verbs have irregular past participles, although they still use *avoir* as their auxiliary:

avoir (to have)	*eu*	*comprendre*	*compris*
boire (to drink)	*bu*	(to understand)	

conduire (to drive)	conduit	pleuvoir (to rain)	plu
courir (to run)	couru	pouvoir (to be able to)	pu
croire (to believe)	cru	prendre (to take)	pris
devoir (to have to)	dû	recevoir (to receive)	reçu
dire (to say/tell)	dit	rire (to laugh)	ri
écrire (to write)	écrit	savoir (to know)	su
être (to be)	été	tenir (to hold)	tenu
faire (to do/make)	fait	vivre (to live)	vécu
lire (to read)	lu	voir (to see)	vu
mettre (to put)	mis	vouloir	voulu
ouvrir (to open)	ouvert	(to wish/want)	

Note

If there is a preceding direct object before the past participle, the past participle has to agree with it:

*Elle a ouvert **la boîte** qu'elle a achetée.*
She opened the box that she bought.

In this sentence, *la boîte*, which is feminine, is the direct object and it comes before the past participle, so an extra *e* is added.

Quelles maisons ont-ils vues?

In this sentence, *maisons*, which is feminine plural, is the direct object and comes in front of the past participle, so an extra *es* is added.

Verbs that use *être* as an auxiliary verb

Some verbs use the present tense of *être* to form the perfect tense:

aller	to go	partir	to leave
arriver	to arrive	rentrer	to go/come home
descendre	to go down/ to come down	rester	to stay
		retourner	to return
entrer	to go in	revenir	to come back
monter	to go up	sortir	to come out/go out
mourir	to die	tomber	to fall
naître	to be born	venir	to come

They all have a regular past participle, except for:

venir	venu
revenir	revenu
naître	né
mourir	mort

Past participle of verbs that use *être*

For masculine singular, add nothing to the past participle.
For feminine singular, add -e.
For masculine plural, add -s.
For feminine plural, add -es.

je suis parti (m s)	je suis partie (f s)
tu es parti (m s)	tu es partie (f s)
il est parti (m s)	elle est partie (f s)
nous sommes partis (m pl)	nous sommes parties (f pl)
vous êtes partis (m pl)	vous êtes parties (f pl)
ils sont partis (m pl)	elles sont parties (f pl)

If using *vous* to a single male, there is no agreement; if using *vous* to a single female, add *e*.

In addition, the following use *être* to form the perfect tense:

redescendre	to go back down
remonter	to go back up
renaître	to be born again
repartir	to leave again
resortir	to come out again
retomber	to fall again

Imperfect tense

The imperfect tense is used for actions that used to happen or which were happening, and to describe events and people in the past:

When I was younger I used to go to a club.
As I was watching television, the phone rang.
The sun was shining and they were swimming in the sea.

To form the imperfect tense, remove the -ons ending from the *nous* form of the verb in the present tense, except in the case of *être*, and add the following endings: -ais, -ais, -ait, -ions, -iez, -aient.

For example *nous jouons*, remove -ons = jou + ending:

je jouais	I used to play/was playing
tu jouais	you used to play/you were playing
il/elle/on jouait	he/she/one used to play/was playing
nous jouions	we used to play/were playing
vous jouiez	you used to play/were playing
ils/elles jouaient	they used to play/were playing

Être is the only verb that is irregular in the imperfect tense. It uses the same endings, but has the stem ét-:

j'étais	I was
tu étais	you were
il/elle/on était	he/she/one was
nous étions	we were
vous étiez	you were
ils/elles étaient	they were

Pluperfect tense

The pluperfect tense is used to talk about what had happened before something else happened in the past:

They returned to the town they had visited last year.

It is formed using an auxiliary verb (the imperfect of *avoir* or *être*) and a past participle. Those verbs that use *être* in the perfect tense also use *être* in the pluperfect tense.

j'avais fini	I had finished
tu avais fini	you had finished
il/elle/on avait fini	he/she/one had finished
nous avions fini	we had finished
vous aviez fini	you had finished
ils/elles avaient fini	they had finished

j'étais sorti(e)	I had gone out
tu étais sorti(e)	you had gone out
il/elle/on était sorti(e)	he/she/one had gone out
nous étions sortis	we had gone out
vous étiez sortis	you had gone out
ils/elles étaient sorti(es)	they had gone out

Reflexive verbs

Reflexive verbs are listed in the dictionary with *se* (a reflexive pronoun placed before the infinitive), for example:

se laver	to get washed
se coucher	to go to bed
se reposer	to rest
s'arrêter	to stop

These verbs require *se* to change according to the subject:

je me lave	nous nous lavons
tu te laves	vous vous lavez
il/elle se lave	ils/elles se lavent

Grammaire

Me, *te* and *se* contract to *m'*, *t'* and *s'* in front of a vowel or a silent h:

je m'amuse	*il/elle/on s'arrête*
tu t'habilles	*ils/elles s'appellent*

Note
When using a reflexive verb in the infinitive, the reflexive pronoun needs to agree with the subject:

Elle va se laver.	She is going to get washed.
Nous n'aimons pas nous lever tôt.	We don't like to get up early.

Other frequently used reflexive verbs include:

s'amuser	to have fun/to enjoy oneself
s'appeler	to be called
se baigner	to bathe
se déshabiller	to undress
s'habiller	to get dressed
se promener	to go for a walk

Reflexive verbs form the above tenses in the same way as other regular verbs, but you have to include the reflexive pronoun:

Je me coucherai.	I will go to bed.
Je me lavais.	I was washing.
Je m'amuserais.	I would have fun.

The perfect and pluperfect tenses of all reflexive verbs are formed with *être*. You need to remember to put the reflexive pronoun in front of the auxiliary verb to make an agreement with the subject:

Je me suis couché(e).	I went to bed.
Je m'étais couché(e).	I had gone to bed.

Imperative of reflexive verbs

When giving a command with a reflexive verb, add the following pronouns to the verb, joined with a hyphen. For a command with *tu*, add *-toi*, with *nous* add *-nous* and with *vous* add *-vous*:

Dépêche-toi!	Hurry up!
Dépêchez-vous!	Hurry up!
Dépêchons-nous!	Let's hurry up!

Reflexive verbs in the negative

When using negatives with a reflexive verb, *ne* goes in front of the reflexive pronoun. This also applies to the negative imperative:

Je ne me lève pas à 6 heures.
I do not get up at six o'clock.

Il ne s'est pas levé de bonne heure.
He did not get up early.

Ne te dépêche pas!
Don't hurry!

Modal verbs

Pouvoir (to be able), *savoir* (to know, to know how to), *devoir* (to have to) and *vouloir* (to wish, to want) are known as modal verbs and followed by an infinitive. For example:

Nous devons finir à 6 heures.
We have to finish at six o'clock.

Elles ne peuvent pas venir.
They cannot come.

Vous savez jouer du violon?
Do you know how to play the violin?

Tu veux sortir?
Do you want to go out?

Note
Devoir, when used in the perfect tense, means "had to" or "must have":

Elles ont dû finir très tôt.	They had to finish early.
Elles ont dû oublier.	They must have forgotten.

When used in the conditional, *devoir* means "should" or "ought to":

Elle devrait revenir.
She ought to come back.

When used in the conditional, *pouvoir* means "might" or "could" (i.e. "would be able to"):

On pourrait acheter du chocolat.
We could buy some chocolate.

Savoir is used to convey idea of knowing how to do something, or having knowledge of facts:

Elle sait nager.
She can/knows how to swim.

Savoir should not be confused with *connaître*, which also means "to know" in the sense of knowing a person, place or work of art (such as a film) etc.:

Je connais la famille Robinson.
I know the Robinson family.

Verbs requiring *à* or *de*

Some verbs need to be followed by *à* or by *de* before the infinitive.

Verbs requiring *à*

aider à	to help
apprendre à	to learn to
commencer à	to begin to
continuer à	to continue to
demander à	to ask to
inviter à	to invite to
réussir à	to succeed in

Il a aidé à ranger sa chambre.
He helped to tidy his room.

J'ai invité sa famille à dîner chez nous.
I invited his family to have dinner at our house.

Verbs requiring *de*

s'arrêter de, cesser de	to stop (doing)
essayer de	to try to
finir de	to finish
offrir de	to offer to
oublier de	to forget to
permettre de	to allow to
refuser de	to refuse to

For example:

J'essaie de finir.
I'm trying to finish.

Depuis with verbs

Depuis (for/since) can be used with the present tense to express how long something has been going on. This implies that the action is still going on in the present. Note that the present tense is used in French where the perfect tense is used in English:

Nous habitons dans la même maison depuis 15 ans.
We have been living in the same house for 15 years.

À plus!

Depuis can be used with the imperfect tense to express how long something *had* been going on. Note that the imperfect tense is used in French where the pluperfect tense is used in English:

> *Je lisais depuis dix minutes quand le téléphone a sonné.*
> I had been reading for ten minutes when the phone rang.

Venir de

The present tense of *venir* is used with *de* and an infinitive to express the idea that someone has just done something. For example:

> *Je viens de finir.*
> I have just finished.

When used with the imperfect tense, *venir* followed by *de* means that someone *had* just done something:

> *Il venait de finir.*
> He had just finished.

Avoir

Avoir is used in the following expressions and is followed by an infinitive:

avoir besoin de	to need to
avoir le droit de	to have the right to
avoir envie de	to feel like
avoir l'intention de	to intend to
avoir le temps de	to have time to

For example:

> *Nous n'avons pas besoin de revenir.*
> We don't need to come back.

Note

Avoir is also used in the following expressions, where in English we would use the verb "to be":

avoir...ans	to be...years old	*avoir chaud*	to be hot
avoir faim	to be hungry	*avoir peur*	to be afraid
avoir soif	to be thirsty	*avoir tort*	to be wrong
avoir froid	to be cold	*avoir raison*	to be right
Nous avons chaud.		We are hot.	
Ils avaient peur.		They were afraid.	

Passive

When the subject of a sentence receives the action instead of performing it, the sentence is said to be in the passive:

Active: "The neighbours saw the burglars."
Passive: "The burglars were seen by the neighbours."

To form the passive, you need to use the relevant tense of *être* with a past participle:

> *Les cambrioleurs ont été vus par les voisins.*
> The burglars were seen by the neighbours.

The past participle has to agree with the subject in gender and number.

Note

If there is no reference to who or what has performed the action, the pronoun *on* can be used to avoid writing the sentence in the passive:

On a dit que...	It is said that...
On a annoncé que...	It has been announced that...

Impersonal verbs

Impersonal verbs are only used in the third person singular (the *il* form). The most common are:

il y a	there is/there are
il reste	there is/are...left
il manque	...is missing
il s'agit de	it is about
il paraît que	it appears that
il suffit	it is enough
il faut	it is necessary

For example:

> *Il ne faut pas oublier l'argent.*
> You must not forget the money.

> *Il reste une minute.*
> There is one minute left.

> *Il manque un bouton.*
> A button is missing.

Dependent infinitives

To say that you have something done, cut, repaired or built by someone else, you need to use *faire* followed by the appropriate infinitive:

faire développer	to get something developed
faire réparer	to get something repaired
faire couper	to get something cut
faire construire	to get something built
faire nettoyer	to get something cleaned

For example:

> *Il a fait développer la pellicule.*
> He got the film developed.

> *Elle va faire réparer la voiture.*
> She is going to get the car repaired.

Present participle

In English, this ends in '-ing', for example "while working...". To form the present participle, take the *nous* form of the present tense, remove *ons* and add *ant*:

-er verbs	*nous jouons*	*jou-*	*jouant*
-ir verbs	*nous choisissons*	*choisiss-*	*choisissant*
-re verbs	*nous rendons*	*rend-*	*rendant*

Exceptions:

avoir (to have)	*ayant*
être (to be)	*étant*
savoir (to know)	*sachant*

The present participle is used with *en* to talk about two actions being done by one person at the same time. For example:

> *Elle a préparé le dîner en écoutant la radio.*
> She prepared dinner listening to the radio.

It is also used with *en* to translate "on", "while", "by ...ing":

> *En ouvrant la porte, j'ai vu le chat.*
> On opening the door, I saw the cat.

> *Il s'est coupé le doigt en coupant le pain.*
> He cut his finger while cutting the bread.

Note

En can be used with a present participle to denote movement:

Elle est partie en courant.	She ran off.

Grammaire

Subjunctive

The subjunctive is not a tense; it is a form of the verb used in certain structures:

- after some verbs expressing an emotion or an opinion, such as fear, doubt, wish, regret and happiness
- after *il faut que*
- after conjunctions expressing time, i.e. *avant que* (before) and *jusqu'à ce que* (until)
- after concessions, i.e. *bien que* and *quoique* (both of which mean "although")

To form the present subjunctive, take the *ils* form of the present tense (*ils mangent, ils finissent, ils rendent*), remove the *ent* ending and add the following endings: *-e, -es, -e, -ions, -iez, -ent*.

	-er verbs	-ir verbs	-re verbs
je	joue	finisse	rende
tu	joues	finisses	rendes
il/elle/on	joue	finisse	rende
nous	jouions	finissions	rendions
vous	jouiez	finissiez	rendiez
ils/elles	jouent	finissent	rendent

Irregular verbs

The following common irregular verbs form the present subjunctive as follows:

aller (to go)	avoir (to have)	être (to be)
j'aille	j'aie	je sois
tu ailles	tu aies	tu sois
il/elle/on aille	il/elle/on ait	il/elle/on soit
nous allions	nous ayons	nous soyons
vous alliez	vous ayez	vous soyez
ils/elles aillent	ils/elles aient	ils/elles soient

Je voudrais que tu partes.
I would like you to leave.

Ils regrettent qu'il n'ait pas d'argent.
They are sorry that he has no money.

Il faut que tu manges des fruits.
You must eat fruit.

Verb tables

Infinitive	Present	Future	Imperfect	Conditional	Perfect	Pluperfect
Regular -er verbs						
JOUER (to play) **Present participle** jouant **Past participle** joué	je joue tu joues il/elle joue nous jouons vous jouez ils/elles jouent	je jouerai tu joueras il/elle jouera nous jouerons vous jouerez ils/elles joueront	je jouais tu jouais il/elle jouait nous jouions vous jouiez ils/elles jouaient	je jouerais tu jouerais il/elle jouerait nous jouerions vous joueriez ils/elles joueraient	j'ai joué tu as joué il/elle a joué nous avons joué vous avez joué ils/elles ont joué	j'avais joué tu avais joué il/elle avait joué nous avions joué vous aviez joué ils/elles avaient joué
Regular -ir verbs						
FINIR (to finish) **Present participle** finissant **Past participle** fini	je finis tu finis il/elle finit nous finissons vous finissez ils/elles finissent	je finirai tu finiras il/elle finira nous finirons vous finirez ils/elles finiront	je finissais tu finissais il/elle finissait nous finissions vous finissiez ils/elles finissaient	je finirais tu finirais il/elle finirait nous finirions vous finiriez ils/elles finiraient	j'ai fini tu as fini il/elle a fini nous avons fini vous avez fini ils/elles ont fini	j'avais fini tu avais fini il/elle avait fini nous avions fini vous aviez fini ils/elles avaient fini
Regular -re verbs						
RENDRE (to give back) **Present participle** rendant **Past participle** rendu	je rends tu rends il/elle rend nous rendons vous rendez ils/elles rendent	je rendrai tu rendras il/elle rendra nous rendrons vous rendrez ils/elles rendront	je rendais tu rendais il/elle rendait nous rendions vous rendiez ils/elles rendaient	je rendrais tu rendrais il/elle rendrait nous rendrions vous rendriez ils/elles rendraient	j'ai rendu tu as rendu il/elle a rendu nous avons rendu vous avez rendu ils/elles ont rendu	j'avais rendu tu avais rendu il/elle avait rendu nous avions rendu vous aviez rendu ils/elles avaient rendu
Regular reflexive verbs						
SE COUCHER (to go to bed) **Present participle** se couchant **Past participle** couché	je me couche tu te couches il/elle se couche nous nous couchons vous vous couchez ils/elles se couchent	je me coucherai tu te coucheras il/elle se couchera nous nous coucherons vous vous coucherez ils/elles se coucheront	je me couchais tu te couchais il/elle se couchait nous nous couchions vous vous couchiez ils/elles se couchaient	je me coucherais tu te coucherais il/elle se coucherait nous nous coucherions vous vous coucheriez ils/elles se coucheraient	je me suis couché(e) tu t'es couché(e) il s'est couché elle s'est couchée nous nous sommes couché(e)s vous vous êtes couché(e)(s)(es) ils se sont couchés elles se sont couchées	je m'étais couché(e) tu t'étais couché(e) il s'était couché elle s'était couchée nous nous étions couché(e)s vous vous étiez couché(e)(s)(es) ils s'étaient couchés elles s'étaient couchées
Frequently used irregular verbs						
AVOIR (to have) **Present participle** ayant **Past participle** eu	j'ai tu as il/elle a nous avons vous avez ils/elles ont	j'aurai tu auras il/elle aura nous aurons vous aurez ils/elles auront	j'avais tu avais il/elle avait nous avions vous aviez ils/elles avaient	j'aurais tu aurais il/elle aurait nous aurions vous auriez ils/elles auraient	j'ai eu tu as eu il/elle a eu nous avons eu vous avez eu ils/elles ont eu	j'avais eu tu avais eu il/elle avait eu nous avions eu vous aviez eu ils/elles avaient eu
ÊTRE (to be) **Present participle** soyant **Past participle** été	je suis tu es il/elle est nous sommes vous êtes ils/elles sont	je serai tu seras il/elle sera nous serons vous serez ils/elles seront	j'étais tu étais il/elle était nous étions vous étiez ils/elles étaient	je serais tu serais il/elle serait nous serions vous seriez ils/elles seraient	j'ai été tu as été il/elle a été nous avons été vous avez été ils/elles ont été	j'avais été tu avais été il/elle avait été nous avions été vous aviez été ils/elles avaient été

Grammaire

Infinitive	Present	Future	Imperfect	Conditional	Perfect	Pluperfect

ALLER
(to go)
 	
Present participle
allant
 	
Past participle
allé
	je vais
	tu vas
	il/elle va
	nous allons
	vous allez
	ils/elles vont
		j'irai
		tu iras
		il/elle ira
		nous irons
		vous irez
		ils/elles iront
			j'allais
			tu allais
			il/elle allait
			nous allions
			vous alliez
			ils/elles allaient
				j'irais
				tu irais
				il/elle irait
				nous irions
				vous iriez
				ils/elles iraient
					je suis allé(e)
					tu es allé(e)
					il est allé
					elle est allée
					nous sommes
					  allé(e)s
					vous êtes
					  allé(e)(s)(es)
					ils sont allés
					elles sont allées
						j'étais allé(e)
						tu étais allé(e)
						il était allé
						elle était allée
						nous étions allé(e)s
						vous étiez
						  allé(e)(s)(es)
						ils étaient allés
						elles étaient allées

Modal verbs						
DEVOIR (to have to/to owe) **Present participle** devant **Past participle** dû	je dois tu dois il/elle doit nous devons vous devez ils/elles doivent	je devrai tu devras il/elle devra nous devrons vous devrez ils/elles devront	je devais tu devais il/elle devait nous devions vous deviez ils/elles devaient	je devrais tu devrais il/elle devrait nous devrions vous devriez ils/elles devraient	j'ai dû tu as dû il/elle a dû nous avons dû vous avez dû ils/elles ont dû	j'avais dû tu avais dû il/elle avait dû nous avions dû vous aviez dû ils/elles avaient dû
POUVOIR (to be able) **Present participle** pouvant **Past participle** pu	je peux tu peux il/elle peut nous pouvons vous pouvez ils/elles peuvent	je pourrai tu pourras il/elle pourra nous pourrons vous pourrez ils/elles pourront	je pouvais tu pouvais il/elle pouvait nous pouvions vous pouviez ils/elles pouvaient	je pourrais tu pourrais il/elle pourrait nous pourrions vous pourriez ils/elles pourraient	j'ai pu tu as pu il/elle a pu nous avons pu vous avez pu ils/elles ont pu	j'avais pu tu avais pu il/elle avait pu nous avions pu vous aviez pu ils/elles avaient pu
SAVOIR (to know) **Present participle** sachant **Past participle** su	je sais tu sais il/elle sait nous savons vous savez ils/elles savent	je saurai tu sauras il/elle saura nous saurons vous saurez ils/elles sauront	je savais tu savais il/elle savait nous savions vous saviez ils/elles savaient	je saurais tu saurais il/elle saurait nous saurions vous sauriez ils/elles sauraient	j'ai su tu as su il/elle a su nous avons su vous avez su ils/elles ont su	j'avais su tu avais su il/elle avait su nous avions su vous aviez su ils/elles avaient su
VOULOIR (to wish/want) **Present participle** voulant **Past participle** voulu	je veux tu veux il/elle veut nous voulons vous voulez ils/elles veulent	je voudrai tu voudras il/elle voudra nous voudrons vous voudrez ils/elles voudront	je voulais tu voulais il/elle voulait nous voulions vous vouliez ils/elles voulaient	je voudrais tu voudrais il/elle voudrait nous voudrions vous voudriez ils/elles voudraient	j'ai voulu tu as voulu il/elle a voulu nous avons voulu vous avez voulu ils/elles ont voulu	j'avais voulu tu avais voulu il/elle avait voulu nous avions voulu vous aviez voulu ils/elles avaient voulu
Other irregular verbs						
BOIRE (to drink) **Present participle** buvant **Past participle** bu	je bois tu bois il/elle boit nous buvons vous buvez ils/elles boivent	je boirai tu boiras il/elle boira nous boirons vous boirez ils/elles boiront	je buvais tu buvais il/elle buvait nous buvions vous buviez ils/elles buvaient	je boirais tu boirais il/elle boirait nous boirions vous boiriez ils/elles boiraient	j'ai bu tu as bu il/elle a bu nous avons bu vous avez bu ils/elles ont bu	j'avais bu tu avais bu il/elle avait bu nous avions bu vous aviez bu ils/elles avaient bu

CONDUIRE
(to drive)
 	
Present participle
conduisant
 	
Past participle
conduit
	je conduis
	tu conduis
	il/elle conduit
	nous conduisons
	vous conduisez
	ils/elles
	  conduisent
		je conduirai
		tu conduiras
		il/elle conduira
		nous conduirons
		vous conduirez
		ils/elles
		  conduiront
			je conduisais
			tu conduisais
			il/elle conduisait
			nous conduisions
			vous conduisiez
			ils/elles
			  conduisaient
				je conduirais
				tu conduirais
				il/elle conduirait
				nous conduirions
				vous conduiriez
				ils/elles
				  conduiraient
					j'ai conduit
					tu as conduit
					il/elle a conduit
					nous avons conduit
					vous avez conduit
					ils/elles ont conduit
						j'avais conduit
						tu avais conduit
						il/elle avait conduit
						nous avions conduit
						vous aviez conduit
						ils/elles avaient
						  conduit

Infinitive	Present	Future	Imperfect	Conditional	Perfect	Pluperfect
CONNAÎTRE (to know (a person, place, book, film)) **Present participle** *connaissant* **Past participle** *connu*	*je connais* *tu connais* *il/elle connaît* *nous connaissons* *vous connaissez* *ils/elles connaissent*	*je connaîtrai* *tu connaîtras* *il/elle connaîtra* *nous connaîtrons* *vous connaîtrez* *ils/elles connaîtront*	*je connaissais* *tu connaissais* *il/elle connaissait* *nous connaissions* *vous connaissiez* *ils/elles connaissaient*	*je connaîtrais* *tu connaîtrais* *il/elle connaîtrait* *nous connaîtrions* *vous connaîtriez* *ils/elles connaîtraient*	*j'ai connu* *tu as connu* *il/elle a connu* *nous avons connu* *vous avez connu* *ils/elles ont connu*	*j'avais connu* *tu avais connu* *il/elle avait connu* *nous avions connu* *vous aviez connu* *ils/elles avaient connu*
COURIR (to run) **Present participle** *courant* **Past participle** *couru*	*je cours* *tu cours* *il/elle court* *nous courons* *vous courez* *ils/elles courent*	*je courrai* *tu courras* *il/elle courra* *nous courrons* *vous courrez* *ils/elles courront*	*je courais* *tu courais* *il/elle courait* *nous courions* *vous couriez* *ils/elles couraient*	*je courrais* *tu courrais* *il/elle courrait* *nous courrions* *vous courriez* *ils/elles courraient*	*j'ai couru* *tu as couru* *il/elle a couru* *nous avons couru* *vous avez couru* *ils/elles ont couru*	*j'avais couru* *tu avais couru* *il/elle avait couru* *nous avions couru* *vous aviez couru* *ils/elles avaient couru*
CROIRE (to believe) **Present participle** *croyant* **Past participle** *cru*	*je crois* *tu crois* *il/elle croit* *nous croyons* *vous croyez* *ils/elles croient*	*je croirai* *tu croiras* *il/elle croira* *nous croirons* *vous croirez* *ils/elles croiront*	*je croyais* *tu croyais* *il/elle croyait* *nous croyions* *vous croyiez* *ils/elles croyaient*	*je croirais* *tu croirais* *il/elle croirait* *nous croirions* *vous croiriez* *ils/elles croiraient*	*j'ai cru* *tu as cru* *il/elle a cru* *nous avons cru* *vous avez cru* *ils/elles ont cru*	*j'avais cru* *tu avais cru* *il/elle avait cru* *nous avions cru* *vous aviez cru* *ils/elles avaient cru*
DIRE (to say, tell) **Present participle** *disant* **Past participle** *dit*	*je dis* *tu dis* *il/elle dit* *nous disons* *vous dites* *ils/elles disent*	*je disais* *tu disais* *il/elle disait* *nous disions* *vous disiez* *ils/elles disaient*	*je dirai* *tu diras* *il/elle dira* *nous dirons* *vous direz* *ils/elles diront*	*je dirais* *tu dirais* *il/elle dirait* *nous dirions* *vous diriez* *ils/elles diraient*	*j'ai dit* *tu as dit* *il/elle a dit* *nous avons dit* *vous avez dit* *ils/elles ont dit*	*j'avais dit* *tu avais dit* *il/elle avait dit* *nous avions dit* *vous aviez dit* *ils/elles avaient dit*
ÉCRIRE (to write) **Present participle** *écrivant* **Past participle** *écrit*	*j'écris* *tu écris* *il/elle écrit* *nous écrivons* *vous écrivez* *ils/elles écrivent*	*j'écrirai* *tu écriras* *il/elle écrira* *nous écrirons* *vous écrirez* *ils/elles écriront*	*j'écrivais* *tu écrivais* *il/elle écrivait* *nous écrivions* *vous écriviez* *ils/elles écrivaient*	*j'écrirais* *tu écrirais* *il/elle écrirait* *nous écririons* *vous écririez* *ils/elles écriraient*	*j'ai écrit* *tu as écrit* *il/elle a écrit* *nous avons écrit* *vous avez écrit* *ils/elles ont écrit*	*j'avais écrit* *tu avais écrit* *il/elle avait écrit* *nous avions écrit* *vous aviez écrit* *ils/elles avaient écrit*
FAIRE (to do/make) **Present participle** *faisant* **Past participle** *fait*	*je fais* *tu fais* *il/elle fait* *nous faisons* *vous faites* *ils/elles font*	*je ferai* *tu feras* *il/elle fera* *nous ferons* *vous ferez* *ils/elles feront*	*je faisais* *tu faisais* *il/elle faisait* *nous faisions* *vous faisiez* *ils/elles faisaient*	*je ferais* *tu ferais* *il/elle ferait* *nous ferions* *vous feriez* *ils/elles feraient*	*j'ai fait* *tu as fait* *il/elle a fait* *nous avons fait* *vous avez fait* *ils/elles ont fait*	*j'avais fait* *tu avais fait* *il/elle avait fait* *nous avions fait* *vous aviez fait* *ils/elles avaient fait*
LIRE (to read) **Present participle** *lisant* **Past participle** *lu*	*je lis* *tu lis* *il/elle lit* *nous lisons* *vous lisez* *ils/elles lisent*	*je lirai* *tu liras* *il/elle lira* *nous lirons* *vous lirez* *ils/elles liront*	*je lisais* *tu lisais* *il/elle lisait* *nous lisions* *vous lisiez* *ils/elles lisaient*	*je lirais* *tu lirais* *il/elle lirait* *nous lirions* *vous liriez* *ils/elles liraient*	*j'ai lu* *tu as lu* *il/elle a lu* *nous avons lu* *vous avez lu* *ils/elles ont lu*	*j'avais lu* *tu avais lu* *il/elle avait lu* *nous avions lu* *vous aviez lu* *ils/elles avaient lu*
METTRE (to put) **Present participle** *mettant* **Past participle** *mis*	*je mets* *tu mets* *il/elle met* *nous mettons* *vous mettez* *ils/elles mettent*	*je mettrai* *tu mettras* *il/elle mettra* *nous mettrons* *vous mettrez* *ils/elles mettront*	*je mettais* *tu mettais* *il/elle mettait* *nous mettions* *vous mettiez* *ils/elles mettaient*	*je mettrais* *tu mettrais* *il/elle mettrait* *nous mettrions* *vous mettriez* *ils/elles mettraient*	*j'ai mis* *tu as mis* *il/elle a mis* *nous avons mis* *vous avez mis* *ils/elles ont mis*	*j'avais mis* *tu avais mis* *il/elle avait mis* *nous avions mis* *vous aviez mis* *ils/elles avaient mis*

Grammaire

Infinitive	Present	Future	Imperfect	Conditional	Perfect	Pluperfect
MOURIR (to die) **Present participle** mourant **Past participle** mort	je meurs tu meurs il/elle meurt nous mourons vous mourez ils/elles meurent	je mourrai tu mourras il/elle mourra nous mourrons vous mourrez ils/elles mourront	je mourais tu mourais il/elle mourait nous mourions vous mouriez ils/elles mouraient	je mourrais tu mourrais il/elle mourrait nous mourrions vous mourriez ils/elles mourraient	je suis mort(e) tu es mort(e) il est mort elle est morte nous sommes mort(e)s vous êtes mort(e)(s)(es) ils sont morts elles sont mortes	j'étais mort(e) tu étais morte(e) il était mort elle était morte nous étions mort(e)s vous étiez mort(e)(s)(es) ils étaient morts elles étaient mortes
NAÎTRE (to be born) **Present participle** naissant **Past participle** né	je nais tu nais il/elle naît nous naissons vous naissez ils/elles naissent	je naîtrai tu naîtras il/elle naîtra nous naîtrons vous naîtrez ils/elles naîtront	je naissais tu naissais il/elle naissait nous naissions vous naissiez ils/elles naissaient	je naîtrais tu naîtrais il/elle naîtrait nous naîtrions vous naîtriez ils/elles naîtraient	je suis né(e) tu es né(e) il est né elle est née nous sommes né(e)s vous êtes né(e)(s)(es) ils sont nés elles sont nées	j'étais né(e) tu étais né(e) il était né elle était née nous étions né(e)s vous étiez né(e)(s)(es) ils étaient nés elles étaient nées
PARTIR (to leave) **Present participle** partant **Past participle** parti	je pars tu pars il/elle part nous partons vous partez ils/elles partent	je partirai tu partiras il/elle partira nous partirons vous partirez ils/elles partiront	je partais tu partais il/elle partait nous partions vous partiez ils/elles partaient	je partirais tu partirais il/elle partirait nous partirions vous partiriez ils/elles partiraient	je suis parti(e) tu es parti(e) il est parti elle est partie nous sommes parti(e)s vous êtes parti(e)(s)(es) ils sont partis elles sont parties	j'étais parti(e) tu étais parti(e) il était parti elle était partie nous étions parti(e)s vous étiez parti(e)(s)(es) ils étaient partis elles étaient parties
PRENDRE (to take) **Present participle** prenant **Past participle** pris	je prends tu prends il/elle prend nous prenons vous prenez ils/elles prennent	je prendrai tu prendras il/elle prendra nous prendrons vous prendrez ils/elles prendront	je prenais tu prenais il/elle prenait nous prenions vous preniez ils/elles prenaient	je prendrais tu prendrais il/elle prendrait nous prendrions vous prendriez ils/elles prendraient	j'ai pris tu as pris il/elle a pris nous avons pris vous avez pris ils/elles ont pris	j'avais pris tu avais pris il/elle avait pris nous avions pris vous aviez pris ils/elles avaient pris
RECEVOIR (to receive) **Present participle** recevant **Past participle** reçu	je reçois tu reçois il/elle reçoit nous recevons vous recevez ils/elles reçoivent	je recevrai tu recevras il/elle recevra nous recevrons vous recevrez ils/elles recevront	je recevais tu recevais il/elle recevait nous recevions vous receviez ils/elles recevaient	je recevrais tu recevrais il/elle recevrait nous recevrions vous recevriez ils/elles recevraient	j'ai reçu tu as reçu il/elle a reçu nous avons reçu vous avez reçu ils/elles ont reçu	j'avais reçu tu avais reçu il/elle avait reçu nous avions reçu vous aviez reçu ils/elles avaient reçu
RIRE (to laugh) **Present participle** riant **Past participle** ri	je ris tu ris il/elle rit nous rions vous riez ils/elles rient	je rirai tu riras il/elle rira nous rirons vous rirez ils/elles riront	je riais tu riais il/elle riait nous riions vous riiez ils/elles riaient	je rirais tu rirais il/elle rirait nous ririons vous ririez ils/elles riraient	j'ai ri tu as ri il/elle a ri nous avons ri vous avez ri ils/elles ont ri	j'avais ri tu avais ri il/elle avait ri nous avions ri vous aviez ri ils/elles avaient ri
SORTIR (to go/come out) **Present participle** sortant **Past participle** sorti	je sors tu sors il/elle sort nous sortons vous sortez ils/elles sortent	je sortirai tu sortiras il/elle sortira nous sortirons vous sortirez ils/elles sortiront	je sortais tu sortais il/elle sortait nous sortions vous sortiez ils/elles sortaient	je sortirais tu sortirais il/elle sortirait nous sortirions vous sortiriez ils/elles sortiraient	je suis sorti(e) tu es sorti(e) il est sorti elle est sortie nous sommes sorti(e)s vous êtes sorti(e)(s)(es) ils sont sortis elles sont sorties	j'étais sorti(e) tu étais sorti(e) il était sorti elle était sortie nous étions sorti(e)s vous étiez sorti(e)(s)(es) ils étaient sortis elles étaient sorties

À plus!

Infinitive	Present	Future	Imperfect	Conditional	Perfect	Pluperfect
VENIR (to come) **Present participle** *venant* **Past participle** *venu*	*je viens* *tu viens* *il/elle vient* *nous venons* *vous venez* *ils/elles viennent*	*je viendrai* *tu viendras* *il/elle viendra* *nous viendrons* *vous viendrez* *ils/elles viendront*	*je venais* *tu venais* *il/elle venait* *nous venions* *vous veniez* *ils/elles venaient*	*je viendrais* *tu viendrais* *il/elle viendrait* *nous viendrions* *vous viendriez* *ils/elles viendraient*	*je suis venu(e)* *tu es venu(e)* *il est venu* *elle est venue* *nous sommes venu(e)s* *vous êtes venu(e)(s)(es)* *ils sont venus* *elles sont venues*	*j'étais venu(e)* *tu étais venu(e)* *il était venu* *elle était venue* *nous étions venu(e)s* *vous étiez venu(e)(s)(es)* *ils étaient venus* *elles étaient venues*
VIVRE (to live) **Present participle** *vivant* **Past participle** *vécu*	*je vis* *tu vis* *il/elle vit* *nous vivons* *vous vivez* *ils/elles vivent*	*je vivrai* *tu vivras* *il/elle vivra* *nous vivrons* *vous vivrez* *ils/elles vivront*	*je vivais* *tu vivais* *il/elle vivait* *nous vivions* *vous viviez* *ils/elles vivaient*	*je vivrais* *tu vivrais* *il/elle vivrait* *nous vivrions* *vous vivriez* *ils/elles vivraient*	*j'ai vécu* *tu as vécu* *il/elle a vécu* *nous avons vécu* *vous avez vécu* *ils/elles ont vécu*	*j'avais vécu* *tu avais vécu* *il/elle avait vécu* *nous avions vécu* *vous aviez vécu* *ils/elles avaient vécu*
VOIR (to see) **Present participle** *voyant* **Past participle** *vu*	*je vois* *tu vois* *il/elle voit* *nous voyons* *vous voyez* *ils/elles voient*	*je verrai* *tu verras* *il/elle verra* *nous verrons* *vous verrez* *ils/elles verront*	*je voyais* *tu voyais* *il/elle voyait* *nous voyions* *vous voyiez* *ils/elles voyaient*	*je verrais* *tu verrais* *il/elle verrait* *nous verrions* *vous verriez* *ils/elles verraient*	*j'ai vu* *tu as vu* *il/elle a vu* *nous avons vu* *vous avez vu* *ils/elles ont vu*	*j'avais vu* *tu avais vu* *il/elle avait vu* *nous avions vu* *vous aviez vu* *ils/elles avaient vu*

Vocabulaire

A

	à carreaux	checked
	à côté (de)	next (to)
	à l'appareil	on the phone/speaking
	à l'avance	in advance/early
	à l'avenir	in the future
	à l'envers	back to front/the wrong way round
	à l'étranger	abroad
	à l'heure	on time
	à partir de	(starting) from
	à peine	hardly
	À plus! (*colloq.*)	See you later!
	à point	medium rare (of meat)
	abîmer	to damage
	aborder (un sujet)	to approach, to tackle (a topic)
	accro (*colloq.*)	hooked
	accueillir	to receive/to welcome
un	achat	purchase
les	actualités (*f*)	news
	actuel(le)	current/present
	adieu	good-bye (for ever)
un(e)	adolescent(e)	teenager
	affamé(e)	starving
	affreux (-euse)	dreadful, ugly
	agacer (*irreg.*)	to annoy/to bother
	agréable	pleasant
un	agriculteur (-trice)	farmer
l'	ail (*m*)	garlic
	aimable	kind/likeable
l'	aîné(e)	oldest
une	aire de repos	service area (motorway)
	ajouter	to add
les	alentours (*m*)	surrounding area
un	aliment	food
une	alimentation	diet; food store
	allumer	to light/to switch on
	alors	so/therefore
une	amande	almond
l'	ambiance (*f*)	atmosphere
	améliorer	to improve
	aménager	to equip/to fit out
une	amende	fine
	amoureux (-euse) (de)	in love (with)
une	ampoule	lightbulb
s'	amuser	to have fun
un	ananas	pineapple
	anglophone	English-speaking
s'	angoisser	to become/to be anxious
un	anneau	ring
un	annuaire téléphonique	phone book
	annuler	to cancel
s'	appliquer	to apply oneself/to try hard
	apporter	to bring
	apprendre (*irreg.*)	to learn/to teach
un	apprentissage	apprenticeship
d'	après	according to

	après-demain	day after tomorrow
une	araignée	spider
un	arc-en-ciel	rainbow
l'	argent de poche	pocket money
l'	argot	slang
une	armoire	wardrobe
	arracher	to pull up, to dig up (weeds); to pull out (tooth)
les	arrhes (*f*)	deposit
	arroser	to water
un	article	article; item
les	arts ménagers (*m*)	domestic science
un	ascenseur	lift
s'	asseoir (*irreg.*)	to sit
	assidûment	assiduously
une	assiette	plate
	assis(e)	seated
	assister (à)	to attend
un	atelier	workshop
une	attaque à main armée	armed robbery
	attendre	to wait
s'	attendre à	to expect
	attendre avec impatience	to look forward to
	atterrir	to land
	attirer	to attract
	attraper	to catch
	au bord (de)	on the edge (of); beside, by
	au bout de	at the end of
	au fond (de)	at the end (of), at the bottom (of)
	au lieu de	in place of/instead of
	au long de	along
une	auberge	inn
une	auberge de jeunesse	youth hostel
	aucun(e)	no/none/not any
	au-dessous (de)	below/underneath
	au-dessus (de)	above
un	auditeur (-trice)	listener
	auparavant	beforehand
	aussi … que	as … as
	autant	as much/as many
l'	autoroute (*f*)	motorway
	autour (de)	around/about
	autrefois	in the past, in the old days
	autrement dit	in other words
	avaler	to swallow
	avant-hier	day before yesterday
	avare	mean/miserly
l'	avenir (*m*)	future
une	averse	shower (of rain)
	aveugle	blind
un	avis	opinion
un(e)	avocat(e)	solicitor; barrister
	avoir besoin de	to need
	avoir de la chance	to be lucky
	avoir du mal à…	to find it difficult to…

avoir envie de…	to feel like/to want to…	
avoir faim	to be hungry	
avoir la pêche (colloq.)		
	to be on form	
avoir l'air (+ adj.)	to look	
avoir le droit (de…)	to have the right (to…)	
avoir le mal de mer	to feel seasick	
avoir le moral	to be in good spirits	
avoir lieu	to take place	
avoir mal	to hurt/to ache	
avoir peur de…	to fear/to be frightened of…	
avoir raison	to be right	
avoir soif	to be thirsty	
avoir sommeil	to feel sleepy	
avoir tort	to be wrong	

B

les **bagages** (m)	luggage
une **bague**	ring
une **baignoire**	bath (tub)
une **balance**	(weighing) scales
un **banc**	bench
une **bande**	group/gang
une **bande dessinée (BD)**	comic strip
la **banlieue**	suburbs
barbant(e) (colloq.)	boring
un **bâtiment**	building
la **batterie**	drums
bavarder	to chat
le **beau-père**	stepfather; father-in-law
la **belle-mère**	stepmother; mother-in-law
bénévole	voluntary/unpaid
les **béquilles** (f)	crutches
bête	silly/stupid
une **bibliothèque**	library
bien sûr	of course
bientôt	soon
bienvenue	welcome
biologique (colloq. **bio**)	
	organic
un **bisou, une bise**	kiss
une **blague**	joke
se **blesser**	to injure oneself
un **blouson**	jacket
boire (irreg.)	to drink
le **bois**	wood
une **boisson**	drink
une **boîte**	box; tin; nightclub
bon marché	cheap
le **bonheur**	happiness
au **bord de la mer**	by the seaside
un **bouchon**	traffic jam
bouclé(e)	curly
une **boucle d'oreille**	earring
bouffer (colloq.)	to eat
bouleverser	to upset
un **boulot**	job
le **bras**	arm
la **brasse**	breast stroke

le **bricolage**	DIY
une **brocante**	second-hand goods/ second-hand market
le **brouillard**	fog
le **bruit**	noise
se **brûler**	to burn oneself
la **brume**	mist
la **bûche de Noël**	Christmas log
un **bulletin (scolaire)**	(school) report
un **bureau de tabac**	tobacconist's
un **but**	aim/goal

C

ça fait…que…	for… (time)
ça me fait rire	it makes me laugh
ça me plaît	I like it
ça m'est égal	I don't mind/I don't care
ça ne me dit rien	it doesn't appeal to me
ça suffit	that is enough
ça te dit?	does it appeal to you?
ça vaut la peine	it is worth it
une **cabine d'essayage**	fitting room/changing room
un **cabinet médical**	doctor's surgery
un **cadeau**	gift/present
un **cadenas**	padlock
un **cadre**	frame; context
un **caissier (-ère)**	cashier
cambrioler	to burgle
un **camion**	lorry
campagnard	in the country/ of the country
car	for/because
le **car de ramassage scolaire**	
	school bus
le **carburant**	fuel
carré(e)	square
un **carrefour**	crossroads
la **carte**	map; menu
une **carte de séjour**	residence permit
le **carton**	cardboard
un **casier**	locker
un **casque**	helmet
une **casquette**	cap
cassé(e)	broken
un **casse-croûte**	snack
casse-pieds	pain in the neck
une **casserole**	saucepan
causer	to cause/to chat
une **caution**	(breakage) deposit
une **cave**	cellar
ce (cet)/cette, ces	this, these
ce n'est pas la peine	it is not worth it
une **ceinture (de sécurité)**	(seat) belt
célibataire	single/unmarried
celui/celle, ceux/celles	
	the one/that, the ones/those
un **centre aéré**	outdoor centre
un **centre commercial**	shopping centre
cependant	however

Vocabulaire

une	**cerise**	cherry
le	**cerveau**	brain
	chacun(e)	each one
la	**chaleur**	heat
	chaleureux (-euse)	warm
un	**champ**	field
	champêtre	rural/country
la	**chance**	luck
une	**chanson**	song
	chanter	to sing
un	**chanteur (-euse)**	singer
	chaque	each
la	**charcuterie**	pork butcher's shop, delicatessen; cooked (pork) meats
	charger	to load
un	**chariot**	trolley
le	**chauffage**	heating
une	**chaussure**	shoe
une	**cheminée**	chimney; fireplace
une	**chemise**	shirt
un	**chenil**	kennel
	chercher	to look for
un	**chercheur**	researcher
	chéri(e)	darling
une	**cheville**	ankle
	chez	at; to (someone's place)
un	**chiffre**	number
le	**chômage**	unemployment
	chouette	great
	chuchoter	to whisper
une	**chute**	fall
une	**cible**	target
	ci-joint	attached/enclosed
la	**circulation**	traffic
une	**cité**	(housing) estate
un	**citoyen (-enne)**	citizen
une	**civière**	stretcher
un	**clavier**	keyboard
une	**clé (clef)**	key
la	**climatisation**	air conditioning
la	**cloche**	bell
	cocher	to tick
le	**cœur**	heart
un	**coiffeur (-euse)**	hairdresser
un	**coin**	corner
la	**colère**	anger
un	**colis**	parcel
les	**collants** (m)	tights
une	**colle**	detention
un	**collier**	necklace
une	**colline**	hill
une	**colonie de vacances**	holiday camp
	commander	to order
	comme	as/like
les	**commerces** (m)	shops
le	**commissariat (de police)**	police station
une	**compétence**	skill
le	**comportement**	behaviour
	composter	to punch (ticket)

	compréhensif (-ive)	comprehensive; understanding
un	**comprimé**	tablet
	compter (sur)	to count (on)
un	**concours**	competition
un	**conducteur (-trice)**	driver
	conduire (irreg.)	to drive
la	**confiance**	confidence
	confier	to entrust
une	**confiserie**	confectioner's/sweet shop
un	**congé**	time off work
	congédier	to sack/dismiss
une	**connaissance**	acquaintance
	connaître (irreg.)	to know
	consacrer	to devote/to spend (time)
le	**Conseil de l'Europe**	European Council
	conseiller	to advise
	conserver	to preserve
une	**consigne**	left-luggage facility
la/une	**consommation**	consumption; drink
	constater	to observe
	construire (irreg.)	to build
une	**contrainte**	obligation
par	**contre**	on the other hand
	contre	against
	convaincre (irreg.)	to convince
	convenir (irreg.)	to suit
les	**coordonnées** (f)	personal details
le	**corps**	body
une	**côte (de porc)**	(pork) chop
la	**couche d'ozone**	ozone layer
un	**coude**	elbow
un	**couloir**	corridor
un	**coup de main**	hand (help)
un	**coup de pied/de poing**	kick/punch
un	**coup de soleil**	sunburn
se	**couper**	to cut oneself
la	**Cour européenne des Droits de l'Homme**	European Court of Human Rights
	courir (irreg.)	to run
un	**courriel**	e-mail
le	**courrier**	mail
le	**courrier des lecteurs**	problem page
un	**couteau**	knife
la	**couture**	sewing
	couvert (ciel)	overcast (sky)
une	**couverture**	blanket
une	**cravate**	tie
	crevé(e) (colloq.)	knackered
une	**crevette**	prawn
	crier	to scream/to shout
	croire (irreg.)	to believe
une	**croisière**	cruise
un	**croque-monsieur**	toasted ham-and-cheese sandwich
	cru(e)	raw
les	**crudités** (f)	assorted raw vegetables
une	**cuiller** (or **cuillère**)	spoon
le	**cuir**	leather
la	**cuisse**	thigh
la	**cuisson**	cooking

D

	d'abord	first of all
	davantage	more
un	dé	dice
	de bonne heure	early
	de nos jours	nowadays
	de plus	what's more/on top of that
	débarrasser	to clear
un	débouché	prospect/opening
	debout	standing
se	débrouiller	to manage/to get by
un	décès	death
	décevant(e)	disappointing
	décevoir (irreg.)	to disappoint
les	déchets (m)	waste
	déchiré(e)	torn
	décoller	to take off
	décrocher	to pick up (phone)
	déçu(e)	disappointed
	dedans	inside
un	défaut	fault
	défectueux (-euse)	faulty
	défendre	to forbid
un	défilé	procession
	déguster	to taste/to savour
	dehors	outside
	déjà	already
	demain	tomorrow
	déménager	to move (house)
une	demeure	house, dwelling
la	demi-pension	half-board
	démodé(e)	old-fashioned
le	dentifrice	toothpaste
un	département	district/administrative area of France
un	Département d'Outre-Mer (DOM)	overseas département
se	dépêcher	to hurry
	dépenser	to spend
se	déplacer	to move (around)/ to go somewhere else
un	dépliant	leaflet
	déprimé(e)	depressed
	depuis	since; for
	déranger	to disturb
se	dérouler	to take place, to unfold
	dès que	as soon as
se	détendre	to relax
	détendu(e)	relaxed
les	détritus (m)	rubbish
	devenir (irreg.)	to become
	deviner	to guess
une	devise	currency
	d'habitude	usually
la	diététique	dietetics
	diffuser	to broadcast
la	diffusion	screening
	diminuer	to diminish/to reduce
une	dinde	turkey

se	diriger (irreg.) vers	to go towards
	discuter	to discuss
	disponible	available
se	disputer	to argue
les	distractions (f)	entertainment
	distribuer	to distribute/give out/deliver
	divertissant(e)	entertaining
	d'occasion	second-hand
un	doigt	finger
le	domicile	home/home address
c'est	dommage	it is a pity/shame
	donc	so, therefore
	dormir (irreg.)	to sleep
le	dos	back
la	douane	customs
	doublé(e)	dubbed
	doué(e)	gifted
la	douleur	pain
	doux (douce)	sweet; mild; soft
un	drap	sheet
un	drapeau	flag
	drôle	funny
	dur(e)	hard
	durer	to last

E

l'	eau minérale gazeuse/plate/(non) potable (f)	sparkling/still/(non-) drinking water
une	écharpe	scarf
l'	échec (m)	failure
les	échecs (m)	chess
	échouer (à)	to fail
une	éclaircie	sunny spell
un	écran (plat)	(flat) screen
	écraser	to squash; to run over
	écrémé(e)	skimmed
	effacer	to rub; to delete
	efficace	efficient
	effrayant(e)	frightening
	élevé(e)	high/tall
	élever	to bring up/to raise
l'	emballage (m)	packaging
	embaucher	to employ/to hire
	embêter	to annoy/to bother
un	embouteillage	traffic jam
une	émission	programme
	emmener (irreg.)	to take (s.o.) to a place
	émouvant(e)	moving
	empêcher de	to prevent/stop from
un	emplacement	pitch (in campsite)
	emprunter	to borrow
	en bas	at the bottom; downstairs
	en cachette	on the quiet/secretly
	en effet	indeed
	en haut	at the top; upstairs
	en panne	broken down
	en plein air	in the open air
	en retard	late
	en version originale	with the original soundtrack

Vocabulaire

	enchanté(e)	delighted
	encore	again; more
	endommagé(e)	damaged
s'	**endormir** (*irreg.*)	to fall asleep
un	**endroit**	place
	énerver	to get on someone's nerves
s'	**énerver**	to lose one's temper
un(e)	**enfant unique**	only child
	enfin	finally; at last
s'	**enfuir** (*irreg.*)	to escape, to run away
s'	**ennuyer** (*irreg.*) **(à mourir)**	
		to get bored (to death)
un	**enregistrement**	recording
	enrhumé(e)	with a cold
une	**enseigne**	(shop) sign
	enseigner	to teach
	ensemble	together
dans l'	**ensemble**	on the whole
	ensuite	next/then
s'	**entendre avec**	to get on with
	entier (-ère)	entire/whole
s'	**entraîner**	to practise/to train
	entre	between
une	**entreprise**	firm
un	**entretien**	chat, talk; (job) interview
une	**entrevue**	interview; meeting
	environ	around/about
	envoyer (*irreg.*)	to send
une	**épaule**	shoulder
une	**épicerie**	grocer's shop
les	**épinards** (*m*)	spinach
une	**épreuve**	test
	épuiser	to exhaust
l'	**équilibre** (*m*)	balance
une	**équipe**	team
les	**équipements collectifs** (*m*)	
		public facilities
l'	**escalade** (*f*)	climbing
un	**escalier**	stairs, staircase
l'	**escrime** (*f*)	fencing
une	**espèce**	species/type
l'	**espérance (de vie)** (*f*)	(life) expectancy
	espérer	to hope
	essayer (*irreg.*)	to try
l'	**essence** (*f*)	petrol
	essuyer (*irreg.*) **(la vaisselle)**	
		to wipe/to dry (dishes)
une	**étagère**	shelf
un	**étal**	stall
un	**étang**	pond
	éteindre (*irreg.*)	to switch off/to put out (fire)
une	**étiquette**	label
	étonnant(e)	astonishing
à l'	**étranger**	abroad
	être au courant de	to know about
	être en colère	to be angry
	être en forme	to be fit
	être en train de	to be in the process of
	être reçu (à un examen)	
		to pass (an exam)

	être sur des charbons ardents	
		to be on tenterhooks
	étroit(e)	narrow
un	**événement**	event
un	**évier**	(kitchen) sink
	éviter (de)	to avoid
s'	**exercer**	to practise
	exiger	to demand
une	**exposition**	exhibition
	exprès	on purpose
	exquis(e)	exquisite/delicious
	exténué(e)	exhausted

F

se	**fâcher**	to get cross
un	**facteur (-trice)**	postman/woman
une	**facture**	bill
	faible	weak
	faire de la voile	to go sailing
	faire des bêtises	to act silly/to misbehave
	faire du lèche-vitrines	
		to go window-shopping
	faire un régime	to be on a diet
	faire la connaissance de	
		to meet (for the first time)
	faire la grasse matinée	
		to have a lie-in
	faire la lessive	to do the washing
	faire la queue	to queue up
	faire la vaisselle	to wash up
	faire le ménage	to do the housework
	faire les courses	to do the shopping
se	**faire mal**	to hurt oneself
	faire peur	to scare/to frighten
un	**fait**	fact
un	**fait divers**	news item
une	**fanfare**	brass band
un	**fantôme**	ghost
la	**farine**	flour
	fauché(e) (*colloq.*)	broke/pennyless
il	**faut** (*irreg.*)	we/you/they must, it is necessary to
un	**fauteuil roulant**	wheelchair
une	**femme de ménage**	housemaid
le	**fer**	iron
une	**fermeture éclair**	zip
la	**fête**	party, celebration; Saint's day
	fêter	to celebrate
un	**feu d'artifice**	firework
un	**feu rouge**	traffic light
	feuilleter	to leaf through, to flick through
un	**feuilleton**	serial/soap (on television)
une	**fiche**	form
se	**fier à**	to trust
	fier (-ère)	proud
une	**filière**	pathway
un	**flambeau**	torch
un	**fleuve**	river
un	**flic** (*colloq.*)	cop
	foncé(e)	dark

une	**formation professionnelle**	
		vocational training
	formidable	great
la	**foule**	crowd
un	**four (à micro-ondes)**	(microwave) oven
une	**fourchette**	fork
	fournir	to supply
un	**foyer d'urgence**	emergency centre
les	**frais** (*m*)	expenses
	franche(ment)	frank(ly)
	francophone	French-speaking
	frapper	to hit/to knock
	freiner	to brake
un	**frigo** (*colloq.*)	fridge
le	**front**	forehead
la	**frontière**	border
les	**fruits de mer** (*m*)	shellfish
la	**fumée**	smoke

G

	gagner	to win; to earn
une	**gamme**	range
un	**gant**	glove
	garder	to keep; to look after
la	**gare routière**	bus/coach station
	garer	to park
le	**gaspillage**	waste
	gaspiller	to waste
le	**gaz carbonique**	carbon dioxide
les	**gaz d'échappement** (*m*)	
		exhaust fumes
la	**gelée**	frost
un	**gendarme**	police officer
	gêner	to bother/to embarrass
	génial(e)	brilliant/great
un	**genou** (*pl.* genoux)	knee
les	**gens** (*m*)	people
un(e)	**gérant(e)**	manager
la	**gestion**	management
le	**gingembre**	ginger
un	**gitan**	gipsy
	glisser	to slip
un	**gosse** (*colloq.*)	kid
	gourmand(e)	greedy
	goûter	to have an afternoon snack; to taste
une	**goutte**	drop
	grâce à	thanks to
un	**grand magasin**	department store
une	**grande surface**	hypermarket
les	**grandes vacances**	summer holiday
	gras(se)	fat
	gratuit(e)	free (of charge)
	grave(ment)	serious(ly)
un	**grenier**	loft
une	**grève**	strike
	grignoter	to nibble
une	**grille**	grid
la	**grippe**	flu
	gronder	to tell off

	gros(se)	fat, big
un	**gros mot**	rude word
	guérir	to recover
la	**guerre**	war
le	**guichet**	counter, ticket office

H

s'	**habiller**	to dress, to get dressed
un(e)	**habitant(e)**	inhabitant
d'	**habitude**	usually
s'	**habituer à**	to get used to
une	**hausse**	rise
	haut(e)	high
les	**heures d'affluence** (*f*)	
		rush hour
	heureux (-euse)	happy
	heurter	to bump into
	hors	outside of

I

	il s'agit de	it is about
	il vaut mieux	it is better to
un	**immeuble**	block of flats
un	**imperméable**	raincoat
un	**incendie**	fire
un(e)	**inconnu(e)**	stranger
	incontournable	must-see
	incroyable	unbelievable, incredible
	indispensable	essential
les	**informations** (*f*)	the news (on TV, radio)
	inhabituel(le)	unusual
les	**inondations** (*f*)	floods
s'	**inquiéter** (*irreg.*)	to worry
l'	**inscription** (*f*)	registration
une	**insolation**	sunstroke
s'	**inscrire (à)**	to register
les	**installations (sportives)**	
		(sports) facilities
s'	**installer**	to settle
	insupportable	unbearable
	intercommunal	serving several villages
un(e)	**interne**	boarder (school)
l'	**intrigue**	plot
	inutile	useless
	ivre	drunk

J

	jeter	to throw
un	**jeu**	game
la	**joue**	cheek
un	**jour férié**	bank holiday
le	**Jour J**	D-day
un	**jour ouvrable**	working day
un	**journal**	newspaper; diary
une	**journée**	day
	juif (juive)	Jewish
	jumeau/jumelle	twin

Vocabulaire

une	**jupe**	skirt
	jusque	until; as far as
	juste	fair/correct

L

	laid(e)	ugly
la	**laine**	wool
	laisser	to leave/to let/to allow
	laitier (-ère)	dairy
	lancer (*irreg.*)	to throw/to launch
les	**langues vivantes** (*f*)	modern languages
	large	broad/wide
un	**lavabo**	washbasin
un	**lave-vaisselle**	dishwasher
un	**lecteur de CD**	CD player
	léger (légère)	light
le	**lendemain**	the following day
la	**levée (du courrier)**	(post) collection
la	**liberté**	freedom
une	**librairie**	bookshop
	libre	free
	licencier	to make redundant/to dismiss
un	**lieu**	place
un	**lit**	bed
le	**littoral**	coast
la	**livraison**	delivery
une	**livre**	pound
	livrer	to deliver
la	**location**	hire/rental
une	**loi**	law
	lors de	during
	lorsque	when
	louer	to hire/to rent
	lourd(e)	heavy
le	**loyer**	rent
la	**lumière**	light
	lutter	to fight

M

une	**machine à laver**	washing machine
le	**Maghreb**	North Africa (Algeria, Morocco and Tunisia)
un(e)	**maghrébin(e)**	person from North Africa
un	**maillon**	(chain) link
un	**maillot de bain**	swimming costume/swimming trunks
une	**main**	hand
une	**maison à deux faces**	terraced house/town house
une	**maison individuelle**	detached house
une	**maison jumelée**	semi-detached house
une	**maladie**	disease/illness
le	**malheur**	unhappiness/misfortune
	maltraiter	to bully
la	**Manche**	the Channel
une	**manifestation culturelle**	cultural event
un	**mannequin**	model
le	**manque (de)**	lack (of)

il	**manque (quelque chose)**	(something) is missing
un	**manteau**	coat
une	**maquette**	(scale) model
se	**maquiller**	to put make up on
un	**marché aux puces**	flea market
	marcher	to walk/to work
la	**marée (basse/haute)**	(low/high) tide
une	**marée noire**	oil slick
un	**marin**	sailor
la	**marque**	brand/make
	marquer	to score
en	**matière de**	on the subject of
les	**matières grasses** (*f*)	fats
	matinal(e)	early riser
	mauvais(e)	bad
il	**me faut**	I need
il	**me reste…**	I have…left
	méchant(e)	nasty
un	**médecin**	doctor
un	**médicament**	medicine (drug)
	médiocre	mediocre/poor
	meilleur(e)	better
	mélanger	to mix
le/la/les	**même(s)**	the same
	même (si)	even (if)
le	**ménage**	housework
	mensuel(le)	monthly
la	**mentalité**	way of thinking
	mentir	to lie
le	**menton**	chin
un	**métier**	job/profession
la	**métropole**	mainland
	mettre (*irreg.*)	to put (on); to take (time)
	mettre de côté	to put aside/to save up
se	**mettre en colère**	to get angry
un	**meuble**	piece of furniture
un	**meurtre**	murder
le	**miel**	honey
	mieux	better
	mignon (mignonne)	cute/sweet
le	**milieu**	middle
un	**milliard**	billion
un	**millier**	thousand
la	**MJC (Maison des Jeunes et de la Culture)**	youth centre
une	**mobylette**	moped
	moche	awful/ugly
la	**mode**	fashion
la	**moisson**	harvest
la	**moitié**	half
le	**monde**	world
un	**moniteur (monitrice)**	instructor
la/une	**monnaie**	change; currency
	monoparental	one-parent
une	**montre**	watch
	montrer	to show
se	**moquer (de)**	to make fun (of)/to mock
une	**moquette**	fitted carpet

À plus!

un	**morceau (de)**	piece (of)
	mort(e)	dead
une	**mouche**	fly
un	**mouchoir**	handkerchief
	mouillé(e)	wet
	mourir (*irreg.*)	to die
la	**moyenne**	average (mark)
	muet(te)	dumb
un	**mur**	wall
	mûr(e)	ripe
un(e)	**musulman(e)**	Muslim

N

la	**naissance**	birth
	naître (*irreg.*)	to be born
	négliger	to neglect
	nettoyer (*irreg.*)	to clean
le	**nez**	nose
	ni… ni…	neither… nor…
	n'importe qui/quoi	anyone/anything
le	**niveau**	level
	nocif (nocive)	harmful
une	**note**	mark (result)
	nourrir	to feed
la	**nourriture**	food
le	**Nouvel An**	New Year's Day
les	**nouvelles** (*f*)	news
	noyer	to drown
	nuageux	cloudy
	nuire (à) (*irreg.*)	to harm
	nuisible	harmful
	nulle part	nowhere

O

les	**objets trouvés** (*m*)	lost property
une	**occasion**	opportunity
	occupé(e)	busy (person)/engaged (phone)/taken (seat)
s'	**occuper de**	to look after
une	**odeur**	smell
un	**œil** (*pl.* **les yeux**)	eye
un	**œuf**	egg
	ombragé(e)	shaded
	ondulé	wavy (hair)
l'	**or** (*m*)	gold
un	**orage**	storm
une	**ordonnance**	prescription
les	**ordures** (*f*)	rubbish
l'	**oreille** (*f*)	ear
une	**organisation caritative**	charity
un(e)	**orphelin(e)**	orphan
un	**orteil**	toe
un	**os**	bone
	oser	to dare
	oublier	to forget

P

	paisible	peaceful/quiet
un	**pamplemousse**	grapefruit
un	**panier**	basket
un	**panneau**	sign
	Pâques	Easter
	par chance	luckily/fortunately
	par contre	on the other hand
	par rapport à	in relation to/with regard to
	par terre	on the floor/on the ground
	paraître (*irreg.*)	to appear/to seem
un	**parapluie**	umbrella
un	**parc d'attractions**	theme park
un	**parking relais**	park and ride
le	**pare-brise**	windscreen
	pareil(le)	same
	parfois	sometimes
	parmi	among
une	**parole**	(spoken) word
	partager	to share
une	**partie**	part/game
	partout	everywhere
	pas grand-chose	not much
un	**passage souterrain**	subway/underpass
un(e)	**passant(e)**	passer-by
se	**passer**	to happen
	passer un examen	to take an exam
le	**patin à roulettes/sur glace**	roller skating/ice skating
le	**patrimoine**	heritage
le/la	**patron(ne)**	boss
la	**pause déjeuner**	lunch break
la	**pauvreté**	poverty
un	**pays**	country
le	**paysage**	view; landscape
un	**péage**	pay station (motorway)
la	**peau**	skin
un	**pêcheur**	fisherman
une	**pelouse**	lawn
	pendant	during
	pénible	hard-going, laborious
	penser à/de	to think about/to think of
la	**pension complète**	full board
	perdre	to lose
	permettre (*irreg.*)	to allow
le	**permis de conduire**	driving licence
un	**personnage**	character (in a book)
une	**perte**	loss
une	**perte de temps**	waste of time
	peser	to weigh
une	**petite annonce**	small ad
une	**pièce**	coin/play/room
un	**piéton**	pedestrian
une	**pile**	battery
	piquant(e)	spicy
une	**piqûre**	injection/sting
	pire	worse
une	**piste cyclable**	cycle track
un	**placard**	cupboard

Vocabulaire

la/une	**place**	(town or village) square; seat; space
le	**plafond**	ceiling
se	**plaindre** (*irreg.*)	to complain
	plaire (*irreg.*)	to please
la	**planche à voile**	windsurfing
la	**plaque d'immatriculation**	
		number plate
	plein(e)	full
	plein de	lots of
	pleurer	to cry
	pleuvoir (*irreg.*)	to rain
le	**plomb**	lead
la	**plongée**	diving
la	**plupart (de)**	most (of)
	plus (de)	more (than)
	plusieurs	several
	plutôt	rather
	pluvieux (-euse)	rainy
un	**pneu (crevé)**	(burst) tyre
le	**poids**	weight
le	**poignet**	wrist
la	**pointure**	shoe size
un	**poireau**	leek
la	**poitrine**	chest
un	**poivron**	pepper
	polluant(e)	polluting
un	**pompier**	firefighter
un	**pont**	bridge
un	**port de plaisance**	marina
un	**portable**	mobile phone
un	**portefeuille**	wallet
un	**porte-monnaie**	purse
	porter	to carry/to wear
	postuler (pour)	to apply (for)
une	**poubelle**	dustbin
un	**poumon**	lung
un	**pourboire**	tip
	poursuivre (*irreg.*)	to follow/to chase/to continue
	pourtant	yet/however
	pousser	to push
la	**poussière**	dust
	pouvoir (*irreg.*)	to be able to/can
le	**prénom**	forename
	près (de)	near (to)
	presque	nearly/almost
un	**pressing**	dry cleaner's
	prêt(e)	ready
	prêter	to lend
une	**preuve**	proof
les	**prévisions** (*f*) (**météorologiques**)	
		(weather) forecast
	prévu	forecast/planned
le/la	**principal(e)**	headteacher
une	**prise électrique**	electric socket
	priver	to deprive
	proche	close/near (to)
un	**produit (du terroir)**	(local) produce/product
	profiter	to take advantage/to make the most of
	profond(e)	deep
un	**projet (d'avenir)**	plan (for the future)

	promettre (*irreg.*)	to promise
	propre	clean/own
la	**propreté**	cleanliness
	provoquer	to cause; to provoke
un	**pruneau**	prune
	puisque	since (because)

Q

un	**quai**	platform
un	**quartier**	district/area (in a town)
	quelque chose	something
	quelquefois	sometimes
	quelqu'un	someone
	quinze jours	fortnight
une	**quittance de loyer**	rent receipt
	quotidien(ne)	daily

R

	raccrocher	hang up (phone)
	raconter	to tell
	raide	straight (hair)
du	**raisin**	grapes
	ralentir	to slow down
une	**randonnée**	hike/ride (on horse)
	ranger (*irreg.*)	to tidy/to put away
	rapporter	to bring back
des	**rapports**	relationship
	rater	to miss
	rayé(e)	striped
un	**rayon**	shelf/department (in store)
une	**recette**	recipe
le	**réchauffement**	warming
une	**recherche**	search
un	**récit**	account/story
une	**réclamation**	claim/request
une	**récompense**	reward
	reconnaissant(e)	grateful
le	**recyclage**	recycling
	redoubler	to take a year again (at school)
se	**régaler (de)**	to enjoy oneself/to treat oneself to
	regarder	to look at; to watch
un	**régime (alimentaire)**	diet
le	**règlement**	rules
	relié(e)	linked
	remarquer	to notice
une	**remise**	discount
	remplir	to fill/to load
	rencontrer	to meet
	rendre	to give back
un	**renseignement**	piece of information
la	**rentrée**	return to school
	renverser	to spill/to knock down
	repasser	to iron
un	**répondeur**	answerphone
une	**réponse**	answer
se	**reposer**	to rest
un	**réseau**	network
	résoudre (*irreg.*)	to solve

	respirer	to breathe
	ressembler à	to look like
la	restauration	restaurant trade
	rester	to stay
le	retard	delay
une	retenue	detention
la	retraite	retirement
	rétrécir	to shrink
se	retrouver	to meet/to get together
une	réunion	meeting
	réussir (à faire quelque chose)	
		to succeed (in doing something)
un	rêve	dream
se	réveiller	to wake up
le	rez-de-chaussée	ground floor
un	rhume	cold
un	rideau	curtain
	rigolo (colloq.)	funny
	rire	to laugh
un	robinet	tap
un	roman	novel
un	rond-point	roundabout
le	rosbif	roast beef
une	roue	wheel
	rouler	to go (vehicle)/to drive/to move
une	route départementale	
		B-road
une	route nationale	A-road
un	ruisseau	stream

S

le	sable	sand
un	sac à dos	ruck sack
un	sac de couchage	sleeping bag
	sage	good/well-behaved
	saignant	rare (of meat)
	sain(e)	healthy
la	Saint-Sylvestre	New Year's Eve
	sale	dirty
une	salle d'attente	waiting room
une	salle de séjour	living room
une	salle de spectacles	concert hall/function room
le	sang	blood
	sans	without
un	sans-abri	homeless (without shelter)
la	santé	health
se	saouler	to get drunk
un	sapin	fir tree
un	sapin de Noël	Christmas tree
	sauf	except
	sauter	to jump
	sauvage	wild
	sauvegarder	to safeguard; to save (computer)
	sauver	to save
un	SDF (sans domicile fixe)	
		homeless person
la	séance	showing (at cinema)
	sec (sèche)	dry
la	sécheresse	drought

un	séjour	stay/visit
	semblable	similar
	sembler	to seem
le	sens inverse	opposite direction
un	sens unique	one-way system
	sensible	sensitive
	sentir (irreg.)	to smell/to feel
se	sentir (irreg.) bien/mal/à l'aise	
		to feel well/unwell/at ease
une	serre	greenhouse
	serrer	to squash/to tighten
se	servir de (irreg.)	to use
	seul(e)	alone
le	SIDA	AIDS
un	siècle	century
un	siège	seat
la	soie	silk
un	soin	care/treatment
	soit… soit…	either… or…
les	soldes (f)	sales
un	sondage	survey
une	souche	(tree)stump
un	souci	worry/concern
	souhaiter	to wish
	souligner	to underline
	sourd(e)	deaf
	sourire (irreg.)	to smile
le	sous-sol	basement
	sous-titré	subtitled
	soutenir (irreg.)	to support
	souterrain(e)	underground
le	soutien	support
du	sparadrap	sticking plaster
un	stage de danse	dance course
un	stage en entreprise	work experience
une	station balnéaire	seaside resort
le	stationnement	parking
un	store	window blind
	stressant(e)	stressful
	suite à…	following
	suivre (irreg.)	to follow/to chase/to continue
la	superficie	area
une	superproduction	blockbuster (film)
	supporter	to bear/to stand
	sur le coup	instantly
	surtout	especially/mostly
	surveiller	to supervise
	sympathique (colloq. sympa)	
		friendly
un	syndicat d'initiative	tourist information office

T

le	tabagisme	smoking
un	tableau	board/table/grid/painting
une	tache	stain
une	tâche (ménagère)	(household) task/chore
la	taille	size
un	taille-crayons	pencil sharpener
se	taire (irreg.)	to be quiet

Vocabulaire

	tandis que	whereas
	tant (de)	so much/so many
	tant mieux	all the better/fine
	tant pis	too bad
	tant que	as long as
	taper (à l'ordinateur)	hit/type (word processing)
un	tapis	carpet/rug
	tard	late
un	tarif	price
le	taux (de change)	(exchange) rate
une	télécarte	phone card
	tellement (de)	so/so much/so many
un	témoin	witness
à	temps partiel/plein	part/full time
la	tendance	trend
	tenir (irreg.)	to hold
se	tenir au courant	to keep up to date/informed
une	tenue (d'été)	(summer) wear/outfit
un	terrain de sport	sports field
un	territoire	territory
un	timbre	stamp
	tirer	to pull
un	toit	roof
	tomber	to fall
	tomber amoureux de	to fall in love with
	tomber en panne	to break down
	tôt	early
	toucher	to touch
	toucher un chèque	to cash a cheque
	toujours	always
une	tour	tower
un	tournoi	tournament
	tout à coup	all of a sudden
	tout le monde	everyone
la	toux	cough
un	tracas	hassle
le	traitement de texte	word-processing
un	trajet	journey/trip
une	tranche	slice
les	transports en commun (m)	
		public transport
la	traversée	crossing
un	tremblement de terre	
		earthquake
	trier	to sort
le	troisième âge	old age/retirement years
se	tromper	to make a mistake/to go wrong
	trop (de)	too/too much/too many
le	trottoir	pavement
un	trou	hole
une	trousse de premiers secours	
		first-aid kit
	trouver	to find
un	tube	hit
	tuer	to kill
	tutoyer (irreg.)	to call someone 'tu'

U

une	usine	factory
	utile	useful

V

un(e)	vacancier (-ière)	holiday-maker
une	vague	wave
un	vainqueur	winner
	valable	valid
une	valise	suitcase
se	vanter	to boast
il	vaut mieux	it is better to
le/un	veau	veal; calf
la	veille	the day before; eve
	vendre	to sell
	venir (irreg.)	to come
le	ventre	stomach/belly
le	verglas	black ice
	vérifier	to check
le	verlan	back-slang
le	vernis à ongles	nail varnish
le	verre	glass
des	verres de contact (m)	
		contact lenses
	verser	to pour
une	veste	jacket
les	vêtements (m)	clothes
	veuf (veuve)	widowed
la	viande	meat
	vide	empty
	vif (vive)	lively/sharp/quick
le	visage	face
la	vitesse	speed
une	vitrine	shop window
	vivre (irreg.)	to live
un	vœu	wish/greeting
la	voie	track; lane (motorway)
un(e)	voisin(e)	neighbour
un	vol	flight/theft
le	volant	(driving) wheel
	voler	to fly/to steal
un	voleur	thief
un(e)	volontaire	volunteer
le	volontariat	voluntary service/work
	volontiers	willingly/with pleasure
	vouloir (irreg.)	to want
	vouvoyer (irreg.)	to call someone 'vous'
un	voyage de noces	honeymoon
le	VTT	mountain bike

Y

y		there

Z

une	zone piétonne	pedestrian area